Edition Centaurus – Neuere Medizin- und Wissenschaftsgeschichte

Reihe herausgegeben von

Wolfgang U. Eckart, Heidelberg, Deutschland

Die Reihe ist ursprünglich mit dem Titel „Neuere Medizin- und Wissenschafts-geschichte" beim Centaurus Verlag erschienen.

Weitere Bände in der Reihe http://www.springer.com/series/15153

Madlen Sell

Anatomie des Amoklaufs

Malaiischer Měngamok und School Shooting

 Springer VS

Madlen Sell
Zürich, Schweiz

Zugleich Dissertation, Ruprecht-Karls-Universität Heidelberg, 2018

ISSN 2510-0882   ISSN 2510-0874   (electronic)
Edition Centaurus – Neuere Medizin- und Wissenschaftsgeschichte
ISBN 978-3-658-33103-0   ISBN 978-3-658-33104-7   (eBook)
https://doi.org/10.1007/978-3-658-33104-7

Die Deutsche Nationalbibliothek verzeichnet diese Publikation in der Deutschen Nationalbibliografie; detaillierte bibliografische Daten sind im Internet über http://dnb.d-nb.de abrufbar.

Planung/Lektorat: Stefanie Eggert
Springer VS ist ein Imprint der eingetragenen Gesellschaft Springer Fachmedien Wiesbaden GmbH und ist ein Teil von Springer Nature.
Die Anschrift der Gesellschaft ist: Abraham-Lincoln-Str. 46, 65189 Wiesbaden, Germany

„Gjorg sprang auf, riß das Gewehr von der Schulter und schoß, einmal, zweimal, viermal. Er tötete alle im Raum, dann jene, die zu Hilfe kamen, den Wirt und die zufällig anwesenden Gendarmen eingeschlossen; schließlich rannte er hinaus, auf seine Verfolger feuernd, einzelne zuerst, dann ganze Dörfer, Banner, Kreise … Das stellte er sich vor, während er doch in Wirklichkeit nur aufstand und den Gasthof verließ."

Ismail Kadare: Der zerrissene April, Residenz 1980, S. 154.

„Gesetzt den Fall, Sie haben nie einen Menschen umgebracht: wie erklären Sie es sich, daß es dazu nie gekommen ist?"

Max Frisch: Fragebogen, Suhrkamp 2013, S. 10.

Danksagung

Diese Arbeit wurde von der Medizinischen Fakultät Heidelberg der Ruprecht-Karls-Universität im Wintersemester 2019/2020 als Dissertation angenommen. Sie ist am Institut für Geschichte und Ethik der Medizin unter der Betreuung von Herrn Professor Dr. med. Wolfgang U. Eckart entstanden. Ihm gilt mein ganz besonderer Dank.

Die Entstehung dieser Arbeit wäre nicht ohne die unterstützende Hand zahlreicher Archivarinnen und Archivare möglich gewesen. Ganz besonders danken möchte ich jenen Archiven, die ich persönlich aufgesucht habe und deren Mitarbeiter mir bei meiner Recherche helfend zur Seite gestanden haben. Hierbei sind vor allem zu nennen: das Staatsarchiv Bremen, die KulturAmbulanz Bremen und das Archiv des Klinikums Bremen-Ost, die Historische Sammlung der Universität Heidelberg, das Landeshauptarchiv Koblenz, das Landesarchiv Saarbrücken, das Stadtarchiv Saarbrücken, das Bistumsarchiv Trier und das Stadtarchiv Worms. Auch den Leitern und Mitarbeitern der Archive und Behörden, die mir auf telefonischem und/oder postalischem Weg weitergeholfen haben, sei an dieser Stelle herzlich gedankt.

Darüber hinaus gilt mein großer Dank Frau PD Dr. phil. Barbara Schäfer-Prieß (Ludwig-Maximilians-Universität München) und Herrn Dr. phil. Roger Schöntag (Friedrich-Alexander-Universität Erlangen-Nürnberg) für ihre Übersetzungen aus dem Portugiesischen. Herrn Dipl.-Übers. Jens Schumacher danke ich für seine Übersetzungen aus dem Italienischen, Herrn Hartmut Reul † für die Übersetzung aus dem Lateinischen und Herrn Dipl.-Wirt.-Ing. Frederik Reinke für seine Hilfe beim Verständnis der niederländischen Quellen.

Dem Südostasienwissenschaftler Herrn Senior Professor Dr. Bernd Nothofer danke ich für die sachkundige Beratung zur Geschichte und Kultur Malaysias und Indonesiens, Herrn Roland Geiger aus St. Wendel für seine Unterstützung beim Entziffern alter Handschriften und Herrn Stefan Bleise für seinen Besuch im Landeskirchlichen Archiv Schwerin. Ein besonderer Dank gilt Herrn Peter Döpfer, der diese Arbeit Korrektur gelesen hat.

Meinen Eltern und meinem Bruder danke ich von ganzem Herzen für ihre ebenso stete wie bedingungslose Unterstützung, Sudip Roy für seine Liebe, seine Neugier und seine Geduld.

Inhaltsverzeichnis

1 Einleitung

Der aus der austronesischen Sprachfamilie entlehnte Begriff „Amok" leitet sich von dem malaiischen Wort „měngamok" ab, das ins Deutsche übersetzt „wütend angreifen" bedeutet. Mit den Schiffen der ersten Weltumsegler erreichte der fremdartig klingende und in Europa bis dahin gänzlich unbekannte Begriff vor rund 600 Jahren erstmals die westliche Welt.

Im deutschsprachigen Raum wird der Amokbegriff heutzutage oft unscharf und ohne Bezug auf seine etymologischen Wurzeln verwendet. Auch relativ junge Phänomene wie School Shootings, die auf den ersten Blick wenig mit der klassischen Erscheinungsform des malaiischen Amoklaufs gemeinsam haben, werden in der Alltagssprache, in Medienberichten und Fachpublikationen häufig als „Amokläufe" bezeichnet. Obwohl der alternative Begriff „School Shooting" zunehmend Einzug in die deutschsprachige Fachliteratur erhalten hat, werden auch hier die Begriffe „School Shooting" und „Schulamoklauf" weiterhin synonym verwendet und „Amoktaten", die an Schulen begangen werden, als „Schulamok" oder „Schulamoklauf" bezeichnet.

Die vorliegende Studie macht diese nomenklatorische Unschärfe zum Untersuchungsgegenstand. Sie soll einerseits einen wissenschaftlichen Beitrag zum Verständnis des klassischen Amoklaufs leisten, andererseits helfen, School Shootings besser zu verstehen. Im Zentrum steht die Frage, ob School Shooting eine schulgebundene Unterform des Amoklaufs ist oder ob es sich um ein eigenständiges Phänomen handelt. Welche Unterschiede und Gemeinsamkeiten bestehen zwischen „klassischem" und „schulgebundenem" Amoklauf? Beschreibt der in Medien und Forschungsliteratur häufig gewählte Begriff „Schulamok" das Phänomen treffend oder täuscht er nur eine vermeintliche Nähe zu klassischem Amok vor?

Ziel ist es, neben auslösenden Faktoren und Ursachen, Gemeinsamkeiten und Unterschiede von Amok und School Shooting herauszuarbeiten und die aktuelle Nomenklatur zu überdenken. Im folgenden Kapitel wird das untersuchte Forschungsmaterial vorgestellt und anschließend das methodische Vorgehen zur Auswertung der erhobenen Quellen erläutert. In Kapitel 3 werden die Gegenstandsbereiche „Amok" und „School Shooting" definiert und klassischer Amok von den verwandten Konzepten „Pseudo-Amok" und „Schulamok" bzw. School Shooting abgegrenzt. Klassischer Amok und „Schulamok" sind extreme Formen menschlicher Aggression. Kapitel 4 gibt deshalb einen theoretischen Überblick über die wichtigsten Erklärungsansätze zur Entstehung von aggressivem Verhalten.

Die Kapitel 5 und 6 gehören zu den zentralen Kapiteln der Arbeit. Sie präsentieren die Ergebnisse einer intensiven Recherche, die mehrere Archivreisen und zahlreiche Bibliotheksbesuche erforderlich machte. Für die Untersuchung von klassischem

© Der/die Autor(en) 2021
M. Sell, *Anatomie des Amoklaufs*, Edition Centaurus –
Neuere Medizin- und Wissenschaftsgeschichte,
https://doi.org/10.1007/978-3-658-33104-7_1

Amok schreitet die vorliegende Studie rund 600 Jahre zurück und untersucht wissenschaftlich bislang vernachlässigte Berichte, die vom frühen 15. bis in die Mitte des 20. Jahrhunderts reichen. Auf der Grundlage einer Vielzahl historischer Quellentexte aus sechs Jahrhunderten behandelt Kapitel 5 Ursprung und Entwicklung des Amokphänomens. Ziel ist es, die Anatomie des klassischen malaiischen Amoklaufs herauszuarbeiten. Ein besonderes Augenmerk liegt auf vier klassischen Fällen von individuellem Amoklauf, die exemplarisch untersucht werden.

Kapitel 6 beschäftigt sich mit Geschichte und Phänomenologie des School Shootings. Für die Untersuchung von klassischem School Shooting werden zwei jüngere Fälle analysiert (Columbine 1999 und Winnenden 2009). Ein zusätzlicher Schwerpunkt liegt auf der Untersuchung von zwei bisher weitgehend unbekannten Gewalttaten an Schulen des Deutschen Kaiserreichs (Saarbrücken 1871 und Bremen 1913), die auf ihre Ähnlichkeit zu klassischem School Shooting untersucht werden. Als Informationsquellen werden neben Ermittlungsakten und Zeitungsberichten auch prädeliktische Selbstzeugnisse, Krankenakten und Schulchroniken ausgewertet.

In Kapitel 7 werden Gemeinsamkeiten und Unterschiede von Malaiischem Měngamok und School Shooting kritisch diskutiert. Handelt es sich bei School Shooting tatsächlich um eine „schulgebundene" Form von Amok? Diese Frage soll in Kapitel 7 erörtert und von einem wissenschaftlichen Untersuchungsstandpunkt beantwortet werden.

2 Material und Methodik

2.1 Materialauswahl und -beschaffung

Der Fokus der Recherche zu Malaiischem Měngamok lag auf historischen Quellentexten mit Bezug zu Amok. Dabei wurden neben europäischen auch malaiische Informationsquellen berücksichtigt. Das historische Forschungsmaterial wurde aus dem Bestand der Bibliotheken der Universität Heidelberg und via digitaler Datenbanken bzw. Fernleihen aus nationalen und internationalen Universitätsbibliotheken recherchiert.

Der sechs Jahrhunderte umfassende Untersuchungszeitraum reicht von der ersten bisher bekannten Beschreibung des Amokphänomens im frühen 15. Jahrhundert bis zum Ende der britischen und niederländischen Kolonialzeit in der Mitte des 20. Jahrhunderts. Eingeschlossen wurde eine Vielzahl unterschiedlicher und dadurch z. T. komplementärer Informationsquellen. Neben Reisebeschreibungen europäischer Handels- und Forschungsreisender befinden sich unter dem ausgewerteten Material auch klassische Werke der malaiischen Literatur sowie Beiträge aus Fachzeitschriften und Monografien. Alle fremdsprachigen Zitate werden im Fließtext in ihrer deutschen Übersetzung sowie in der entsprechenden Fußnote in der Ausgangssprache aufgeführt. Sofern nicht auf bestehende Übersetzungen zurückgegriffen wurde, werden die Namen der Übersetzer dem ursprünglichen Zitat nachgestellt. Englischsprachige Textpassagen wurden von der Verfasserin übersetzt.

Anders als bei Malaiischem Měngamok lag der Fokus bei School Shooting in erster Linie auf der Untersuchung von prädeliktischen Selbstzeugnissen. Gemäß Benigna von Krusenstjern sind Selbstzeugnisse durch die „Selbstthematisierung durch ein explizites Selbst"[1] gekennzeichnet. Bei prädeliktischen Selbstzeugnissen handelt es sich folglich um Äußerungen, die vor der Tat selbst und aus eigenem Antrieb heraus verfasst werden und in denen der Verfasser explizit auf sich selbst Bezug nimmt.

Bezogen auf das subjektive Erleben und die Fantasie der Täter stellt die qualitative Auswertung von prädeliktischen Selbstzeugnissen den methodischen Königsweg dar.[2] Leider sind nicht immer Selbstzeugnisse in Form von Texten oder Videodokumenten vorhanden. Für die Untersuchung der frühen Amokschilderungen im malaiischen Raum war es deshalb notwendig, auf Fremdzeugnisse zurückzugreifen. Für die Untersuchung der vier Fälle von schwerer Gewalt an Schulen wurden zusätzlich auch Ermittlungs- und Krankenakten sowie Schulchroniken und Zeitungsberichte ausgewertet.

Die Materialbeschaffung für die Untersuchung der beiden bisher weitgehend unbekannten historischen Fälle aus dem Deutschen Kaiserreich (1871–1918) erforderte

© Der/die Autor(en) 2021
M. Sell, *Anatomie des Amoklaufs*, Edition Centaurus –
Neuere Medizin- und Wissenschaftsgeschichte,
https://doi.org/10.1007/978-3-658-33104-7_2

mehrere Archivreisen. Eine Übersicht der beteiligten Archive kann dem Verzeichnis ungedruckter Quellen sowie dem Dankeswort entnommen werden. Neben Zeitungs- berichten wurden vor allem die archivierten Krankenakten der beiden überlebenden Täter sowie Selbstzeugnisse ausgewertet. Ermittlungs- oder Prozessakten waren mit Ausnahme der Abschrift eines Vernehmungsprotokolls keine vorhanden.

Da nicht alle klassischen Fälle von School Shooting im Rahmen dieser Arbeit berück- sichtigt werden können, wurden die Gewalttaten vom 20. April 1999 an der Colum- bine High School im US-Bundesstaat Colorado und vom 11. März 2009 an der Al- bertville-Realschule im baden-württembergischen Winnenden exemplarisch unter- sucht. Beide Ereignisse gelten in der Fachwelt gemeinhin als eindeutige Vertreter des Phänomens. In Deutschland ereigneten sich vergleichbare Gewalttaten am 26. April 2002 am Erfurter Gutenberg-Gymnasium und am 20. November 2006 an der Ge- schwister-Scholl-Realschule im nordrhein-westfälischen Emsdetten.

Anders als für die historischen Fälle aus dem Deutschen Kaiserreich waren für die Untersuchung der beiden jüngeren Fälle von School Shooting keine Archivreisen er- forderlich. Für die Untersuchung des School Shootings vom 20. April 1999 konnte dank der öffentlich zugänglichen Ermittlungsakten auf zahlreiche prädeliktische Selbstzeugnisse der beiden Täter in Form von Tagebüchern, handschriftlichen Ein- trägen in den Jahrbüchern der Highschool, Interneteinträgen auf der eigenen Webs- ite, Schulaufsätzen und Videoaufnahmen sowie auf Aussagen von Mitschülern zu- rückgegriffen werden.

Die Untersuchung des School Shootings vom 11. März 2009 stützt sich auf die Er- mittlungsergebnisse der Staatsanwaltschaft Stuttgart und der Polizeireviere Waiblin- gen und Esslingen sowie auf eine Pressemitteilung des Landgerichts Stuttgart und Dokumente der baden-württembergischen Landesregierung. Zusätzlich wurden die Vorarbeiten von Göran Schattauer genutzt, dessen 2010 erschienene Dokumentation auf der Auswertung der Ermittlungsakten und zahlreichen Befragungen aufbaut. Ein darin veröffentlichtes zehnzeiliges Selbstzeugnis des Täters fließt ebenfalls in die vor- liegende Untersuchung ein.

2.2 Methodisches Vorgehen

Angesichts der eingangs erwähnten fehlenden einheitlichen Definition und der ge- ringen Inzidenz von Amokläufen und School Shootings steht die Amokforschung vor besonderen methodischen Herausforderungen. Aufgrund der geringen Fallzahlen und der mangelnden Vergleichbarkeit der Studienergebnisse einzelner Forscher und Forschergruppen sind repräsentative Aussagen mit Hilfe quantitativer Erhebungen kaum möglich.[3]

Eine weitere methodische Schwierigkeit liegt in der oft schwierigen Informationsbe-
schaffung. Prospektive Langzeitstudien sind in der Amokforschung per se ausgeschlossen, weshalb die Erforschung des Phänomens immer retrospektiv erfolgt.
Quantitative Erhebungen, die sich ausschließlich auf die Auswertung von Medienberichten als Datenquelle stützen wie die von Adler und Kollegen, besitzen neben dem
Problem der extrem kleinen Grundgesamtheit das Problem, dass Medienberichte im
Vergleich zu Strafprozessakten oder Selbstzeugnissen vielfach falsche Informationen
enthalten und oft von geringer Güte sind.[4]

Primäre Daten sind oftmals jedoch nur schwer zu erhalten. Offizielle Datenquellen
wie Ermittlungsakten sind in vielen Fällen nicht oder erst spät zugänglich und die
Täter stehen in der Regel nicht für Auskünfte zur Verfügung, weil sie entweder verstorben sind oder aus anderen Gründen keine Aussage machen möchten. Das Ver-
sterben einiger Täter während oder unmittelbar nach der Tat stellt in mehrfacher
Hinsicht eine methodische Schwierigkeit dar. Quantitative Analysen, die sich ausschließlich auf Strafprozessakten stützen, vernachlässigen Daten derjenigen Täter,
die sich suizidierten oder die während der Tat getötet wurden und deshalb nicht verurteilt und begutachtet wurden.

Aufgrund der skizzierten methodischen Schwierigkeiten quantitativer Untersuchungen wurde für die vorliegende Arbeit ein qualitativer Forschungsansatz gewählt mit
der Einschränkung, dass die Ergebnisse anschließend nur bedingt generalisiert werden können. Unter Zuhilfenahme der im Laufe der Neuzeit entwickelten historisch-
kritischen Methode und in Anlehnung an kasuistische Forschungsansätze soll das
beschriebene Ausgangsmaterial demzufolge primär unter qualitativen Gesichtspunk-
ten ausgewertet werden.[5] Hierbei sollen die überlieferten Quellen in eine geschichtli-
che Perspektivität und ideengeschichtliche Kontextualisierung gesetzt und die Dis-
kurse und Zeitumstände, welche die Verfasser der Texte prägten, berücksichtigt werden.

---

[1] Krusenstjern, Benigna von: Was sind Selbstzeugnisse? Begriffskritische und quellenkund-
    liche Überlegungen anhand von Beispielen aus dem 17. Jahrhundert. In: Historische Anth-
    ropologie 2 (1994): 462–471, hier S. 463.
[2] Vgl. Robertz, Frank J.: School Shootings. Über die Relevanz der Phantasie für die Begehung
    von Mehrfachtötungen durch Jugendliche. Frankfurt am Main: Verlag für Polizeiwissen-
    schaft 2004, S. 248.
[3] Vgl. Harding, David J.; Fox, Cybelle; Mehta, Jal D.: Studying Rare Events Through Quali-
    tative Case Studies: Lessons From a Study of Rampage School Shootings. International Re-
    search, Case Studies, and Concepts for Prevention. In: Sociological Methods & Research 31
    (2002): 174–217.
[4] Vgl. etwa Adler, Lothar; Lehmann, Karin; Räder, Klaus; Schünemann, Karl-Friedrich:

„Amokläufer" – kontentanalytische Untersuchung an 196 Pressemitteilungen aus industrialisierten Ländern. In: Fortschritte der Neurologie und Psychiatrie 61 (1993): 424–433; vgl. auch Adler, Lothar; Marx, Dagmar; Apel, Heino; Wolfersdorf, Manfred; Hajak, Göran: Zur Stabilität des „Amokläufer"-Syndroms. Kontentanalytische Vergleichsuntersuchung von Pressemitteilungen über deutsche Amokläufe der Dekaden 1980–1989 und 1991–2000. In: Fortschritte der Neurologie und Psychiatrie 74 (2006): 582–590.

5 Vgl. etwa Diehl, Felix: Amoktat eines Schülers. Eine kriminologische Analyse. (= Gießener Schriften zum Strafrecht und zur Kriminologie, Bd. 48). Baden-Baden: Nomos 2015; vgl. auch Müller, Sascha: Die historisch-kritische Methode in den Geistes- und Kulturwissenschaften. Würzburg: Echter 2010.

3 Begriffsdefinitionen

Das folgende Kapitel widmet sich den Begriffen Amok, Pseudo-Amok und School Shooting, die für die vorliegende Untersuchung definiert und voneinander abgegrenzt werden sollen. Insbesondere der Amokbegriff wird im alltäglichen Sprachgebrauch, in zeitgenössischen Medienberichten, aber auch in Fachpublikationen häufig unscharf verwendet und auch für relativ junge Phänomene gebraucht, die auf den ersten Blick wenig mit der klassischen Erscheinungsform des Amoklaufs gemeinsam haben. In der deutschsprachigen Fachliteratur hat sich deshalb in den letzten Jahren zunehmend der Begriff School Shooting zur Beschreibung schwerer zielgerichteter Gewalttaten an Schulen etabliert. Schulamok und School Shooting werden aber häufig weiterhin synonym verwendet.

Im ersten Teil des Kapitels wird zunächst die begriffsgeschichtliche Entwicklung des Amokbegriffs betrachtet und anschließend der ursprünglich auf den südostasiatischen Raum beschränkte Terminus mit seiner Definition in den internationalen Diagnosemanualen abgeglichen. Nachdem der Gegenstandsbereich Amok auf diese Weise in einem ersten Schritt präzise eingegrenzt worden ist, wird das Amokphänomen im Anschluss von den verwandten Konzepten Pseudo-Amok und Schulamok (School Shooting) abgegrenzt. Hierfür wird zunächst der Begriff Pseudo-Amok, anschließend der relativ junge Begriff School Shooting begrifflich verortet und definiert.

3.1 Amok

Obwohl es sich bei Amok um ein sehr seltenes Phänomen handelt und seine Prävalenz in Deutschland verglichen mit anderen Gewalttaten gering ist, besitzt das Amokphänomen aufgrund der Plötzlichkeit seines Auftretens, seines rätselhaften Motivcharakters und seiner Explosivität eine Sonderstellung im Spektrum aggressiver Verhaltensweisen.[1] Dieser Sachverhalt spiegelt sich auch in der starken öffentlichen Aufmerksamkeit und dem mittlerweile weltweiten Medieninteresse wider, das auf sogenannte Amokläufe einzelner Personen in der westlichen Welt folgt. Der Amokbegriff ist in den deutschsprachigen Medien und Fachveröffentlichungen mittlerweile so präsent, dass man darüber schnell vergisst, dass das Wort selbst ursprünglich aus der austronesischen Sprachfamilie entlehnt ist.[2] Amok leitet sich von dem malaiischen Wort „mĕngamok" ab, das ins Deutsche übersetzt „wütend angreifen" bedeutet.[3] Der malaiische Begriff für Amokläufer lautet „Pĕng-âmok".[4]

Mit den Schiffen der ersten Weltumsegler und Ostindienrückkehrer erreichte die abgekürzte Variante des malaiischen Begriffs im 15. Jahrhundert erstmals die westliche Welt. Amok bezeichnete einerseits den kollektiven blindwütigen Angriff besonders

© Der/die Autor(en) 2021
M. Sell, *Anatomie des Amoklaufs*, Edition Centaurus –
Neuere Medizin- und Wissenschaftsgeschichte,
https://doi.org/10.1007/978-3-658-33104-7_3

furchtloser Krieger, die bereit waren, für ihre Herrscher als Helden zu sterben. Andererseits bezeichnete Amok auch die blindwütigen Angriffe einzelner Zivilpersonen, bei denen der Betroffene typischerweise wie ein toller Hund plötzlich aufspringt, seinen Dolch ergreift, schreiend auf die Straße rennt und wie ein Rasender alles und jeden niedersticht, bis er selbst getötet oder überwältigt wird.

Das in der westlichen Welt unbekannte Phänomen wurde in der frühen Neuzeit von europäischen Seefahrern zunächst unter den Bewohnern der Sundainseln im Malaiischen Archipel beschrieben und in Form von Reiseberichten nach Europa gebracht. Die erste bislang bekannte Schilderung eines individuellen Amoklaufs durch einen westlichen Fernreisenden geht dabei auf den venezianischen Kaufmann Niccolò di Conti zurück, der im frühen 15. Jahrhundert Asien bereist hatte und dessen Erzählungen um 1448 durch den Florentiner Humanisten Poggio Bracciolini festgehalten wurden.[5] Es ist jedoch nicht ausgeschlossen, dass sich in Reiseberichten chinesischer buddhistischer Pilgermönche oder arabischer Südostasienreisender noch frühere Amokschilderungen finden ließen. Die erste bekannte Erwähnung von kollektivem Amok im malaiischen Raum findet sich anlässlich der Eroberung von Malakka 1511 durch portugiesische Truppen.[6] Es deutet jedoch vieles darauf hin, dass kollektiver Amok als Kriegstaktik möglicherweise indischen Ursprungs ist.[7]

Während individueller Amok heutzutage auf der Malaiischen Halbinsel und auf den Inseln des Malaiischen Archipels äußerst selten geworden ist[8] und kollektiv-militär-taktischer Amok überhaupt nicht mehr berichtet wird[9], gehen Forscher auf Basis von historischen Berichten und Beschreibungen davon aus, dass individueller Amok bis Ende des 19. Jahrhunderts ein durchaus verbreitetes Phänomen war.[10] Während seiner mehrjährigen Forschungsreise schätzte der britische Naturforscher Alfred Russel Wallace (1823–1913) die Amokzahlen allein für die sulawesische Hafenstadt Makassar in der Mitte des 19. Jahrhunderts auf durchschnittlich einen bis zwei Amokläufe im Monat.[11]

Diese regionale Konzentration des Amokphänomens auf die Gebiete des heutigen Indonesien und Malaysia führte dazu, dass Amok lange Zeit als kulturspezifisches Phänomen betrachtet wurde.[12] Gemäß der Internationalen Klassifikation psychischer Störungen der Weltgesundheitsorganisation haben kulturspezifische psychische Störungen zwei Wesenszüge gemeinsam: Sie sind nicht leicht in einer internationalen psychiatrischen Klassifikation unterzubringen und sie sind zuerst in einer bestimmten Bevölkerungsgruppe oder Kulturregion beschrieben und dann mit dieser in engsten Zusammenhang gebracht worden.[13]

Die sowohl kultur- als auch geschlechtsspezifische Amokdefinition des niederländischen Neurologen und Psychiaters Feico Herman Glastra van Loon (1886–1971) erfüllt beide Kriterien. In der ersten Hälfte des 20. Jahrhunderts definierte van Loon Amok wie folgt:

„Amok ist, kurz gesagt, der ganz unerwartete Mordangriff des malaiischen Mannes, der plötzlich und ohne direkten Grund aufspringt, eine Waffe (den ‚Keris‘ oder einen ‚Parang‘ oder ein anderes Messer oder sein Gewehr, wenn er ein Soldat ist) ergreift und einen jeden ersticht oder niederschlägt oder erschießt, der in seinen Weg kommt, auch wenn es sein Bruder, Vater oder seine Mutter ist. Bis der ‚Amokläufer‘ selber erlegt oder gefangen wird."[14]

Van Loons Amokdefinition stellt neben der Kulturgebundenheit des Amokphänomens auch den akuten, unerwartet-plötzlichen, raptusartigen Charakter der Amokhandlung, ihre scheinbare Grundlosigkeit und die überwiegende Zufälligkeit der Opfer in den Vordergrund. Diese noch heute gültigen Merkmale finden sich auch in einer Liste diagnostischer Amokkriterien des deutschen Psychiaters Lothar Adler.[15] Er definierte vier Kriterien, die eine eindeutige Unterscheidung von Amok und anderen ernsten Gewalttaten ermöglichen sollen:

1. Amok muss so konzipiert sein, dass es zur Tötung mindestens einer Person kommt oder hätte kommen können, wenn äußere Einwirkungen den Taterfolg nicht verhindert hätten. Darüber hinaus muss die typische Ein-Täter-Ein-Opfer-Konstellation aufgebrochen werden.

2. Die Tat muss über den gesamten Verlauf oder zumindest zeitweise ohne Rücksicht auf das eigene Leben vollzogen werden oder zum Tod durch Suizid oder Fremdeinwirkung führen.

3. Die Tathandlung muss von außen betrachtet impulsiv und raptusartig beginnen. Sowohl sui- als auch homizidale Absichten müssen erkennbar sein.

4. Die Tat darf nicht politisch, ethnisch, religiös oder kriminell motiviert sein.

Die bis 2013 gültige, vierte textrevisierte Auflage des Diagnostischen und Statistischen Manuals Psychischer Störungen (DSM-IV-TR) klassifizierte das Amokphänomen aufgrund des traditionellerweise in südostasiatischen Ländern gehäuften Vorkommens im Glossar kulturabhängiger Syndrome. Eingeordnet als vorübergehende dissoziative Störung, definierte das Diagnosemanual der Amerikanischen Psychiatrischen Assoziation Amok wie folgt:

„Eine dissoziative Episode, die durch eine Periode des Grübelns charakterisiert ist, auf die ein Ausbruch gewalttätigen, aggressiven oder menschengefährdenden Verhaltens folgt, das sich auf Personen und Objekte richtet. Eine solche Episode scheint durch eine wahrgenommene Herabsetzung oder Beleidigung ausgelöst zu werden und nur bei Männern vorzukommen. Die Episode geht oft einher mit Verfolgungsideen, Automatismen, Amnesie und Erschöpfung sowie einer anschließenden Rückkehr zum prämorbiden Status. In einigen Fällen tritt Amok während einer kurzen psychotischen Episode auf oder kann den Beginn oder die Verschlechterung eines chronisch verlaufenden psychotischen Prozesses kennzeichnen."[16]

Anders als bei Adler, aber genau wie bei van Loon siebzig Jahre zuvor, erfolgte auch hier eine sowohl kultur- als auch geschlechtsspezifische Definition des Phänomens. Im Unterschied zu den in postindustriellen Gesellschaften mit hohem Einkommen gehäuft auftretenden Essstörungen Anorexia Nervosa (307.1) und Bulimia Nervosa (307.51) erhielt Amok jedoch keinen eigenen DSM-Schlüssel, sondern wurde unter den Dissoziativen Störungen (300.13 Dissoziative Fugue) und unter den Störungen der Impulskontrolle (312.34 Intermittierende Explosible Störung) aufgeführt, wobei präzisiert wurde, dass Amok im Sinne einer Sonderform typischerweise als einzelne Episode auftritt und häufig mit deutlichen dissoziativen Merkmalen einhergeht.[17]

Ähnlich wie das DSM-IV-TR fasst auch die zehnte Auflage der Internationalen Klassifikation psychischer Störungen (ICD-10) der Weltgesundheitsorganisation den Amokbegriff als kulturspezifische psychische Störung auf. Im Anhang II zur Forschungsausgabe der ICD-10 für Indonesien und Malaysia wird Amok definiert als:

> „Eine willkürliche, anscheinend nicht provozierte Episode mörderischen oder erheblich destruktiven Verhaltens, gefolgt von Amnesie oder Erschöpfung. Viele Episoden gipfeln im Suizid. Die meisten Ereignisse treten ohne Vorwarnung auf; einigen geht ein Zeitraum mit intensiver Angst oder Feindseligkeit voraus. Einige Studien lassen daran denken, dass diese Fälle im Zusammenhang stehen mit einer traditionell hohen Wertschätzung extremer Aggression und suizidaler Attacken im Rahmen von Kriegshandlungen."[18]

Im Gegensatz zum DSM-IV-TR nimmt die ICD-10 Amok aber aufgrund des Mangels an zuverlässigen Studien mit epidemiologischem Ansatz weder unter F44 (Dissoziative Störungen) noch unter F63 (Störungen der Impulskontrolle) auf und empfiehlt stattdessen die Einordnung in die bestehende Klassifikation unter Persönlichkeits- und Verhaltensstörungen und die mögliche ICD-10-Kodierung F68.8.

Inzwischen mehren sich Studien, die weitgehende Gemeinsamkeiten zwischen Amokläufern aus Südostasien und US-amerikanischen Tätern fanden.[19] Andere Autoren zweifeln hingegen die Vergleichbarkeit dieser Taten mit dem ursprünglichen Amokphänomen an, die auf eine Ausweitung des Amokbegriffs zurückgeführt wird, der vom ursprünglichen malaiischen Verständnis abweicht.[20]

In der aktuellen Auflage des Diagnostischen und Statistischen Manuals Psychischer Störungen (DSM-5) wird das Amokphänomen nicht mehr als eigenständige psychische Störung klassifiziert.[21] Auch im Glossar kulturell gebundener Leidenskonzepte wird Amok nicht mehr aufgeführt.[22] Es kann als wahrscheinlich angenommen werden, dass die 11. Auflage der Internationalen Klassifikation psychischer Störungen (ICD-11) der Weltgesundheitsorganisation diesem Vorbild folgen wird. Bereits jetzt wird der Begriff für eine Vielzahl von Phänomenen außerhalb von Indonesien und Malaysia verwendet, die zwar ähnlich, aber nicht gleichartig sind.[23]

3.2 Pseudo-Amok

Abzugrenzen ist Amok von amokähnlichen Verhaltensweisen wie Pseudo-Amok, der u. a. in der Bevölkerung des Hochlands von Neuguinea beschrieben wurde. Das wichtigste differentialdiagnostische Unterscheidungsmerkmal ist die beim Pseudo-Amok erhalten gebliebene innere Tötungshemmung. Bei Pseudo-Amok handelt es sich um ein hochaggressives Verhalten, das oft von stundenlangem Rasen und fulminanten bewaffneten Scheinangriffen gegen mehr oder weniger zufällige Personen in Reichweite begleitet wird, wobei jedoch niemand ernsthaft verletzt wird.

Das einen echten Amokanfall mimende Verhalten ist bei verschiedenen Stämmen des Hochlands von Neuguinea beschrieben und unterschiedlich interpretiert worden. So wurde Pseudo-Amok zunächst dem Genuss halluzinogener Pilze zugeschrieben[24], was allerdings später durch mykologische Untersuchungen widerlegt werden konnte.[25] Als wahrscheinlicher gelten psychogene und soziale Ursachen vor dem Hintergrund akuter Belastungssituationen. Am Beispiel des „Wild Man"-Verhaltens konnte Newman zeigen, dass Pseudo-Amok – wie andere kulturell gebilligte Ventilsitten – im Dienst der Spannungsabfuhr durch kathartische Abreaktion steht und neben einer individuell kathartischen auch eine kollektiv unterhaltende Funktion hat.[26] Auch außerhalb von Neuguinea wurden vereinzelte Fälle beschrieben.[27]

3.3 School Shooting

Bei School Shooting handelt es sich um eine extreme Form schwerer Gewalt an Schulen. Betroffen sind vor allem öffentliche Bildungseinrichtungen in Staaten der westlichen Welt. Im deutschsprachigen Raum werden die Begriffe School Shooting und Schulamoklauf häufig synonym verwendet. So werden „Amoktaten", die an Schulen begangen werden, auch als „Schulamok" oder „Schulamoklauf" bezeichnet.

In Anlehnung an das Manual zur Klassifikation verschiedener Kriminalitätsarten des Federal Bureau of Investigation (FBI) werden School Shootings in die verschiedenen Formen der Mehrfachtötungen wie folgt eingeordnet:

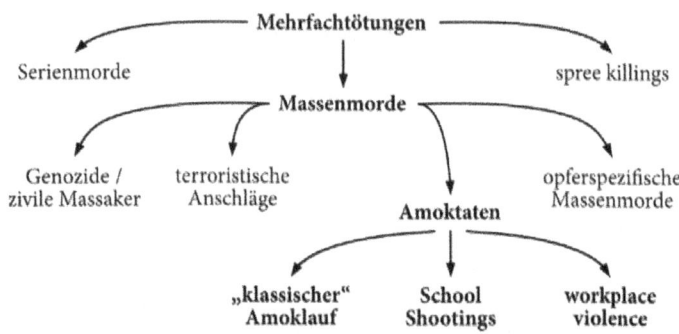

Abbildung 1: Einordnung von School Shooting in die verschiedenen Formen der Mehrfachtötungen und Subformen von Amoktaten (nach Scheithauer und Bondü, 2011)[28]

School Shooting werden klassischerweise als eine „Unterform des Amoklaufes"[29] aufgefasst. Sie können gemeinschaftlich von mehreren Tätern begangen werden. In der Regel handelt es sich aber um Einzeltäter.

Auch wenn Amoktaten als eine Form des Massenmords betrachtet werden, erfüllen nicht alle Amoktaten die Kriterien eines Massenmords, welcher eine Mindestzahl von vier Toten fordert. Von Serienmorden unterscheiden sie sich jedoch darin, dass es sich um *ein* zeitlich begrenztes Tatereignis handelt. Die für Serienmorde klassische Abkühlungsperiode zwischen den Taten fehlt. Scheithauer und Bondü ordnen Amoktaten deshalb wie gemeinhin üblich den Massenmorden zu.

Die Unterscheidung dreier Formen von Mehrfachtötungen basiert auf der ersten Ausgabe des „Crime Classification Manual" von 1992. Die strenge Differenzierung zwischen Spree- und Serienmorden hat sich jedoch mittlerweile nicht weiter als sinnvoll erwiesen, so dass „spree murder" fortan unter Serienmorden subsumiert werden. In der neuesten Ausgabe des „Crime Classification Manual" von 2013 werden folglich nur noch zwei Formen von Mehrfachtötungen unterschieden: Massen- und Serienmorde.[30]

Scheithauer und Bondü unterscheiden drei Unterformen von Amoktaten:

1. „Klassischen" Amoklauf, bei dem ein meist erwachsener Täter zunächst ohne für Außenstehende erkennbaren Grund und scheinbar wahllos Personen im öffentlichen Raum tötet.

2. „Workplace violence", d. h. Fälle von geplanter schwerer Gewalt am Arbeitsplatz, bei denen einzelne Opfer- oder Opfergruppen bereits im Vorfeld ausgewählt werden. Die erwachsenen Täter haben meist Konflikte oder Probleme am Arbeitsplatz.

3. School Shootings, d. h. Fälle von geplanter schwerer Gewalt an Schulen, die meist von jugendlichen oder heranwachsenden Tätern begangen werden. Die Wahl des Tatorts erfolgt bewusst. Zu der betroffenen Schule besteht ein persönlicher Bezug.[31]

Da es sich im Gegensatz zu „klassischen" Amokläufen bei School Shootings um einen vergleichsweise jungen Forschungsgegenstand handelt, herrscht bislang jedoch keine Einigkeit darüber, welche schulkontextassoziierten Gewalttaten tatsächlich als School Shooting zu klassifizieren sind. Eine einheitliche Definition des Begriffs existiert bislang nicht. Diese als „Case Definition Problem" bezeichnete definitorische Unschärfe ist insbesondere in Hinblick auf die Aussagekraft von internationalen Prävalenzstudien dieser – noch dazu weltweit sehr seltenen – Ereignisse problematisch und erklärt die bisweilen starken Unterschiede in den Häufigkeitsangaben einzelner Forscher und Forschergruppen.[32]

Für einige Kriterien gibt es bereits einen weitgehenden wissenschaftlichen Konsens, für andere divergieren die unterschiedlichen Definitionen zum Teil noch stark. Versuche, dem Phänomen über eine minimale Opferzahl oder Altersgrenzen der Täter näher zu kommen, haben sich nicht als sinnvoll erwiesen. Auch eine Eingrenzung auf Schusswaffengebrauch ist obsolet, da gelegentlich auch andere Tatmittel wie Hieb- und Stichwaffen oder explosive und brennbare Stoffe bei den als School Shooting definierten Taten eingesetzt werden. Insofern grenzt der – auch der hiesigen Arbeit zugrunde liegende – Oberbegriff School Shooting das Phänomen im Grunde zu eng ein. Andere Begriffe wie „tödliche Schulgewalt"[33] oder „schwere zielgerichtete Gewalt an Schulen"[34] sind wiederum zu ungenau.

Die meisten Autoren stimmen darin überein, dass die Schule selbst oder ein damit verbundener Ort wie Pausenhof, Schulweg oder Bushaltestelle Tatort sein muss. Völlige Einigkeit besteht aber auch hier nicht. Manche Autoren zählen auch Taten aktueller oder ehemaliger Studierender an Universitäten wie 2007 an der Virginia Tech in Blacksburg/USA dazu, andere Autoren schließen diese auch als „Campus Shootings" bezeichneten Taten nicht ein.[35]

Wie bereits angedeutet sind neben den divergierenden Definitionen auch verschiedene synonyme oder alternative Begriffe im Umlauf. Zwar wird der Begriff School Shooting mittlerweile von vielen Forschern verwendet und hat seit einigen Jahren auch Einzug in die deutschsprachige Forschung erhalten, trotzdem wird weiterhin eine Vielzahl anderer Begriffe benutzt. Einige Autoren ergänzen den Begriff durch Zusätze wie „rampage"[36], andere sprechen stattdessen von „lethal school violence"[37] oder „premeditated mass shootings in schools"[38]. Im deutschsprachigen Raum werden neben den synonym gebrauchten Termini „Schulamok"[39] und „Schulamoklauf"[40] vereinzelt auch die Begriffe „Schülerattentate"[41] und „Schulanschlag"[42] verwendet bzw. von „schwerer, zielgerichteter Schulgewalt"[43] gesprochen.

Als Reaktion auf die in der Folge des Columbine School Shootings zunehmende Zahl an angedrohten oder tatsächlich durchgeführten School Shootings in der westlichen Welt wurden mehrere Forschungsprojekte durchgeführt, darunter das vom Bundesministerium für Bildung und Forschung (BMBF) mit 3,26 Mio. € geförderte Verbundprojekt „Tat- und Fallanalysen hochexpressiver zielgerichteter Gewalt (TARGET)", das im Juni 2016 abgeschlossen wurde.[44] Bei der Beschäftigung mit den Veröffentlichungen des Forschungsverbundes fällt die recht heterogene Nomenklatur auf, bei der die Begriffe „Schul-Amok"[45], „Attentate an Schulen"[46], „Amoktaten im Kontext Schule"[47], „School-Shootings"[48] und „schwere zielgerichtete Gewalttaten an Schulen"[49] weitgehend synonym verwendet werden.

In der angloamerikanischen Literatur wird der Begriff School Shooting hingegen weiter gefasst und als Überbegriff für eine Vielzahl schwerer zielgerichteter Gewalttaten an Schulen verwendet. So unterscheidet Muschert fünf Typen von School Shootings:

Tabelle 1: Typologisierung von School Shootings (modifiziert nach Muschert, 2007)[50]

Rampage Shootings	Täter:	(ehemaliges) Mitglied der Schule (Schüler oder Angestellter)
	Opfer:	multiple Opfer (gezielt und/oder zufällig) wegen symbolischer Bedeutsamkeit
	Motiv:	Rache an Gemeinschaft, Machtausübung
	Beispiel:	1999 Columbine, USA; 2002 Erfurt, Deutschland; 2007 Virginia Tech, USA
Mass Murders	Täter:	ist nicht und war nie Schulmitglied, typischerweise erwachsener Eindringling
	Opfer:	Schule oder Gruppe von Schülern wegen symbolischer Bedeutsamkeit
	Motiv:	Machtausübung
	Beispiel:	1927 Bath, USA; 1989 Montreal, Kanada; 1996 Dunblane, Schottland
Terrorist Attacks	Täter:	Einzelperson oder Gruppe
	Opfer:	Schule wegen symbolischer Bedeutsamkeit
	Motiv:	politische oder ideologische Motive
	Beispiel:	1974 Ma'alot, Israel; 2004 Beslan, Russland
Targeted Shootings	Täter:	(ehemaliges) Mitglied der Schule (Schüler oder Angestellter)
	Opfer:	gezielte(s) Opfer
	Motiv:	Rache für reales oder subjektiv erlebtes Unrecht
	Beispiel:	1992 Chicago, USA; 2003 Red Lion; USA
Government Shootings	Täter:	Regierungsangestellter (Soldat oder Polizist)
	Opfer:	Studenten
	Motiv:	Waffeneinsatz vor dem Hintergrund der Studentenproteste

Beispiel: 1968 South Carolina State University, USA; 1970 Kent State University, USA

Die im deutschsprachigen Raum klassischerweise als School Shooting bezeichneten Taten entsprechen am ehesten sogenannten Rampage Shootings: Ein aktuelles oder ehemaliges Schulmitglied wählt die eigene Schule bewusst als Tatort und tötet dort gezielt Mitglieder der Schule. Tatmotivierend steht die symbolische Bedeutung der Einrichtung, d. h. der Angriff auf die Institution Schule, im Vordergrund. Taten von Schulangestellten wie z. B. Lehrern sowie klassische Beziehungstaten werden in der Regel ausgeschlossen.

Angesichts der Vielzahl unterschiedlicher Definitionen fällt es schwer, sich für eine Definition zu entscheiden. Für die vorliegende Studie soll daher die Definition von Bondü zugrunde gelegt werden, die den aktuellen Forschungsstand zu School Shootings in Deutschland widerspiegelt und den Kriterien des BMBF-geförderten Projekts NETWASS (Networks Against School Shootings) der Freien Universität Berlin entspricht.[51]

„School Shootings sind gezielte Angriffe eines (ehemaligen) Schülers an seiner bewusst als Tatort ausgewählten Schule mit potentiell tödlichen Waffen und Tötungsabsicht. Die Tat ist durch individuell konstruierte Motive im Zusammenhang mit dem Schulkontext bedingt und richtet sich gegen mit der Schule assoziierte, zumindest teilweise zuvor ausgewählte Personen oder Personengruppen."[52]

Die Definition schließt Vorfälle, die sich an Universitäten oder Colleges ereigneten, wegen des fehlenden Klassenverbands aus. Ausgeschlossen werden auch Taten ohne persönlichen Bezug des Täters zur jeweiligen Schule. Affekttaten, die unmittelbar in Folge akuter Auseinandersetzungen zwischen Einzelpersonen oder Gruppen entstehen, werden dieser Definition zufolge ebenfalls ausgeschlossen. Eine Ausführung durch Schusswaffen ist hingegen – entgegen der eigentlichen Wortbedeutung des Begriffs School Shooting – nicht notwendig. Auch Klingen- oder stumpfe Waffen, explosive oder brennbare Stoffe oder andere, zu Waffen umfunktionierte Gegenstände können eingesetzt werden.

In der Definition wird bewusst auf die Angabe einer minimalen Opferzahl als Kriterium verzichtet. Die Tötungsabsicht ist ausreichend, auch wenn (abgesehen vom Täter) keines der intendierten Opfer verletzt oder getötet wurde. Taten ohne erkennbare Tötungsabsicht (z. B. Geiselnahmen) oder das Schulgebäude als einziges Tatziel (z. B. Brandstiftung) scheiden damit aus. Ausgeschlossen werden auch Auseinandersetzungen zwischen Personengruppen (z. B. zwischen rivalisierenden Banden) und politisch, religiös oder anderweitig weltanschaulich motivierte terroristische Anschläge

auf Schulen. Da die Tat definitionsgemäß durch individuell konstruierte Motive im
Zusammenhang mit dem Schulkontext bedingt sein muss, folgt auch, dass es sich bei
den Tätern meist um Einzelpersonen oder höchstens um sehr kleine Gruppen handelt.

---

[1] Peter geht für den Zeitraum 1980–2010 von durchschnittlich fünf Amokläufen pro Jahr in
     Deutschland aus. Vgl. Peter, Eileen: Amokläufe in Deutschland. Epidemiologie und Cha-
     rakterisierung von Täterprofilen. Univ. Diss., FB Medizin, Universität Magdeburg 2014,
     S. 77.
[2] Vgl. Hamuk. In: Blust, Robert; Trussel, Stephen: The Austronesian Comparative Diction-
     ary. Web Edition. URL: http://www.trussel2.com/acd/acd-s_h.htm#2571 [Stand: 28. Juli
     2018].
[3] Vgl. Amok. In: Gimlette, John Desmond; Thomson, Henry Wagstaffe (Hgg.): A Dictionary
     of Malayan Medicine. (Wiederabdruck). London [u. a.]: Oxford University Press 1971
     [1939], S. 3. ("To attack furiously") [Übersetzung aus dem Englischen v. Verf.]
[4] Vgl. Amok. In: Swettenham, Frank Athelstane; Clifford, Hugh: A Dictionary of the Malay
     Language. Taiping: Selbstverlag 1894, S. 47–48, hier S. 48.
[5] Vgl. Bracciolini Florentini, Poggio: Historiæ de Varietate Fortunæ. Libri Quatuor. Lutetiæ
     Parisiorum: Typis Antonii Urbani Coustelier 1723, S. 135.
[6] Vgl. Cortesão, Armando (Hg.): The Suma Oriental of Tomé Pires. An Account of the East,
     from the Red Sea to Japan, Written in Malacca and India in 1512–1515. And the Book of
     Francisco Rodrigues. Rutter of a Voyage in the Red Sea, Nautical Rules, Almanack and
     Maps, Written and Drawn in the East before 1515. Bd. 2. Aus dem Portugiesischen über-
     setzt von Armando Cortesão. London: The Hakluyt Society 1944, S. 494 (Portugiesisches
     Original) und S. 266 (Englische Übersetzung).
[7] Vgl. Correa, Gaspar: Lendas da Índia. Livro Primeiro. Lisboa: Typographia da Academia
     Real das Sciencias. Nendeln/Liechtenstein: Kraus Reprint 1976. Nachdruck von einer Vor-
     lage der Bayerischen Staatsbibliothek München von 1858, S. 364–365.
[8] Vgl. Mahathir bin Mohamad, Tun: The Malay Dilemma. (Wiederabdruck). Singapore:
     Marshall Cavendish Editions 2012 [2008], S. 151–152.
[9] Vgl. Hatta, S. Mohamed: A Malay crosscultural worldview and forensic review of amok. In:
     Australian and New Zealand Journal of Psychiatry 30 (1996): 505–510, hier S. 505.
[10] Vgl. Spores, John C.: Running Amok. An Historical Inquiry. (= Monographs in Interna-
     tional Studies. Southeast Asia Series, Bd. 82). Athens [u. a.]: Ohio University Center for
     International Studies 1988, S. 85–90.
[11] Vgl. Wallace, Alfred Russel: The Malay Archipelago. The land of the orang-utan, and the
     bird of paradise. A narrative of travel, with studies of man and nature. New York: Harper
     & Brothers 1869, S. 184.
[12] Vgl. Amok. In: Dilling, Horst; Mombour, Werner; Schmidt, Martin H. (Hgg.): Internatio-
     nale Klassifikation psychischer Störungen. ICD-10. Kapitel V (F). Diagnostische Kriterien
     für Forschung und Praxis. Aus dem Englischen übersetzt nach der ICD-10 Classification
     of Mental and Behavioural Disorders. Diagnostic Criteria for Research der World Health
     Organization (Hg.) unter Berücksichtigung der Änderungen gemäß ICD-10-GM. Bern

[u. a.]: Hogrefe 2016, S. 223–224.

[13] Vgl. Finerman, Ruthbeth: Kulturspezifische Störungen. In: Ebd., S. 222–223.

[14] Loon, Feico Herman Glastra van: Die Bedeutung ur-instinktiver Phänomene bei „Primitiven" und in der Kulturgesellschaft. In: Zeitschrift für Völkerpsychologie und Soziologie 7 (1931): 21–33, hier S. 23.

[15] Vgl. Adler, Lothar: Amok. Eine Studie. München: Belleville 2000, S. 50–51.

[16] Amok. In: Saß, Henning; Wittchen, Hans-Ulrich; Zaudig, Michael; Houben, Isabel (Hgg.): Diagnostisches und Statistisches Manual Psychischer Störungen -Textrevision- (DSM-IV-TR). Aus dem Englischen übersetzt nach der Textrevision der 4. Auflage des Diagnostic and Statistical Manual of Mental Disorders der American Psychiatric Association (Hg.). Göttingen [u. a.]: Hogrefe 2003, S. 931.

[17] Vgl. Dissoziative Fugue. In: Ebd., S. 580–583; vgl. auch Intermittierende Explosible Störung. In: Ebd., S. 727–731.

[18] Amok. In: Dilling, Horst; Mombour, Werner; Schmidt, Martin H. (Hgg.): Internationale Klassifikation psychischer Störungen. ICD-10. Kapitel V (F). Diagnostische Kriterien für Forschung und Praxis. Aus dem Englischen übersetzt nach der ICD-10 Classification of Mental and Behavioural Disorders. Diagnostic Criteria for Research der World Health Organization (Hg.) unter Berücksichtigung der Änderungen gemäß ICD-10-GM. Bern [u. a.]: Hogrefe 2016, S. 223–224, hier S. 223.

[19] Vgl. etwa Hempel, Anthony G.; Levine, Ruth E.; Meloy, J. Reid; Westermeyer, Joseph: A cross-cultural review of sudden mass assault by a single individual in the oriental and occidental cultures. In: Journal of Forensic Sciences 45 (2000): 582–588.

[20] Vgl. etwa Hatta, S. Mohamed: A Malay crosscultural worldview and forensic review of amok. In: Australian and New Zealand Journal of Psychiatry 30 (1996): 505–510.

[21] Vgl. Falkai, Peter; Wittchen, Hans-Ulrich (Hgg.): Diagnostisches und Statistisches Manual Psychischer Störungen DSM-5. Aus dem Englischen übersetzt nach der 5. Auflage des Diagnostic and Statistical Manual of Mental Disorders der American Psychiatric Association (Hg.). Göttingen [u. a.]: Hogrefe 2015.

[22] Vgl. Glossar kulturell gebundener Leidenskonzepte. In: Ebd., S. 1139–1146.

[23] Vgl. etwa Braun, Anna-Lena: Erwachsene Amoktäter. Eine qualitative Untersuchung der Motive aus kriminologischer Sicht. Wiesbaden: Springer 2018; vgl. auch Peter, Eileen: Amokläufe in Deutschland. Epidemiologie und Charakterisierung von Täterprofilen. Univ. Diss., FB Medizin, Universität Magdeburg 2014.

[24] Vgl. Reay, Marie: "Mushroom Madness" in the New Guinea Highlands. In: Oceania 31 (1960): 137–139.

[25] Vgl. Heim, Roger; Wasson, Robert Gordon: The "mushroom madness" of the Kuma. In: Botanical Museum Leaflets, Harvard University 21 (1965): 1–36.

[26] Vgl. Newman, Philip L.: "Wild Man" Behavior in a New Guinea Highlands Community. In: American Anthropologist 66 (1964): 1–19.

[27] Vgl. etwa Dembovitz, Nathan: Psychiatry Amongst West African Troops. In: Journal of the Royal Army Medical Corps 84 (1945): 70–74; vgl. auch Knecht, Thomas: Pseudo-Amok eines 38jährigen Mannes in beruflicher und familiärer Belastungssituation. In: Fundamenta Psychiatrica. Psychiatrie und Psychotherapie in Theorie und Praxis 13 (1999): 62–66.

[28] Vgl. Scheithauer, Herbert; Bondü, Rebecca: Amoklauf und School Shooting. Bedeutung, Hintergründe und Prävention. Göttingen: Vandenhoeck & Ruprecht 2011, S. 24.

[29] Peter, Eileen: Amokläufe in Deutschland. Epidemiologie und Charakterisierung von Täterprofilen. Univ. Diss., FB Medizin, Universität Magdeburg 2014, S. 12.

[30] Vgl. Douglas, John E.; Burgess, Ann W.; Burgess, Allen G.; Ressler, Robert K. (Hgg.): Crime Classification Manual. A Standard System for Investigating and Classifying Violent Crime. (3., vollst. überarb. u. aktual. Auflage). Hoboken, NJ: Wiley 2013 [1992], S. 471–490.

[31] Vgl. Scheithauer, Herbert; Bondü, Rebecca: Amoklauf und School Shooting. Bedeutung, Hintergründe und Prävention. Göttingen: Vandenhoeck & Ruprecht 2011, S. 23.

[32] Vgl. Harding, David J.; Fox, Cybelle; Mehta, Jal D.: Studying Rare Events Through Qualitative Case Studies: Lessons From a Study of Rampage School Shootings. International Research, Case Studies, and Concepts for Prevention. In: Sociological Methods & Research 31 (2002): 174–217.

[33] Vgl. Schneider, Hans Joachim: Vorbeugung gegen tödliche Schulgewalt. In: forum kriminalprävention 4 (2002): 26–28.

[34] Vgl. Heubrock, Dietmar; Hayer, Tobias; Rusch, Stephan; Scheithauer, Herbert: Prävention von schwerer zielgerichteter Gewalt an Schulen. Rechtspsychologische und kriminalpräventive Ansätze. In: Polizei & Wissenschaft 1 (2005): 43–57.

[35] Vgl. etwa Braun, Andreas: Campus Shootings. Amok an Universitäten als nicht-intendierte Nebenfolge der Hochschulreform. (= Kulturen der Gesellschaft, Bd. 18). Bielefeld: transcript 2015.

[36] Vgl. Rocque, Michael: Exploring school rampage shootings. Research, theory, and policy. In: The Social Science Journal 49 (2012): 304–313.

[37] Vgl. National Research Council and Institute of Medicine (Hg.): Deadly Lessons. Understanding Lethal School Violence. Case Studies of School Violence Committee. Washington D.C. 2003.

[38] Vgl. Twemlow, Stuart W.; Fonagy, Peter; Sacco, Frank C.; O'Toole, Mary Ellen; Vernberg, Eric: Premeditated Mass Shootings in Schools. Threat Assessment. In: Journal of the American Academy of Child & Adolescent Psychiatry 41 (2002): 475–477.

[39] Vgl. etwa Sitzer, Peter; Böckler, Nils: Schulamok/School Shooting. In: Melzer, Wolfgang; Hermann, Dieter; Sandfuchs, Uwe; Schäfer, Mechthild; Schubarth, Wilfried; Daschner, Peter (Hgg.): Handbuch Aggression, Gewalt und Kriminalität bei Kindern und Jugendlichen. Bad Heilbrunn: Klinkhardt 2015, S. 275–278.

[40] Vgl. etwa Böckler, Nils; Seeger, Thorsten: Schulamokläufer. Eine Analyse medialer Täter-Eigendarstellungen und deren Aneignung durch jugendliche Rezipienten. (= Konflikt- und Gewaltforschung). Weinheim [u. a.]: Juventa 2010.

[41] Vgl. etwa Wieczorek, Arnold: Schülerattentate an deutschen Schulen. Mythen, Fakten und Schlussfolgerungen für die polizeiliche Praxis. In: Kriminalistik 64 (2010): 153–160.

[42] Vgl. etwa Himmelrath, Armin; Neuhäuser, Sarah: Amokdrohungen und School Shootings. Vom Phänomen zur praktischen Prävention. Bern: hep 2014, S. 18.

[43] Vgl. etwa Leuschner, Vincenz; Scheithauer, Herbert: Wissenschaftlich begründete Prävention schwerer, zielgerichteter Schulgewalt. In: Forensische Psychiatrie, Psychologie, Kriminologie 6 (2012): 128–135.

[44] Vgl. Bundesministerium für Bildung und Forschung (Hg.): Tat- und Fallanalysen hochexpressiver zielgerichteter Gewalt (TARGET). URL: https://www.vditz.de/fileadmin/ media/projekte/Projektumriss_TARGET_C1.pdf [Stand: 28. Juli 2018].

[45] Vgl. Giebel, Gilda; Rossegger, Astrid; Seewald, Katharina; Endrass, Jérôme: Psychopathologie von Amokläufern. Ein systematischer Vergleich der Täterprofile von Erwachsenen-

Amok, Schul-Amok und Selbstmordattentaten. In: Kriminalistik 68 (2014): 323–332.

[46] Vgl. Giebel, Gilda; Rossegger, Astrid; Endrass, Jérôme: Attentate an Schulen. Ein forensisch-psychologischer Vergleich aller Fälle von Attentaten an Schulen Deutschlands mit dem Attentat an der Columbine-High School. In: Kriminalistik 4 (2016): 260–266.

[47] Bannenberg, Britta; Bauer, Petra: Amoktaten. Phänomenologie und Hintergründe. In: Rechtsmedizin 3 (2017): 154–161, hier S. 154.

[48] Bannenberg, Britta: School-Shootings. Ist die Eskalationsdynamik zielgerichteter Gewalt zwingend? Junge und erwachsene Amoktäter aus kriminologischer Sicht. In: Greuel, Luise; Petermann, Axel: Boetticher, Axel (Hgg.): Macht – Zwang – Gewalt (?). (Sexuelle) Gewalt- und Tötungskriminalität im forensischen Kontext. Lengerich: Pabst Science Publishers 2015, S. 155–180.

[49] Vgl. Fiedler, Nora; Sommer, Friederike; Ahlig, Nadine; Leuschner, Vincenz; Göbel, Kristin; Scholl, Johanna; Hess, Markus; Mandel, Mareike; Kiani, Clara; Neumann, Thea; Scheithauer, Herbert: Schwere zielgerichtete Gewalttaten an Schulen (Teil 2). Erste Folgerungen für mögliche Präventionsansätze. In: forum kriminalprävention 2 (2016): 25–26.

[50] Vgl. Muschert, Glenn W.: Research in School Shootings. In: Sociology Compass 1/1 (2007): 60–80, hier S. 62.

[51] Vgl. Scholl, Johanna; Sommer, Friederike; Fiedler, Nora; Leuschner, Vincenz; Scheithauer, Herbert: Das Projekt NETWASS – NETWorks Against School Shootings – Ein Programm zur Prävention schwerer zielgerichteter Schulgewalt. In: forum kriminalprävention 1 (2013): 8–14, hier S. 8.

[52] Bondü, Rebecca: School Shootings in Deutschland. Internationaler Vergleich, Warnsignale, Risikofaktoren, Entwicklungsverläufe. Univ. Diss., FB Erziehungswissenschaft und Psychologie, Freie Universität Berlin 2012, S. 25.

4 Theorien zur Entstehung aggressiven Verhaltens

Amoklauf und School Shooting sind extreme Ausdrucksformen aggressiven Verhaltens. Nachdem beide Begriffe in Kapitel 3 eingegrenzt und definiert worden sind, befasst sich das folgende Kapitel mit den wichtigsten Erklärungstheorien zur Entstehung und Aufrechterhaltung von aggressivem Verhalten.

Unter Aggression (von lat. aggredi = angreifen) wird ein „durch Affekte ausgelöstes, auf Angriff ausgerichtetes Verhalten des Menschen, das auf einen Machtzuwachs des Angreifers bzw. eine Machtverminderung des Angegriffenen zielt"[1], verstanden. Je nach Definitionsweite kann aggressives Verhalten neben der interpersonalen Ebene auch die Beschädigung von Objekten (Vandalismus) sowie schädigende Angriffe gegen die eigene Person (Autoaggression) miteinbeziehen. Wird das Angriffsverhalten gegen das eigene Selbst gerichtet, kann dies zu selbstschädigenden Handlungen bis hin zum Suizid führen.

In der Forschungsliteratur werden verschiedene Formen von Aggression unterschieden. Die für die vorliegende Arbeit wichtigste Unterscheidung ist die zwischen impulsiver und instrumenteller Aggression. Während sich impulsive Aggression durch fehlende Steuerungsfähigkeit kennzeichnet, ist instrumentelle Aggression geplant und wird durch den erreichten Erfolg gesteuert. Zur Unterscheidung beider Subformen werden auch die Begriffe „reaktive" und „proaktive" bzw. „heiße" und „kalte" Aggression verwendet.[2] Die tierexperimentellen Entsprechungen werden „affective defense" und „predatory attack" genannt.[3]

Löschper-Lichtinghagen nennt folgende drei zentrale Definitionskriterien aggressiven Verhaltens: Schaden, Intention und Normabweichung.[4] Aggressives Verhalten unterscheidet sich von anderen Formen des Sozialverhaltens darin, dass es zur Schädigung eines Organismus führt oder darauf ausgerichtet ist. Die Schädigung kann dabei physischer und/oder psychischer Natur sein oder auch durch Unterlassung eintreten. Entscheidend ist, ungeachtet ihrer Folgen, die Intentionalität der Handlung. Die Schädigung muss durch den Verursacher bewusst intendiert werden. Unfallhandlungen werden demnach ausgeschlossen.

Die schädigende Handlung muss darüber hinaus eine Abweichung von den Normen und Erwartungen einer Gesellschaft darstellen. So wird beispielsweise ein Fausthieb im Boxsport als legitim und sozial erwünscht angesehen, unter anderen Rahmenbedingungen jedoch als illegitim und unerwünscht verurteilt. Die Einschätzung eines Verhaltens als aggressiv hängt damit zu einem gewissen Grad von dem Bezugssystem des Beurteilers sowie von den gesellschaftlichen Normen und dem Entstehungskontext ab.

© Der/die Autor(en) 2021
M. Sell, *Anatomie des Amoklaufs*, Edition Centaurus –
Neuere Medizin- und Wissenschaftsgeschichte,
https://doi.org/10.1007/978-3-658-33104-7_4

Aggressives Verhalten kann sich nicht nur in ganz unterschiedlichen Formen zeigen, sondern auch sehr verschiedene Ursachen haben. Mit den Entstehungsursachen der verschiedenen Formen von aggressivem Verhalten hat sich dementsprechend eine Vielzahl unterschiedlicher theoretischer Ansätze befasst. Beginnend mit den Trieb- und Instinkttheorien sollen im Folgenden die wichtigsten Erklärungsmodelle zusammengefasst werden, um später auf die Ergebnisse der vorliegenden Untersuchung bezogen werden zu können.

4.1 Trieb- und Instinkttheorien

4.1.1 Psychoanalytische Triebtheorie

Die psychoanalytische Triebtheorie geht von einer angeborenen Aggressionsneigung des Menschen aus.[5] Während ihr Begründer Sigmund Freud (1856–1939) Aggression in den 1910er-Jahren noch als eine Komponente der Sexual- und der Ichtriebe (Selbsterhaltungstriebe) angesehen hat, ordnet er ihr unter dem Eindruck des Ersten Weltkrieges einen eigenständigen Trieb zu, den Todes- oder Destruktionstrieb.[6]

Zum Schutz der Kollektivinteressen werde dieser Trieb kulturell unterdrückt und komme erst zum Vorschein, wenn die hemmenden seelischen Gegenkräfte wegfielen und die im Inneren angestaute Aggressionsenergie in Form des Destruktionstriebs nach außen gewendet werde. Das Individuum warte auf einen Provokationsanlass, um seine Aggressionsenergie loszuwerden, welche es sonst krank machen (kränken) würde.[7] Der Aggressionstrieb diene folglich dem Schutz vor Selbstzerstörung durch Wendung der Aggression gegen das eigene Selbst. Infolge der dadurch bedingten intrinsischen Aggressionsneigung des Menschen sei „die Kulturgesellschaft beständig vom Zerfall bedroht."[8] Freud betont deshalb die Wichtigkeit von Kultur und Gefühlsbindungen unter den Menschen.

Freuds in den Zwischenkriegsjahren entstandene Annahme eines Todes- oder Destruktionstriebs wurde in der Folge vielfach als kulturpessimistisch und empirisch nicht belegt kritisiert. Der aufgrund seiner rassistischen Überzeugungen umstrittene Verhaltensforscher Konrad Lorenz (1903–1989) entdeckt in der Freud'schen Trieblehre zwar Übereinstimmungen zwischen den Ergebnissen der Psychoanalyse und der Verhaltensbiologie – so verorten sowohl trieb- als auch instinkttheoretische Ansätze die Ursache aggressiven Verhaltens vornehmlich innerhalb des Individuums – er verwirft allerdings die Hypothese eines Todestriebs und schreibt dem Aggressionstrieb unter physiologischen Bedingungen im Gegensatz zu Freud eine lebens- und arterhaltende Funktion zu.[9]

4.1.2 Ethologische Instinkttheorie

In seinem 1963 veröffentlichten Werk „Das sogenannte Böse" stellt Konrad Lorenz seinen instinkttheoretischen Erklärungsansatz zur Evolution aggressiven Verhaltens vor. Demnach setzt sich aggressives Verhalten gegen die eigene Spezies in der Phylogenese deshalb durch, weil der erfolgreich aggressivere (männliche) Artgenosse sich hinsichtlich seiner territorialen Ansprüche durchsetzt, die Priorität der Fortpflanzung sichert und damit seine zu aggressiverem Verhalten disponierenden Gene weitergibt.[10] Lorenz schreibt aggressivem Verhalten folglich primär eine arterhaltende Funktion zu.

Auf Grundlage seiner vergleichenden Verhaltensstudien bei Wirbeltieren geht Lorenz davon aus, dass aggressives Verhalten angeboren, instinktgesteuert, automatisch, stereotyp ablaufend und kaum beeinflussbar ist. Es handele sich nicht um eine „*Reaktion* auf bestimmte Außenbedingungen"[11], wie es die Frustrations-Aggressions-Hypothese postuliert (siehe Abschnitt 4.2), sondern um ein Instinktverhalten, das sich auch spontan ohne äußere Auslöser entladen könne.

Lorenz veranschaulicht seine Theorie anhand eines psychohydraulischen Instinktmodells. Es besagt, dass im Organismus kontinuierlich reaktionsspezifische Energien erzeugt werden, die sich wie ein dauerhaft in einen Behälter gepumptes Gas aufstauen und durch Hähne ausströmen und entladen können, wenn die entsprechende Instinkthandlung längere Zeit ausbleibt oder ein geeigneter Schlüsselreiz auftritt.[12] Auf aggressives Verhalten angewandt bedeutet dies: Je mehr Aggressionsenergie aufgestaut ist, desto niedriger ist die Schwelle für Auslösereize, um das System zum Überlaufen zu bringen und die aufgestaute Energie in aggressive Verhaltensweisen umzusetzen. Fehlende Schlüsselreize würden eine Zeit lang durch sogenanntes „Appetenzverhalten" kompensiert.[13] Der Organismus suche dann aktiv nach Schlüsselreizen, an denen sich die gestaute Energie entladen kann. Führe diese Suche nicht zum Erfolg, komme es zu einer „Leerlaufreaktion" und das Instinktverhalten würde infolge einer Schwellenwerterniedrigung auch ohne äußeren Schlüsselreiz ausgeführt.[14]

Lorenz belegt seine Ausführungen zur Spontaneität der Aggression anhand von Beobachtungen von Buntbarschen, Drückerfischen und Schmetterlingsfischen.[15] Auch bei Elefanten wird amokähnliches Verhalten berichtet, wenn diese in Panik geraten.[16] In ihrer „Stampede" trampeln die Tiere in einer unvermittelten Fluchtbewegung alles nieder, was sich ihnen in den Weg stellt. Bei Hunden, zu denen neben den Wölfen beispielsweise auch die Füchse gehören, ist der sogenannte „Blutrausch" bekannt.[17] Hierbei handelt es sich um eine Instinkthandlung, bei der die Raubtiere so lange aktiv töten, bis alle Beutetiere einer Herde tot sind. Ein ähnliches Verhalten wird unter tollwütigen Hunden beschrieben. Das Rabiesvirus befällt vorwiegend Teile des limbischen Systems, insbesondere den Hippocampus, und kann auch bei Menschen gewalttätige Attacken auslösen.[18]

Lorenz wird unter anderem dafür kritisiert, dass er seine Beobachtungen aus der Tierwelt direkt auf den Menschen überträgt. Zur Regulierung des Aggressionsinstinkts empfiehlt er, dessen Energie über Ersatzhandlungen wie z. B. sportliche Wettkämpfe abzubauen.[19] Es ist allerdings umstritten, inwieweit sich diese Erkenntnisse übertragen lassen, da sowohl kognitive Aspekte als auch Sozialisierungsprozesse unberücksichtigt bleiben.[20] Beim Menschen drücken sich Aggressionen auf unterschiedliche Weise aus. Ein Instinkt würde hingegen in vorprogrammierter Weise nur auf bestimmte Schlüsselreize reagieren wie beispielsweise der automatisiert ablaufende Tanz der Honigbienen, der durch den Zoologen Karl von Frisch (1886–1982) untersucht worden ist.[21]

Lorenz' Annahme, dass durch das Ausagieren aggressiver Tendenzen ein Triebstau abgebaut und die zukünftige Aggressionsbereitschaft gesenkt wird („Katharsishypothese der Aggression"), wird mittlerweile ebenfalls durch neuere, empirisch besser fundierte Untersuchungen widerlegt. Auf Amok und School Shooting angewandt würde das bedeuten, dass durch viele kleine Aggressionen große Aggressionen vermieden werden können. Das stellvertretende Abreagieren von Aggressionen bewirkt allerdings häufig nur vorübergehend die von Lorenz postulierten Katharsiseffekte im Sinne einer physiologischen Spannungsreduktion. Die nachfolgende Reduktion emotionaler Spannung bzw. der Erfolg des Handelns führt jedoch anschließend zu einer positiven Verstärkung und erhöht im Gegenteil damit die Auftretenswahrscheinlichkeit von zukünftigem aggressivem Verhalten.[22]

4.2 Frustrations-Aggressions-Hypothese

Das Gegenstück zum Instinktmodell ist das Reaktionsmodell. Gestützt auf verhaltenstheoretische Reiz-Reaktions-Modelle und die Triebtheorie Sigmund Freuds entwickelten John S. Dollard (1900–1980) und Kollegen in ihrem 1939 erschienenen Werk „Frustration and Aggression" die Hypothese, dass dem Auftreten von aggressivem Verhalten in jedem Fall kausal eine Frustration vorausgeht und folglich jedes aggressive Verhalten eine Reaktion auf ein Frustrationserlebnis ist.

Als Frustration wird dabei ein Zustand bezeichnet, der eintritt, wenn ein angestrebtes Ziel beispielsweise durch ein Verbot verhindert oder aufgeschoben wird. Unter Aggression wird eine Handlung verstanden, deren Ziel die Schädigung eines Organismus oder eines Ersatzobjekts ist.[23] Eine spontane Aggressionsbereitschaft, wie sie von Freud und Lorenz postuliert wird, gibt es nach dieser Hypothese nicht. Anders als bei den zuvor beschriebenen Modellen ist Aggression hier immer reaktiv, nie proaktiv.

Gemäß der Frustrations-Aggressions-Hypothese muss die aggressive Verhaltensreaktion jedoch nicht immer unmittelbar im Anschluss an eine erlittene oder erlebte

Frustration folgen. Aufgrund des sozialen Zusammenlebens habe der Mensch gelernt, seine Reaktionen zu kontrollieren und sich unmittelbar nach einer Frustration
erst einmal anscheinend mit der Situation abzufinden und sich ihr anzupassen. Die
in Folge einer Frustration entwickelte Aggression müsse sich deshalb nicht immer in
beobachtbarem Verhalten manifestieren, sondern könne auch als Inhalt einer Fantasie oder in Form eines Racheplans auftreten. Die Aggression könne dabei gegen das
Objekt, das als Quelle der Frustration wahrgenommen werde, gerichtet sein, sie
könne auf ein völlig unbeteiligtes Objekt (Ersatzobjekt) verschoben oder gegen das
eigene Selbst gerichtet sein.[24]

Empirisch ließ sich jedoch nicht bestätigen, dass eine frustrationsarme Erziehung
und ein permissiver Erziehungsstil zu verminderter Aggressionsbereitschaft führen.
Die Frustrations-Aggressions-Hypothese kann folglich nur eine Teilerklärung zur
Entstehung von Aggression liefern. Experimentelle Arbeiten haben gezeigt, dass die
monokausale Konzeption von Aggression als Reaktion auf Frustration nicht aus-
reicht, um alle Formen der Aggression hinreichend zu erklären und dass Frustration
auch andere, nicht-aggressive Verhaltensweisen bedingt. Schon bald nach der Erst-
veröffentlichung der von Dollard postulierten Hypothese gelang Barker und Kollegen
der Nachweis, dass eine lebensnah-experimentell bei jüngeren Kindern erzeugte
Frustration keineswegs nur aggressive Reaktionsbereitschaften hervorruft, sondern
genauso gut regressive Verhaltensweisen evozieren kann.[25]

Theoretische Weiterentwicklungen der Frustrations-Aggressions-Hypothese postu-
lieren daher, dass Frustrationen zu einer Anzahl möglicher Reaktionen führen können, beispielsweise auch zu nicht-aggressiven Verhaltensweisen wie der Suche nach
Ersatzhandlungen, Weinen, Rückzug oder Apathie. Auch eine konstruktive Situati-
onsbewältigung durch gesteigerte Motivation ist denkbar. Daneben müssen neben
Frustration auch andere aversive Stimuli wie beispielsweise Schmerz, Angst, Enge,
Lärm oder Hitze, die ebenfalls aggressives Verhalten verstärken oder hervorrufen
können, als Auslöser für Aggression in Betracht gezogen werden.[26]

Berkowitz revidierte deshalb die Frustrations-Aggressions-Hypothese und erweiterte
sie um sogenannte „Hinweisreize" (aggression-facilitating cues), die in Kombination
mit negativen Affekten wie Ärger oder Frustration die Auftretenswahrscheinlichkeit
und die Intensität von aggressivem Verhalten erhöhen.[27] Gemeinsam mit LePage
konnte er zeigen, dass die bloße Gegenwart von Waffen bei frustrierten Versuchsper-
sonen als Hinweisreiz wirken kann, der zu erhöhter Aggression führt.[28] In einer späteren Metaanalyse wurde dieser Zusammenhang bestätigt.[29]

4.3 Lerntheoretische Ansätze

Anders als trieb- oder frustrationstheoretische Ansätze gehen lerntheoretische Erklärungsansätze davon aus, dass es nicht eines spezifischen Faktors in Form eines Triebs oder einer Frustration bedarf, um aggressives Verhalten auszulösen. Lerntheoretische Ansätze basieren vielmehr auf der Annahme, dass aggressives Verhalten, wie soziales Verhalten im Allgemeinen, im Lauf der individuellen Entwicklung erlernt wird und damit veränderbar ist. Unter Lernen wird dementsprechend die Veränderung personaler Dispositionen (Kenntnisse, Einstellungen, Fertigkeiten, Gewohnheiten, Gefühlsneigungen etc.) aufgrund von Erfahrungen bzw. Beobachtungen, d. h. durch externe Einflüsse, verstanden.[30]

Innerhalb der klassischen Lerntheorien werden drei Lernprinzipien unterschieden, die für die empirische Aggressionsforschung von besonderem Interesse sind: Klassische Konditionierung, operante Konditionierung und Lernen am Modell.

4.3.1 Klassische Konditionierung

Das Prinzip der klassischen Konditionierung beruht auf der Entdeckung des russischen Physiologen Iwan Petrowitsch Pawlow (1849–1936), dass ein zunächst neutraler Reiz zu einem spezifischen Auslöser werden kann. Eher beiläufig stellte Pawlow im Rahmen seiner Experimente zum Speichelfluss bei Hunden fest, dass die Versuchstiere schon dann vermehrt Speichel sekretierten, wenn sie den Fütterungsraum betraten, den Tierpfleger sahen, der ihnen üblicherweise das Futter brachte, oder auch nur dessen charakteristische Schrittgeräusche hörten.[31] Für die Hunde waren diese Indizien zu Signalreizen geworden, dass es bald Futter geben wird. In weiteren Versuchsreihen verwendete Pawlow u. a. das Ticken eines Metronoms, das nach einigen Versuchsdurchgängen im Stande war, alleine den Speichelfluss auszulösen, nachdem es zuvor an den natürlichen (unkonditionierten) Reiz „Futtergabe" gekoppelt worden war. Das Ticken des Metronoms war von einem neutralen zu einem konditionierten Reiz geworden.[32]

Klassische Konditionierung setzt natürliche, unkonditionierte Reflexe oder reflexartige Reaktionen voraus. Eine solche reflexartige Reaktion, die beim Menschen leicht auf neutrale Reize übertragen werden kann, ist beispielsweise der Schrecken, den wir bei einem lauten Knall empfinden. Gestützt auf die tierexperimentellen Befunde Pawlows entwickelte der US-amerikanische Psychologe John Broadus Watson (1878–1958) ein nicht nur aus heutiger Sicht verstörend wirkendes Experiment, in dem er das Prinzip der klassischen Konditionierung auf das menschliche Verhalten überträgt („Little-Albert-Experiment" von 1919).

Watson konfrontierte einen elf Monate alten Säugling zunächst mit einem neutralen Reiz (weiße Ratte), ohne dadurch eine Furchtreaktion auszulösen. Anschließend wiederholte er die Präsentation des neutralen Reizes in Verbindung mit einem außerhalb der Sichtweite des Säuglings produzierten furchterregend lauten Hammerschlag, der ertönte sobald dieser nach der weißen Ratte griff. Auf die alleinige Präsentation des Hammerschlags hatte der Säugling zuvor mit Erschrecken und Furcht reagiert (unkonditionierter Reflex). In der Folge reagierte der Junge allein bei dem Anblick der weißen Ratte, auch ohne den Hammerschlag, mit Furcht (konditionierter Reflex) und übertrug die konditionierte Furchtreaktion auch auf andere Tiere und pelzartige Gegenstände, die ihm gezeigt wurden (Reizgeneralisierung).[33]

Viele menschliche Furchtreaktionen lassen sich durch das Prinzip der klassischen Konditionierung erklären. Aber auch Ärger- und Wutreaktionen können Folge klassischer Konditionierungsprozesse sein. Der bloße Anblick eines Menschen, der uns mehrmals in Ärger versetzt hat, kann zum Signal für eine erneute Ärgerreaktion werden. Unter Umständen reicht auch schon ein Foto, ein Geräusch oder ein Geruch, um eine aggressive Reaktion auszulösen, ohne dass die damit assoziierte Person anwesend sein muss. Allein die Nennung ihres Namens kann zum Auslösen einer automatischen Ärgerreaktion oder eines aggressiven Verhaltens genügen (semantische Konditionierung). Wird die Ärgerreaktion auf Familie, Freunde oder Landsleute ausgeweitet spricht man von Reizgeneralisierung.[34]

Ob sich diese Reaktionen notwendigerweise in Form von aggressivem Verhalten äußern, ist damit allerdings nicht determiniert. Denkbar wären auch andere Reaktionen wie z. B. Angst oder Abwehr. Zudem vernachlässigt der gemeinhin auch als „Reiz-Reaktions-Modell" (Stimulus-Response Model) bezeichnete Ansatz kognitive Verarbeitungsprozesse der Stimuli durch den Menschen, der die Signale auch anders als vor dem Hintergrund einer festen Reiz-Reaktions-Automatik deuten kann. Wahrscheinlich ist auch, dass es sich nicht in jedem Fall von aggressivem Verhalten um eine klassische Konditionierung, d. h. eine Kopplung eines neutralen Reizes mit einem Auslöser, sondern vielmehr um ein generelles Beispiel von assoziativem Lernen handelt.

4.3.2 Operante Konditionierung

Aufbauend auf der Theorie der klassischen Konditionierung entwickelte der US-amerikanische Psychologe Burrhus Frederic Skinner (1904–1990) die Theorie der operanten Konditionierung. Diese wird synonym auch als „instrumentelle Konditionierung", „Lernen am Erfolg" oder „Lernen durch Verstärkung" bezeichnet. Grundgedanke der operanten Konditionierung ist, dass die Häufigkeit eines Verhaltens zunimmt, wenn dem Verhalten eine angenehme Konsequenz nachfolgt (Effektgesetz des Lernens).[35] Bei der operanten Konditionierung werden folglich ein Verhalten und eine Verhaltenskonsequenz miteinander verknüpft, so dass ein Individuum lernt, sein Verhalten nach den Konsequenzen desselben auszurichten.

Aggressives Verhalten kann auf drei verschiedene Weisen verstärkt werden:

1. *Positive Verstärkung:* Wird ein Individuum für sein aggressives Verhalten „belohnt" (z. B. in Form von Zuwendung und Aufmerksamkeit), erhöht sich die Wahrscheinlichkeit, dass die Person auch in Zukunft aggressives Verhalten zur Durchsetzung ihrer Interessen anwenden wird.

2. *Negative Verstärkung:* Auch der Wegfall negativer Konsequenzen für das Individuum (z. B. der Abbau eines unangenehmen Spannungszustands wie Furcht oder Ärger) erzielt diese Wirkung und trägt zur Aufrechterhaltung von aggressivem Verhalten bei.

3. *Duldung:* Das Nichteingreifen einer Autoritätsperson kann ebenfalls aggressives Verhalten verstärken, da aus dieser Haltung eine stillschweigende Billigung des aggressiven Verhaltens abgeleitet werden kann.[36]

Das lerntheoretische Modell der operanten Konditionierung liefert zwar eine plausible und experimentell verifizierte Erklärung für die Aufrechterhaltung von aggressivem Verhalten, beantwortet aber nicht die Frage, wie aggressives Verhalten zum ersten Mal entsteht. Auch vernachlässigt es innere Prozesse wie Wahrnehmung, kognitive Bewertung, Fühlen und Motivation sowie individuelle Einstellungen und Sozialisierungsprozesse. Die Theorie des Beobachtungslernens, die in zahlreichen Experimenten untersucht worden ist, liefert einen Ansatz, um sowohl die Aufrechterhaltung als auch die erstmalige Entstehung von aggressivem Verhalten zu erklären.

4.3.3 Sozial-kognitive Lerntheorie

Anfang der 1960er-Jahre wies der kanadische Psychologe Albert Bandura (*1925) in der gemeinsam mit seinen Kollegen durchgeführten „Bobo doll study" den Einfluss des sozialen Lernens durch Beobachtung und Nachahmung als Auslöser von aggressivem Verhalten nach.[37] Ihre Experimente zeigen, dass Aggression durch Beobachtung und Imitation aggressiver Modelle gelernt wird, insbesondere in Situationen, in denen Kinder die Erfahrung machen, dass aggressives Verhalten von der Umwelt direkt belohnt oder geduldet wird.[38]

Dabei sind auch die Eigenschaften des Modells wichtig. Ein Modell wird umso eher imitiert, je attraktiver es für den Beobachter erscheint. So ruft das Verhalten eines Modells mit hohem sozialem Status mehr Aufmerksamkeit hervor und wird eher imitiert, als das Verhalten von Modellen mit niedrigem Status.[39] Im Alltag dienen meist nahestehende Personen wie Eltern, Lehrer, Erzieher, ältere Geschwister und die Gruppe der Gleichaltrigen als Modelle. Am Beispiel des Fernsehens konnten Bandura und Kollegen jedoch nachweisen, dass sich Beobachtungslernen nicht auf lebendige Vorbilder in der unmittelbaren Umgebung beschränkt, sondern auch für medial vermittelte Rollenvorbilder gilt.[40]

Auch in Bezug auf Ereignisse wie Amokläufe und School Shootings stellt sich die Frage nach der Wirkung von Mediengewalt. Für einen möglichen Zusammenhang zwischen dem Konsum von Gewaltdarstellungen und der Aggressionsbereitschaft liegen sowohl Belege für die „Wirkungshypothese" als auch für die „Selektionshypothese" vor: Danach weisen ohnehin aggressive Personen eine höhere Affinität für gewalthaltige Medienangebote auf, deren Aggressionspotential sich durch deren Nutzung weiter erhöht.[41] Computerspiele wirken folglich nicht per se aggressionssteigernd, da nicht jeder für die Faszination von gewaltdarstellenden Computerspielen empfänglich ist.

Experimentelle Befunde weisen darauf hin, dass das Spielen von gewalttätigen Videospielen sich auf Gedanken, Gefühle und Verhalten der Spielenden auswirkt und positiv mit aggressivem Verhalten und nichtaggressiver Delinquenz sowie mit dem Persönlichkeitszug Aggressivität korreliert.[42] Die sozial-kognitive Lerntheorie zeigt aber auch, dass es sich bei Modelllernen um einen äußerst komplexen Vorgang handelt, bei dem erlerntes Verhalten zeitlich verzögert und in einem anderen situativen Kontext auftreten kann. Auch wird nicht jedes Modell oder Verhalten nachgeahmt, so dass auch andere Faktoren zum Verständnis von aggressivem Verhalten notwendig sind.[43]

4.4 Entwicklungspsychologische Konzepte

Entwicklungspsychologische Konzepte wie die von Jean Piaget (1896–1980) und Lawrence Kohlberg (1927–1987) beschäftigen sich mit der Moralentwicklung und dem Erlernen von nicht aggressivem, prosozialem Verhalten. Aus Sicht der kognitiven Entwicklungspsychologie ist die Fähigkeit und Bereitschaft zur sozialen Perspektivübernahme eine Schlüsselqualifikation für prosoziales Handeln. Hemmfaktoren wie Einfühlung in potentielle Opfer oder Angst vor Strafe können die Auftretenswahrscheinlichkeit von aggressivem Verhalten minimieren.

Piaget hat die moralische Urteilsentwicklung anhand von Beobachtungen des Umgangs von Kindern mit den Regeln des Murmelspiels untersucht.[44] Demnach bewegen sich Kinder zuerst von einer amoralischen Stufe zu einer Stufe des Respekts gegenüber „heiligen" Regeln, die von Erwachsenen wie den für allwissend und vollkommen gehaltenen Eltern aufgestellt werden und gewissermaßen göttlichen Ursprungs sind. Junge Kinder zwischen drei und acht besitzen noch nicht die kognitiven Fähigkeiten, um Regeln als Ergebnis eines freien Entschlusses und gegenseitigen

Übereinkommens zu betrachten. Sie erscheinen ihnen von außen auferlegt und unveränderlich. Erst durch die intellektuelle Reifung und die Auseinandersetzung in der Gruppe der Gleichaltrigen, verändern sich die von äußeren Instanzen (Erwachsenen) auferlegten Weisungen hin zu internalen Prinzipien. Piaget zufolge entwickelt sich bei Kindern etwa im Alter von acht bis zehn Jahren eine autonome Moral der Gerechtigkeit, die schließlich jene frühere heteronome Moral ersetzt, welche auf einer fraglosen Hinnahme der Autorität der Erwachsenen beruhte.

Kohlberg sieht in der Entwicklung des moralischen Urteils hinsichtlich mehrerer Aspekte „kulturübergreifende, universelle Alterstrends […, die] in einer Anzahl von westlichen und orientalischen Kulturen und ebenso bei den Indianern Nordamerikas und bei den Ureinwohnern Malaysias vorgefunden"[45] wurden. Gestützt auf die Theorien Piagets unterscheidet er sechs Stufen der Moralentwicklung, die sich durch einen zunehmenden Grad der Internalisierung moralischer Sanktionen und damit verbundenem Erwerb von Autonomie im Umgang mit Normen und Konventionen auszeichnen.

Die Orientierung an Strafe und Gehorsam (Stufe 1) bzw. einen naiven instrumentellen Hedonismus (Stufe 2) bezeichnet Kohlberg als „präkonventionelles" Niveau des moralischen Urteils. Davon zu unterscheiden sind eine weiterentwickelte Moral des guten Kindes, das den Rollenerwartungen entsprechen möchte und die Anerkennung der anderen sucht (Stufe 3) bzw. eine Moral des sozialen Gewissens und der Aufrechterhaltung von Autorität (Stufe 4), die beide dem „konventionellen" Niveau des moralischen Urteils zugerechnet werden. Das „postkonventionelle" bzw. „prinzipienorientierte" Niveau ist durch eine Moral des sozialen Vertrags, der individuellen Rechte und des demokratisch anerkannten Gesetzes (Stufe 5) bzw. eine Moral der universalen Gewissensprinzipien (Stufe 6) gekennzeichnet. Während das Individuum im „präkonventionellen" Niveau eine konkret-individuelle Perspektive einnimmt, bezeichnet das „konventionelle" Niveau die Einnahme einer Perspektive als Mitglied der Gesellschaft und das „postkonventionelle" Niveau eine der Gesellschaft vorgeordnete Perspektive.[46]

4.5 Sozial-interaktionistische Theorie

Aus sozial-interaktionistischer Sicht wird aggressives Verhalten immer als Ergebnis einer Interaktion zwischen dem Individuum und äußeren Bedingungen des sozialen Kontexts betrachtet. Indem sie die interpersonelle Dynamik der zugrunde liegenden aggressiven Handlung und nicht die intra-organismischen Prozesse in den Fokus stellt, basiert diese Perspektive auf einer radikalen Kritik der biologischen, psychoanalytischen und lernpsychologischen Ansätze zur Untersuchung von Aggression.[47]

Die sozial-interaktionistische Theorie aggressiven Verhaltens des Sozialpsychologen James Tedeschi (1928–2000) und des Soziologen Richard Felson (*1950) sieht Aggression als funktionales Verhalten, das auf bestimmte Ziele ausgerichtet ist. Die Ausübung aggressiven Verhaltens wird demnach in einem rationalen Prozess entschieden und hängt im Wesentlichen von zwei Faktoren ab: dem Wert des angestrebten Ziels und der Erwartung, das Ziel mit dem Verhalten erreichen zu können.[48] Für die individuelle Kosten-Nutzen-Abwägung sind zudem moralische und normative Orientierungen sowie situative Faktoren entscheidend.

Drei wesentliche Motive bedingen die Entscheidung zu aggressiven Verhalten: das Streben nach sozialer Kontrolle, das Streben nach Gerechtigkeit oder Vergeltung und das Streben nach positiver Selbstdarstellung.[49] Da die sozial-interaktionistische Theorie den Fokus auf den rationalen Entscheidungsprozess legt, eignet sich diese jedoch ausschließlich zur Erklärung instrumenteller, nicht jedoch von impulsiver Aggression. Für letztere können im Einzelfall psychiatrische Erkrankungen Erklärungen liefern, wenn rationale Kosten-Nutzen-Abwägungen versagen.

4.6 Psychiatrische Erklärungen

Aggression kann Ausdruck normalpsychischer Reaktionen sein, aber auch Symptom einer Reihe psychiatrischer Erkrankungen. Studien legen einen Zusammenhang zwischen aggressivem Verhalten und psychischen Erkrankungen wie z. B. Alkoholabhängigkeit[50], Störungen der Impulskontrolle[51] und Erkrankungen aus dem schizophrenen Formenkreis[52] nahe. Daneben kommen auch organische Ursachen wie z. B. Hirntumore, Epilepsie, Schädel-Hirn-Traumata, Enzephalitiden oder Demenzen als Auslöser von aggressivem Verhalten in Frage, wobei Substanzmissbrauch den weit wichtigsten prädiktiven Faktor für die Entstehung aggressiven Verhaltens und aggressiver Delinquenz darstellt.[53]

Eine viel zitierte epidemiologische Untersuchung von Böker und Häfner kam zu dem Ergebnis, dass der Anteil psychisch kranker Täter an der zwischen 1955 und 1964 in der Bundesrepublik Deutschland verübten Gewaltkriminalität drei Prozent und der Anteil psychisch Kranker an tödlichen Gewalttaten unter 5,6 Prozent beträgt.[54] Das bedeutet, dass der weitaus überwiegende Teil der Gewalttaten von Menschen begangen wurde, bei denen keine psychiatrische Erkrankung diagnostiziert wurde. Psychisch Kranke begingen insgesamt nicht häufiger, aber auch nicht wesentlich seltener eine Gewalttat als psychisch Gesunde. Nur bei schizophren Erkrankten lag das Risiko eine Gewalttat zu begehen leicht über jenem der vergleichbaren Bevölkerung.

Innerhalb des erfassten Gewalttäterkollektivs psychisch Kranker stellten schizophren erkrankte Täter mit 53,4 Prozent die mit Abstand größte Gruppe dar, gefolgt von chronischen Alkoholikern, die circa fünfzehn Prozent des Gesamtkollektivs psychisch kranker Täter ausmachten.[55] Gewalttäter mit affektiven Psychosen fanden sich deutlich seltener. Bei etwa 58 Prozent der schizophrenen Täter lag zum Tatzeitpunkt ein paranoid-halluzinatorischer Wahn vor, in 77 Prozent handelte es sich um einen systematisierten Wahn, in 23 Prozent um eine Wahnstimmung.[56] Die Erkrankung hat in der Regel bereits mehrere Jahre bestanden. Gewalttaten in den ersten vier Wochen nach Krankheitsbeginn waren mit circa drei Prozent außerordentlich selten.[57] Mehr als die Hälfte der schizophren erkrankten Täter litt an der wahnhaften Überzeugung, selbst an Leib und Leben bedroht zu sein, so dass sie ihre Opfer aus wahnhafter Notwehr angriffen.[58] In fast zwei Drittel waren die Opfer Mitglieder der engeren Familie.[59]

4.7 Biologische und zentralnervöse Befunde

Die Annahme, dass sowohl psychische als auch psychopathologische Prozesse ihren Ursprung im Gehirn nehmen, besteht mindestens seit der Antike. Bereits in den hippokratischen Schriften wird ein ursächlicher Zusammenhang zwischen Gehirnaktivität und affektiven Reaktionen wie Lust, Freude, Lachen und Scherzen, Trauer und Leid, Unlust und Weinen, Raserei und Wahnsinn, Angst und Schrecken vermutet.[60]

In der ersten Hälfte des 20. Jahrhunderts zeigte der Schweizer Physiologe Walter Rudolf Hess (1881–1973), dass durch elektrische Aktivierung des Hirnstamms im Tierexperiment, insbesondere von kleinen Arealen des Hypothalamus, triebhafte Verhaltensweisen wie Nahrungsaufnahme und aggressives Verhalten in Verteidigungssituationen („affective defence") ausgelöst werden können, ohne dass hierfür ein äußerer appetit- oder aggressionsauslösender Reiz notwendig ist.[61] In der Folge identifizierte die Arbeitsgruppe um den deutschen Psychiater, Primatenforscher und Anthropologen Detlev Ploog (1920–2005) in den 1970er-Jahren auch beim Menschen ein ausgedehntes Netzwerk aggressionsauslösender und -kontrollierender Stimulationspunkte, das sich von den Mandelkernen über hypothalamische Areale bis hin zum Nucleus dorsalis medialis des Thalamus erstreckt.[62] Die Aktionsbereitschaft dieses Netzwerks wird von Schwankungen der Hormonspiegel (vor allem von Testosteron, Cortisol, Oxytocin, Vasopressin und Thyroxin), von der Neurotransmitteraktivität (vor allem Serotonin) sowie von Pharmaka (z. B. Serotoninrezeptor-Agonisten) beeinflusst.[63]

Auf humanpsychologischer Ebene lassen sich neurobiologisch zwei Formen von Aggression unterscheiden: impulsive Aggression und instrumentelle Aggression.[64] Die tierexperimentellen Analoga dieser beiden grundsätzlich verschiedenen Erscheinungsformen von Aggression sind zum einen die sogenannte „defensive rage" bzw. „affective defense" (aggressives Verhalten in Verteidigungssituationen) und zum anderen die sogenannte „predatory attack" (ein geplanter Angriff mit dem Ziel der Unterwerfung oder Tötung des Opfers).[65]

Tierversuche zeigten, dass die elektrische oder chemische Reizung des periaquäduktalen Graus im Mittelhirn und des medialen Hypothalamus wütendes Verteidi-
gungsverhalten („defensive rage"), die Stimulation des lateralen Hypothalamus und
des ventrolateralen periaquäduktalen Graus Angriffsverhalten („predatory attack")
zur Folge hat.[66] Zwischen beiden Systemen besteht eine durch GABAerge Neurone
vermittelte reziproke Hemmung, weshalb eine Aggressionsform die jeweils andere
unterdrückt.[67]

Auch beim Menschen konnten durch tiefe Hirnstimulation der Amygdala aggressive
Attacken evoziert werden.[68] Die Funktion der Amygdala wird maßgeblich von Mo-
noaminen, zu denen auch Serotonin gehört, beeinflusst.[69] Aktuelle Untersuchungen
legen einen Zusammenhang zwischen Serotoninkonzentration und Aggressionsneigung beim Menschen nahe („Serotoninmangelhypothese").[70]

Es werden begünstigende genetische Faktoren vermutet. Auf molekulargenetischer
Ebene stehen insbesondere Polymorphismen für das Serotonintransporter(5-HTT)-
und das Monoaminooxidase(MAO-A)-Gen im Fokus. Funktionsmagnetresonanzto-
mografische Untersuchungen deuten darauf hin, dass eine erniedrigte Expression des
MAO-A-Gens mit verstärkter Neigung zu impulsiver Aggression, reduziertem Volu-
men limbischer Hirnstrukturen, erhöhter Aktivierbarkeit der Amygdala und erniedrigter Aktivierbarkeit regulatorischer präfrontaler Hirnregionen nach Präsentation
affektiv aufgeladener Reize einhergeht.[71]

Weitere Studien zeigten, dass Missbrauchserfahrungen in der Kindheit bei Jungen
mit erniedrigter Expression des MAO-A-Gens zu erhöhter Aggressivität führten,
während Jungen mit erhöhter Expression des MAO-A-Gens in der Folge keine solche
entwickelten.[72] Vergleichbare Befunde gibt es für das Serotonintransporter(5-HTT)-
Gen.[73]

Neben Gen-Umwelt-Interaktionen spielen aber auch situative Einflussfaktoren eine
Rolle. So konnte gezeigt werden, dass äußere Provokationen bei Männern mit erniedrigter Aktivität des MAO-A-Gens im Vergleich mit Männern mit erhöhter Aktivität
des MAO-A-Gens zu häufigeren und stärkeren aggressiven Reaktionen führten.[74]

Auch bei Amok und School Shooting ist letztlich der Einfluss (epi-)genetischer Faktoren beispielsweise im Sinne einer verminderten Serotoninaktivität als Risikofaktor
denkbar, wurde bislang allerdings noch nicht empirisch untersucht.[75] Genetische
Einflussfaktoren allein können allerdings Unterschiede in der Häufigkeit von Amok
und School Shooting in verschiedenen Kulturen nicht hinreichend erklären. Da Se-
rotoninmangel zudem häufig, Amok und School Shooting jedoch sehr seltene Ereignisse sind, kann die Serotoninmangelhypothese im besten Fall ein Puzzleteil des
komplexen Rätsels beantworten. Nach aktuellem Stand der biologischen Forschung
besteht zwar eine angeborene Aggressionsbereitschaft des Menschen, ob und wie sich

diese äußert scheint jedoch Folge eines komplexen Zusammenspiels aus frühkindlichen Erfahrungen, Sozialisierungsprozessen, äußeren Einflüssen der Situation, Schwankungen von Hormon- und Neurotransmitterkonzentrationen und genetischen Einflussfaktoren zu sein.

In seltenen Fällen können auch pathologische Prozesse wie z. B. Tumoren oder traumatische Hirngewebszerstörungen mit krankhaft aggressivem Verhalten einhergehen. Eine 1997 durch Bogerts am Gehirn des 1938 verstorbenen Massenmörders Ernst August Wagner (1874–1938) durchgeführte neuropathologische Untersuchung erbrachte bei makroskopisch unauffälligem Gehirn eine eindeutig pathologische, etwa zwei Millimeter tiefe und zwei Zentimeter lange Invagination (Hirnentwicklungsstörung) im Bereich des linken Gyrus parahippocampalis im Areal der Regio entorhinalis.[76]

Hierbei handelt es sich um eine für die emotionale Bewertung von Umweltreizen strategisch wichtige Stelle des limbischen Systems, die in enger topografischer Beziehung zum Hippocampus steht. Funktionsstörungen dieser Areale können eine Dissoziation zwischen Kognition und Emotion sowie eine nicht situationsgerechte emotionale Einordnung vergangener und gegenwärtiger Erfahrung zur Folge haben. Der durch Bogerts untersuchte Hauptlehrer hatte im September 1913 zunächst seine Frau und die vier gemeinsamen Kinder getötet und anschließend neun weitere Menschen erschossen.[77]

Bogerts geht aufgrund der erhobenen Befunde von einer neuroanatomischen Disposition zum Wahn bei Wagner aus, wobei er keinen Zweifel daran hat, dass für die inhaltliche Ausgestaltung des Wahns lebensgeschichtliche Ereignisse prägend waren. Darüber hinaus analysiert Bogerts den Autopsiebefund von Charles Whitman (1941–1966), der neben der rechten Amygdala einen walnussgroßen Tumor ergab. Bogerts sieht in der tumorbedingten hirnlokalen Struktur- und Funktionsbeeinträchtigung des limbischen Systems eine möglicherweise entscheidende Ursache, die über einen Wegfall inhibitorischer Afferenzen zur Amygdala zu einer Desinhibition von Teilen der Amygdala für das aggressive Verhalten verantwortlich sein könnte.[78] Am 31. Juli 1966 hatte Whitman im Alter von 25 Jahren zunächst seine Mutter und danach seine Frau erstochen. Am 1. August 1966 schoss er vom Turm der University of Texas in Austin auf alles, was sich bewegte. Er tötete dabei dreizehn Menschen und verletzte 32 weitere zum Teil schwer, bevor er von der Polizei erschossen wurde. Ein Mädchen erlag wenig später ihren Verletzungen.[79]

4.8 Integrative Modelle

Angesichts der Vielzahl unterschiedlicher Theorien, die nicht nur in ihren Erklä-
rungsansätzen höchst verschieden sind, sondern auch hinsichtlich praktischer Konsequenzen zu teilweise sehr unterschiedlichen Aussagen kommen, liegt der Versuch
eines integrativen Modells, das multiple Einzelfaktoren berücksichtigt und zueinan-
der in Beziehung setzt, um die komplexe Entstehung aggressiven Verhaltens zu erklären, nahe. Derartige Versuche wurden mehrfach unternommen. Zu den bekann-
testen zählen die Motivationstheorie der Aggression von Hans-Joachim Kornadt
(*1927) und das General Aggression Model von Craig A. Anderson (*1952) und Brad
J. Bushman (*1960).

4.8.1 Motivationstheorie

Die Motivationstheorie der menschlichen Aggression von Hans-Joachim Kornadt
versucht unter Berücksichtigung verschiedenster theoretischer Ansätze, affektive
und kognitive Elemente von aggressivem Handeln in einem Modell zu integrieren.
Dabei geht sie von einem eigenständigen, überdauernden Aggressionsmotiv aus, das
auf Schädigungsziele gerichtet und vom Anreiz des Ziels und der Erwartung eines
entsprechenden Handlungserfolgs gesteuert wird.[80] Die situative Verwirklichung des
Aggressionsmotivs kann z. B. durch Ärgeraktivierung durch Frustration, angeborene
oder erlernte Verhaltensmuster, Abwägung von Erfolgsaussichten etc. begünstigt
werden. Dem gegenüber steht ein überdauerndes Motiv der Aggressionshemmung,
das mit negativen Erwartungen und Einstellungen wie Strafe und Schuld in Bezug
auf die Ausübung von Aggression verbunden ist.[81]

Gemäß der Motivationstheorie ist die Entstehung bzw. die Vermeidung aggressiven
Verhaltens im Spannungsfeld zwischen diesen beiden antagonistischen Motiven, die
einmal mit positiven, das andere Mal mit negativen Erwartungsemotionen verbunden sind, angesiedelt. Eine der zentralen Annahmen der Motivationstheorie ist, dass
es sich bei aggressivem Verhalten um eine motivierte Handlung handelt, mit der die
Erreichung eines konkreten, situationsbezogenen Aggressionsziels intendiert wird,
und dass mit der Zielerreichung angenehme Konsequenzen wie z. B. Genugtuung o-
der das Verschwinden des Ärgers antizipiert werden. Es konnte gezeigt werden, dass
aggressives Verhalten nach Zielerreichung zu einer momentanen Katharsis führt.

4.8.2 Allgemeines Aggressionsmodell

Im Sinne eines biopsychosozialen Modells der Aggression, wonach genetische oder
biologische Dispositionen, entwicklungsbedingte Faktoren, ein aggressionsfördern-

des Umfeld und situative Reize zusammenwirken und je nach Gewicht der Einzelfaktoren zu unterschiedlichen Formen der Aggression führen, berücksichtigt das
„General Aggression Model" von Anderson und Bushman eine Vielzahl proximater
(d. h. in der Situation wirksamer) und ultimater Einflussfaktoren auf die Entstehung
menschlicher Aggression. Dabei werden sowohl personale als auch situative Faktoren
einbezogen.[82]

Zu den proximaten Einflussfaktoren zählen neben kognitiven Bewertungsprozessen
auch gegenwärtige Affekte wie Ärger oder Wut sowie körperliche Erregungssymp-
tome, die sich gegenseitig beeinflussen und den aktuellen inneren Zustand des Individuums bestimmen. Auch situative Variablen wie Frustration, kognitive Hinweisreize, Enge, hohe Temperaturen etc. haben Einfluss auf den aktuellen inneren Zustand und werden zu den proximaten Einflussfaktoren gezählt, während biologische
und biografische Faktoren sowie Persönlichkeitsvariablen zu den ultimaten Einflussfaktoren gezählt werden.

Im Unterschied zu vielen anderen Aggressionsmodellen wird eine Vielzahl verschiedener Einflussfaktoren auf die Entstehung von aggressivem Verhalten berücksichtigt.
Das Allgemeine Aggressionsmodell ermöglicht es zudem, sowohl klassische Aggressionsformen wie impulsive und instrumentelle Aggression als auch weit verbreitete
Mischformen zu erklären, in denen sowohl impulsive als auch instrumentelle Anteile
eine Rolle spielen. Neben der Erklärung der Entwicklung von aggressivem Verhalten
wird es auch gerne zur Erklärung der Aufrechterhaltung von Aggression über die Zeit
herangezogen, da auch Interaktionssequenzen berücksichtigt werden, die zu einer
Eskalation oder Deeskalation aggressiver Konflikte führen können.

4.9 Zusammenfassung und Fazit

Aggressives Verhalten kann sich in unterschiedlichen Formen zeigen. Für die vorliegende Arbeit ist die Unterscheidung zwischen impulsiver und instrumenteller Aggression von besonderer Relevanz. Während impulsive Aggression durch ein unge-
plantes Verhalten gekennzeichnet ist, zeichnet sich instrumentelle Aggression durch
ein geplantes Verhalten aus, das durch den erreichten Erfolg gesteuert wird. Für beide
Aggressionsformen werden in der Literatur u. a. die Synonyme „reaktive" und „proaktive", „heiße" und „kalte" Aggression sowie die tierexperimentellen Entsprechungen „affective defense" und „predatory attack" verwendet.

Aggressives Verhalten kann sich jedoch nicht nur in ganz unterschiedlichen Formen
zeigen, sondern auch sehr verschiedene Ursachen haben. Mit den Entstehungsursachen der verschiedenen Formen von aggressivem Verhalten hat sich dementsprechend eine Vielzahl unterschiedlicher theoretischer Ansätze befasst. Während (psy-

cho-)biologische Erklärungsansätze davon ausgehen, dass aggressives Verhalten primär die Folge interner Faktoren bzw. die Manifestation einer intrinsischen Aggressionsneigung ist, machen die sozialen Lerntheorien und die Frustrations-Aggressions-Hypothese vor allem externe Ursachen für aggressives Verhalten verantwortlich.

Mit Ausnahme des Allgemeinen Aggressionsmodells kann keines der vorgestellten und bislang entwickelten Theoriemodelle für sich allein die Ursachen sämtlicher Formen aggressiven Verhaltens erklären. Vor dem Hintergrund neuerer Forschungsergebnisse gelten monokausale Erklärungsmodelle heutzutage zu Recht als veraltet. Im Bereich der Aggressionsforschung herrscht weitgehende Einigkeit darüber, dass aggressives Verhalten am besten aus einem komplexen Zusammenspiel multipler Einzelfaktoren heraus verstanden werden kann. Keine Einigung gibt es jedoch darüber, welche Faktoren den größten Einfluss auf die Entstehung von aggressivem Verhalten ausüben. Die verschiedenen Erklärungsansätze unterscheiden sich vor allem in Bezug auf die Gewichtung interner (personaler), externer (sozialer) und situativer Einflussfaktoren. Zur Beantwortung spezifischer Fragen bietet es sich deshalb an, einzelne Theorien bevorzugt heranzuziehen.

---

[1]   Aggression. In: Dudenredaktion (Hg.): Duden – Deutsches Universalwörterbuch. Das umfassende Bedeutungswörterbuch der deutschen Gegenwartssprache. (8., überarb. u. erw. Auflage). Berlin: Dudenverlag 2015, S. 115.

[2]   Vgl. etwa Dodge, Kenneth A.; Coie, John D.: Social-Information-Processing Factors in Reactive and Proactive Aggression in Children's Peer Groups. In: Journal of Personality and Social Psychology 53 (1987): 1146–1158; vgl. auch Steiner, Hans; Silverman, Melissa; Karnik, Niranjan S.; Huemer, Julia; Plattner, Belinda; Clark, Christina E., Blair, James R.; Haapanen, Rudy: Psychopathology, trauma and delinquency. Subtypes of aggression and their relevance for understanding young offenders. In: Child and Adolescent Psychiatry and Mental Health 5 (2011): 21.

[3]   Vgl. Weinshenker, Naomi J.; Siegel, Allan: Bimodal classification of aggression. Affective defense and predatory attack. In: Aggression and Violent Behavior 7 (2002): 237–250.

[4]   Vgl. Löschper-Lichtinghagen, Gabriele: Definitionskriterien aggressiver Interaktionen. Normabweichung, Intention und Schaden als Einflußfaktoren auf die Definition von Verhaltensweisen als aggressiv. Univ. Diss., FB Psychologie, Universität Münster 1981.

[5]   Vgl. Freud, Sigmund: Das Unbehagen in der Kultur. In: Ders.: Gesammelte Werke. Bd. 14. Frankfurt am Main: Fischer Taschenbuch 1999 [1930], S. 419–506, hier S. 479.

[6]   Vgl. Ders.: Triebe und Triebschicksale. In: Ders.: Gesammelte Werke. Bd. 10. Frankfurt am Main: Fischer Taschenbuch 1999 [1915], S. 209–232.

[7]   Vgl. Ders.: Abriss der Psychoanalyse. 2. Kapitel: Trieblehre. In: Ders.: Gesammelte Werke. Bd. 17. Frankfurt am Main: Fischer Taschenbuch 1999 [1940], S. 70–73, hier S. 72.

[8]   Ders.: Das Unbehagen in der Kultur. In: Ders.: Gesammelte Werke. Bd. 14. Frankfurt am Main: Fischer Taschenbuch 1999 [1930], S. 419–506, hier S. 471.

[9] Vgl. Lorenz, Konrad: Das sogenannte Böse. Zur Naturgeschichte der Aggression. (27. Auflage). München: Deutscher Taschenbuch Verlag 2012 [1963], S. 8.

[10] Vgl. Ebd., S. 30–54.

[11] Ebd., S. 55. [Hervorhebung im Original]

[12] Vgl. Ders.: Über die Bildung des Instinktbegriffes. In: Die Naturwissenschaften 25 (1937): 289–300, 307–318 und 324–331, hier S. 327.

[13] Vgl. Ebd., S. 295. Der Begriff „Appetenzverhalten" geht auf den Ethologen Wallace Craig (1876–1954) zurück. Vgl. hierzu Craig, Wallace: Appetites and Aversions as Constituents of Instincts. In: Biological Bulletin 34 (1918): 91–107.

[14] Vgl. Lorenz, Konrad: Über die Bildung des Instinktbegriffes. In: Die Naturwissenschaften 25 (1937): 289–300, 307–318 und 324–331, hier S. 326.

[15] Vgl. Ders.: Das sogenannte Böse. Zur Naturgeschichte der Aggression. (27. Auflage). München: Deutscher Taschenbuch Verlag 2012 [1963], S. 59.

[16] Vgl. etwa Spiegel Online: Zwischenfall im Tempel: Indischer Elefant läuft Amok. Video vom 4. Januar 2010. URL: http://www.spiegel.de/video/zwischenfall-im-tempel-indischer-elefant-laeuft-amok-video-1039671.html [Stand: 28. Juli 2018]; vgl. auch Aston, Paul: Jumbo stampede at zoo as elephant runs amok. In: The Birmingham Post vom 3. Mai 1999, S. 3.

[17] Vgl. etwa Sewig, Claudia: Wenn es für Wölfe kein Halten mehr gibt. In: Hamburger Abendblatt Nr. 34 vom 10. Februar 2011, S. 21.

[18] Vgl. etwa Thanomsridetchai, Natthapaninee; Singhto, Nilubon; Tepsumethanon, Veera; Shuangshoti, Shanop; Wacharapluesadee, Supaporn; Sinchaikul, Supachok; Chen, Shui-Tein; Hemachudha, Thiravat; Thongboonkerd, Visith: Comprehensive Proteome Analysis of Hippocampus, Brainstem, and Spinal Cord from Paralytic and Furious Dogs Naturally Infected with Rabies. In: Journal of Proteome Research 10 (2011): 4911–4924.

[19] Vgl. Lorenz, Konrad: Das sogenannte Böse. Zur Naturgeschichte der Aggression. (27. Auflage). München: Deutscher Taschenbuch Verlag 2012 [1963], S. 249.

[20] Vgl. etwa Pilz, Gunter; Moesch, Hugo: Der Mensch und die Graugans. Eine Kritik an Konrad Lorenz. Frankfurt am Main: Umschau 1975.

[21] Vgl. Frisch, Karl von: Über die „Sprache" der Bienen. Eine tierpsychologische Untersuchung. In: Zoologische Jahrbücher. Abteilung für Allgemeine Zoologie und Physiologie der Tiere 40 (1923): 1–186.

[22] Vgl. Bushman, Brad J.; Baumeister, Roy F.; Stack, Angela D.: Catharsis, Aggression, and Persuasive Influence. Self-Fulfilling or Self-Defeating Prophecies? In: Journal of Personality and Social Psychology 76 (1999): 367–376.

[23] Vgl. Dollard, John; Doob, Leonard W.; Miller, Neal E.; Mowrer, Orval H.; Sears, Robert R.: Frustration und Aggression. Aus dem Englischen übersetzt von Wolfgang Dammschneider und Erhard Mader. (= Pädagogisches Zentrum. Veröffentlichungen. Reihe C: Berichte, Bd. 18). (5. Auflage). Weinheim [u. a.]: Beltz 1973 [1939], S. 19.

[24] Vgl. Ebd., S. 18.

[25] Vgl. Barker, Roger G.; Dembo, Tamara; Lewin, Kurt: Frustration and regression. An experiment with young children. (= Studies in topological and vector psychology, Bd. 2). Iowa City: University of Iowa Press 1941.

[26] Vgl. etwa Anderson, Craig A.: Heat and Violence. In: Current Directions in Psychological Science 10 (2001): 33–38.

[27] Vgl. Berkowitz, Leonard: Frustration-Aggression Hypothesis. Examination and Reformu-
      lation. In: Psychological Bulletin 106 (1989): 59–73, hier S. 65–66.
[28] Vgl. Ders.; LePage, Anthony: Weapons as aggression-eliciting stimuli. In: Journal of Per-
      sonality and Social Psychology 7 (1967): 202–207.
[29] Vgl. Carlson, Michael; Marcus-Newhall, Amy; Miller, Norman: Effects of Situational Ag-
      gression Cues. A Quantitative Review. In: Journal of Personality and Social Psychology 58
      (1990): 622–633.
[30] Vgl. Nolting, Hans-Peter: Lernfall Aggression. Wie sie entsteht – wie sie zu vermindern ist.
      Eine Einführung. (= rororo-Sachbuch, Bd. 62080). (6. Auflage der 3., vollst. überarb. u. erw.
      Neuausgabe von 2005). Reinbek bei Hamburg: Rowohlt 2014 [1987], S. 83.
[31] Vgl. Pawlow, Iwan Petrowitsch: Experimentelle Psychologie und Psychopathologie bei Tie-
      ren (1903). In: Pickenhain, Lothar (Hg.): I. P. Pawlow. Gesammelte Werke über die Physi-
      ologie und Pathologie der höheren Nerventätigkeit. Aus dem Russischen übersetzt von
      Georg Kirpatsch, Peter Klamm, Albert Kopp, Lothar Pickenhain und Lieselotte Remané.
      Würzburg: Ergon 1998, S. 31–44, hier S. 35–36.
[32] Vgl. Ders.: Vorlesungen über die Arbeit der Großhirnhemisphären. 2. Vorlesung. Die tech-
      nische Methodik der objektiven Untersuchung der Funktion der Großhirnhemisphären –
      Die Signalisierung ist ein Reflex – Unbedingte und bedingte Reflexe – Die Bedingungen,
      die zum Entstehen der bedingten Reflexe führen (1924). In: Ebd., S. 106–118, hier S. 113–
      114.
[33] Vgl. Watson, John Broadus; Rayner, Rosalie: Conditioned Emotional Reactions. In: Journal
      of Experimental Psychology 3 (1920): 1–14.
[34] Vgl. Selg, Herbert; Mees, Ulrich; Berg, Detlef: Psychologie der Aggressivität. (2., überarb.
      Auflage). Göttingen [u. a.]: Hogrefe 1997 [1988], S. 29.
[35] Vgl. Skinner, Burrhus Frederic: Wissenschaft und menschliches Verhalten (Science and
      Human Behavior). Aus dem Englischen übersetzt von Edwin Ortmann. (= Kindler Studi-
      enausgabe). München: Kindler 1973, S. 65. Das Effektgesetz geht auf den Psychologen
      Edward Lee Thorndike (1874–1949) zurück.
[36] Vgl. Ross, Alan O.; Petermann, Franz: Aggressives Verhalten. In: Dies.: Verhaltenstherapie
      mit Kindern und Jugendlichen. Methoden und Anwendungsgebiete. Aus dem Englischen
      übersetzt von Meinolf Noeker. Stuttgart: Hippokrates 1987, S. 115–135, hier S. 121–122.
[37] Vgl. Bandura, Albert; Ross, Dorothea; Ross, Sheila A.: Transmission of aggression through
      the imitation of aggressive models. In: Journal of Abnormal and Social Psychology 63
      (1961): 575–582.
[38] Vgl. Bandura, Albert: Influence of models' reinforcement contingencies on the acquisition
      of imitative responses. In: Journal of Personality and Social Psychology 1 (1965): 589–595.
[39] Vgl. Ders.: Aggression. Eine sozial-lerntheoretische Analyse. Aus dem Englischen übersetzt
      von Uwe Olligschläger. Stuttgart: Klett-Cotta 1979, S. 87.
[40] Vgl. Ders.; Ross, Dorothea; Ross, Sheila A.: Imitation of film-mediated aggressive models.
      In: Journal of Abnormal and Social Psychology 66 (1963): 3–11.
[41] Vgl. Bogerts, Bernhard; Möller-Leimkühler, Anne Maria: Neurobiologische Ursachen und
      psychosoziale Bedingungen individueller Gewalt. In: Der Nervenarzt 11 (2013): 1329–
      1344, hier S. 1341.
[42] Vgl. Anderson, Craig A.; Dill, Karen E.: Video Games and Aggressive Thoughts, Feelings,
      and Behavior in the Laboratory and in Life. In: Journal of Personality and Social Psychology
      78 (2000): 772–790, hier S. 781–782.

[43] Vgl. Bandura, Albert: Influence of models' reinforcement contingencies on the acquisition of imitative responses. In: Journal of Personality and Social Psychology 1 (1965): 589–595, hier S. 593.

[44] Vgl. Piaget, Jean: Die Spielregeln. In: Ders.: Das moralische Urteil des Kindes (1932). Aus dem Französischen übersetzt von Lucien Goldmann und Hans Aebli. (= Schlüsseltexte, Bd. 3). (Vollst. durchges., überarb. u. erw. Neuausgabe). Stuttgart: Klett-Cotta 2015, S. 23–131.

[45] Kohlberg, Lawrence: Moralische Entwicklung (1968). In: Althof, Wolfgang (Hg.): Die Psychologie der Moralentwicklung. Aus dem Englischen übersetzt von Wolfgang Rohl und Wolfgang Althof. (= Beiträge zur Soziogenese der Handlungsfähigkeit). Frankfurt am Main: Suhrkamp 1996, S. 7–40, hier S. 23.

[46] Vgl. Ders.: Moralstufen und Moralerwerb: Der kognitiv-entwicklungstheoretische Ansatz (1976). In: Ebd., S. 123–174.

[47] Vgl. Tedeschi, James T.: Social Influence Theory and Aggression. In: Geen, Russell G.; Donnerstein, Edward (Hgg.): Aggression. Theoretical and Empirical Reviews. Bd. 1. Theoretical and Methodological Issues. New York [u. a.]: Academic Press 1983, S. 135–162, hier S. 136.

[48] Vgl. Felson, Richard B.; Tedeschi, James T.: Social Interactionist Perspectives on Aggression and Violence. An Introduction. In: Dies. (Hgg.): Aggression and Violence. Social Interactionist Perspectives. Washington: American Psychological Association 1993, S. 1–12, hier S. 8.

[49] Vgl. Tedeschi, James T.; Felson, Richard B.: Violence, Aggression, and Coercive Actions. Washington: American Psychological Association 1994, S. 156.

[50] Vgl. etwa Beck, Anne; Heinz, Andreas: Alcohol-Related Aggression – Social and Neurobiological Factors. In: Deutsches Ärzteblatt International 110 (2013): 711–715.

[51] Vgl. etwa Herpertz, Sabine C.; Mancke, Falk; Bertsch, Katja: Aggressivität bei der Borderline-Persönlichkeitsstörung – eine psychiatrische Perspektive. In: Kämmerer, Annette; Kuner, Thomas; Maissen, Thomas; Wink, Michael (Hgg.): Gewalt und Altruismus. Interdisziplinäre Annäherungen an ein grundlegendes Thema des Humanen. (= Schriften des Marsilius-Kollegs, Bd. 14). Heidelberg: Winter 2015, S. 115–141; vgl. auch Witthöft, Jan; Koglin, Ute; Petermann, Franz: Zur Komorbidität von aggressivem Verhalten und ADHS. In: Kindheit und Entwicklung 19 (2010): 218–227.

[52] Vgl. etwa Fazel, Seena; Gulati, Gautam; Linsell, Louise; Geddes, John R.; Grann, Martin: Schizophrenia and Violence: Systematic Review and Meta-Analysis. In: PLoS Medicine 6 (2009): e1000120.

[53] Vgl. etwa Swanson, Jeffrey W.: Holzer, Charles E. III; Ganju, Vijay K.; Jono, Robert Tsutomu: Violence and Psychiatric Disorder in the Community. Evidence From the Epidemiologic Catchment Area Surveys. In: Hospital & Community Psychiatry 41 (1990): 761–770, hier S. 769.

[54] Vgl. Böker, Wolfgang; Häfner, Heinz: Gewalttaten Geistesgestörter. Eine psychiatrisch-epidemiologische Untersuchung in der Bundesrepublik Deutschland. Berlin [u. a.]: Springer 1973, S. 93 und S. 232.

[55] Vgl. Ebd., S. 246.

[56] Vgl. Ebd., S. 120 und S. 122.

[57] Vgl. Ebd., S. 248–249.

[58] Vgl. Ebd., S. 126.

[59] Vgl. Ebd., S. 238 und S. 240–241.

[60]   Vgl. Grensemann, Hermann (Hg.): Die hippokratische Schrift „Über die heilige Krank-
       heit". Aus dem Altgriechischen übersetzt von Hermann Grensemann. (= Ars Medica.
       Texte und Untersuchungen zur Quellenkunde der Alten Medizin, Bd. 1). Berlin: Walter de
       Gruyter 1968, S. 83.
[61]   Vgl. Hess, Walter Rudolf: Reaktionen von triebhaftem Charakter. In: Ders.: Hypothalamus
       und Thalamus. Experimental-Dokumente. (= Beiträge zur Physiologie des Hirnstammes,
       Bd. 3). Stuttgart: Thieme 1956, S. 26–28.
[62]   Vgl. Ploog, Detlev: Biologische Grundlagen aggressiven Verhaltens. In: Kranz, Heinrich;
       Heinrich, Kurt (Hgg.): Psychiatrische und ethologische Aspekte abnormen Verhaltens. 1.
       Düsseldorfer Symposium 1974. Stuttgart: Thieme 1975, S. 49–71, hier S. 66.
[63]   Vgl. Eling, Nils: Die Entstehung menschlicher Aggressionen auf Basis von Neurotransmit-
       tern und Hormonen. In: Kämmerer, Annette; Kuner, Thomas; Maissen, Thomas; Wink,
       Michael (Hgg.): Gewalt und Altruismus. Interdisziplinäre Annäherungen an ein grundle-
       gendes Thema des Humanen. (= Schriften des Marsilius-Kollegs, Bd. 14). Heidelberg: Win-
       ter 2015, S. 143–159.
[64]   Vgl. Siever, Larry J.: Neurobiology of Aggression and Violence. In: The American Journal
       of Psychiatry 165 (2008): 429–442, hier S. 429.
[65]   Vgl. Weinshenker, Naomi J.; Siegel, Allan: Bimodal classification of aggression. Affective
       defense and predatory attack. In: Aggression and Violent Behavior 7 (2002): 237–250.
[66]   Vgl. Siegel, Allan; Bhatt, Suresh; Bhatt, Rekha; Zalcman, Steven S.: The Neurobiological
       Bases for Development of Pharmacological Treatments of Aggressive Disorders. In: Cur-
       rent Neuropharmacology 5 (2007): 135–147, hier S. 135.
[67]   Vgl. Han, Yuchun; Shaikh, Majid B.; Siegel, Allan: Medial amygdaloid suppression of pred-
       atory attack behavior in the cat: II. Role of a GABAergic pathway from the medial to the
       lateral hypothalamus. In: Brain Research 716 (1996): 72–83; vgl. auch Cheu, Joseph W.;
       Siegel, Allan: GABA receptor mediated suppression of defensive rage behavior elicited
       from the medial hypothalamus of the cat: role of the lateral hypothalamus. In: Brain Re-
       search 783 (1998): 293–304.
[68]   Vgl. Mark, Vernon H.; Ervin, Frank R.: Violence and the Brain. New York [u. a.]: Harper
       & Row 1970, S. 99–108.
[69]   Vgl. Smith, Hilary R.; Porrino, Linda J.: The comparative distributions of the monoamine
       transporters in the rodent, monkey, and human amygdala. In: Brain Structure and Func-
       tion 213 (2008): 73–91.
[70]   Vgl. etwa Bortolato, Marco; Pivac, Nela; Muck Seler, Dorotea; Nikolac Perkovic, Matea;
       Pessia, Mauro; Di Giovanni, Giuseppe: The role of serotonergic system at the interface of
       aggression and suicide. In: Neuroscience 236 (2013): 160–185.
[71]   Vgl. etwa Meyer-Lindenberg, Andreas; Buckholtz, Joshua W.; Kolachana, Bhaskar; Hariri,
       Ahmad R.; Pezawas, Lukas; Blasi, Giuseppe; Wabnitz, Ashley; Honea, Robyn; Verchinski,
       Beth; Callicott, Joseph H.; Egan, Michael; Mattay, Venkata; Weinberger, Daniel R.: Neural
       mechanisms of genetic risk for impulsivity and violence in humans. In: Proceedings of the
       National Academy of Sciences 103 (2006): 6269–6274; vgl. auch Buckholtz, Joshua W.; vgl.
       auch Meyer-Lindenberg, Andreas: MAOA and the neurogenetic architecture of human ag-
       gression. In: Trends in Neurosciences 31 (2008): 120–129.
[72]   Vgl. Caspi, Avshalom; McClay, Joseph; Moffitt, Terrie E.; Mill, Jonathan; Martin, Judy;
       Craig, Ian W.; Taylor, Alan; Poulton, Richie: Role of Genotype in the Cycle of Violence in
       Maltreated Children. In: Science 297 (2002): 851–854; vgl. auch Kim-Cohen, Julia; Caspi,

Avshalom; Taylor, Alan; Williams, Benjamin; Newcombe, Rhiannon; Craig, Ian W.; Moffitt, Terrie E.: MAOA, maltreatment, and gene-environment interaction predicting children's mental health. New evidence and a meta-analysis. In: Molecular Psychiatry 11 (2006): 903–913.

[73] Vgl. Reif, Andreas; Rösler, Michael; Freitag, Christine M.; Schneider, Marc; Eujen, Andrea; Kissling, Christian; Wenzler, Denise; Jacob, Christian P.; Retz-Junginger, Petra; Thome, Johannes; Lesch, Klaus-Peter; Retz, Wolfgang: Nature and nurture predispose to violent behavior. Serotonergic genes and adverse childhood environment. In: Neuropsychopharmacology 32 (2007): 2375–2383.

[74] Vgl. McDermott, Rose; Tingley, Dustin; Cowden, Jonathan; Frazzetto, Giovanni; Johnson, Dominic D. P.: Monoamine oxidase A gene (MAOA) predicts behavioral aggression following provocation. In: Proceedings of the National Academy of Sciences of the United States of America 106 (2009): 2118–2123.

[75] Vgl. Adler, Lothar: Neurogenese des Amok. In: Müller, Jürgen (Hg.): Neurobiologie forensisch-relevanter Störungen. Grundlagen, Störungsbilder, Perspektiven. Stuttgart: Kohlhammer 2010, S. 222–230, hier S. 230.

[76] Vgl. Bogerts, Bernhard: Gibt es eine neuroanatomische Disposition zur Wahnentwicklung? Ein Nachtrag zum Fall Wagner. In: Wiedemann, Georg; Buchkremer, Gerhard (Hgg.): Mehrdimensionale Psychiatrie. Stuttgart [u. a.]: Gustav Fischer 1997, S. 78–89.

[77] Vgl. etwa Foerster, Klaus; Leonhardt, Martin; Buchkremer, Gerhard (Hgg.): Wahn und Massenmord. Perspektiven und Dokumente zum Fall Wagner. Nürtingen [u. a.]: Sindlinger-Buchartz 1999; vgl. auch Sindlinger, Peter: Amoklauf 1913. Vom Versuch, eine Katastrophe zu bewältigen. Der Fall Ernst Wagner. Nürtingen [u. a.]: Sindlinger-Buchartz 2013.

[78] Vgl. Bogerts, Bernhard: Gehirn und Verbrechen. Neurobiologie von Gewalttaten. In: Schneider, Frank (Hg.): Entwicklungen der Psychiatrie. Symposium anlässlich des 60. Geburtstages von Henning Saß. Heidelberg: Springer 2006, S. 335–347, hier S. 342–343.

[79] Vgl. etwa Lavergne, Gary M.: A Sniper in the Tower. The Charles Whitman Murders. Denton: University of North Texas Press 1997.

[80] Vgl. Kornadt, Hans-Joachim: Grundzüge einer Motivationstheorie der Aggression. In: Hilke, Reinhard; Kempf, Wilhelm (Hgg.): Aggression. Naturwissenschaftliche und kulturwissenschaftliche Perspektiven der Aggressionsforschung. Bern [u. a.]: Huber 1982, S. 86–111.

[81] Vgl. Ders.: Empirische und theoretische Untersuchungen zu einer Motivationstheorie der Aggression und zur Konstruktvalidierung eines Aggressions-TAT. (= Aggressionsmotiv und Aggressionshemmung, Bd. 1). Bern [u. a.]: Huber 1982.

[82] Vgl. Anderson, Craig A.; Bushman, Brad J.: Human Aggression. In: Annual Review of Psychology 53 (2002): 27–51.

5 Amok

Im folgenden Kapitel wird, zunächst in Form einer chronologischen Übersicht, das Ergebnis einer intensiven Recherche nach historischen Quellentexten mit Bezug zu Amok vorgestellt. Die Quellen umfassen einen Untersuchungszeitraum von rund 500 Jahren und können in drei Gruppen eingeteilt werden: Literatur, Forschungsliteratur und Forschungsreiseliteratur.

Die ersten untersuchten Berichte stammen aus dem frühen 15. Jahrhundert, als Amok ein in Südindien, auf Java und auf der Malaiischen Halbinsel verbreitetes und von Fernreisenden mit zunehmender Häufigkeit berichtetes Phänomen darstellte. Zwischen dem frühen 15. und dem beginnenden 19. Jahrhundert wurden zahlreiche weitere Augen- und Ohrenzeugenberichte europäischer Handels- und Forschungs-reisender in portugiesischer, englischer, italienischer, lateinischer und niederländi-scher Sprache meist in Form von Tagebuchaufzeichnungen, Reisebeschreibungen oder Briefen an europäische Regenten verfasst und zum Teil später in Europa in den Druck gegeben. Darüber hinaus befinden sich zahlreiche Amokschilderungen in wichtigen Werken der klassischen malaiischen Literatur des 17. Jahrhunderts.

Ab der Mitte des 19. Jahrhunderts veränderte sich der Blick auf das Amokphänomen. Amok war nicht länger bevorzugtes Thema malaiischer Heldenepen und europäi-scher Chronisten. Von nun an veröffentlichten vornehmlich Kolonialbeamte der Bri-tischen und Niederländischen Ostindien-Kompagnien ihre Beobachtungen und Un-tersuchungen in Form von Monografien oder Beiträgen in Fachzeitschriften. Im 20. Jahrhundert wurde Amok aus erster Hand nahezu ausschließlich noch von europäi-schen Kolonialärzten beschrieben, die überlebende Amokläufer nach ihrer Ankunft in den staatlichen Irrenanstalten der Straits Settlements und Niederländisch-Ostin-diens untersuchten. Im Alltag war Amok sehr selten geworden. Die Untersuchung schließt deshalb mit dem Ende der britischen und niederländischen Kolonialzeit Mitte des 20. Jahrhunderts.

Anhand der genannten historischen Quellentexte wird das ursprüngliche Amokphä-nomen im Folgenden zunächst historisch-kritisch untersucht. Dabei wird ein beson-deres Augenmerk auf seinen kulturellen und politischen Entstehungskontext gelegt. In einem zweiten Schritt werden vier klassische malaiische Fälle von individuellem Amoklauf vorgestellt und zu guter Letzt auslösende Motive und begünstigende Fak-toren sowie phänomenologische Aspekte des Amokphänomens herausgearbeitet und zusammengefasst.

© Der/die Autor(en) 2021
M. Sell, *Anatomie des Amoklaufs*, Edition Centaurus –
Neuere Medizin- und Wissenschaftsgeschichte,
https://doi.org/10.1007/978-3-658-33104-7_5

5.1 Amok im Malaiischen Archipel

Wie eingangs erwähnt erreichte der fremdartig klingende und gänzlich unbekannte Amokbegriff im frühen 15. Jahrhundert zusammen mit den Schiffen der ersten europäischen Südostasienrückkehrer die westliche Welt. Bis heute wird das Phänomen mit der malaiischen Kultur in Verbindung gebracht, obwohl Amok mittlerweile auch in anderen Teilen der Erde und in anderen Bevölkerungsgruppen beschrieben wurde und es seit der britischen Kolonialzeit im malaiischen Raum sehr selten geworden ist.

Da im Folgenden vielfach geografische und völkerkundliche Informationen vorausgesetzt werden, soll zunächst kurz auf die Beschaffenheit und Bevölkerung der untersuchten Region eingegangen werden. Der Malaiische Archipel, historisch auch unter dem Namen Ostindien bekannt, umfasst mehr als zwanzigtausend Inseln, die den Raum zwischen der Malaiischen Halbinsel und Australien ausfüllen. Dazu gehören die Großen Sundainseln Sumatra, Java, Borneo und Sulawesi (früher Celebes), die Kleinen Sundainseln wie Bali, Lombok und Sumbawa, die Molukken und etwa siebentausend Inseln der Philippinen. Die Malaiische Halbinsel ist als lange schmale Fortsetzung des Festlands von Südostasien ein physisches und kulturelles Bindeglied zwischen dem Festland und dem Malaiischen Archipel.

Zwischen der Halbinsel und der zum Malaiischen Archipel gehörenden Insel Sumatra verläuft die Straße von Malakka, die als wichtigste Verbindungsader zwischen dem Indischen und dem Pazifischen Ozean für den Welthandel von großer Bedeutung ist. Im Zuge der europäischen Expansion nach Übersee war die Halbinsel lange zwischen den rivalisierenden Kolonialmächten Portugal, Spanien, England und Niederlande umkämpft. Dies erklärt auch, weshalb historische Berichte über Amok neben dem Malaiischen auch in mehreren europäischen Sprachen vorliegen.

Gegen Ende des 18. Jahrhunderts wurde der Begriff „Malaien" von europäischen Völkerkundlern auf Vorschlag des Göttinger Arztes und Mitbegründers der modernen Naturforschung und Anthropologie Johann Friedrich Blumenbach (1752–1840) für nahezu alle südostasiatischen Völker gebraucht und als eine von fünf menschlichen Rassen aufgefasst.[1] Obwohl die Bezeichnung später auf die Bewohner Indonesiens, Malaysias und der Philippinen eingegrenzt wurde, blieb sie weiterhin unpräzise. Andere in diesen Gebieten ansässige Volksgruppen wie die Javaner, die Balinesen, die Bugis (Sulawesi), die Sundanesen, die Achinesen und die Batak in Nordsumatra und viele andere teilten sich mit den Malaien zwar die malaiische Verkehrssprache Bahasa Melayu, waren aber ethnisch-kulturell selbstständig.[2] Das heutige Wissen um diese Vielfalt ist im weiteren Verlauf insbesondere für die Beurteilung einiger aus heutiger Sicht vereinfachend wirkenden stereotypen Zuschreibungen und rassentheoretischen Spekulationen europäischer Beobachter wichtig.

Die vorliegende Untersuchung beschränkt sich auf die Durchsicht malaiischer und europäischer Quellen zu Amoklauf. Es wurde aber bereits darauf hingewiesen, dass sich möglicherweise in den Reiseberichten chinesischer oder arabischer Pilgerreisender noch frühere Amokschilderungen finden ließen. Die Amokläufe aus den untersuchten europäischen und malaiischen Quellen lassen sich in zwei große Kategorien einteilen. Zum einen wurde Amok als gruppengebundenes, militärtaktisches Phänomen indischer, javanischer und malaiischer Krieger beschrieben, zum anderen als individuelles Phänomen einzelner malaiischer, javanischer und buginesischer Männer. Gemeinsam ist beiden Amokvarianten die Plötzlichkeit des Auftretens, die billigende Inkaufnahme des eigenen Todes und die größtenteils zufällige Wahl der Opfer, mit denen der Täter keinerlei Empathie bzw. Tötungshemmung aufweist. Im Unterschied zu den Berichten über individuelle Amokläufe, die eine breite Streuung aufweisen, konzentrieren sich die Berichte über kollektive Amokläufe jedoch auf das 16. und 17. Jahrhundert.

5.1.1 Kollektiver Amoklauf

Die ersten bislang bekannten Beschreibungen kollektiv-militärtaktischer Amokläufe im südindischen und südostasiatischen Raum finden sich in Berichten portugiesischer Händler und Seefahrer, die im frühen 16. Jahrhundert Asien bereist hatten. Für das gegenwärtige Unterkapitel zu kollektivem Amoklauf wurden Reiseberichte und Chroniken von Gaspar Correa (um 1492-1563), João de Barros (1496-1570), Filippo Sassetti (1540-1588), Tomé Pires (um 1468-um 1540), Diogo de Couto (um 1542-1616), Pietro della Valle (1586-1652) und Thomas Stamford Raffles (1781-1826) ausgewertet sowie die malaiische Chronik Sĕjarah Mĕlayu (zwischen 1610 und 1620) und das malaiische Heldenepos Hikayat Hang Tuah (zwischen 1650 und 1750). Bei der Auswahl wurde darauf geachtet, dass alle europäischen Berichterstatter nachweislich auch vor Ort waren. Es muss allerdings darauf hingewiesen werden, dass diese frühen Berichte keine direkten Augenzeugenberichte sind. Dennoch scheint es nicht angebracht, ihre Glaubwürdigkeit grundsätzlich in Frage zu stellen. Bei den malaiischen Quellen handelt es sich um eine Chronik und einen historischen Roman.

Die untersuchten Quellen deuten darauf hin, dass kollektiver Amok als Kriegstaktik möglicherweise indischen Ursprungs ist und auf dem indischen Festland mindestens ebenso lange bekannt ist wie auf der Insel Java. Dieser Befund deckt sich mit der Untersuchung des Schweizer Historikers Jörg Fisch, der am Beispiel der indischen Witwenverbrennung frühe, bis ins 6. Jahrhundert n. Chr. zurückreichende, indische (hinduistische) Einflüsse auf die Inseln Java und Bali nachweisen konnte.[3]

Die erste bislang bekannte Erwähnung eines kriegerischen Amoklaufs wurde durch GASPAR CORREA (um 1492-1563) überliefert, der 1512 nach Portugiesisch-Indien kam, wo er als Schreiber des portugiesischen Generals Afonso de Albuquerque

(1453–1515) tätig war. Im Ersten Buch seiner „Lendas da Índia" schilderte Correa den gemeinschaftlichen Amok mehrerer indischer „amoucos" an der Malabarküste im heutigen Bundesstaat Kerala. Ausschlaggebend für den von Correa beschriebenen kollektiven Amok war die kriegerische Auseinandersetzung zwischen den Königen von Kalikut (heute Kozhikode) und Cochin im Jahre 1503, wobei zwei Prinzen des Königs von Cochin und mit ihnen eine große Zahl ihrer Gefolgsleute getötet wurden.[4]

Correa berichtet, wie sich etwa 200 Krieger des Königs von Cochin aus Schande, überlebt zu haben, in Übereinstimmung mit den sozialen Erwartungen zu „amoucos" erklärten. Sie schämten sich dafür, dass sie nicht, ihren Bräuchen entsprechend den Tod ihrer Prinzen rächend, den Tod gefunden hatten. Da sie als Verräter angesehen wurden, würde sie künftig kein anderer König mehr in seine Dienste nehmen, noch ihnen Sold geben. Der Sitte gemäß schoren sie deshalb in einem rituellen Akt alle ihr Haupt mit einem Messer, sogar die Augenbrauen. Dann umarmten sie einander und ihre Freunde und Verwandten, wie Menschen, die den Tod erleiden werden. Weil sie sich als Todgeweihte betrachteten, verhielten sie sich wie wahnsinnige Männer. Sie zogen als „amoucos" in das gegnerische Gebiet und wüteten dort solange wahllos mordend unter der Bevölkerung, bis sie selbst ihr Leben ließen. Etwa zwanzig von ihnen, welche durch ihren Tod eine größere Ehre erreichen wollten, sonderten sich heimlich ab und gingen nach Kalikut, entschlossen, den König zu töten. Aber da sich in der Stadt bald herumsprach, dass sie „amoucos" waren, schickte der König seine Diener aus, um sie zu töten. Als furchtlose Männer kämpften die „amoucos" wie Besessene und töteten viele Menschen, sowohl Frauen als auch Kinder, ehe sie selbst getötet wurden. Fünf von ihnen begaben sich in einen Wald nahe der Stadt, den sie so lange unsicher machten, indem sie Räubereien begingen und allerlei Unheil anrichteten, bis sie selbst getötet waren.[5]

Auch der portugiesische Historiker JOÃO DE BARROS (1496–1570) stellte 1552 in seiner „Década Primeira" eine Verbindung zwischen der kollektiven Amokpraxis indischer, javanischer und malaiischer „amoucos" her. Dabei handelte es sich ebenfalls um spezielle Ausnahmekrieger des Königs von Cochin (an der südwestindischen Malabarküste), aber auch in Malakka (auf der Malaiischen Halbinsel) und auf Java (im Malaiischen Archipel), die den Ruf hätten, rachwütig umherzuziehen und so viele zu töten, wie sie finden könnten, bis sie gerächt seien.[6]

Der florentinische Kaufmann und Handelsreisende FILIPPO SASSETTI (1540–1588) bestätigte in einem Brief vom 20. Januar 1584 an den Großherzog der Toskana Francesco I. de' Medici (1541–1587) die an der Südwestküste Indiens verbreitete kollektive Amok-Kriegstaktik. Darin schrieb Sassetti, dass die Streitmacht des Königs von Cochin aus einer Gattung Soldaten bestehe, die man „amocchi" nenne: „Sie sind verpflichtet, zu sterben, wenn es dem König gefällt, und alle Soldaten, die in einem

Kriege ihren König und ihren Anführer verlieren, haben die Pflicht, ihr Leben für ihn zu opfern."[7] Hiervon mache der König in dringenden Fällen Gebrauch.

Eine weitere Erwähnung von Amok als kollektiver Kriegstaktik findet sich anlässlich der Eroberung von Malakka 1511 durch portugiesische Truppen unter Afonso de Albuquerque (1453–1515). Die auf der Malaiischen Halbinsel gelegene, die Meerenge zwischen dem Festland und Sumatra kontrollierende Hafenstadt war ein strategisch wichtiger Ort für die Kontrolle der Handelsschifffahrt zwischen Indien und China und der gewinnträchtigen Gewürzroute zu den Molukken. Nach der erfolgreichen Flottenexpedition Vasco da Gamas (1469–1524) um das Kap der Guten Hoffnung nach Indien war der Weg für die europäische Expansion nach Übersee geebnet. Zunächst eroberten die Portugiesen (1511), später die Niederländer (1641) und dann die Briten (1824) die geografisch günstig gelegene Küstenstadt.

Der portugiesische Apotheker TOMÉ PIRES (um 1468–um 1540), der zweieinhalb Jahre in der 1511 eroberten Stadt gelebt hatte, schilderte im sechsten Buch seiner Reisebeschreibungen ein kriegstaktisches Gruppenphänomen malaiischer Krieger, das dem skandinavischen Berserkergang ähnlich ist. Vor der portugiesischen Inbesitznahme der Stadt habe der Sultan von Malakka über eine Eliteeinheit zahlreicher besonders furchtloser Krieger („Amocos") verfügt, die entschlossen waren, für ihren Herrscher auf dem Schlachtfeld zu sterben.[8]

Dass diese vor ihrem Einsatz „mujto vinho" (viel Wein) getrunken haben, wie Pires suggeriert, ist trotz islamischer Herrschaft nicht gänzlich ausgeschlossen. Auch in der malaiischen „Hikayat Hang Tuah" wurde im 14. Jahrhundert der Konsum von Reisschnaps und Palmwein bei einer Gruppe von siebzig Soldaten des – zu diesem Zeitpunkt allerdings noch hinduistischen – Herrschers des javanischen Großreichs Majapahit beschrieben, die wenig später in berauschtem Zustand für ihren Herrscher auf dem Basar kollektiv Amok liefen.[9]

Neben kollektiven Amokeinsätzen im Kampf gegen die portugiesischen Eroberer beschrieb Pires auch Fälle von individuellem Amok auf Java, die im nachfolgenden Unterkapitel behandelt werden. Dass die Portugiesen bereits früh Bekanntschaft mit der organisierten militärischen Variante des malaiischen Amok machten, verwundert vor dem Hintergrund ihres mitunter aggressiven und durchaus auch militärgestützten Vordringens nach Asien nicht. Um die Handels- und Missionsinteressen der portugiesischen Krone durchzusetzen und den Seehandel in Asien zu kontrollieren, bauten sie entlang der malaiischen Küsten ein strategisches Netz von Festungen und Handelsniederlassungen (Faktoreien) und errangen so mit der Zeit eine klare Vormachtstellung am Meer und die Kontrolle über die Pfeffer- und Gewürztransporte nach Europa. Dabei eroberten sie erfolgreich – wie im Fall Malakkas – existierende Handelsplätze von Einheimischen, Chinesen und Arabern oder versuchten zumindest diese zu kontrollieren.[10]

In einem Aufsatz für die Asiatische Gesellschaft in Kalkutta zitierte der Gouverneur von Britisch-Java THOMAS STAMFORD RAFFLES (1781–1826) 300 Jahre später aus einer Übersetzung einer malaiischen Chronik über die Ankunft der ersten portugiesischen Schiffe in Malakka und bestätigte die Existenz der von Pires beschriebenen Amokkrieger des Sultans von Malakka. Vor der Eroberung der Stadt im Jahr 1511 hätten die Portugiesen den Sultan zunächst mit großzügigen Geschenken um Land für den Bau einer Militärfestung gebeten, was dieser ihnen trotz der Bedenken seitens der einheimischen Bevölkerung gewährt habe, da er ganz in die Stärke seiner Armee aus Amokkriegern vertraut habe:

> „Ach! Wie oft kamen der Bĕndahara und der Tĕmĕnggong zum Radscha mit der Bitte, den weißen Männern die Errichtung eines großen Hauses nicht zu erlauben: aber der Radscha sprach, ‚Meine Augen ruhen auf ihnen, und sie sind wenige in der Zahl: wenn sie irgendein Unrecht tun, was immer es auch sei, werde ich es sehen und werde den Befehl geben sie niederzumetzeln, (wörtlich, ich werde meinen Männern befehlen unter ihnen *Amok* zu laufen.)‘"[11]

Die Portugiesen waren letztlich mit ihrer bewaffneten Schiffsflotte und ihren zahlreichen Geschützen dem waffentechnisch vergleichsweise schlecht aufgestellten Sultan von Malakka und seiner Armee aus Amokkriegern so deutlich überlegen, dass dieser ins Hinterland floh. Malakka stand in der Folge bis 1641 unter portugiesischer Herrschaft.

Der Geschichtsschreiber des portugiesisch-indischen Kolonialreichs DIOGO DE COUTO (um 1542–1616), der die „Décadas da Ásia" von João de Barros fortgesetzt und um neun weitere Bände ergänzt hatte, beschrieb ebenfalls kollektiv-militärtaktische Amokläufe sowohl an der südwestindischen Küste von Malabar als auch auf der Insel Java. De Couto kam 1559 nach Portugiesisch-Asien, kehrte 1570 zurück nach Lissabon, reiste aber bald wieder nach Indien und starb dort 1616.[12]

In seiner „Década Quarta" beschrieb de Couto die Bewohner der Insel Java als „ritterliche Menschen", die im Fall einer Beleidigung zu „amoucos" würden.[13] Im Kampf würde ihnen der Ruf vorauseilen, den eigenen Tod billigend in Kauf zu nehmen. Später, in seiner „Década Decima", schilderte er wie sich mehrere Javaner im Kampf gegen die spanischen und portugiesischen Eroberer unter König Philipp II. (1527–1598) zu todgeweihten „amoucos" machten.[14] Ein solcher „amouco" werfe sich den Lanzenattacken der europäischen Soldaten ohne jegliche Furcht entgegen. De Couto beschrieb, wie ein spanischer Soldat einem Javaner im Kampf eine Lanze in den Bauch gejagt und wie dieser sich, seinen eigenen Tod in Kauf nehmend, die Lanze mit beiden Händen noch tiefer in seinen Körper gerammt habe, um näher an den Spanier heranzukommen. Dabei habe er einen Kampfschrei ausgestoßen.[15]

In einer anderen Passage seiner „Década Quarta" schilderte de Couto gleich zwei Situationen, in denen die Bewohner des indischen Malabar gemeinsam zu „Amoucos" würden. In dem ersten Fall ginge es darum, eine erfahrene Beleidigung zu sühnen. In dem anderen Fall sollte der Tod ihres Königs gerächt werden.[16] Gemeinsam waren beiden Amokvarianten das Auftreten im Kollektiv und die Inkaufnahme des eigenen Todes.

Die erste Form von kollektivem Amok schilderte de Couto als „Verpflichtung der Verwandten, die Beleidigung, die ihnen angetan wurde, zu sühnen."[17] Diese Amokform sei in ganz Malabar sehr gefürchtet, vor allem unter Portugiesen, da sie hier zusammen mit den Mauren zu den am meisten verhassten Völkern gehören würden. Im Amokfall würden sich alle zusammenfinden und sich anbieten zu sterben, um die erfahrene Beleidigung zu sühnen. Dabei würden sie bestimmte Zeremonien abhalten und sich den Bart auf einer Seite kahlscheren, wodurch sie zu „Amoucos" würden. Dann würden sie alle zusammen zu dem Ort gehen, an dem die Beleidigung stattgefunden habe, ihn zerstören und sich umarmen.[18]

Das von de Couto dokumentierte Verhalten der Bewohner von Malabar wird als standardisiert und stark ritualisiert beschrieben. Es handelte sich offensichtlich um ein kulturelles Skript, das jedes einzelne Mitglied der Gruppe im Bedarfsfall abrufen konnte und bei dem es wusste, was von ihm erwartet wurde. Der Erhalt der Familienehre stand über dem Erhalt des eigenen Lebens. In der Folge übte auch nicht ein Einzelner, sondern der Familienverband Rache, dessen Ziel dieser inneren Logik folgend nicht ein Einzelner, sondern „sein ganzes Geschlecht"[19] war.

Die zweite Form von kollektivem Amok erfolgte im Kriegsfall, wenn der eigene König durch den Gegner getötet wurde. Alle Familienangehörigen des Königs und alle, die von ihm Lohn oder Nahrung bezogen, waren dann verpflichtet, seinen Tod zu rächen, indem sie sich zu „Amoucos" machten und bereit waren, für ihren König zu sterben. Dieser Brauch hatte zur Folge, dass sich auf dem Schlachtfeld niemand traute in die Richtung zu schießen, in der man den Hut mit dem Symbol des Königs sehen konnte, aus Angst seinen Träger zu töten.[20]

Es handelte sich hierbei offenbar um ein ungeschriebenes und über weite Teile des Landes bekanntes Gesetz, eine Art Lebensversicherung des Königs, die der Stabilität des Landes und der vorherrschenden Machtverhältnisse diente. Aus Furcht vor der erbarmungslosen Rache der „Amoucos" vermieden es beide Kriegsparteien, den gegnerischen König zu verletzen oder gar zu töten.

In seiner „Década Sexta" beschrieb de Couto, wie sich im Jahr 1550 fast 4000 Nayars[21] nach dem Tod ihres Königs durch die üblichen Zeremonien in „Amoucos" verwandelten, indem sie ihre Köpfe auf einer Seite kahlrasierten und einen Eid schworen, um den Tod des Königs im Kampf gegen die Portugiesen und den König von Cochin gemeinsam zu rächen.[22] An anderer Stelle sprach de Couto von achttausend Nayars, die eines Nachts im Krieg gegen den König von Cochin als „Amoucos" nach Cochin kamen, um großen Schaden anzurichten. Für die Portugiesen, die ihrem Bündnispartner zu Hilfe geeilt waren, habe es sich um die bis dato raueste und hitzigste Schlacht gehandelt, da die „Amoucos" mit der Bereitschaft zu sterben kämpften.[23]

Noch im 17. Jahrhundert finden sich Berichte über indische „Amòco" an der Malabarküste. Der italienische Forschungsreisende PIETRO DELLA VALLE (1586–1652) berichtete in seinem Brief vom 31. Januar 1624 aus Goa über die Pflicht, den Tod des Königs zu rächen Folgendes:

> „Obwohl zwei Könige gegeneinander Krieg führen, so achtet doch ein jeder Soldat sehr darauf, den König, ihren Feind, nicht zu töten, ja, noch nicht einmal seinem Schirm einen Schaden zuzufügen, denn wo immer sie hingehen, der Schirm ist ihr königliches Abzeichen. Denn es wäre nicht nur eine Sünde, die Hände in königlichem Blut zu waschen, sondern es würde sich jenes Volk, dessen König getötet oder verletzt wird, auch selbst in größtes und unheilbares Unglück stürzen. Denn dann wäre das ganze Reich des geschädigten Königs dazu verpflichtet, Rache an seinen Feinden zu üben und sie in Gänze zu vernichten, auch wenn sie selbst alle ihr Leben dabei lassen müssten. Je würdevoller ihre Könige sind, desto größer ist ihre Pflicht zu dieser rasenden Rache. [...] Diesen Zeitraum oder diese Form der Rache nennen sie *Amòco*, und sie sagen, der Amòco des Zamorin[24] dauere einen Tag. Der Amòco des Königs von Cochin hingegen dauere ein ganzes Leben: und so sagen sie es über die anderen."[25]

In der Folge reduzieren sich die Zahl der berichteten kriegerischen Amokläufe. Möglicherweise erwies sich die Nahkampftaktik angesichts der waffentechnologischen Fortschritte insbesondere im Bereich der Artillerie zunehmend als wirkungslos. Für die Eroberung Malakkas im Jahr 1641 durch niederländische und malaiische Truppen finden sich in einer malaiischen Chronik jedoch noch Hinweise auf den Einsatz von kollektivem Amok durch malaiische Krieger im Kampf gegen die Portugiesen:

> „[D]ie Männer aus Johore und die Holländer fuhren gen Malakka, und nachdem sie es etwa fünfzehn Tage lang vom Meer aus angegriffen hatten, waren viele tot, Portugiesen ebenso wie Malaien und Holländer. Die Malaien hielten darauf Rat, und kamen auf den Gedanken, dass, wenn sie den weißen Mann nach dieser Manier bekämpften, Malakka in zehn Jahren nicht fallen würde. Es einigten sich daraufhin alle Malaien, dass fünfzig Männer in die Festung Malakka eindringen und a muck oder meng-amok laufen sollten. [...] Also wählten die Malaien sich einen Glückstag, und am einundzwanzigsten Tag des Monats, um fünf Uhr morgens, drangen die fünfzig Malaien in die Festung ein, und begannen den Amok, und jeder Portugiese wurde entweder umgebracht oder musste sich ins Landesinnere flüchten, ohne Ordnung oder Regel."[26]

Im 19. Jahrhundert war militärischer Amok nur noch Teil der Geschichtsbücher. Raffles erwähnte das Gruppenphänomen in seiner 1817 verfassten Geschichte Javas als heldenmutigen Einsatz furchtloser Krieger, die sich – wenn keine Hoffnung mehr bestünde, den Kampf für sich zu entscheiden – lieber auf den Feind stürzen und als Helden sterben, als sich lebendig zu ergeben.[27]

Malaiische Quellen bestätigen die Existenz des Amokphänomens als Kampfverhalten mutiger malaiischer Heldenkrieger – zumindest in fiktiven malaiischen Heldenerzählungen. In zahlreichen Heldenlegenden wurde der Mut der Ausnahmekrieger verherrlicht. In dem Heldenepos „Hikayat Sama'un" soll der Held Sama'un gegen vierzig Krieger des Abu Jahal Amok gelaufen sein und alle vierzig getötet haben. In einem anderen Kampf soll Sama'un gegen die Militärkommandeure des Königs Bakti von Sari Amok gelaufen sein und die meisten von ihnen getötet haben.[28] In einer weiteren javanischen Heldenerzählung, der „Hikayat Panji Kuda Semirang", soll Semar vor der Himmelspforte Amok gelaufen sein, um Einlass zu erhalten.[29] In einem anderen malaiischen Epos, der „Hikayat Pandawa", soll Bima im Himmel Amok gelaufen sein und einen Krieg zwischen den Pandawas und den Göttern ausgelöst haben.[30]

Auch das malaiische Heldenepos „Hikayat Hang Tuah" (zwischen 1650 und 1750), das im Folgenden ausführlich untersucht wird, enthält zahlreiche Schilderungen sowohl individueller als auch kollektiver Amokläufe.[31] Die Geschichte war vermutlich bereits im 16. Jahrhundert im mündlichen Verkehr verbreitet und Hang Tuah auch vor der Verschriftlichung der Geschichte bereits Vorbild für weite Teile der männlichen Bevölkerung.[32] In der malaiischen Chronik „Sĕjarah Mĕlayu", die zwischen 1610 und 1620 geschrieben worden sein soll, wird zum ersten Mal von Hang Tuah in der malaiischen Literatur berichtet. Im vierzehnten Kapitel wird eine Szene geschildert, in der Hang Tuah einen individuellen Amokläufer tötet und für seinen Mut belohnt wird.[33]

Häufiger als individuelle Amokläufe, die im nächsten Unterkapitel untersucht werden, sind in dem malaiischen Heldenepos „Hikayat Hang Tuah" jedoch Schilderungen kollektiver Amokläufe. In einer Szene des historischen Romans wurde geschildert, wie sechzig Soldaten auf Befehl des Herrschers von Mĕnjapahit[34] auf dem Basar unter den Einwohnern von Mĕnjapahit gemeinsam Amok liefen, um den Mut der malaiischen Gesandten des Sultans von Malakka auf die Probe zu stellen, die gekommen waren, um um die Hand der Prinzessin anzuhalten. Unter den Gesandten befand sich auch Hang Tuah, der die Prüfung bestand und dadurch erneut seine Tapferkeit und seinen Mut unter Beweis stellen konnte. In der Geschichte stellte er sich den Amokkriegern des Fürsten als Erster in den Weg.[35] An anderer Stelle verteidigte Hang Tuah den Großwesir von Malakka erfolgreich gegen vier Amokläufer.[36]

In einer weiteren Szene des historischen Romans ordnete der Premierminister von Mĕnjapahit Gajah Mada (gest. 1364) den siebzig tapfersten Soldaten des javanischen Großreichs an, kollektiv Amok zu laufen, um den Helden Hang Tuah in eine tödliche

Falle zu locken. Der Amoklauf soll sich der Heldengeschichte nach im 14. Jahrhundert auf dem Basar von Měnjapahit ereignetet haben, nachdem die Soldaten sich kollektiv mit Reisschnaps und Palmwein berauscht hatten.[37] An anderer Stelle begab sich Hang Tuah dem malaiischen Heldenepos gemäß mit vierzig auserlesenen Kriegern nach Indrapura zum Palast des Fürsten mit dem Plan, den Thronfolger von Tringganu zu einem Kampf herauszufordern und zu töten. Nachdem der Thronfolger von den Kriegern getötet wurde, lief sein Bruder Měgat Kěmbar Ali, der Zeuge des Geschehens geworden war, in der Audienzhalle des Fürsten Amok. Die malaiischen Krieger setzen dem Amoklauf jedoch ein schnelles Ende, indem sie den Měgat auf der Stelle töteten.[38]

Die malaiischen Heldengeschichten bestätigen einerseits die Amokpraxis besonders tapferer Elitesoldaten im javanischen Großreich Majapahit und in Malakka, der Heimat Hang Tuahs, andererseits rücken sie diese in das fiktive Feld der Mythen und Märchen. Ähnlich verhält es sich mit dem Berserkergang germanischer Krieger, der u. a. in der Schlacht am Hafrsfjord um 872 n. Chr. zum Einsatz gekommen sein soll und der ebenfalls Inhalt zahlreicher Sagen und Mythen ist.[39] Im Fall des kriegerischen Amok deutet viel auf eine wechselseitige Inspiration zwischen Heldenepos und realem Kriegsgeschehen hin. Das bestätigt auch Hans Overbecks „Einführung in die malaiische Literatur" von 1927 am Beispiel der „Hikayat Amir Hamzah"[40], die bei den Malaien „sehr hoch geschätzt und vor einem Kampfe gelesen [wird], um aus den Schilderungen der Heldentaten Mut zu eigenen zu schöpfen"[41]. Bevor ein ähnlicher Zusammenhang zwischen individuellem und kollektivem Amokgeschehen hergestellt werden kann, muss das bei Einzelpersonen auftretende Phänomen gleichen Namens zunächst anhand der überlieferten malaiischen und europäischen Quellen näher untersucht werden.

5.1.2 Individueller Amoklauf

Die erste bislang bekannte Erwähnung individueller Amokläufe im malaiischen Raum findet sich in den Reisebeschreibungen eines venezianischen Kaufmanns aus dem frühen 15. Jahrhundert. Es wurde bereits darauf hingewiesen, dass sich in chinesischen oder arabischen Reiseberichten möglicherweise noch frühere Amokschilderungen finden ließen. Die vorliegende Arbeit beschränkt sich allerdings auf die Untersuchung der vorhandenen malaiischen und europäischen Quellen zu individuellem Amoklauf.

Für das vorliegende Unterkapitel wurden neben der malaiischen Chronik „Sějarah Mělayu" (zwischen 1610 und 1620) und dem malaiischen Heldenepos „Hikayat Hang Tuah" (zwischen 1650 und 1750) Berichte von Niccolò di Conti (um 1395–1469), Ludovico di Varthema (um 1470–1517), Duarte Barbosa (um 1480–1521), Tomé Pires (um 1468–um 1540), Henry Middleton (gest. 1613), Edmund Scott (um 1600),

Wouter Schouten (1638–1704), Elias Hesse (1658–nach 1689), James Cook (1728–1779), Joseph Banks (1743–1820), John Crawfurd (1783–1868), William Norris (1793–1859), James Richardson Logan (1819–1869), Thomas Oxley (1805–1886), Alfred Russel Wallace (1823–1913), Emil Metzger (1836–1890), Bernhard Hagen (1853–1919), Emil Zuckerkandl (1849–1910), William Gilmore Ellis (1860–1917), Pieter Cornelis Johannes van Brero (1860–1934), Walter William Skeat (1866–1953), Frank Athelstane Swettenham (1850–1946), John Desmond Gimlette (1867–1934), Charles Burton Buckley (1844–1912), Emil Kraepelin (1856–1926) und Feico Herman Glastra van Loon (1886–1971) ausgewertet. Auch für diesen Teil der Untersuchung wurde bei der Auswahl der europäischen Quellen darauf geachtet, dass alle Berichterstatter nachweislich in Südostasien waren. Eine Ausnahme stellt der Sektionsbericht des österreichisch-ungarischen Anatomen Emil Zuckerkandl dar, der allein das Gehirn eines malaiischen Amokläufers untersucht hat.

Die erste bislang bekannte dokumentierte Schilderung von individuellem Amoklauf auf Inseln des Malaiischen Archipels findet sich in einem aus Italien stammenden Bericht, verfasst um 1448 durch den päpstlichen Sekretär Poggio Bracciolini (1380–1459). Der venezianische Kaufmann NICCOLÒ DI CONTI (um 1395–1469), der sich etwa im Jahr 1415 von Venedig aus über die arabische Welt und Indien bis nach Sumatra und Java aufgemacht hatte, war nach seiner Rückkehr nach Florenz gekommen, um Papst Eugen IV. (1431–1447) um Absolution für seine Konversion zum Islam und Wiederaufnahme in die katholische Kirche zu bitten. Dort lernte er den päpstlichen Privatsekretär kennen, der an den Erlebnissen seiner fünfundzwanzig Jahre umfassenden Asienreise großes Interesse zeigte. Die Behauptung, der Papst habe dem Kaufmann das Diktat des Berichts als Buße für seine Konversion zum Islam auferlegt, ist im überlieferten Text nicht belegt. Das Resultat stellt zwar mit Sicherheit nicht den authentischen Bericht dar, wie der Kaufmann ihn dem päpstlichen Sekretär wörtlich erzählt hatte, aber zumindest ein schriftliches Zeugnis, das der Reisende selbst wohl nie in dieser stilistischen Ausführung zu Papier gebracht hätte.[42]

Niccolò di Conti war nicht nur durch Asien gereist, er hatte auch dort gelebt. Er hielt sich rund ein Jahr auf Sumatra und etwa neun Monate auf Java auf.[43] Sein Bericht ist folglich nicht das Resultat einer einzigen Reise, sondern vieler Reisen durch die Region. Da es sich um die erste bislang bekannte Überlieferung des individuellen Amokphänomens handelt und di Conti es lediglich beschrieb, ohne jedoch den Begriff selbst zu verwenden, soll seine Schilderung wortgetreu wiedergegeben werden. Di Conti erwähnte ein „Groß Java" und ein „Klein Java", wobei nicht ganz sicher ist, welche Inseln er genau gemeint hat.[44] Über die Bewohner der beiden Inseln berichtete der venezianische Kaufmann Folgendes:

> „Diese [Inseln, Anm. des Übers.] bewohnen die unmenschlichsten und grausamsten Menschen von allen. [...] Einen Menschen zu töten gilt als Spiel und [die Mörder, Anm. des Übers.] werden keiner Strafe zugeführt. Die Schuldner

werden den Gläubigern als Sklaven überantwortet. Weil manche lieber sterben
wollen als in Sklaverei zu leben, zücken sie ihr Schwert und durchbohren
Schwächere, die ihnen begegnen, bis sie von einem Stärkeren, der ihnen begegnet, auch selbst getötet werden. Diesen [wiederum, Anm. des Übers.] zitieren
die Gläubiger vor Gericht und zwingen ihn, für den Toten Schadensersatz zu
leisten. Wenn jemand ein neues Lang- oder Kurzschwert gekauft hat, testet er
am Leib eines [zufällig, Anm. des Übers.] Entgegenkommenden die Schärfe des
Eisens; und für niemanden ist der Tod dieses Menschen ein Schaden. Passanten
inspizieren die Wunde und loben die Professionalität des Mörders im Stechen,
wenn er das Schwert richtig führte. Die Ehefrauen nehmen [als Entschädigung,
Anm. des Übers.], wie viel ihnen nach Lust und Laune beliebt. Ein sehr häufiges
Spiel bei ihnen ist der Hahnenkampf. Diese führen sie aus verschiedener Richtung zum Kampf, wobei jeder [Halter, Anm. des Übers.] versichert, der seinige
werde siegen; und für den Sieg des anderen setzen auch die Dabeistehenden
wechselseitig Geld; nach wessen Wette [Wunsch, Anm. des Übers.] der Hahn
siegt, der nimmt das Geld."[45]

Die Authentizität der Hahnenkämpfe, die auch heute noch auf der Nachbarinsel Bali
veranstaltet werden, ist ein möglicher Prüfstein für die historische Zuverlässigkeit der
Berichte di Contis. In dem zitierten Textausschnitt verwendete di Conti zwar den
Ausdruck Amok nicht, aber er beschrieb dafür bereits sehr früh das soziale Gefüge,
in dem das klassische malaiische Amokphänomen entstanden ist. Ein Mann, der sich
und seine Familie z. B. beim Hahnenkampf finanziell ruiniert hatte, stand damals vor
der Entscheidung zwischen einem Leben in Sklaverei oder einem ehrenhaften Tod
als Amokläufer. Auch spätere Amokberichte griffen diese ätiologische Zuschreibung
auf, um die Amokhäufung im Malaiischen Archipel zu erklären.

Rund sechs Jahrzehnte später, am 6. Dezember 1510, gab der italienische Schriftstel-
ler und Fernreisende LUDOVICO DI VARTHEMA (um 1470–1517) seinen „Itinerario"
in Rom in den Druck. Obwohl seine Reisebeschreibungen zum Teil sehr viel weniger
genau und ausführlich waren als die Reiseberichte von Duarte Barbosa oder Tomé
Pires, avancierten sie bald zu einem „europäische[n] Bestseller unter der Reiselitera-
tur des 16. Jahrhunderts."[46] Die italienische Erstausgabe wurde in zahlreiche Sprachen übersetzt und insbesondere von Kartografen zur Erweiterung vorhandener
Kenntnisse zur Inselwelt Südostasiens genutzt.[47]

Ludovico di Varthema hatte nach eigener Aussage um 1506 die auf der Malaiischen
Halbinsel gelegene Hafenstadt Malakka bereist, die 1511 von portugiesischen Trup-
pen erobert werden sollte. Aus seiner Schilderung werden die sozioökonomischen
Umstände deutlich, die für das schlechte Fremdbild der Javaner als Glücksspieler,
Mörder, Piraten und Amokläufer verantwortlich waren. Im frühen 16. Jahrhundert
wurde der Seehandel in der Straße von Malakka von chinesischen und arabischen

und zunehmend auch europäischen Händlern beherrscht. Die einheimische Bevölkerung war von den Gewinnen des prosperierenden Welthandels mit China und Europa jedoch größtenteils ausgeschlossen. Sie führten im Hinterland ein Leben als einfache Bauern, an den Küsten versuchten sie sich häufig in der Piraterie, wie aus der folgenden Schilderung hervorgeht:

> „Man kann hier [in Malakka, Anm. der Verf.] zu nächtlicher Stunde nicht das Land betreten, weil sie sich wie die Hunde abschlachten. Und alle Händler, die hier anlanden, gehen zum Schlafen auf ihre Schiffe. Die Einwohner dieser Stadt sind vom Volke und von der Herkunft her aus Java. Um mit den Fremden zurechtzukommen, unterhält der König einen Statthalter. Aber die Landbewohner machen sich ihr eigenes Recht. Sie sind vom übelsten Schlage, der je auf der Welt geschaffen wurde. Und wenn der König sie einmal bestrafen will, sagen diese, sie würden dann eben vom Lande fortziehen, da sie Männer des Meeres seien. Die Luft ist ausreichend temperiert. Die Christen, die uns begleiteten, gaben uns zu verstehen, dass sie es hier in Anbetracht solch schlechter Menschen nicht lange aushielten. Wir nahmen uns daher eine Dschunke und machten uns auf in Richtung Sumatra […]."[48]

Ludovico di Varthemas Bericht wirkt wie ein ethnografisches Klischee. Hierfür könnte es zwei Ursachen geben. Der klischeehafte Eindruck könnte der Tatsache geschuldet sein, dass es sich um einen sogenannten „Barbarentopos" handelt, den der Reisende auf ein ihm fremdes Volk übertragen hat. Es ist aber ebenso möglich, dass der italienische Abenteurer gar nicht selbst bis nach Malakka und zu den Gewürzinseln gereist war und die Inseln und Länder östlich von Indien nur vom Hörensagen kannte. Aufgrund zahlreicher Ungenauigkeiten und sachlicher Fehler gibt es Zweifel an der Authentizität seines Berichts.[49]

Allerdings finden sich auch in anderen Reiseberichten aus dieser Zeit Schilderungen über die Gefährlichkeit von Malakka. Wenig später warnte der portugiesische Fernreisende und spätere Schwager Ferdinand Magellans DUARTE BARBOSA (um 1480–1521) vor dem fremdartigen Amokbrauch in der malaiischen Hafenstadt, den er als „Guaniço" bezeichnete und für den er religiöse Motive vermutete. Über die kosmopolitische Bevölkerung der von den Portugiesen beherrschten, muslimisch geprägten Stadt Malakka schrieb der Portugiese um 1516:

> „Und es gibt in dieser Stadt auch viele Javaner […]. Wenn einer dieser Javaner an irgendeiner Krankheit erkrankt, verspricht er seinem Gott, dass, wenn er Gesundheit gibt, er einen anderen, ehrenvolleren Tod in seinem Dienst sterben wird, nachdem er gesund ist, nimmt er einen Lederschild in die Hand, einige Krummschwerter, von denen es sehr gute gibt; und, auf die Plätze und Straßen gehend, tötet er, wen auch immer er dort antrifft, Männer und Frauen und Kinder, und niemanden verschont er. Diese nennt man *guaniços*; und wenn sie ihn

sehen, schreien die Menschen sofort und sagen: *Guaniço*, damit die anderen sich in Acht nehmen. Und sie töten ihn mit Pfeilschüssen und Lanzenstößen."[50]

Um die gleiche Zeit bestätigte der portugiesische Apotheker TOMÉ PIRES (um 1468– um 1540), dem die erste bislang bekannte Erwähnung von kollektiv-kriegstaktischem Amok im malaiischen Raum zugeschrieben werden kann (Abschnitt 5.1.1), das von Niccolò di Conti im frühen 15. Jahrhundert auf Java beschriebene individuelle Amokphänomen. Im fünften Buch seines zwischen 1512 und 1515 verfassten Asienreiseberichts erwähnte er während seines Aufenthalts auf Java ein auf der Vulkaninsel verbreitetes Phänomen, das einzelne Männer zu „amõquos" werden lasse. Das von Pires vermittelte Bild schilderte Amok als einen landesüblichen Brauch, den es in dieser Form an keinem anderen Ort und in keinem anderen Volk gebe. Die männlichen Inselbewohner beschrieb er als kühn. Auch Glücksspiel sei sehr verbreitet und die Einsätze hoch. Manchmal würden die eigenen Kinder als Pfand eingesetzt. Männer, die entschlossen seien zu sterben, würden hier „amõquos" genannt. Häufig würden sie aus bildungsfernen Schichten stammen und in betrunkenem Zustand Amok laufen. Javanische Edelmänner hätten hingegen eher die Angewohnheit sich zu duellieren.[51]

Im Gegensatz zu di Conti, der lediglich ein beobachtetes oder berichtetes Phänomen beschrieb, ohne es zu benennen, verwendete Pires bereits den im Malaiischen Archipel unter Portugiesen üblichen Begriff „amõquos", um das fremdartige Verhalten der Javaner zu beschreiben. Darüber hinaus ist seinen Schilderungen über Java zu entnehmen, dass der traditionelle malaiische Dolch, der Kris, an keinem Männergürtel fehlen durfte. Jeder Mann auf Java, egal ob arm oder reich, musste einen Kris in seinem Haus haben und eine Lanze und ein Schild. Waffen seien billig und ihr Tragen ein auf Java üblicher Brauch, weshalb kein Mann zwischen dem zwölften und dem achtzigsten Lebensjahr das Haus verlasse ohne einen Kris an seinem Gürtel zu tragen.[52]

Dieser Brauch wird von späteren Reiseberichten anderer Autoren bestätigt. Als Hintergrund wird meistens die Bedeutung des Krises als Statussymbol und die Notwendigkeit zur Selbstverteidigung angeführt. In dem Bericht des portugiesischen Apothekers finden sich zudem an mehreren Stellen Hinweise auf einen Zusammenhang zwischen Alkoholeinfluss und Amokhandlungen.[53] Dieser Zusammenhang wird von späteren Autoren hingegen nur selten hergestellt. Alkoholkonsum galt aus religiösen Gründen als verpönt und wird deshalb eher als untypisch und unter Malaien wenig verbreitet geschildert.

Häufiger – wenngleich ebenfalls umstritten – waren Zuschreibungen von Opiumkonsum als Auslöser für individuelle Amokhandlungen. Noch bis Ende des 19. Jahrhunderts hielt sich die Vorstellung, dass ein opiuminduzierter Rauschzustand ursächlich für den Amoklauf sei. In Meyers Konversations-Lexikon von 1885 liest man hierzu:

> „**Amucklaufen** (Amoklaufen, vom javan. Wort amoak, töten), eine barbarische Sitte unter mehreren malaiischen Volksstämmen, z. B. auf Java, besteht darin, daß durch Genuß von Opium bis zur Raserei Berauschte, mit einem Kris (Dolch) bewaffnet, sich auf die Straßen stürzen und jeden, dem sie begegnen, verwunden oder töten, bis sie selbst getötet oder doch überwältigt werden."[54]

Neben italienischen und portugiesischen Reiseberichten finden sich auch bei englischen Seefahrern Schilderungen des Amokphänomens. So werden in aktuellen Fachpublikationen beispielsweise dem englischen Kapitän der East India Company Henry Middleton (gest. 1613) während seiner Zweiten Ostindien-Reise (1604–1606) Berichte über Amok zugeschrieben.[55] Diese Attribuierung muss jedoch revidiert werden. Middleton reiste zwar nachweislich Anfang des 17. Jahrhunderts mehrmals für die Britische Ostindien-Kompanie nach Übersee, der anonyme, gelegentlich Henry Middleton attribuierte Reisebericht aus dem Jahr 1606 enthält jedoch weder das Wort Amok noch eine Beschreibung des Phänomens.[56] Es ist vielmehr davon auszugehen, dass die Amokpassage ursprünglich auf EDMUND SCOTT (um 1600) zurückgeht, der seine Reiseerlebnisse im gleichen Jahr bei Burre in London in den Druck gegeben hatte, und dass die Amokpassage erst nach Middletons Tod in der erweiterten Neuauflage von 1943 durch William Foster (1863–1951) hinzugefügt wurde.[57]

Edmund Scott, der von 1603 bis 1605 auf Java das Amt des Gouverneurs von Bantam (heute Banten, Westjava) innehatte, stand – wie auch Middleton – im Dienst der Britischen Ostindien-Kompanie. Während seiner Amtszeit beschrieb er die Bewohner Javas, wie viele seiner europäischen Zeitgenossen, als blutdürstig. Amok übersetzte er fälschlicherweise mit „ich bin entschlossen", was darauf schließen lässt, dass er keine profunden Kenntnisse der einheimischen Sprache hatte. Das Amokphänomen auf Java beschrieb Scott 1605 wie folgt:

> „Sie sind ein Volk, das sehr nach Blut dürstet. Sollte irgendein *Javaner* eine Tat begangen haben, auf welche der Tod steht, und er deshalb verfolgt werden, wobei er glaubt, er solle sterben, wird er augenblicklich seine Waffe ziehen und *Amucke* rufen, was so viel heißt wie: *Ich bin entschlossen:* weder Mann, Frau oder Kind zu verschonen und alle zu ermorden, deren sie habhaft werden können; und derjenige, der die meisten tötet, stirbt mit der größten Ehre und Anerkennung. Sie kämpfen selten von Angesicht zu Angesicht gegeneinander oder gegen irgendein anderes Volk, sondern sie üben in feiger Weise gemeinsam Rache an ihrem Feind, obgleich sie überwiegend gutgewachsene Männer sind."[58]

Der Gouverneur von Bantam bestätigte in seinen 1605 angefertigten Beschreibungen auch die von di Conti Anfang des 15. Jahrhunderts überlieferten strengen Regeln für den Umgang mit (Spiel-)schulden, die auf Java zwei Jahrhunderte später scheinbar immer noch angewendet wurden: „Ihr Schuldrecht ist so streng, dass der Gläubiger seinen Schuldner, seine Ehefrauen, Kinder und Sklaven und all seinen Besitz nehmen und für die Begleichung seiner Schuld verkaufen darf."[59] Anders als Niccolò di Conti in seinem Bericht von 1448 stellte Scott jedoch keinen Zusammenhang zwischen dem Schuldrecht und dem verbreiteten Auftreten von individuellem Amok auf Java her.

Zunehmend sind auch niederländische Berichte über Amok überliefert. Der aus dem nordholländischen Haarlem stammende Chirurg WOUTER SCHOUTEN (1638–1704), der während seiner Dienstzeit für die Niederländische Ostindien-Kompanie „Viel gedenckwürdiges und ungemeine seltsame Sachen" erlebt und 1676 in Amsterdam einer interessierten abendländischen Leserschaft zugänglich gemacht hatte, fügte auch das Amokphänomen in sein Potpourri erzählter Merkwürdigkeiten ein. Sein außergewöhnlicher Reisebericht, dessen Titel sich wie eine Werbeanzeige liest, fand wahrscheinlich einen schnellen Absatz, denn er wurde noch im gleichen Jahr aus dem Niederländischen ins Hochdeutsche übertragen.[60]

Den Schilderungen Schoutens zufolge war Amok damals vor allem in den Städten Javas und unter eingewanderten Javanern in Batavia (heute Jakarta, Hauptstadt Indonesiens) verbreitet.[61] Die niederländische Kolonialregierung sei vehement gegen verurteilte Amokläufer vorgegangen. Während seines fünfmonatigen Aufenthalts in Batavia, der Hauptstadt Niederländisch-Indiens, habe Schouten allein drei Verurteilungen sogenannter „Amock-Rufer"[62] gesehen. Vor der öffentlichen Hinrichtung durch das Rad seien ihnen zur zusätzlichen Abschreckung die Brüste mit glühenden Zangen abgerissen worden. Die Authentizität der öffentlichen Hinrichtung durch das Rad als Strafe für Amokläufer in Batavia wird von anderer Quelle für das Jahr 1770 bestätigt.[63]

Von besonderem Interesse an Schoutens Schilderungen ist auch eine andere Textpassage, aus der hervorgeht, dass zur damaligen Zeit nicht nur Kollektiv-, sondern auch Einzel-Amokläufer mit positiven Eigenschaften wie Männlichkeit und Stärke assoziiert wurden und ihnen postum Ruhm und Ansehen sicher waren:

> „Ich sahe in diesem Monat Februario [1659, Anm. der Verf.] auff Batavia, einem schwartzen Indianer die Brüste / durch den Scharffrichter / mit glüenden Zangen / abreissen: als dieses geschehen / wurde er von unten auff gerädert / weil er aus Mißbrauch / das Opium […] gefressen / und dadurch rasend geworden / Amocle geruffen hatte / welches so viel bedeutet / daß er alle die jenige / welche ihm auff der Strassen begegnen würden / ermorden wolte: in welcher Raserey er auch fünf Persohnen umgebracht hatte. […] Dieser war der dritte Amock-Rufer / welchen ich in meiner damahligen Anwesenheit auff Batavia, um seines Mords willen / habe rädern sehen."[64]

> „Ein solcher Mörder und Amock-spieler hat noch bißweilen den Ruhm / daß er ein unverzagter Held gewesen / weil er sich allen denen / die ihn greiffen

wollen / so männlich wiedersetzet hat. […] weswegen die Niederländische Regierung daselbst genöhtiget worden / dergleichen Amock-spieler / sofern man dieselbe lebendig bekommen kan / auf eine erschreckliche weise zu strafen; wie denn zu meiner Zeit oftmahls geschehen ist."[65]

Auch wenn Schouten außer vorausgegangener Opiumeinnahme keinerlei schlüssige Erklärung für die vergleichsweise hohe Amokprävalenz unter Javanern lieferte, so lässt sich diese doch zu zwei wichtigen kulturellen Faktoren in Bezug setzen:

1. Bedeutung und Verbreitung von Klingenwaffen: Der Kris, dessen intrinsische Kräfte der Erzählung nach den mythischen malaiischen Nationalhelden Hang Tuah unbesiegbar machten, durfte am Gürtel keines malaiischen Mannes fehlen.[66] Dem malaiischen Kris werden anthropomorphe Eigenschaften seines Besitzers zugeschrieben. Er ist so eng mit seinem Besitzer verbunden, dass man glaubt, er nehme ähnliche emotionale und psychologische Eigenschaften an.[67] Es sei allgemein üblich, dass auch kleine Jungen bereits einen schmuckvoll verzierten Kris am Gürtel tragen.[68] In der Folge würden Zweikämpfe zwischen Javanern häufig mit dem Tod eines der Kontrahenten enden. Der Anlass sei meistens gering, oftmals ginge eine tatsächliche oder wahrgenommene Beleidigung voraus.[69]

2. Bedeutung von Ehre und kulturell sanktionierte Rache bei Ehrkränkung: Der männlichen javanischen Bevölkerung wurden von Schouten Eigenschaften wie Verwegenheit und Kühnheit, aber auch Hochmut und Rachsucht zugeschrieben. In Kombination mit der Allgegenwärtigkeit von Klingenwaffen können kulturelle Skripte von Männlichkeit und Ehre zur Amokhäufung innerhalb der javanischen Bevölkerung beigetragen haben. An anderer Stelle schrieb Schouten, dass Rache unter Javanern eine kulturell sanktionierte Reaktion zur Wiederherstellung der Ehre darstellte.[70]

Beide Faktoren zusammengenommen könnten amokbegünstigend gewirkt haben. Neben niederländischem stand auch deutsches Fachpersonal in den Diensten der Niederländischen Ostindien-Kompanie. Von 1680 bis 1683 arbeitete ELIAS HESSE (1658–nach 1689) als Bergschreiber in den Goldbergwerken an der Westküste Sumatras.[71] Nach seiner Rückkehr hatte er seine Reisebeschreibungen 1687 in Dresden in Druck gegeben. Auffallend ist auch hier wieder der barock ausgeschmückte Titel. In der 1690 in Leipzig erschienenen zweiten, von Hesse selbst korrigierten und erweiterten Auflage ist zu lesen:

„Wenn darauff die erkaufften Leibeigenen von ihrem Herrn schlecht tractiret werden / so geschicht zum öfftern / daß sie Amouck spielen / das Wort Amouck / heist so viel als Mord / und wann sie dieses Wort sagen / und als d e s p e r a t e und Unsinnige / auff die Strasse lauffen / ist kein Mensch / so ihnen begegnet / des Lebens sicher."[72]

Genau wie Schouten führte auch Hesse Amoklauf auf Opiumkonsum als Auslöser zurück. Die Täter würden andern zum Exempel grausam bestraft. Trotzdem, so Hesse, höre er oftmals von dergleichen Taten innerhalb und außerhalb der niederländisch-ostindischen Hauptstadt Batavia (heute Jakarta).[73] Hesse selbst hatte 1681 in Batavia einen Fall erlebt, den er folgendermaßen schilderte:

> „[G]leich auch zu meiner Zeit allda ein Amouck-Ruffer unter wehrender Predigt in der Holländischen Stadt-Kirchen / mit einem blossen Kriß / darnach zu gelauffen kommen / würde auch / dafern die Kirch-Thüren nicht alsobald auff Befehl des Predigers / wären verschlossen worden / viele Menschen ermordet haben / ist aber darauff alsobald von denen Caffers oder Häschern auff dem Kirchhof mit grossen Stöcken nieder geschlagen / und also gefangen genommen worden / welcher auch sein Urtheil / so nach den Landes-Rechten das Rad gewesen / nach diesem empfangen."[74]

Es ist möglich, dass der Amokläufer in diesem Fall bewusst einen öffentlichen Platz, an dem besonders viele Niederländer versammelt waren, für seinen Amoklauf ausgewählt hatte. Die von Hesse beschriebenen Amokläufe unterscheiden sich hierin von jenen, die im späten 19. und frühen 20. Jahrhundert von britischen Psychiatern dokumentiert werden. Hesse sprach von Mord und möglicherweise geplanten Taten mit bewusster Handlungsintention und gerichteter Opferwahl (Sklavenbesitzer, europäische Christen). Anders die Psychiater der Jahrhundertwende, die in den meisten Fällen von Unzurechnungsfähigkeit zum Zeitpunkt der Tat sowie größtenteils wahllosen Opfern zusammen mit einem depressiven Vorstadium und einer häufig berichteten tatbezogenen Amnesie ausgehen, wie die weitere Untersuchung noch zeigen wird.

Der berühmte Seefahrer James Cook (1728–1779), dem bis heute häufig die ersten überlieferten Amokbeschreibungen überhaupt zugeschrieben werden[75], erwähnte das Amokphänomen in dem von ihm verfassten Manuskript seiner ersten Reise auf der Endeavour nach Niederländisch-Ostindien (1768–1771) während seines Aufenthalts auf Java allerdings überhaupt nicht.[76] In der oft zitierten Amokpassage im Dezember 1770 in Batavia (heute Jakarta) wird Cook zudem in der dritten Person genannt, was als Indiz dafür gelten kann, dass sie nicht von Cook selbst verfasst wurde.[77] Auch ein inhaltlicher Fehler – der Terminus „mohawks"[78] wird als Bezeichnung für Amokläufer vorgeschlagen – lässt Zweifel über die Authentizität des Berichts aufkommen, weshalb er hier nicht in voller Länge wiederholt werden soll.

In den Reisetagebüchern des englischen Naturforschers und Botanikers JOSEPH BANKS (1743–1820), der James Cook auf dessen Erster Südseereise (1768–1771) auf der Endeavour begleitet hatte, finden sich dann auch in den Aufzeichnungen vom Dezember 1770 große Teile der Textpassage, die Cooks Reisebericht 1773 hinzugefügt worden war.[79] Der oben erwähnte, falsche Terminus „mohawks" findet sich bei

Banks allerdings nicht. Stattdessen schreibt Banks von einer „Sitte hier, die Amoc genannt wird"[80]. Auch ist die Beschreibung im Ganzen präziser und enthält auch Elemente aus Gesprächen mit ansässigen Polizisten, was dafür spricht, dass sich Banks die Mühe eigener Recherchen vor Ort gemacht hat.

In seinen Tagebuchaufzeichnungen vom Dezember 1770 beschreibt Joseph Banks „Amoc" als eine unter den Bewohnern Batavias verbreitete Intoxikation mit Opium, die mit der Tötung eines jeden, der sich dem mit einem gezückten Dolch bewaffneten Amokläufer auf der Straße in den Weg stelle, einhergehe, bis dieser selbst getötet oder gefasst wird. Besonders häufig seien Europäer unter den Opfern der Amokläufer zu finden. Der Polizist, der persönlich mit der Erfassung der Amokläufer beauftragt sei, habe ihm erzählt, dass kaum eine Woche vergehe, in der nicht er oder einer seiner Kollegen gerufen würden, um welche zu ergreifen oder zu töten. Banks Tagebuchaufzeichnungen zufolge hätten sich während des Aufenthalts von Captain Cooks Mannschaft in Batavia drei Amokläufe ereignet.[81]

In allen drei Fällen sei dem Amoklauf eine massive Kränkung vorausgegangen, vornehmlich in Liebesangelegenheiten. Die Amokläufer hätten sich zuerst an der Person gerächt, von der die Kränkung ausging. Anschließend hätten sie sich mit Opium berauscht und seien danach „geifernd wie verrückte Hunde"[82] mit ihrem gezückten Kris oder Dolch auf die Straße gelaufen. Banks Schilderungen zufolge habe keiner der Amokläufer versucht, Unbeteiligte zu verletzen, mit Ausnahme jener, die versucht oder den Anschein gemacht hätten, sie stoppen oder ergreifen zu wollen. Unbeteiligte Passanten, die weggerannt seien oder die Straßenseite gewechselt hätten, seien hingegen sicher gewesen.[83]

Da Sklaven öfter Objekt von Beleidigungen seien und wenig Aussicht auf legale Wiedergutmachung hätten, würden sie den größten Teil der Amokläufer ausmachen.[84] Bei den anderen (freien) Bewohnern, die in Batavia Amok liefen, sei Eifersucht ein häufiges Motiv. Am Kap der Guten Hoffnung allerdings, wo sich Banks im April 1771 aufhielt und wo nach seiner Aussage ebenfalls viele malaiische Sklaven aus Batavia lebten, sei Amoklauf hingegen völlig unbekannt. Die Sklaven würden dort allerdings deutlich besser behandelt.[85]

Für die Festnahme von Amokläufern würden die Polizisten Batavias eine hohe Prämie von der niederländischen Kolonialregierung erhalten. Die Zielprämie werde allerdings nur bei Lebendfestnahmen ausgezahlt, nicht wenn der Amokläufer bei der Festnahme getötet werde. Deshalb hätten die Polizisten eigens für die Ergreifung von Amokläufern bestimmte Vorrichtungen. Mithilfe dieser Greifwerkzeuge und Zangen könnten sie die Amokläufer zunächst auf Abstand halten, um sie anschließend zu entwaffnen. Gleichwohl würde nur rund ein Viertel der Amokläufer lebend gefasst, da ihre aktive Gegenwehr zu stark und resolut sei. Alle überlebenden Amokläufer erwarte in jedem Fall die öffentliche Hinrichtung durch das Rad. Diese Strafe werde nie gelockert. Wenn die Ärzte die Verletzungen des Amokläufers als lebensgefährlich einstufen würden, werde er bereits am nächsten Tag hingerichtet. Hierfür werde ein Ort gewählt, der dem ersten Tatort so nah wie möglich komme.[86]

Etwa fünfzig Jahre später, im Jahr 1820, bestätigte JOHN CRAWFURD (1783–1868) die Schilderungen Joseph Banks'. In seiner „History of the Indian Archipelago" beschrieb der schottische Arzt und Orientalist individuellen Amoklauf als ein über alle Inseln des Archipels verbreitetes und gefürchtetes Rachephänomen, das vor allem auf Java und Celebes (heute Sulawesi) auftrete. Die lokalen Polizeistationen seien alle mit eigens für den Einsatz gegen Amokläufer vorgesehenen Forken oder Zangen ausgestattet, die dazu dienten, den Amokläufer auf Abstand zu halten und seinen rasenden Lauf ohne Gefahr für das eigene Leben zu stoppen.[87]

Die tatsächliche Existenz dieser forkenförmigen „amok catcher" ist historisch gesichert. Bei Rashid finden sich gleich zwei Belege für die Authentizität von Crawfurds und Banks' Beschreibungen: ein Stahl- oder Kupferstich aus der Mitte des 19. Jahrhunderts, auf dem mehrere Männer einen Amokläufer u. a. mit einer zweizinkigen Gabel bewaffnet verfolgen sowie eine undatierte Fotografie, auf der ein forkenförmiger „amok catcher" abgebildet ist.[88]

In seiner „History of the Indian Archipelago" unterschied Crawfurd darüber hinaus drei Formen von „mucks"[89]: Klassischerweise erfolge Amok ungezielt und gänzlich ohne Vorsatz oder Vorwarnung. Er könne aber auch gegen eine Person, von der eine Beleidigung ausging, oder gegen die eigene Familie und Person gerichtet sein. Als Beispiel führte Crawfurd den Fall eines buginesischen Sklaven an, der 1812 in Surabaya auf Java seine Frau und seine drei Kinder getötet und im Anschluss darum gebeten habe, selbst getötet zu werden.[90] Hintergrund scheinen Misshandlungen seitens der kreolisch-niederländischen Besitzerin gegenüber seiner Frau gewesen zu sein. Familienauslöschungen dieser Art, bei denen gezielt und ausschließlich Mitglieder aus dem engen Familienkreis getötet werden, würden aber den geringeren Anteil der „mucks" darstellen:

> „Die mit Abstand häufigsten mucks sind jene, bei denen der Desperado wahllos Freunde und Feinde angreift, und bei denen er, mit wirrem Haar und rasendem Blick alle die ihm begegnen ohne Unterschied ermordet oder verwundet, bis er selbst getötet wird,—erschöpft vom Blutverlust,—oder er wird durch den Einsatz bestimmter forkenförmiger Werkzeuge gesichert, deren Notwendigkeit die Erfahrung sich denjenigen, die a muck laufen, entgegenzusetzen nahe gelegt hat und mit denen die Polizeibeamten daher immer ausgestattet sind. Eine der bemerkenswertesten Zusammenhänge, die diese Taten krimineller Verzweiflung begleiten, ist die scheinbar ungeplante und immer plötzliche und unerwartete Weise, mit der sie durchgeführt werden. Der Desperado deckt seine Absicht weder anhand seiner Gesten, seiner Sprache noch seiner Gesichtszüge auf, und

die erste Warnung ist das Zücken des Krises, der wilde Begleitschrei und der Beginn der Todesarbeit."[91]

1849 veröffentlichte der frühere Stadtrichter von Penang WILLIAM NORRIS (1793–1859) im „Journal of the Indian Archipelago and Eastern Asia" den Fall eines individuellen Amokläufers namens Sunan (Soonan), den er am 13. Juli 1846 in seiner Funktion als Stadtrichter (von 1836 bis 1847) zum Tode verurteilt hatte.[92] Lokale Zeitungen berichteten über den Amoklauf und das richterliche Urteil.[93] Eine ausführliche Darstellung des Falls und des Urteilsspruchs erfolgt im Abschnitt 5.2.1.

Eine jener Stimmen, die die schnellen Prozesse der britischen Kolonialregierung mit den Amokläufern und das Urteil des Stadtrichters von Penang kritisierten, gehörte dem britischen Rechtsanwalt und Ethnologen JAMES RICHARDSON LOGAN (1819–1869). Logan sah die britische Regierung in der Verantwortung für die innere Sicherheit im Land zu sorgen. Durch gerechte Gerichtsprozesse solle der malaiischen Bevölkerung ein Gefühl von Vertrauen in die Justiz und in die innere Sicherheit des Landes vermittelt werden. Erst wenn ein Malaie sich auf der Straße und auf der See sicher fühle, könne er auf die eigene Waffe zur Verteidigung seines Lebens und seiner Ehre verzichten. Statt mit einer persönlichen oder kulturellen Prädisposition der Malaien zum Amok erklärte Logan die Häufung in dieser Volksgruppe mit situativen, gesellschaftlichen Faktoren wie der ständigen Waffenverfügbarkeit. Das Naturell des ackerbautreibenden Malaien sei im Allgemeinen friedvoll und vergleichsweise menschlich. Erst der Kontakt mit den Verlockungen und Gefahren des Seehandels brächte die häufig beschriebenen negativen Eigenschaften der Malaien hervor.[94]

Dass sich das Tragen des Krummdolchs in der malaiischen Kultur durchgesetzt habe, liege im Wesentlichen darin begründet, dass der Staat keinen Schutz vor Überfällen gewährleiste. Kein Malaie sei bereit, seinen Kris zu Hause zu lassen, wenn das Risiko auf dem Land oder auf der See ausgeraubt und getötet zu werden hoch sei. Der erste Schritt zur Amokprävention sei folglich die Bekämpfung von Überfällen auf dem Land und von Piraterie auf der See. In einem zweiten Schritt solle dann das Tragen von Waffen durch Privatpersonen abgeschafft werden.[95]

Mit dem britischen Kolonialarzt THOMAS OXLEY (1805–1886), dem von 1844 bis 1856 die Leitung der staatlichen Irrenanstalt der Straits Settlements in Singapur oblag und der dort das „No restraint-System" und Korbflechten als Beschäftigungstherapie einführte, wird ein Paradigmenwechsel in Bezug auf die dem Amok zugeschriebene Ätiologie eingeleitet.[96] Die der Amoktat zugrunde liegende Ursache ist nicht mehr sozialer, sondern somatischer Natur: Krankheit statt Kränkung.

In einem 1849 im „Journal of the Indian Archipelago and Eastern Asia" veröffentlichten Artikel nimmt Oxley die akute Verschlimmerung einer Magen-Darm-Erkrankung oder eines lästigen Geschwürs als ursächlich für Amoklauf an.[97] In rund

drei Viertel der von Oxley untersuchten Fälle stamme der Amokläufer aus der Volksgruppe der Bugis. Bei dem Großteil der Amokläufer handele es sich um gewöhnliche
malaiische Arbeiter oder Händler, die friedlich mit ihren Freunden und Familien zu-
sammensitzen und dann plötzlich ohne vorausgegangene Provokation aufspringen
und mit ihrer Stichwaffe alle in Reichweite töten oder verletzen. Im Rahmen der ärztlichen Untersuchung am Tag nach der Tat würden sich die meisten Amokläufer zer-
knirscht und reuevoll zeigen. Ganz häufig würde Oxley hören: „„der Teufel drang in
mich ein, meine Augen waren verdunkelt, ich wusste nicht, was ich dabei war zu
tun.'"[98]

Der britische Naturforscher ALFRED RUSSEL WALLACE (1823–1913) war im Jahr 1856
auf seinem Weg nach Makassar über die Kleinen Sundainseln Bali und Lombok gekommen. Sein 1869 veröffentlichtes Werk „The Malay Archipelago" enthält die Beschreibungen von seiner Forschungsreise im südlichen Malaiischen Archipel im
Zeitraum 1854–1862. Darin erwähnt der Naturforscher nebenbei, wie er auf Lombok
Zeuge eines Amok-Fehlalarms wird:

> „Eines Morgens, als wir beim Frühstück saßen, benachrichtigte uns Herr Car-
> ters Diener, dass ein ‚Amokläufer' im Dorf sei. Sofort wurde der Befehl gegeben,
> die Tore unserer Wohnung zu schließen und zu befestigen; aber da wir eine Zeit
> lang nichts hörten, so gingen wir hinaus und fanden, dass es ein Fehlalarm ge-
> wesen sei, von einem Manne herrührend, der fortgelaufen war und erklärt
> hatte, er werde ‚Amok' laufen, weil sein Herr ihn verkaufen wollte. Eine kurze
> Zeit vorher wurde ein Mann an einem Spieltisch getötet, weil er einen halben
> Dollar mehr, als er besessen, verloren und sich anschickte ‚Amok' zu laufen. Ein
> anderer hatte siebzehn Menschen getötet oder verwundet, ehe er unschädlich
> gemacht werden konnte."[99]

Häufiger als auf der kleinen Sundainsel Lombok soll Amok jedoch in der südsulawe-
sischen Hafenstadt Makassar vorgekommen sein. Wallace berichtet 1856 von durchschnittlich einem bis zwei Amokläufen im Monat mit bis zu zwanzig Verletzten oder
Toten und bezeichnet Makassar als „den berühmtesten Ort im Osten für das ‚Amoklaufen."[100] Ein Eintrag in der „Encyclopædia Britannica" aus etwa der gleichen Zeit
bestätigt die Aussagen des Naturforschers. Demnach soll Amok in der Fünfzehn- bis
Zwanzigtausend-Einwohner-Stadt so häufig gewesen sein, dass die niederländischen
Behörden die malaiischen Soldaten aus Makassar aus der Armee entlassen mussten.
Auch Glücksspiel und Hahnenkämpfe sollen unter der malaiischen Bevölkerung sehr
verbreitet gewesen sein.[101] Kultur- bzw. lokalspezifische Faktoren können folglich die
Amokhäufung in der Region beeinflusst haben, denn auch Wallace führt als auslösende Faktoren vor allem die Verzweiflung über entstandene Spielschulden und die
dadurch drohende Sklaverei an.[102]

Der 1887 in der Zeitschrift „Globus" erschiene Artikel des deutschen Handelsgeografen CARL ALBERT EMIL METZGER (1836–1890) stellt die erste bislang bekannte längere deutsche Abhandlung zum Thema dar.[103] In der zweiten Hälfte des 19. Jahrhunderts war der spätere Herausgeber des „Geographisch-Statistischen Welt-Lexikons"[104] zusammen mit dem niederländischen Astronomen Jean Abraham Chrétien Oudemans (1827–1906) von Batavia nach Réunion via Singapur und Aden gereist.[105] Metzger war mehrere Jahre in Niederländisch-Java tätig.

Seinen Schilderungen gemäß kam Amok seinerzeit im Malaiischen Archipel nicht gerade häufig vor. Meistens gehörten die Amokläufer der Bevölkerungsgruppe der Bugis an, die im Allgemeinen den Ruf hätten, tapfer und tollkühn, aber auch stolz und rachsüchtig zu sein. In der Regel kämen Amokläufer aus der sozialen Unterschicht. Sehr selten nur trete Amoklauf bei Frauen auf. In allen Metzger bekannten Fällen seien Klingenwaffen verwendet worden. Ihm war bis dato kein Fall von Schusswaffengebrauch bekannt. Die ihm bekannten Fälle von Amok hätten zu jeder Tageszeit stattgefunden.

In den meisten Fällen sei eine Liebesenttäuschung oder -zurückweisung ursächlich für den Amoklauf. Ziemlich selten folge der Wutausbruch der Beleidigung oder Kränkung unmittelbar. Vielmehr gehe ihm ein Entwicklungsstadium voraus, welches zuweilen Tage bis Wochen dauere, bis ein zufälliger Umstand den Funken entzünde, welcher den Ausbruch der unterdrückten Wut verursache. Der Amokläufer würde später angeben, „mata glap" gewesen zu sein, was so viel bedeute wie „Ich wußte nicht, was ich that."[106] Die verbreitete Erklärung, dass Opiumkonsum für Amok verantwortlich sei, hielt Metzger für falsch. Opium betäube und ermüde und löse ein Gefühl von Behagen und Zufriedenheit aus, nicht aber Wutausbrüche.

Der deutsche Arzt, Forschungsreisende und Anthropologe BERNHARD HAGEN (1853–1919), der Ende des 19. Jahrhunderts als Tropenarzt auf Sumatra und Neuguinea gearbeitet hatte[107], veröffentlichte 1889 einen Fall von „Amoklaufen" eines Malaien, den einzigen, den er nach eigener Auskunft bis dato selbst erlebt hatte. Das Phänomen sei seinerzeit auf Sumatra ziemlich selten gewesen. Der von ihm beschriebene Fall sei in Deli (heute Medan), an der Nordküste Sumatras, der erste seit fünfzehn Jahren gewesen. Es gebe jedoch große lokale Häufigkeitsunterschiede. Bis vor einigen Jahren sei in Makassar kaum eine Woche ohne Amokereignis vergangen und auch in Singapur seien Amokläufe häufig gewesen. Auf Java hätte man sogar spezielle Wächter mit eigenen Werkzeugen zum Einfangen von Amokläufern aufgestellt. Der von Hagen beschriebene Fall ist dahingehend interessant, als dass der Arzt als Erster neben soziokulturellen auch hirnorganische Gründe für Amokverhalten in Erwägung zieht. Diese seien aufgrund der regionalen Verteilung des Amokphänomens vielleicht sogar erblich.

Der Amokläufer namens Si-Itam war direkt nach der Tat gemeinsam mit einem seiner Opfer in Hagens Krankenhaus gebracht worden. Er gab für die Tat eine komplette Amnesie an. Erst am nächsten Tag kam die Erinnerung an die Tat in Teilen zurück. Hagen beschrieb Si-Itam im Kontakt als sanft und folgsam, offenbar froh in die Hände von Europäern geraten zu sein, da man ihn nach inländischem Brauch sofort getötet hätte. Während der dreiwöchigen stationären Versorgung habe Hagen ihn oft nach den Motiven für seinen Amoklauf befragt. Si-Itam habe stets behauptet, absolut nicht zu wissen, wie es dazu kam. Er habe kurz zuvor noch lustig und munter mit seinen Freunden zu Abend gegessen und sich zum Schlafen hingelegt.

Plötzlich sei ihm eingefallen, dass ihm ein Freund am Tag zuvor einige Bananen verweigert habe, die er gerne gegessen hätte. Über das unhöfliche Verhalten seines Freundes habe er in der Stille der Nacht gegrübelt und sich in die Rolle eines tödlich Beleidigten hineinfantasiert, so dass er nicht mehr Herr seiner Sinne gewesen sei. Unter Tränen sagte er, dass er über eine Stunde mit seinem bösen Dämon gekämpft habe, bis ihn derselbe übermannt habe. Er erinnerte sich zuletzt vollständig, wie er nach seinem Parang griff und damit auf seine schlafenden Freunde, die er deutlich erkannte, losschlug. Dabei tötete er einen der Anwesenden auf der Stelle, einen anderen verletzte er schwer. Dann rannte er auf die Straße und versteckte sich hinter einem Zaun, wo er mit einem Schlag auf den Hinterkopf niedergestreckt wurde.

Die am Tatabend anwesenden Freunde des Amokläufers bestätigten dem Arzt Si-Itams Aussage. Er habe den Freund am Vortrag um Bananen gefragt und sei bis zum Schlafengehen ein munterer, argloser Freund gewesen, von dem sich niemand eine derartige Tat habe vorstellen können. Hagen erfuhr außerdem, dass Si-Itam seit einigen Tagen vor der Tat an starkem Fieber gelitten habe. Im Krankenhaus sei am Tag der Ankunft und im weiteren Verlauf jedoch keine erhöhte Temperatur festgestellt worden.

Hagen beschrieb diese Art von Brüten und Grübeln über eine widerfahrene, wenn auch geringfügige Beleidigung als typisch malaiische Eigenart. Der Amokläufer starb nach drei Wochen an Beriberi in seinem Krankenhaus, einer Erkrankung, die heute auf einen Mangel an Thiamin (Vitamin B1) zurückgeführt wird. In der flüchtigen Sektion durch den Arzt zeigten sich eine hochgradige Hirnhyperämie, seröse Ergüsse in die Ventrikel, Trübungen und Verwachsungen der Hirnhäute in der Gegend der Pfeilnaht, die selbst leicht synostosiert war. Das Schädeldach sei zudem ausnehmend dick gewesen.[108]

Im gleichen Jahr veröffentlichte der österreichisch-ungarische Anatom EMIL ZUCKER-KANDL (1849–1910) einen Beitrag über ein von ihm untersuchtes Gehirn eines Amokläufers. Zuckerkandl konnte allerdings nichts Auffälliges daran feststellen. Er kam zu dem Schluss, dass das untersuchte „Malayengehirn" keine pathologischen Veränderungen aufwies. Die Ventrikel waren normal groß. Von dem Verhalten der

„Affenspalte" abgesehen, hätte das Gehirn ebenso gut einem Europäer gehört haben
können.[109]

Der englische Psychiater WILLIAM GILMORE ELLIS (1860–1917) leitete von 1888 bis
1909 die staatliche Irrenanstalt der britischen Regierung in Singapur.[110] 1893 veröffentlichte er im „Journal of Mental Science" (heute „British Journal of Psychiatry")
zwei typische Fälle von individuellem Amoklauf, die in den Abschnitten 5.2.2 und
5.2.3 ausführlich dargestellt werden. Als verbreitete Auslöser für Amok führte Ellis
Wechselfieber (Malaria), Untreue der Ehefrau, Trauer nach dem Verlust nahestehen-
der Personen, Sicht von Blut (vor allem des eigenen), Brüten über reales oder imagi-
niertes Unrecht, Spielschulden, Verlust von Lebensmut, Scham und Blamage an.[111]

Der zeitgleich in der niederländisch-ostindischen Staatsirrenanstalt zu Buitenzorg in
Bogor (Westjava) tätige Arzt PIETER CORNELIS JOHANNES VAN BRERO (1860–1934) beschrieb Amok als „einen mehr oder weniger plötzlich auftauchenden Anfall mit Neigung zum Morden, wobei Personen aus der Umgebung, meistens die nächsten Familienmitglieder, als erste Schlachtopfer fallen."[112] Im klassischen Fall renne der Amok-
macher alsdann auf die Straße und steche blindlings nach jedem, dem er begegnet,
bis er tot oder lebend gefangen genommen werde. Einmal beruhigt würden Amok-
macher sagen, dass sie „mata glap" (wörtlich: „das Auge wird mir dunkel") waren,
womit eine Umschreibung für „ich wußte nicht, was ich tat" gemeint sei.[113] Dieser
Ausdruck werde jedoch häufig auch in anderen Kontexten, z. B. bei Diebstahl, verwendet. Auf Nachfragen würden die Täter angeben, dass es ihnen schwarz oder rot
vor den Augen geworden sei, dass sie Tiger, Schweine, Hirsche, Hunde oder Teufel
sahen, die sie durchstachen.

Der Täter werde „Orang Amok" (wörtlich: Amok-Mensch), die Tat „meng-
amok" genannt.[114] Die Termini würden allerdings vielfach missbräuchlich für ganz
verschiedene Vorgänge gebraucht. Van Brero sieht darin eine mögliche Ursache, warum Reisende, die Zeitungsberichte lesen, das häufige Vorkommen behaupten. Dies
sei jedoch – zumindest gegenwärtig – unzutreffend. Auch die Zuschreibung von
Amok als spezifische „Eigentümlichkeit der malaiischen Rasse" sei unzutreffend, da
analoge impulsive Taten z. B. auch bei vielen sibirischen Völkern beschrieben worden
seien.[115]

Als auslösende Ereignisse für Amok führte van Brero Eifersucht, Ehebruch, Geldver-
luste, Todesfälle von Verwandten, kurz „Verdruss und Sorge" an.[116] In einzelnen Fällen trete Amok auch im Rahmen einer Psychose auf. In der Mehrzahl der Fälle aber
sei der Täter nach kürzerer oder längerer Zeit vollkommen bei Verstand und berichte
eine mehr oder wenige vollständige Amnesie für die Tat.[117]

Epilepsie hielt van Brero als Amokursache für wenig wahrscheinlich. Zu selten sei
deren Prävalenz in der malaiischen Bevölkerung Niederländisch-Ostindiens. Auch
werde damit nicht erklärt, weshalb Amok fast ausschließlich bei Männern und nur

äußerst selten bei Frauen auftrete. Aufgrund ihrer Häufigkeit im Malaiischen Archipel nahm van Brero stattdessen vor allem fieberhafte Zustände und psychische Einflüsse sowie den leicht verletzbaren Stolz der Bevölkerung als ursächlich für einen Amokanfall an. Als amokbegünstigende Faktoren sah van Brero die ständige Waffenverfügbarkeit, den sehr geringen Wert, den die malaiische Bevölkerung Niederländisch-Ostindiens dem Leben ihrer Mitmenschen beimesse und Charakterfehler wie geringe Impulskontrolle und schnelle Ehrkränkbarkeit, die er zu einem großen Teil der geringen Bildung und unzweckmäßiger Erziehung zuschreibt.[118]

In seinem 1900 erschienenen Werk über „Malay Magic" beschrieb der englische Anthropologe und Kolonialbeamte WALTER WILLIAM SKEAT (1866–1953) einen Fall von malaiischem Amok in Folge einer Zurückweisung durch eine Frau.[119] Darüber hinaus würden Schlafträume, in denen der Träumer Amok lief, gemäß dem weit verbreiteten malaiischen Aberglauben als Symbol für Erfolg im Glücksspiel und zukünftigen Reichtum gedeutet.[120] Da Amoklauf von vielen anderen Autoren jedoch als häufige Folge von großen Geldverlusten im Spiel beschrieben wurde, ist fraglich inwieweit diese positive Assoziation zwischen Amok und Spielglück allgemein gültig war.

FRANK ATHELSTANE SWETTENHAM (1850–1946), der zwischen 1901 und 1904 das Amt als Gouverneur der britischen Straits Settlements an der Straße von Malakka innehatte, beschrieb „Měng-âmok"[121] in seinen „Malay Sketches" als den unerwarteten, mörderischen Angriff einer Gruppe von Männern in Kriegszeiten. Gängiger sei jedoch die Verwendung des Begriffs für Handlungen, in denen eine Einzelperson plötzlich und ohne offensichtlichen Grund eine Waffe ergreift und blindwütig um sich stößt, jeden tötend oder verletzend, der sich ihr in den Weg stellt, ungeachtet des Alters, des Geschlechts und der Tatsache, ob es sich um Freunde, Unbekannte oder die engsten Verwandten handelt.[122]

Im Anschluss schilderte Swettenham anekdotenhaft einen Fall von individuellem Amoklauf, der sich am Abend des 11. Februar 1891 ereignet und erst am nächsten Abend mit der Tötung des Amokläufers ein jähes Ende gefunden haben soll.[123] Bei der als Amoklauf bezeichneten Bluttat wurden durch einen mit Golok-Schwert und Speeren bewaffneten Mann sechs Menschen getötet, die alle namentlich genannt wurden, darunter zwei Kinder. Vier weitere Menschen wurden verletzt. Bei dem Täter handelte es sich um einen über vierzig Jahre alten, malaiischen Imam namens Mahomed, der ein bislang unauffälliges Leben geführt hatte. Die ersten Opfer waren nahe Verwandte des Täters, dessen Lauf sich danach auf Unbeteiligte ausbreitete. Als ursächlich vermutete Swettenham ein reales oder eingebildetes Unrecht, über das der Imam so lange sinnierte, bis sich seine Augen verdunkelten und er sich zu der Bluttat veranlasst sah. Die post mortem durchgeführte Autopsie ergab unauffällige innere Organe mit Ausnahme von Verklebungen der Meningen der rechten Großhirnhemisphäre.[124]

In „The Real Malay" berichtete Swettenham vom einem weiteren „*âmoker*"[125] namens Ngah Gafur, einem 35- bis 40-jährigen Mann in Perak, der zunächst seine Frau und Kinder sowie Familienangehörige seiner Frau tötete, um seinen Amoklauf schließlich auf Nachbarn und weitere Unbeteiligte auszuweiten. Als Ursache wurden Eheprobleme und eine drohende Scheidung angenommen.[126] In einem anderen Fall, der sich ebenfalls in Perak ereignet habe, habe es im Vorfeld klare Anzeichen von Geistesgestörtheit gegeben. Ein erwachsener „*pĕng-âmok*"[127], der seinen Vater verdächtigte, sein Geld gestohlen zu haben, verletzte diesen nach einem belanglosen Streit mit einem Hackmesser schwer und stellte sich anschließend der Polizei.[128]

In den britischen Kolonien habe die Amokfrequenz seit den 1850er-Jahren stark nachgelassen. Swettenham schätzte die Prävalenz von echtem Amok zwischen 1885 und 1900 auf nur rund drei Fälle in fünfzehn Jahren. Den Hauptgrund für die Abnahme sah Swettenham in der Einrichtung und dem Ausbau der psychiatrischen Krankenversorgung nach europäischem Maßstab auf der Malaiischen Halbinsel und in Teilen des Archipels. Erste Anzeichen einer Geistesstörung würden früher erkannt und die Betroffenen eingewiesen, bevor sie zur Gefahr für sich und die Gesellschaft würden. Beruhend auf eigenen Beobachtungen und Erkundungen schätzte er den Anteil psychisch kranker Amokläufer auf über sechzig Prozent. Die restlichen würden in Folge einer Beleidigung durch einen anderen Mann, der Verschmähung oder Zurückweisung durch eine Frau oder aus Eifersucht zu Grübeln beginnen und in einem Zustand der Verzweiflung nach altem, sanktioniertem Brauch als Amokläufer in würdevoller Weise aus dem Leben scheiden.[129]

Etwa zu der gleichen Zeit veröffentlichte der britische Arzt JOHN DESMOND GIMLETTE (1867–1934) im „Journal of Tropical Medicine" einen Fall von individuellem Amoklauf in Pahang, wo er seit 1890 als Chirurg im Dienst der Kolonialverwaltung der Federated Malay States stand. Sein recht gut dokumentierter Fallbericht wird im Abschnitt 5.2.4 dargestellt und mit drei weiteren Fällen von klassischem Amoklauf verglichen. Gimlette beschrieb Amok als mehrphasisches Phänomen und definierte vier diagnostische Kriterien. Er unterschied vier charakteristische Amokphasen, die sukzessive durchlaufen werden: (1) ein depressives Vorstadium des „Brütens", gefolgt von einem (2) plötzlichen, homizidalen Wutausbruch mit offensichtlichem Verlust der Selbstkontrolle und (3) einer Reihe rücksichtsloser Tötungshandlungen ohne ersichtlichem Motiv, gefolgt von einer (4) Amnesie.[130]

Eine relativ große Untersuchung von 24 Amokläufern in Sarawak (Ostmalaysia) konnte dieses Vier-Stufen-Modell weitgehend bestätigen.[131] Die Untersucher fanden in siebzehn von zwanzig verwertbaren Fällen eine Prodromalphase. In fünfzehn Fällen bestand eine komplette, in fünf Fällen eine partielle Amnesie. Lediglich ein Amokläufer konnte sich an die Tat erinnern, bei drei waren keine ausreichenden Daten verfügbar. Anhand einer großen Stichprobe von 196 Fällen aus annähernd einer Dekade (Januar 1980 bis August 1989), die sich in der Bundesrepublik Deutschland oder dem europäischen Ausland ereignet hatten, untersuchte Schünemann, ob sich Gimlettes vier diagnostische Kriterien auch auf nicht kulturgebundene Amokläufe anwenden lassen. Seine auf die Auswertung von Presseberichten gestützte Untersuchung konnte lediglich die Phasen zwei und drei bestätigen. Die erste Amokphase fand sich nur in zehn von 196, die vierte Amokphase nur in vier von 196 Fällen, was allerdings auch dem Datenmaterial geschuldet sein kann, da Presseberichte häufig unvollständige Informationen liefern.[132]

Gestützt auf niederländische Autoren erweiterte Pfeiffer Gimlettes Vier-Stufen-Modell Anfang der 1970er-Jahre um ein fünftes Stadium:

1. Vorstadium reizbarer Schwäche, oft neurasthenischer Färbung. Hierbei sind Milieuschwierigkeiten, chronische Erkrankungen, Verlust der sozialen Ordnung von Bedeutung.

2. Auf dieser Grundlage gewinnen akute Belastungen körperlicher und psychischer Art an Gewicht. Oft handelt es sich um einen an sich belanglosen Vorfall, der zur Dekompensation eines schon länger vorbereiteten Spannungszustandes führt.

3. Häufig schließt sich ein „Stadium der Meditation" an, in dem der Betroffene grübelt oder auch anhaltend Gebetsformeln wiederholt. Dabei verschiebt sich die Bewusstseinslage. Die Außenwelt verdunkelt sich oder nimmt eine rote Färbung an. Der Mensch sieht sich von bedrohlichen Gestalten umringt, empfindet in unerträglichem Maße Angst oder Wut.

4. Aus dem vorbereitenden Stadium bricht plötzlich der eigentliche Amok mit den charakteristischen fulminanten, oftmals tödlichen Attacken hervor. Der Mensch wird von einem Bewegungssturm ergriffen, schreit, rennt umher, greift wahllos Menschen und Tiere an, zerstört Gegenstände, legt Feuer. Schließlich wendet der Tobende die Aggression gegen sich selbst (Suizid, Selbstverstümmelung) oder er beruhigt sich scheinbar, worauf es zu erneuten Ausbrüchen kommen kann.

5. Den Abschluss bildet wohl meist ein tiefer Schlaf (Terminalschlaf) oder ein stuporartiger Zustand, worauf ein depressives Nachstadium folgt. Für die Dauer des Amoklaufs wird in der Regel partielle oder totale Amnesie angegeben.[133]

Wie wichtig die von Gimlette definierten und von Pfeiffer weiterentwickelten Kriterien sind, um Amok von anderen Gewalttaten abzugrenzen, zeigt ein Fall, der 1902 von CHARLES BURTON BUCKLEY (1844–1912) in seiner „Anecdotal History of Old Times in Singapore" dokumentiert wurde. Als Berater des Sultans von Johore (heute Johor) und Zeitungsbesitzer („Singapore Free Press") gehörte Buckley zu den einflussreichsten Bewohnern des kolonialen Singapurs. Buckley schrieb, dass sich die Zahl der Amokläufe im Lauf des 19. Jahrhunderts reduziert hatte.[134]

Der von Buckley geschilderte „Amoklauf" ereignete sich am 11. März 1823 in Singapur. Aus der ausführlichen Schilderung geht hervor, dass die beschriebene Tat jedoch vorsätzlich, gezielt und motiviert erfolgte und damit keines der klassischen Amokkriterien von Gimlette erfüllt. Der arabische Händler und Nachkomme des Propheten Mohammed Syed Yassin, der am Morgen wegen unbeglichener Geldschulden auf Wunsch des Gläubigers offiziell zu einer Haftstrafe verurteilt worden war, hatte sich am Abend für das als Beleidigung empfundene Urteil gerächt. Mit der Absicht diesen zu töten, hatte er sich zu dem Haus des Gläubigers begeben. Der Gläubiger konnte fliehen, aber ein anwesender Hindu-Hilfspolizist und der Urteilsverkünder Oberst Farquhar wurden durch Syed Yassin mit dem mitgebrachten Kris niedergestochen.[135] Sowohl bei Buckley als auch in der lokalen Presse wird die Tat als „amok"[136] bzw. „mengamuk"[137] bezeichnet. Die von Gimlette festgelegten Kriterien für „echten Amok" erfüllt sie jedoch nicht.

In Folge seines kurzen Forschungsaufenthalts auf Java kam der deutsche Psychiater EMIL KRAEPELIN (1856–1926) zu dem Schluss, dass es keine einheitliche ätiologische Ursache für Amok gibt. Neben larvierten Malariainfektionen und katatoner Erregung im Rahmen einer Schizophrenie hielt Kraepelin in der großen Mehrzahl der Fälle jedoch Epilepsie für die wahrscheinlichste Ursache für das Auftreten dieser schweren triebartigen Gewalttaten. Bis auf vereinzelte Ausnahmen könnte das getrübte Bewusstsein der Amokläufer durch einen epileptischen Dämmerzustand erklärt werden. Kraepelin erkannte Amok deshalb auch nicht als einheitliche Krankheitsform an.[138]

Der niederländische Neurologe und Psychiater FEICO HERMAN GLASTRA VAN LOON (1886–1971) hielt die Klassifikation Kraepelins für falsch. Seines Erachtens konnte Kraepelins Epilepsie-Hypothese nicht ausreichend erklären, weshalb Amok fast ausschließlich bei „„Primitiven'" auftrat, nicht jedoch in der westlichen „Kulturgesellschaft".[139] Von den vielen Epilepsiekranken, die er als Kolonialarzt in Niederländisch-Indien behandelt habe, sei darüber hinaus nicht ein einziger Amok gelaufen. Van Loon war deshalb zu dem Schluss gekommen, dass Malaria, Syphilis und Dementia praecox (Schizophrenie) die drei Hauptursachen für Amok ausmachen.[140]

Besonders der initiale Krankheitsausbruch gehe oft mit hochaggressivem Verhalten und Gewalthandlungen einher. Van Loon selbst hatte in Batavia viele Patienten während und nach dem Amokereignis ärztlich untersucht. In den meisten Fällen könnten sie nach der Tat nicht erinnern, was passiert war. Dieser Befund van Loons deckt sich mit den Beschreibungen Gimlettes, für den die tatbezogene Amnesie ein wichtiges Amokcharakteristikum und eines von vier diagnostischen Kriterien darstellte.[141] Stattdessen würden Amokläufer regelmäßig berichten, dass ihnen plötzlich „mata gelap" (wörtlich: schwarz vor Augen) geworden wäre. Falls die Erinnerung in einzelnen Fällen zumindest partiell zurückkäme, würden die Amokläufer als letzte klare Erinnerung angeben, dass sie selbst angegriffen worden seien.[142]

Van Loon deutete die Berichte eines Großteils der untersuchten Amokläufer retrospektiv als halluzinatorische Verwirrtheit, ausgelöst durch eine akute Infektionskrankheit (meist Malaria oder Lues) oder eine beginnende Erkrankung aus dem schizophrenen Formenkreis (Dementia praecox). Für van Loon stellt der Amokangriff folglich einen „Verteidigungsangriff"[143] dar. Vergleichbar mit der instinktiven Reaktion einer in die Enge getriebenen Katze, wäre der Griff des malaiischen Mannes nach seinem Kris oder Parang in einem Zustand der Todesangst die natürliche Reaktion auf einen Angriff, um sich gegen die eingebildete Gefahr (z. B. einen Tiger oder vermeintliche Feinde) zu verteidigen.

Die Infektion allein erkläre jedoch nicht, warum Amok gehäuft im malaiischen Kulturraum und nicht etwa in Europa oder Amerika zu finden sei. Van Loon zufolge begründe sich die Amokhäufung zum einen durch die Omnipräsenz von Klingenwaffen, die jeder Malaie zum Eigenschutz am Gürtel mitführe. Zum anderen würden malaiische Männer unmittelbarer und emotionaler auf Provokationen von außen reagieren als die emotional kontrollierten Bewohner westlicher Gesellschaften, insbesondere in Situationen öffentlicher Beschämung.[144]

Malaiische Quellen aus dem 17. Jahrhundert bestätigen die Existenz des individuellen Amokphänomens wie die Untersuchung zweier wichtiger Werke klassischer malaiischer Literatur zeigt.[145] Die zwischen 1610 und 1620 verschriftlichte Chronik der Malaien (Sějarah Mělayu) erwähnte in ihrem vierundzwanzigsten Abschnitt einen individuellen Amoklauf auf der Insel Sumatra, der Anlass für einen Krieg zwischen dem Maharadscha von Haru und dem Sultan von Pasai gewesen sein soll. Weil der Běntara von Pasai vor dem versammelten Rat dreimal „Huldigung" (sěmbah) statt „Gruß" (salaam) vorgelesen habe, sei der Gesandte des Maharadscha von Haru, Radscha Pahlawan, so wütend geworden, dass er im Audienzsaal Amok gelaufen sei.[146] Bei dem Versuch, den Gesandten zu stoppen, seien er und seine Begleiter erschlagen worden, was der Maharadscha von Haru zum Anlass für einen Vergeltungskrieg gegen den Sultan von Pasai genommen habe.[147]

Der zweite in der „Sějarah Mělayu" erwähnte Amoklauf ist ebenfalls individueller Natur. Die malaiische Chronik berichtet von einem Javaner, dessen Körper vom Fieber gekrümmt war und der deshalb verspottet wurde. Er sei mit einem großen Schlagmesser in Malakka Amok gelaufen und habe viele Menschen getötet. Niemand habe sich getraut, den Amokläufer zu überwältigen, bis Hang Tuah den Zweikampf mit ihm aufnahm und ihn erstach.[148] Es handelt sich hierbei um den Initiationsmythos des noch jugendlichen malaiischen Helden. Danach habe der Sultan Hang Tuah zu sich rufen lassen, um ihm ein Ehrengewand zu schenken und den Beinamen Laksamana zu geben.[149]

In der „Hikayat Hang Tuah", die seine heldenhafte Geschichte erzählt, finden sich neben zahlreichen Schilderungen kollektiver Amokläufe auch regelmäßig Erwähnungen individueller Amokläufe. Anders als kollektiver Amok wurde individueller Amok jedoch mit deutlich weniger Heldenepos geschildert. Der in der „Sĕjarah Mĕlayu" geschilderte „Initiations"-Amoklauf wird dort ebenfalls erwähnt und noch etwas ausgeschmückt.[150]

An einer anderen Stelle der Erzählung lief der erste Krieger des Reichs von Mĕnjapahit, Taming Sari, während einer Audienz des Herrschers von Mĕnjapahit Amok und stieß wahllos alle Fürsten und Edelleute nieder, die sich ihm in den Weg stellten, bis Hang Tuah seine ungewöhnliche Tapferkeit und Klugheit unter Beweis stellte und ihn nach einem langen Zweikampf mit einer List tötete. Die Leiche Taming Saris wurde weggeschleift und mitten im Basar aufgehängt. Hang Tuah erhielt den Kris des verstorbenen Kriegers, ein Ehrengewand und den Ehrentitel des Laksamana von Mĕnjapahit.[151]

An anderer Stelle wird ein Dialog zwischen Hang Tuah und seinem Nachfolger Hang Jĕbat geschildert, in dem Hang Tuah an die Pflichten der Diener des Fürsten erinnert: „„Besser ist es, in gutem Ruf zu sterben, als mit einem schlechten Ruf zu leben, damit wir schnell in den Himmel kommen.'"[152] Wenige Zeit später verübte Hang Jĕbat, der seinen guten Ruf zuvor verloren hatte, einen individuellen Amoklauf, nachdem ihm im Gespräch mit Hang Tuah der Gedanke gekommen war:

> „Wenn ich hier im Palast mit dem Laksamana kämpfe und sterbe, so begleitet mich niemand in den Tod; da wird es das beste sein, ich gehe hinunter und laufe Amok, damit ich viele Leute habe, die mich in den Tod begleiten, und damit mein Name berühmt wird in der ganzen Welt bis in spätere Zeiten."[153]

Die Aufgabe des Helden Hang Tuah war es, Hang Jĕbat zu töten. Vorher setzte Hang Jĕbat seinen Amok jedoch noch in die Tat um. Er lief von einem Stadtteil Malakkas zum nächsten und tötete oder verwundete drei Tage und drei Nächte lang tausende Einwohner.[154] Im Gegensatz zu den kollektiven Amokläufern erhielt er nach dem Tod jedoch keine Ehren. Sein Tod wurde als nutzlos bezeichnet, da er nicht im Dienste seines Herrn gefallen war. Der Geschichte nach ließ Hang Tuah die Leiche Hang Jĕbats vor aller Augen durch die Straßen schleifen und nach sieben Tagen vor dem Haupttor aufhängen.[155]

An einer anderen Stelle der Erzählung tötete Hang Tuah den Räuberführer Kĕrtala Sari durch eine List, der während der Nacht nach Malakka gekommen war, um Amok zu laufen und die Stadt in Brand zu stecken. Zum Beweis entwendete er ihm seinen Kris und schnitt ihm das Geschlechtsteil ab. Am nächsten Morgen brachte er beide dem Großwesir, der ihn reich belohnte.[156]

Auch über Hang Tuah wurde an einer Stelle berichtet, dass der Premierminister von Měnjapahit Angst hatte, Hang Tuah könne aus Rache darüber, dass ihm sein Kris im Schlaf im Auftrag des Herrschers von Měnjapahit gestohlen wurde, Amok laufen. Hang Tuah besorgte sich mithilfe seiner Zauberkenntnisse seinen Kris jedoch bereits am nächsten Morgen zurück, ohne das Angebot seiner Freunde, gemeinsam mit ihm im Palast des Herrschers von Měnjapahit Amok zu laufen, in Anspruch nehmen zu müssen.[157]

5.2 Klassischer Malaiischer Měngamok

Für das frühe 19. Jahrhundert schätzt Murphy die Amokzahlen in Teilen der Malaiischen Halbinsel und des Archipels rückblickend auf jährlich mindestens einen Fall von Amok pro 1 000 erwachsene Männer und dies konstant über ein oder zwei Dekaden.[158] Erst im Laufe des 19. Jahrhunderts nahm ihre Zahl kontinuierlich ab. Da ausführlich dokumentierte Amokberichte erst seit der Etablierung psychiatrischer Versorgung durch die britischen und niederländischen Kolonialmächte im 19. Jahrhundert vorliegen und mit dem Seltenwerden des Phänomens im 20. Jahrhundert wieder rückläufig sind, verwundert es nicht, dass die vier vorgestellten Fälle allesamt in dem Zeitraum zwischen 1846 und 1900 verortet sind.

Da nur überlebende Täter so ausführlich dokumentiert wurden und – mit Ausnahme des ersten Falls – jene, die vor Gericht für unschuldig, weil unzurechnungsfähig im Moment der Tat eingeschätzt und deshalb in eine psychiatrische Anstalt eingewiesen wurden, ist zu erwarten, dass in den vier ausgewählten Fällen die Zahl psychisch kranker Täter deutlich höher ist als im Gesamtkollektiv. Die Auswahl erfolgte nach dem Kriterium, dass die Amokläufe von den Autoren dezidiert als klassische bzw. typische Fälle von Amok bezeichnet wurden. Die vier untersuchten Fälle sind deshalb ausschließlich für das in der zweiten Hälfte des 19. Jahrhunderts vorherrschende Konzept von klassischem Amoklauf repräsentativ, etwaige Motive und psychopathologische Auffälligkeiten können jedoch nicht verallgemeinert werden.

5.2.1 Sunan (Soonan), 1846

Der Stadtrichter von Penang William Norris (1793–1859) verurteilte am 13. Juli 1846 einen individuellen Amokläufer namens Sunan – in den zeitgenössischen Zeitungen Soonan geschrieben – zum Tod durch Erhängen. 1849 veröffentlichte er im „Journal of the Indian Archipelago and Eastern Asia" die Begründung des Urteils.[159] Im Folgenden soll das Tatgeschehen zunächst kurz zusammengefasst werden. Die Darstellung basiert dabei auf Informationen aus dem Zeitschriftenartikel, die durch zeitgenössische Zeitungsberichte abgeglichen und ergänzt worden sind:

Am frühen Morgen des 8. Juli 1846 tötete Sunan (ein malaiischer Bauarbeiter aus Penang) zwischen sieben und acht Uhr morgens plötzlich und in kurzer Zeit vier ihm unbekannte Menschen mit einem Kris: eine alte Hindu-Frau, einen Kling-Mann[160], einen chinesischen Jungen und ein etwa dreijähriges Kling-Mädchen in den Armen ihres Vaters. Sieben weitere, ihm ebenfalls unbekannte Menschen wurden verletzt: zwei Hindus, drei Klings und zwei Chinesen, von denen nur zwei überlebten. Der Amokläufer griff zunächst einen chinesischen Färber an, der gerade auf der Straße ein paar Kleider trocknete, verletzte ihn mit dem Kris und rannte dann die Straße weiter und tötete oder verletzte jeden, der ihm in den Weg kam. Dabei habe er mehrfach „mengamok" geschrien. Mehrere Hilfspolizisten und mit Schlägern und Stöcken bewaffnete indische Bauern folgten ihm, ohne sich recht zu trauen, sich ihm zu nähern. Schließlich traf ihn einer der Hilfspolizisten mit einem Stein an der Brust und er fiel hin. Bei dem Versuch aufzustehen, schnellte ein anderer Hilfspolizist auf Sunan zu und forderte ihn zur sofortigen Kapitulation auf. Als Sunan diese verweigerte, verwundete der Hilfspolizist ihn am rechten Oberschenkel mit einem Speer so schwer, dass Sunan sofort zu Boden fiel. Trotz erheblicher Gegenwehr konnte ihm der Kris abgenommen werden. Er wurde festgenommen und kam in Polizeigewahrsam.[161]

In der anschließenden Untersuchung stellte sich heraus, dass Sunan vor Kurzem seine Frau und sein einziges Kind verloren hatte. Er war in der Folge sehr betrübt. Sein Erscheinungsbild habe sich völlig verändert und der Verlust habe auch seinem Verstand zugesetzt. Ein Zeuge, mit dem Sunan bis zum 15. Juni zusammengelebt hatte, berichtete von Wesensveränderungen, die auf eine schwere Depression als Folge des traumatischen Verlusts hindeuten: „Er brachte für gewöhnlich sein Kind mit zur Arbeit, seit seinem Tod arbeitete er für mich; er sagte oft, er könne nicht arbeiten, da ihm der Verlust seines Kindes zugesetzt habe. Ich denke, er hatte den Verstand verloren. Er rauchte und er trank nicht. Ich denke, er war verrückt."[162] Es habe nicht einen Tag gegeben, an dem Sunan nicht über den Verlust von Frau und Kind geklagt habe. Noch am Morgen vor der entsetzlichen Tat habe der Zeuge Sunan gefragt, ob er auf seinem Boot arbeiten wolle: „Er antwortete, dass er das nicht könne, er war sehr betrübt. […] Er hatte seine Hände unter seiner Kleidung versteckt, er rief häufig Allah! Allah!"[163]

Auffällig an diesem Amoklauf ist die ungewöhnlich hohe Anzahl von Kindern und jungen Menschen unter den Opfern. Möglicherweise spielte hierbei der Verlust des eigenen Kindes eine Rolle. Das Alter des Amokläufers und die Umstände des Todes von Frau und Kind sind jedoch nicht dokumentiert. Dass die Opfer des Amoklaufs ausschließlich Menschen anderer Ethnien und Glaubensrichtungen waren, könnte Zufall oder durch das koranische Verbot bedingt sein, das die vorsätzliche Tötung anderer gläubiger Muslime auf das Stärkste verurteilt.[164] Norris berichtet, dass Sunan vor dem Verlust seiner Frau und seines Kindes als unbescholtener und angesehener Bauarbeiter, Ehemann und Familienvater in Penang lebte. Dem Amoklauf ging nachweislich keine unmittelbare Provokation voraus. Keines der Opfer war näher mit Sunan bekannt oder hatte ihn je beleidigt. Zum Zeitpunkt der Tat stand Sunan weder unter Opium- noch unter Alkoholeinfluss. Für die Tat selbst wurde komplette Amnesie angegeben. Noch an der Hinrichtungsstätte habe er geäußert: „Da die Gentlemen sagen, ich hätte so viele Morde begangen, nehme ich an, dass es so sein muss."[165] Selbst erinnern konnte er sich nach eigener Aussage nicht.

Nichtsdestotrotz wurde Sunan bereits fünf Tage nach dem Amoklauf für schuldfähig befunden und ohne mildernde Umstände zum Tod durch Erhängen verurteilt. Zwei Tage später wurde er hingerichtet. Als zusätzliche Strafe wurde ihm von den britischen Kolonialbeamten eine seinem Glauben entsprechende Beerdigung verwehrt. Der Körper des Gehängten wurde stattdessen den Chirurgen zur Sektion übergeben und die verstümmelten Gliedmaßen entweder auf der Erde verstreut oder ins Meer oder einen Graben geworfen.[166] Dieses an das alttestamentarische Talionsprinzip angelehnte Strafmaß sollte abschreckend wirken und in der Folge die Zahl an Amokläufen reduzieren.[167] Gemäß Gimlette und Buckley sank in der Folge die Zahl von Amokläufen in Penang.[168] Ellis konnte für diese Aussage jedoch keine verlässlichen Informationen finden, die dies belegen.[169]

Das richterliche Urteil war damals nicht allein aufgrund seiner Härte umstritten.[170] In seinem Richterspruch bezeichnete Norris Amokläufe als ausschließlich „Mohammedanische Mordtaten"[171]. Falsche Begriffe von Mut, Heldentum und Selbstaufopferung im Islam hätten die Tat inspiriert. Sunans Amoklauf sei das Resultat von Fanatismus, Aberglauben, maßlosem Stolz und zügelloser Wut. Für diese Amokmotive gibt es in der Fallbeschreibung jedoch keinen Anhalt. In der Zusammenschau der Befunde ist retrospektiv am ehesten von einem schweren depressiven Syndrom auszugehen. Mit dem Verlust von Frau und Kind hatte Sunan nicht nur mit einem Schlag seine nächsten Bezugspersonen und seine soziale Rolle als Ehemann und Vater verloren, sondern er verlor auch seine Arbeitsfähigkeit und damit eine weitere wichtige Säule in seinem Leben. Suizidgedanken sind in solchen Situationen keine Seltenheit. Möglicherweise zielte der Amoklauf auf einen Tod durch fremde Hand ab, eine Suizidform die heutzutage als „suicide by cop" bezeichnet wird.[172] Als gläubiger Muslim sah Sunan möglicherweise keinen Ausweg, seinem Leben auf andere Weise ein Ende zu setzen.[173] In Kombination mit dem Mangel an psychiatrischer Versorgung und anderen tragfähigen Beziehungen könnte das fehlende Verfügungsrecht über sein eigenes Sterben zu Sunans Amoklauf beigetragen haben.[174]

5.2.2 Hadji Ibrahim, 1887

Der britische Psychiater William Gilmore Ellis (1860–1917) veröffentlichte Ende des
19. Jahrhunderts im „Journal of Mental Science" (heute „British Journal of Psychiatry") „zwei typische Fälle von Amok"[175]. Beide Amokläufe ereigneten sich in Singapur. Zunächst soll der Fall eines Amokläufers namens Hadji Ibrahim betrachtet werden.

Der erste von Ellis beschriebene Fall folgt einem häufig beobachteten Muster: Ein
malaiischer Mann, oft aus der Volksgruppe der Bugis, der vorübergehend in einer
der Hafenstädte der Malaiischen Halbinsel wohnt, läuft plötzlich und scheinbar ohne
erklärbaren Grund Amok. Die Amokhandlungen wirken völlig spontan und ohne
Motiv. Meistens sind die Opfer dem Täter unbekannt, genauso wie er selbst und sein
lebensgeschichtlicher Hintergrund den Personen aus seiner städtischen Umgebung
praktisch unbekannt sind.

Im Folgenden soll der Amoklauf auf Basis der durch Ellis dokumentierten Informationen kurz wiedergegeben werden:

> Am 5. November 1887 übernachteten Hadji Ibrahim (ein malaiischer Händler
> aus der Volksgruppe der Bugis), sein Bruder Aboo, der Besitzer des Hauses (A-
> hamat), ein etwa sechzehnjähriger Junge (Mamoot) und ein malaiisches Mäd-
> chen gemeinsam in einem Raum. Gegen 23:30 Uhr stand Hadji Ibrahim plötz-
> lich auf und griff Ahamat mit einem langen Messer an. Er fügte ihm mehrere
> tiefe Schnittwunden zu u. a. im Bereich der linken Schläfe, der linken Schulter,
> dem mittleren Rücken und der linken vorderen Thoraxwand. Dabei perforierte
> er das Lungenfell und verletzte durch einen Stich in das Abdomen die Einge-
> weide. Auch Hände und Unterarme wiesen tiefe Schnittwunden auf, wahr-
> scheinlich Abwehrverletzungen. Mamoot, Aboo und das Mädchen waren in-
> zwischen aus ihrem Schlaf aufgeschreckt und aus dem Haus hinaus auf die
> Straße gerannt. Hadji Ibrahim muss dann aus einem Fenster in den Hinterhof
> eines angrenzenden Hauses gesprungen sein. Er lief in das unverschlossene
> Haus hinein und die Treppe hinauf in ein Zimmer. Dort traf er auf zwei malai-
> ische Frauen (Mariam und Umborasih), die gerade nähten, und einen Mann
> (Syed), der schlief. Hadji Ibrahim stürzte sofort durch den Raum und stach Ma-
> riam mehrere Male in den Rücken und Syed an fünf Stellen. Mariam und Um-
> borasih liefen die Treppe hinab und Hadji ließ von Syed ab und folgte ihnen
> und stach erneut auf Mariam ein und Umborasih ins Herz. Die Wunden von
> Mariam waren nicht sehr ernst, aber Syed war schwer verletzt. Hadji Ibrahim
> setzte seinen Amoklauf fort, rannte aus dem Haus auf die Straße, traf an der
> Tür auf Mariams Ehemann, versuchte zweimal erfolglos auf ihn einzustechen,
> während er an ihm vorbei auf die Straße lief. Weder Mariam noch Syed, Um-
> borasih oder Mariams Ehemann kannten Hadji Ibrahim. Der erste Mann, auf

den Hadji Ibrahim in der Straße traf, war ein Kling. Er stach ihn einmal in die Brust und zweimal in den rechten Unterarm. Danach traf er auf zwei Chinesen, von denen einer unverletzt wegrennen konnte, der andere jedoch im Abdomen schwer verwundet wurde. Danach traf Hadji Ibrahim auf einen Malaien namens Bakar, dem er in den Unterarm stach, und er attackierte einen weiteren Malaien namens Sed. Letzterer griff das Messer mit seinen Händen. Daraus entwickelte sich ein Zweikampf, in dem Hadji Ibrahim seine Waffe verlor und Sed geringfügig verletzt wurde. Der Amokläufer lief jetzt unbewaffnet davon und wurde durch Sed und mehrere Passanten gejagt, bis er in die Arme eines einheimischen Polizisten lief, der ihn verhaftete. Ahamat, Umborasih und die chinesischen Männer wurden tot gefunden, die fünf Verwundeten überlebten.[176]

Ellis berichtete, dass Hadji Ibrahim im Polizeigewahrsam durch einen aufgeregten, verfolgten Gesichtsausdruck imponierte, düster war und sich weigerte, auf Fragen zu seinem Amoklauf zu antworten. Mehr Informationen konnte er nicht ausfindig machen. Vor dem Schwurgericht war Hadji Ibrahim als zu wahnsinnig befunden worden, um sich zu verteidigen.

Ellis traf Hadji Ibrahim erst ein Jahr nach dem Amoklauf. Er beschrieb ihn als einen großen, pockennarbigen Mann, etwa vierzig Jahre alt, mit einer schnellen, irregulären Herzaktion und einem wilden, starren Blick. Hadji Ibrahim habe nur auf Ansprache gesprochen, sei dann aber vollkommen vernünftig und kohärent in seinen Antworten gewesen. Ellis beschrieb ihn als reinlich und fleißig. Er schlief und aß gut. Auf seinen Amoklauf angesprochen, sei er immer ein wenig verlegen gewesen und habe darauf beharrt, dass er sich an absolut nichts erinnere. Ansonsten sei Hadji Ibrahim ziemlich fröhlich gewesen und recht vernünftig und kohärent. Seine Gedächtnisleistungen seien sehr ordentlich gewesen und er selbst in guter körperlicher Verfasstheit. Sein Herz sei leicht hypertrophiert gewesen, sein Pulsschlag hart und seine Herzaktion irregulär.

Obwohl Hadji Ibrahim wusste, dass ein Geständnis keine Konsequenzen für seine Zukunft haben würde, verneinte er bis zuletzt jedwede Erinnerung an den Amoklauf. Aufgrund der fehlenden Familiengeschichte und weiterer persönlicher Informationen lässt sich nachträglich kein Motiv oder Auslöser für diese Tat eruieren. Phänomenologisch entspricht sie einem klassischen, malaiischen Amoklauf.

5.2.3 Nyan, 1890

Der zweite von William Gilmore Ellis als „typisch" beschriebene Fall eines individuellen Amoklaufs ereignete sich am 8. Januar 1890, ebenfalls in Singapur. Er hat gewisse Ähnlichkeiten mit dem von Hadji Ibrahim. Im Folgenden sollen zunächst der Tatablauf und die Begleitumstände zusammengefasst werden:

Nyan kam am 4. Januar 1890, vier Tage vor dem Amoklauf, mit einer Gruppe
von Händlern aus Brunei und Borneo nach Singapur. Sie wohnten zusammen
in einer Gemeinschaftsunterkunft. Am Abend des 7. Januar ging Nyan in einem
entfernten Stadtteil spazieren und machte dort die Bekanntschaft eines Mannes
namens Noor. Nachdem er mit ihm geplaudert hatte, fragte er ihn, ob er bei
ihm übernachten dürfe. Noor war einverstanden. Am Morgen des 8. Januar
ging Nyan in Begleitung von Noor zu der Gemeinschaftsunterkunft zurück.
Nyan gab Noor eine Zigarre und ließ ihn dann in einem leeren Raum im Obergeschoss allein. Nyan betrat den Nachbarraum, in dem sich Awang und Mahomet (zwei Malaien von Borneo) und Mitglieder seiner Gruppe aufhielten.
Awang lag krank im Bett. Awangs Vater Sleyman stieß kurze Zeit später hinzu
und alle unterhielten sich friedlich miteinander. Nyan blieb eine kurze Zeit und
verließ dann den Raum und ging die Treppe hinunter. Es wird vermutet, dass
er zu einem Nebengebäude ging, um seinen Kris und seinen Parang zu holen.
In der Zwischenzeit kam Mahomet ebenfalls nach unten in den Speisesaal, um
ein Stück Obst zu essen. Während er dort saß, kam Nyan rein und stach ohne
ein Wort zu sagen auf ihn ein. Dabei verletzte er ihn im Gesicht und am linken
Unterarm. Mahomet floh nach oben, dicht gefolgt von Nyan, der ihn am Rücken verletzte, bevor er fliehen konnte. Nyan betrat nun das Zimmer, in dem
sich Noor befand, attackierte ihn und verletzte ihn an Hand und Kopf, bevor
dieser durch einen Sprung aus dem Fenster entkam. Nyan betrat nun den
Raum, in dem sich Sleyman und sein kranker Sohn Awang aufhielten. Sleyman
sprang umgehend aus dem Fenster und verrenkte sich dabei ein Fußgelenk. Der
leblose Körper von Awang wurde später mit zahlreichen tiefen Stich- und
Schnittverletzungen (an der rechten Hand, dem Hinterhaupt, dem Gehirn, der
rechten Schulter, dem Rücken, der Brust einschließlich Lunge und Herz) gefunden. Nachdem er Awang attackiert und übel zugerichtet hatte, sprang Nyan
aus dem Fenster auf das Dach eines Nebengebäudes und versuchte durch ein
offenes Fenster in das benachbarte Haus einzudringen. Er wurde jedoch von
einem Mann im Inneren mit einer ungeladenen, alten Schusswaffe davon abge-
halten. Nyan verließ dann das Dach und überquerte die Straße. Er lief ins Meer
und wurde kurze Zeit später von einem Polizisten in einem Boot verhaftet,
nachdem er seinen Kris und seinen Parang nach dem Polizisten geworfen
hatte.[177]

Keiner seiner Bekannten konnte sich Nyans plötzlichen Ausbruch erklären. Er habe
mit keinem von ihnen Streit gehabt. Sleyman, der Nyan seit zehn Jahren kannte, beschrieb ihn als ruhigen und fleißigen Mann. Ellis untersuchte Nyan kurz nach der Tat
und befand ihn als ruhig und vernünftig. Nyan selbst äußerte, dass er zufällig mitge-
hört habe, wie seine Freunde sagten, dass er nicht lebenstauglich sei und sterben
sollte. Nyan habe Angst bekommen, sei weggerannt und freundlicherweise über
Nacht von Noor aufgenommen worden. Als er am nächsten Tag zurückgekommen

sei, habe er wieder gehört, wie sie über ihn gesprochen hätten. Das habe ihm noch mehr Angst eingejagt. Er habe seine Waffen geholt, um sich zu schützen und dann sei alles rot vor seinen Augen geworden und er könne sich an nichts mehr erinnern.

Vor dem englischen Strafgericht wurde Nyan für unzurechnungsfähig erklärt und zu einem Freiheitsentzug auf unbestimmte Zeit „nach dem Belieben ihrer Majestät" (at Her Majesty's Pleasure) verurteilt. Ellis hatte auch nach zweijähriger Beobachtung keinen Hinweis auf eine Geisteskrankheit finden können. Nyan habe mit Sicherheit nie an visuellen oder akustischen Halluzinationen gelitten. Im Rahmen der ärztlichen Untersuchung befand Ellis lediglich eine schnelle, leicht aufgeregte Herzaktion und sonderbar starre Augen.

Ellis berichtete, dass Nyan nicht gerne auf den Amok angesprochen wurde. Er schaute dann böse und wurde kurzatmig. Bis zuletzt blieb er bei seiner initialen Aussage. Danach erinnerte er sich nur, wie er „alles rot gesehen" habe. Seine Erinnerung setzte dann erst wieder im Polizeigewahrsam ein. Für die Tat selbst berichtete er eine komplette Amnesie. Der Beschreibung zufolge war das Gefühl der Zurückweisung und des Gesichtsverlusts durch das Hören anderer, die abschätzig über ihn sprachen, das auslösende Ereignis für Nyan, vor sich hin zu brüten und nach einem gewissen Zeitraum vorsätzlich Amok zu laufen. Inwiefern nicht doch paranoide Persönlichkeitsanteile oder psychotische Symptome einer Depression die Tat beeinflusst haben, lässt sich nachträglich nicht mehr eindeutig klären.

Auch wenn die beiden von Ellis dokumentierten Fallvignetten nicht als repräsentativ für das Amokläuferkollektiv angesehen werden können, da Ellis als Leiter der staatlichen Irrenanstalt in Singapur nur jene kleine Subgruppe von Amokläufern behandelte, die ihre Tat überlebte, gefangen genommen wurde, vor Gericht als unzurechnungsfähig angesehen und in eine psychiatrische Anstalt zwangseingewiesen worden war, so vermitteln sie in ihrer Darstellung doch ein klares Bild davon, welche Gewalttaten auf der Malaiischen Halbinsel Ende des 19. Jahrhunderts den damaligen psychiatrischen Kriterien eines „typischen Amok" entsprachen.

5.2.4 Man, 1900

1901 veröffentlichte der britische Arzt John Desmond Gimlette (1867–1934) im „Journal of Tropical Medicine" einen recht gut dokumentierten Fall von individuellem Amoklauf. Dieser hatte sich ein Jahr zuvor in Pahang ereignet, wo Gimlette seit 1890 im Dienst der Federated Malay States stand. Im Folgenden sollen die Geschehnisse zunächst kurz zusammengefasst und dann mit den drei bereits beschriebenen Amokfällen verglichen werden:

> Am 6. Juli 1900 verließ Man (ein 23-jähriger alleinstehender Muslim aus Kedah) den Dschungel und betrat das Haus seines Stammesführers Ismail in

Tras. Bis auf einen schlafenden Malaien war das Haus leer. Man holte sich Ismails Schwert, verließ das Haus durch den Hinterausgang und lief in das nahegelegene Dorf. Gegen Mittag kam er in ein chinesisches Geschäft, in dem auf
mehrere Räume verteilt fünf Chinesen und ein javanischer Kuli Opium rauch-
ten oder schliefen. Man kannte keinen der Männer. Er ging mit dem Schwert
zunächst auf zwei schlafende Chinesen los und tötete einen der beiden. Dabei
schlug er ihm fast den Kopf ab. Der andere wurde schwer im Gesicht getroffen
und erlag später seinen Verletzungen. Ohne einen Warnruf von sich zu geben,
lief Man dann in einen kleineren Raum, in dem zwei weitere chinesische Männer schliefen. Er schlug auf einen der beiden ein, zwang ihn in die Knie und
tötete ihn mit einem Genickschlag. Der andere Mann bemühte sich nach Kräf-
ten zu entkommen, aber Man verletzte ihn am Arm und verfolgte ihn nach
draußen. Der Javaner packte Man nun von hinten und es gelang ihm, die Klinge
des Schwerts aus dem Griff zu reißen, da diese locker war. Sie kämpften, Man
schlug und biss. Er schrie: „Ich will Amok laufen." Man konnte schließlich ent-
weichen und er floh fast nackt in das Dorf, wo er sich mit einem großen Stück
Holz bewaffnete. Mehrere Sikh-Polizisten nahmen ihn unter Gewaltanwen-
dung fest, doch Man kämpfte so hitzig, dass er sich beinahe losriss.[178]

Man scheint im Gegensatz zu den drei von Norris und Ellis beschriebenen Fällen
einen offensichtlichen Unterschied in seiner Opferwahl gemacht zu haben. Seine Aggression richtete sich gezielt gegen Chinesen. Der schlafende Malaie in Ismails Haus
blieb verschont und auch der javanische Kuli. Andererseits weist das ihm zugeschriebene Zitat „Ich will Amok laufen." darauf hin, dass Man seinen Amoklauf möglicherweise noch auf vollkommen willkürliche Opfer erweitert hätte, wenn er vorher
nicht festgenommen worden wäre. Der Tat ging keine unmittelbare Provokation voraus und die getöteten Chinesen waren ihm darüber hinaus nicht bekannt.

Man sei vor der Tat „sakit hati" gewesen. Dieser Begriff wurde häufig in Verbindung
mit Amokläufern gebraucht, um ihren Zustand vor der Tat zu beschreiben. Das Wort
„säkit" bedeutet Krankheit, Schmerz und in Verbindung mit dem Zusatz „āti" Groll,
Verstimmung, Böswilligkeit.[179] Man scheint „sakit hati" auf die Chinesen gewesen zu
sein. Ende Juni hatte sein Herr bemerkt, dass sich Man merkwürdig verhielt. Er habe
in einer für ihn ungewöhnlichen Weise im Haus herumgehangen und habe einen
Affen auf einem Baum sitzen sehen. Er habe darum gebeten, dass der Affe erschossen
würde. Bei dem Affen habe es sich jedoch um eine Wahnvorstellung gehandelt. Man
habe selbst von sich gesagt, dass er sonderbar im Kopf sei. Er habe darum gebeten,
abreisen zu dürfen. Mans Herr habe sich dessen Verhalten damals mit seinen Schwierigkeiten im Umgang mit den anderen Dienstboten, die allesamt Chinesen waren,
erklärt. Er habe Mans Wunsch stattgegeben und Man sei entlassen worden. Man ging
anschließend in das nahegelegene Tras und verbrachte zwei Nächte im Dschungel,

aß wenig oder nichts und wanderte offensichtlich alleine umher, bevor er den Entschluss fasste, Amok zu laufen.

Zu Mans familiärer Vorgeschichte ist nichts bekannt. Er sei früher einmal Teil der Polizeitruppe von Perak gewesen. Zum Vertragsende sei er aus dem Dienst ausgetreten und nach Pahang gekommen, wo er Arbeit als Kutscher gefunden hatte. Er hatte mehr als zwei Jahre im Dienst seines Herrn gestanden. Dieser sei sehr überrascht gewesen, als er von Mans Amoklauf erfahren habe. Zu seiner Persönlichkeit ist lediglich überliefert, dass er kein Nichtsnutz, kein Opiumraucher und auch kein närrischer oder extravaganter Mensch gewesen war. Er hatte keine Schulden, keinen Streit oder Liebesaffäre. Er war jedoch offensichtlich „sakit hati" auf die Chinesen.

Man wurde einen Tag nach dem Amoklauf offiziell befragt, konnte jedoch nicht dazu gebracht werden, irgendeine Aussage zu machen. Er äußerte lediglich eine Art langes, kontinuierliches Winseln. In der Nacht zuvor hatte er nichts gemacht außer Stampfen und Heulen, so laut, dass das ganze Dorf ihn habe hören können.

Zwei Tage nach der Tat untersuchte ihn der stellvertretende Kommissar in seiner Zelle. Man sprach in einer freundlichen Weise. Er sagte, er könne sich weder an die Zeit im Dschungel noch an den Amoklauf erinnern. Er äußerte gegenüber dem Polizisten, dass es noch mehr Nichtmuslime (orang kāfir) in der Welt gebe, und kam zu dem Schluss, dass er sie getötet haben müsste, weil er von der Polizei dazu beauftragt wurde. Er aß Reis, badete und scherzte am Nachmittag (8. Juli), aber um Mitternacht begann er wie in Panik zu schreien und wurde kauernd in einer Ecke seiner Zelle gefunden. Man sagte, diese sei voller Menschen, die ihn töten wollten (wahrscheinlich eine akute paranoid-halluzinatorische Haftpsychose). Man glaubte, sie zu sehen, und bat darum, herausgelassen und wenn nötig an einen Baum im Dschungel gebunden zu werden. Er beruhigte sich und wurde in das Gefängnis von Kuala Lipis gebracht. Dort war er in Einzelhaft untergebracht, verhielt sich ruhig, mürrisch und reserviert, aber völlig kohärent und offensichtlich vernünftig. Einzig für den Amoklauf gab er eine komplette Amnesie an.

Der zuständige Arzt schätzte Man nach einem Monat in Haft als nicht geisteskrank ein. Allerdings lagen ihm nicht alle von Gimlette recherchierten Informationen vor. Gimlette beschrieb Man als einen gut entwickelten Malaien, offensichtlich in gutem körperlichem Gesundheitszustand. Die Kniesehnenreflexe waren beidseits erhöht. Anamnestisch war keine Syphilis bekannt. Im Urin fand sich weder Zucker noch Albumin. Das Sehvermögen war normal, aber die Pupillen gleichmäßig erweitert. Seine Augen waren ruhelos, der Blick unruhig und unstet. Es gab keine körperlichen Zeichen von Geisteskrankheit. Keine Ohr- oder Nasenkrankheit, keine Fazialisparese. Es gab keinen Anhalt für ein Anfallsleiden in seiner Kindheit und auch im Gefängnis zeigte er keine Zeichen einer Epilepsie. Auch Gimlette gegenüber bestritt Man be-

harrlich jegliche Erinnerung an den Amoklauf. Der Arzt schätzte Mans Gedächtnisverlust deshalb als Symptom einer Geisteskrankheit ein. Weil Man die Tatausführung
so oft von sich wies, kam Gimlette zu dem Schluss, dass Man kein Motiv für die Tat
hatte. Für Gimlette lag deshalb im vorliegenden Fall ein sogenannter „true amok"
vor, der sich vom „false amok" u. a. durch seine Motivlosigkeit unterscheidet.

Vor Gericht, am 8. Oktober 1900, wurde Man wegen der berichteten tatbezogenen
Amnesie und der Hinweise auf Wahn und halluzinatorische Paranoia als geisteskrank eingestuft. Damit einher ging Mans Beurteilung als unzurechnungsfähig im
Moment des Amoklaufs. Das Verhalten des Angeklagten vor Gericht wurde als merkwürdig beschrieben. Man sei nicht länger depressiv gewesen. Seine Stimmung schien
zu steigen und er wirkte dabei beinahe begeistert. Er habe einen Gedächtnisverlust
für Namen von Plätzen gehabt und sei sich nicht im Klaren darüber gewesen, dass er
vom Leben hart geprüft war. Am 29. November 1900 wurde er in das Asyl von Selan-
gor gebracht.

5.3 Zusammenfassung und Fazit

Das malaiische Wort „měngamok" beschreibt den wütenden, bewaffneten Angriff
einzelner oder mehrerer Männer, der mit der Verwundung oder Tötung möglichst
vieler Menschen einhergeht und ohne Rücksicht auf das eigene Leben erfolgt. Dabei
lassen sich kollektive, kriegerisch-militärtaktische und individuelle Angriffe unterschieden. Beide Amokformen weisen zahlreiche Gemeinsamkeiten auf, unter anderem den gelegentlich die Handlung einleitenden und begleitenden Kampf- bzw.
Warnruf „Amok".

Sowohl in Südindien als auch in den malaiisch besiedelten Gebieten Südostasiens war
kollektiver Amok eine mit dem nordgermanischen Berserkergang vergleichbare ritualisierte Kriegshandlung und zugleich auch Schlachtruf besonders furchtloser und
angesehener Soldaten. Die ersten europäischen Schilderungen kollektiv-militärtaktischer Amokläufe finden sich in den Berichten portugiesischer Händler und Seefahrer, die im frühen 16. Jahrhundert Asien bereist hatten. Darin wurden kollektive
Amokläufer als „Amocos" bezeichnet. Es handelte sich hierbei um eine Eliteeinheit
hoch angesehener Krieger, die im Dienst eines großen Herrschers standen und bereit
waren, in aussichtslos erscheinenden Situationen ihr Leben für Sold und Ruhm zu
opfern und dabei so viele Feinde wie möglich mit in den Tod zu reißen. Dabei wurde
der körperlichen Unversehrtheit und dem eigenen Leben weniger Gewicht beigemes-
sen als dem Erhalt von Ehre und Ansehen. Das eigene Überleben galt in bestimmten
Situationen sogar als Schande. Dazu gehörte der Tod des eigenen Herrschers oder
auch eine verlorene Schlacht. Es galt als unehrenhaft, wenn ein Krieger nicht bis zum
Äußersten gekämpft und seinen Anführer überlebt hatte.

Mit dem Gesichtsverlust und dem Verlust des sozialen Ansehens gingen auch nicht unerhebliche sozioökonomische Konsequenzen einher. Die überlebenden Soldaten wurden als Verräter angesehen. Sie fanden keine Anstellung mehr, um sich und ihre Familien zu ernähren. Um ihre Ehre wiederherzustellen, blieb ihnen nur der Heldentod. In einer gemeinsamen Zeremonie leisteten sie deshalb einen Racheschwur, rasierten sich ihre Gesichts- und Kopfbehaarung ab, verabschiedeten sich von ihren Familien und zogen gemeinsam in das Feindesland, um dort so viele Menschen wie möglich zu töten, bis sie selbst getötet wurden. Durch den kollektiven Amoklauf wurde zugleich der Tod des eigenen Herrschers gesühnt und die persönliche Ehre und damit die Ehre des ganzen Volkes wiederhergestellt. Eine vergleichbare, mit kollektiven Amokhandlungen einhergehende Rachereaktion ist auch für die Wiederherstellung der Familienehre in Folge von Beleidigungen einzelner angesehener Familienmitglieder überliefert.

Zusätzlich zu kollektivem Amoklauf gibt es für den malaiischen, nicht aber für den südindischen Raum zahlreiche Schilderungen von individuellem Amoklauf. Die individuelle Variante trat etwa zur gleichen Zeit, allerdings außerhalb von kriegerischen Handlungen auf. Ein „Pĕng-âmok" genannter einzelner Amokläufer ergriff plötzlich seinen Dolch und tötete ungezielt jeden, der sich ihm in den Weg stellte, bis er selbst getötet oder überwältigt wurde. Als häufige Auslöser für individuellen Amok wurden die drohende Versklavung zahlungsunfähiger Schuldner, persönliche Verluste, öffentliche Beleidigung oder Zurückweisung sowie Gesichtsverlust und gelegentlich auch Opiumkonsum angeführt.

Mit der Zunahme an Lebendfestnahmen unter der britischen Kolonialregierung und dem Aufbau von Staatsirrenanstalten nach westlichem Vorbild wurden zunehmend auch infektiöse Ursachen wie Malaria oder Neurosyphilis sowie akute schizophrene Psychosen und Epilepsie als Auslöser für individuelle Amokläufe diskutiert. Die Amoktaten wurden fortan vermehrt als Ausdruck krankhaft abweichenden Verhaltens gewertet. Überlebende Amokläufer wurden ärztlich untersucht und gerichtlich verurteilt. Individueller Amok verlor damit seinen kriegerisch-militärtaktischen Bezug und rückte stattdessen in das Zuständigkeitsgebiet von Medizinern und Juristen. Mit der Pathologisierung und Kriminalisierung individueller Amokläufer verlor Amok seine heldenhafte Analogie und auch der Tod durch fremde Hand war nicht mehr gewiss, da für jede Lebendfestnahme eines Amokläufers eine Zielprämie ausgezahlt wurde.

Während sich kollektiver Amok als Nahkampftaktik gegen moderne Formen der Artillerie zunehmend als unbrauchbar erwies, um im 18. Jahrhundert schließlich gänzlich von der Bildfläche zu verschwinden, war individueller Amok auch danach noch auf einzelnen Inseln des Archipels und Teilen der Malaiischen Halbinsel verbreitet und gefürchtet. Noch im 19. Jahrhundert verfügten Polizeistationen auf Java über eigens für den Einsatz gegen individuelle Amokläufer vorgesehene Forken, die dazu dienten, Amokläufer auf Abstand zu halten und ihren rasenden Lauf ohne Gefahr für das eigene Leben zu stoppen. Für das frühe 19. Jahrhundert werden die Amokzahlen in Teilen der Malaiischen Halbinsel und des Archipels rückblickend auf jährlich mindestens einen Fall von Amok pro 1 000 erwachsene Männer geschätzt und dies konstant über ein oder zwei Dekaden. Erst im Verlauf des 19. Jahrhunderts nahm ihre Zahl kontinuierlich ab.

Aus den untersuchten Berichten geht hervor, dass es sich bei den individuellen Amokläufern größtenteils um malaiische Männer zwischen dem zwanzigsten und vierzigsten Lebensjahr handelte. Fast immer wurden Klingenwaffen verwendet, häufig ein Kris, der aus kulturellen Gründen ständig verfügbar war. Während in frühen Berichten regelmäßig Spielschulden und die drohende Versklavung des zahlungsunfähigen Schuldners und seiner Familie als Gründe angeführt wurden, führten tiefgreifende gesellschaftliche Veränderungen unter der Kolonialherrschaft dazu, dass sich unter den Amokläufern im 19. Jahrhundert zunehmend auch alleinstehende Männer jüngeren oder mittleren Alters befanden, die sich vorübergehend in den dicht besiedelten städtischen Ballungsräumen aufhielten, um dort ihr Glück zu versuchen.

Die Amokläufe werden in der Regel als spontan und vollkommen unerwartet beschrieben. In vielen Fällen ging ihnen eine Periode depressiven Brütens voraus, die als „sakit hati" bezeichnet wurde. Oftmals befanden sich Freunde oder Familienangehörige des Amokläufers unter den ersten Opfern. Der Amok wurde anschließend auf Unbeteiligte erweitert, möglicherweise mit dem Ziel, dabei selbst getötet zu werden. Der Amokläufer stürmte dann aus dem Haus und tötete oder verletzte wahllos jeden, der sich ihm in den Weg stellte. In den meisten Fällen überlebte der Amokläufer seinen Lauf nicht. Der eigene Tod wurde möglicherweise intendiert oder in Kauf genommen, da Selbsttötung häufig keine Option war und ein Tod im Kampf als heroisch und für den Amokläufer erstrebenswert angesehen wurde. Erst unter der britischen Kolonialherrschaft gab es zunehmend auch Lebendfestnahmen. Die Festgenommenen berichteten dann in aller Regel, vor dem Amoklauf „mata gelap" gewesen zu sein, was so viel bedeutet wie, dass ihnen schwarz vor Augen geworden sei und sie nicht Herr ihrer Sinne gewesen seien. Für die Amokhandlungen selbst wurde in den meisten Fällen totale oder zumindest partielle Amnesie angegeben.

Eine Vielzahl möglicher Motive wurde für das gehäufte Auftreten individueller Amokläufe im malaiischen Raum angegeben. Neben Opiumintoxikationen, infektiösen Ursachen wie Malaria oder Neurosyphilis, persönlichen Verlusterlebnissen, ausweglosen Situationen, Konflikten mit Autoritäten, Eifersucht, Kränkung, Gesichtsverlust, Depressionen und akuten schizophrenen Psychosen wurde auch das fehlende Verfügungsrecht der muslimischen Malaien über das eigene Sterben als Erklärung diskutiert. Auch kulturelle Faktoren wie die ständige Verfügbarkeit von Klingenwaffen, eine Erziehung, die großen Wert auf Höflichkeit legte, und die niedrigen

Suizidraten können zu dieser Häufung beigetragen haben. Von vielen Reisenden wurde individueller Amok als kulturspezifische Form des (erweiterten) Suizids angesehen. Wahrscheinlich ist jedoch eine Kombination mehrerer ätiologischer Faktoren, die alleine genommen die Häufung des Amokphänomens im malaiischen Raum nicht ausreichend erklären können.

Kollektive und individuelle Amokformen weisen zudem zahlreiche Gemeinsamkeiten auf. In beiden Fällen trat die Amokhandlung für Außenstehende unerwartet und plötzlich auf. Sie wurde durch einen Amokruf eingeleitet und der eigene Tod billigend in Kauf genommen. Die Opferwahl erfolgte größtenteils zufällig mit dem Ziel, möglichst viele Menschen mit in den eigenen Tod zu nehmen. Der Amokläufer versuchte dadurch, seine beschädigte Ehre wiederherzustellen und einen erlittenen Gesichtsverlust zu sühnen. In den untersuchten Quellen gibt es zahlreiche Hinweise dafür, dass die Existenz kriegerischer Amokläufer das Auftreten individueller Amokläufer gefördert und aufrechterhalten hat. Kriegerische Amokläufer standen in hohem Ansehen. Ihr Verhalten war mit positiven Eigenschaften wie Stärke, Furchtlosigkeit und Loyalität assoziiert. In bestimmten Situationen, die mit Gesichts- und auch Statusverlust einhergingen, galt ihr Überleben jedoch als Schande. Zur Wiederherstellung der Ehre wurde von ihnen erwartet, dass sie in das Feindesland zogen und dort wahllos alles und jeden niederstießen, bis sie selbst getötet wurden. Ähnlich verhielt es sich bei individuellen Amokläufern, denen das kollektive Amokverhalten möglicherweise als Vorbild für ihren eigenen Amoklauf diente. Das fehlende Verfügungsrecht der muslimischen Malaien über das eigene Sterben könnte diese Dynamik verstärkt haben.

Gemeinsam ist kollektivem und individuellem Amok auch der Kampfruf „Amok", der die Handlung einleitete und begleitete. Niederländische Autoren bezeichneten individuelle Amokläufer deshalb auch als „Amock-Rufer". Da der Konsonant am Ende des Wortes Amok im Malaiischen als finaler Stimmritzenverschluss („glottal stop") artikuliert wird, prädestinierten aus sprachlicher Sicht sowohl Kürze als auch Vokalität das malaiische Wort für seine Verwendung als Schlachtruf zur Einschüchterung des Feindes und gemeinsames Signal zum bedingungslosen Kampf. Im kollektiven Bewusstsein war der Amokruf folglich lange Zeit mit den Heldentaten besonders furchtloser Krieger assoziiert. Indem der individuelle Amokläufer sich diesen Schlachtruf zu eigen machte, schrieb er sich in diese kollektive Amoktradition ein. Über die Identifikation mit dem heroischen Vorbild versuchte er, sich in eine Linie mit den Amokkriegern zu reihen und unter Inkaufnahme des eigenen Todes seine Ehre und Selbstachtung wiederherzustellen. Hierfür spricht auch die Häufigkeit, mit der Situationen von Gesichtsverlust als Auslöser für individuellen Amok berichtet werden. Aber auch die Umwelt eignete sich den Amokruf an und verwendete ihn als Warnruf vor dem Amokläufer und Signal zur Flucht.

Im Unterschied zu individuellem Amoklauf richtete sich kollektiver Amok jedoch gezielt gegen feindliche Soldaten und Angehörige des feindlichen Volkes. Kollektive „Amocos" verschonten Familienangehörige, Freunde und Angehörige des eigenen Volkes. Anders hätte ihr Verhalten als Militärtaktik auch keinen Sinn gemacht. Es handelte sich folglich um ein willentlich kontrolliertes Verhalten, während bei individuellen Amokläufen die Zurechnungsfähigkeit des Amokläufers in vielen Fällen reduziert oder nicht vorhanden war.

Um dem individuellen Amokphänomen Herr zu werden, verurteilten sowohl die niederländische als auch die britische Kolonialregierung die Amokläufer anfänglich häufig zum Tode und richteten sie öffentlich hin. Auch Rädern und andere Strafen wurden beschrieben, die vor allem abschreckend wirken sollten. Im 19. Jahrhundert wurden die überlebenden Amokläufer zunehmend zu Haftstrafen verurteilt oder in die Staatsirrenanstalten zwangseingewiesen. In der Folge nahm die Zahl an individuellen Amokläufen deutlich ab. Heutzutage wird Amok zwar weiterhin regelmäßig mit dem malaiischen Kulturraum in Verbindung gebracht, im heutigen Indonesien und Malaysia tritt klassischer Amok aber vergleichsweise nur noch sehr selten auf.

---

[1]   Vgl. Blumenbach, Johann Friedrich: De generis humani varietate nativa. (Editio tertia). Gottingae: Vandenhoek [sic!] et Ruprecht 1795 [1775], S. 295.

[2]   Vgl. Huber, Kurt: Nachwort. In: Overbeck, Hans (Übers.): Die Geschichte von Hang Tuah. Eine Erzählung aus dem 16. Jahrhundert über den malaiischen Volkshelden. (= Orientalische Bibliothek). Leipzig [u. a.]: Kiepenheuer 1986, S. 619–630, hier S. 620–621.

[3]   Vgl. Fisch, Jörg: Der indische Einfluß in Südostasien: Java und Bali. In: Ders.: Tödliche Rituale. Die indische Witwenverbrennung und andere Formen der Totenfolge. Frankfurt am Main [u. a.]: Campus 1998, S. 193–212.

[4]   Vgl. Correa, Gaspar: Lendas da Índia. Livro Primeiro. Lisboa: Typographia da Academia Real das Sciencias. Nendeln/Liechtenstein: Kraus Reprint 1976. Nachdruck von einer Vorlage der Bayerischen Staatsbibliothek München von 1858, S. 364–365.

[5]   Vgl. Ebd.

[6]   Vgl. Barros, João de: Ásia de Joam de Barros. Dos fectos que os Portugueses fizerem no descobrimento e conquista dos mares e terras do Oriente. Lisboa: Germão Galharde 1552, fol. 83 verso.

[7]   Sassetti, Filippo: Lettera a Francesco I de' Medici del 20 gennaio 1584. In: Gubernatis, Angelo de (Hg.): Memoria intorno ai viaggiatori italiani nelle Indie Orientali dal secolo XIII a tutto il XVI. Firenze: Fodratti 1867, S. 152–155, hier S. 154–155. ("La forza loro consiste in una maniera di soldati che domandano *amocchi*, che sono obbligati a morire a volontà del lor re, e rimangono con quest'obbligo tutti quelli soldati che in una guerra perdono il lor re e il lor generale, de'quali si serve il re poi ne' casi urgenti, mandandone a morire combattendo, hora uno sciamo, hora un altro, conforme alla necessità.") [Hervorhebung im Original, Übersetzung aus dem Italienischen, Jens Schumacher]

[8]   Vgl. Cortesão, Armando (Hg.): The Suma Oriental of Tomé Pires. An Account of the East,

from the Red Sea to Japan, Written in Malacca and India in 1512–1515. And the Book of Francisco Rodrigues. Rutter of a Voyage in the Red Sea, Nautical Rules, Almanack and Maps, Written and Drawn in the East before 1515. Bd. 2. Aus dem Portugiesischen übersetzt von Armando Cortesão. London: The Hakluyt Society 1944, S. 494 (Portugiesisches Original) und S. 266 (Englische Übersetzung).

9 Vgl. Overbeck, Hans (Übers.): Die Geschichte von Hang Tuah. Eine Erzählung aus dem 16. Jahrhundert über den malaiischen Volkshelden. Aus dem Malaiischen übersetzt von Hans Overbeck. (= Orientalische Bibliothek). Leipzig [u. a.]: Kiepenheuer 1986, S. 619–630, hier S. 184–185.

10 Vgl. Feldbauer, Peter: Die Portugiesen in Asien 1498–1620. (Überarb. Neuauflage). Essen: Magnus 2005 [2003], S. 50–72.

11 Raffles, Thomas Stamford: Paper on the Malayan nation. In: Raffles, Sophia: Memoir of the Life and Public Services of Sir Thomas Stamford Raffles. Particularly in the Government of Java, 1811–1816, Bencoolen and its Dependencies, 1817–1824; with Details of the Commerce and Resources of the Eastern Archipelago, and Selections from his Correspondence. By his Widow. London: John Murray 1830, S. 15–20, hier S. 18. ("Alas! how often did the Bendahara and Tumungungs approach the Rajah with a request that the white men might not be permitted to build a large house: but the Raja [sic!] would say, 'my eyes are upon them, and they are few in number: if they do any wrong, whatever it may be, I shall see it, and will give orders for their being massacred, (literally, I will order my men to *amok*, or, as it is vulgarly termed, run a muck among them.)'") [Hervorhebung im Original, Übersetzung aus dem Englischen v. Verf.]

12 Vgl. Schütte, Josef Franz: Valignanos Missionsgrundsätze für Japan. Bd. 1. Von der Ernennung zum Visitator bis zum ersten Abschied von Japan (1573–1582). Erster Teil. Das Problem (1573–1580). (= Storia e Letteratura, Bd. 36). Roma: Edizioni di Storia e Letteratura 1951, S. 134.

13 Vgl. Couto, Diogo de: Da Asia de Diogo de Couto. Dos feitos, que os Portuguezes fizeram na conquista, e descubrimento das terras, e mares do Oriente. Década IV. Pt. 1. [Continuação]. (Nova edição). Lisboa: Na Regia Officina Typografica 1778, S. 169. ("São homens cavalleiros, e tão determinados, que por qualquer offensa que se lhes faz, se fazem amoucos […].") [Übersetzung aus dem Portugiesischen, Roger Schöntag]

14 Vgl. Ders.: Da Asia de Diogo de Couto. Dos feitos, que os Portuguezes fizeram na conquista, e descubrimento das terras, e mares do Oriente. Década X. Pt. 1. (Nova edição). Lisboa: Na Regia Officina Typografica 1788, S. 314–316.

15 Vgl. Ebd., S. 315.

16 Vgl. Couto, Diogo de: Da Asia de Diogo de Couto. Dos feitos, que os Portuguezes fizeram na conquista, e descubrimento das terras, e mares do Oriente. Década IV. Pt. 2. (Nova edição). Lisboa: Na Regia Officina Typografica 1778, S. 210–212.

17 Ebd., S. 211. ("obrigação dos parentes em acudirem pela affronta que se lhe fizer.") [Übersetzung aus dem Portugiesischen, Roger Schöntag]

18 Vgl. Ebd., S. 210–211.

19 Ebd., S. 211. ("toda sua geração") [Übersetzung aus dem Portugiesischen, Roger Schöntag]

20 Vgl. Ebd., S. 211–212.

21 Nāyar ist die malayalamische Bezeichnung für eine Gruppe indischer Hindu-Kasten, die in der vorbritischen Ära, d. h. vor 1792, zur zivilen, administrativen und militärischen Elite

im südindischen Bundesstaat Kerala gehörten und wegen ihrer Kampfkunst und ihrer gesellschaftlichen Position gerne mit den Samurai des mittelalterlichen Japans verglichen werden. Vgl. Nâyar. In: The New Encyclopædia Britannica. Bd. 8. Menage – Ottawa. (15. Ausgabe). Chicago [u. a.]: Encyclopædia Britannica 2010, S. 569.

[22] Vgl. Couto, Diogo de: Da Asia de Diogo de Couto. Dos feitos, que os Portuguezes fizeram na conquista, e descubrimento das terras, e mares do Oriente. Década VI. Pt. 2. (Nova edição). Lisboa: Na Regia Officina Typografica 1781, S. 186–187.

[23] Vgl. Ebd., S. 234–235.

[24] Zamorin war der Titel des Königs von Calicut (heute Kozhikode). Vgl. Zamorin (Samori). In: Grosses vollständiges Universal-Lexicon Aller Wissenschafften und Künste, Welche bishero durch menschlichen Verstand und Witz erfunden und verbessert worden. Bd. 60. Wur – Zar. Leipzig [u. a.]: Johann Heinrich Zedler 1749, S. 197.

[25] Valle, Pietro della: Lettera 7. da Goa, De' 31. Di Gennaro 1624. In: Ders.: De' Viaggi di Pietro della Valle il pellegrino. Descritti da lui medesimo in Lettere familiari. All'erudito suo Amico Mario Schipano. Parte Terza. Cioè L'India, Co'l Ritorno alla Patria. Roma: Vitale Mascardi 1663, S. 258–305, hier S. 286–287. ("Benche due Rè facciano guerra insieme, si guarda molto ciascuno essercito di non ammazzare il Rè suo contrario, nè pur di ferir la sua ombrella, ouunque si vada, ch'è fra loro l'insegna Reale; perche oltre che faria gran peccato por mano in sangue Regio, la parte che l'vccidesse, ò seriffe, s'esporrebbe anco à grandissimi, & irreparabili danni, per l'obligo che hà tutto il Regno del Rè ferito, ò morto di vendicarlo con grandissima distruttione de'nemici fin'à morir tutti per quello, se bisogna. Quanto più i Rè son di maggior dignità frà di loro, tanto più dura quell'obligo di furiosa vendetta. […] Chiamano questo termine di tempo, ò modo di vendicare *Amòco*, di modo, che dicono, che l'Amòco del Samorì dura vn giorno. L'Amòco del Rè di Cocin dura tutta la vita; e così quando dicono degli altri.") [Hervorhebung im Original, Übersetzung aus dem Italienischen, Jens Schumacher]

[26] Raffles, Thomas Stamford: Paper on the Malayan nation. In: Raffles, Sophia: Memoir of the Life and Public Services of Sir Thomas Stamford Raffles. Particularly in the Government of Java, 1811–1816, Bencoolen and its Dependencies, 1817–1824; with Details of the Commerce and Resources of the Eastern Archipelago, and Selections from his Correspondence. By his Widow. London: John Murray 1830, S. 15–20, hier S. 20. ("'[…] the men of Johore and the Dutch sailed for Malacca, and after attacking it for about fifteen days, from the sea, many were slain, as well Portuguese as Malays and Dutch. The Malays then held a consultation, and began to think, that if they fought against the white men according to this fashion, Malacca would not fall for ten years. It was therefore agreed upon by all the Malays, that fifty men should enter the fort of Malacca and run a muck or meng-amok. […] The Malays then selected a lucky day, and on the twenty-first day of the month, at 5 o'clock in the morning, the fifty Malays entered the fort, and commenced amok, and every Portuguese was either put to death, or forced to fly into the interior of the country, without order or regularity.") [Übersetzung aus dem Englischen v. Verf.]

[27] Vgl. Raffles, Thomas Stamford: The History of Java. Bd. 1. London: Black, Parbury & Allen 1817, S. 298.

[28] Vgl. Fang, Liaw Yock: A History of Classical Malay Literature. Aus dem Malaiischen übersetzt von Razif Bahari und Harry Aveling. Jakarta: Yayasan Pustaka Obor & Institute of Southeast Asian Studies 2013, S. 235.

[29] Vgl. Ebd., S. 127.

[30] Vgl. Ebd., S. 97.
[31] Vgl. Overbeck, Hans (Übers.): Die Geschichte von Hang Tuah. Eine Erzählung aus dem 16. Jahrhundert über den malaiischen Volkshelden. Aus dem Malaiischen übersetzt von Hans Overbeck. (= Orientalische Bibliothek). Leipzig [u. a.]: Kiepenheuer 1986.
[32] Vgl. Huber, Kurt: Nachwort. In: Overbeck, Hans (Übers.): Die Geschichte von Hang Tuah. Eine Erzählung aus dem 16. Jahrhundert über den malaiischen Volkshelden. (= Orientalische Bibliothek). Leipzig [u. a.]: Kiepenheuer 1986, S. 619–630, hier S. 625.
[33] Vgl. Overbeck, Hans (Übers.): Die Chronik der Malaien. In: Ders.: Malaiische Weisheit und Geschichte. Einführung in die malaiische Literatur. Die Krone aller Fürsten. Die Chronik der Malaien. Aus dem Malaiischen übersetzt von Hans Overbeck. (= Insulinde, Bd. 1, Vom Goldenen Chersones). Jena: Diederichs 1927, S. 113–255, hier S. 179–181.
[34] Mit Mĕnjapahit ist das javanische Großreich Majapahit im Malaiischen Archipel gemeint, das von 1293 bis zum Anfang des 16. Jahrhunderts existierte. Vgl. Huber, Kurt: Nachwort. In: Overbeck, Hans (Übers.): Die Geschichte von Hang Tuah. Eine Erzählung aus dem 16. Jahrhundert über den malaiischen Volkshelden. (= Orientalische Bibliothek). Leipzig [u. a.]: Kiepenheuer 1986, S. 619–630, hier S. 626.
[35] Vgl. Overbeck, Hans (Übers.): Die Geschichte von Hang Tuah. Eine Erzählung aus dem 16. Jahrhundert über den malaiischen Volkshelden. Aus dem Malaiischen übersetzt von Hans Overbeck. (= Orientalische Bibliothek). Leipzig [u. a.]: Kiepenheuer 1986, S. 125–127.
[36] Vgl. Ebd., S. 45.
[37] Vgl. Ebd., S. 183–185.
[38] Vgl. Ebd., S. 266–267.
[39] Vgl. See, Klaus von: Exkurs zum Haraldskvæði: Berserker. In: Ders.: Edda, Saga, Skaldendichtung. Aufsätze zur skandinavischen Literatur des Mittelalters. (= Skandinavistische Arbeiten, Bd. 6). Heidelberg: Carl Winter 1981, S. 311–317.
[40] Vgl. Lakhnavi, Ghalib; Bilgrami, Abdullah: The Adventures of Amir Hamza. Aus dem Urdu übersetzt von Musharraf Ali Farooqi. New Delhi [u. a.]: Random House India 2008. Die Entstehung der „Hikayat Amir Hamzah" reicht vermutlich bis in das 7. Jahrhundert zurück, der o. g. Urdu-Text von Lakhnavi und Bilgrami erschien gegen Ende des 19. Jahrhunderts. Er erzählt die fantastischen Heldengeschichten von Hamza bin Abdul Muttalib (um 570–625), einem Onkel und Gefährten des islamischen Propheten Mohammed (um 570–632).
[41] Vgl. Overbeck, Hans: Einführung in die malaiische Literatur. In: Ders. (Übers.): Malaiische Weisheit und Geschichte. Einführung in die malaiische Literatur. Die Krone aller Fürsten. Die Chronik der Malaien. (= Insulinde, Bd. 1, Vom Goldenen Chersones). Jena: Diederichs 1927, S. 1–45, hier S. 24.
[42] Vgl. Schmidt, Thomas Christian: Die Entdeckung des Ostens und der Humanismus. Niccolò de' Conti und Poggio Braccolinis Historia de Varietate Fortunae. In: Mitteilungen des Institus für Österreichische Geschichtsforschung 103 (1995): 392–418.
[43] Vgl. Ebd., S. 397–398.
[44] Die Autorin der Fußnote der italienischen Übersetzung, Marica Milanesi, vermutet, dass mit „Groß Java" und „Klein Java" die Inseln Java und Borneo gemeint sein könnten. Vgl. Bracciolini, Poggio: Viaggio di Nicolò di Conti. In: Milanesi, Marica (Hg.): Giovanni Battista Ramusio. Navigazioni e viaggi. Bd. 2. Bearbeitet und übersetzt von Giovanni Battista Ramusio. (= I millenni). (Bearbeiteter Nachdruck). Torino: Einaudi 1979 [1559], S. 781–820, hier S. 801. Es kämen aber auch Java und eine kleinere Insel wie z. B. Bali in Frage.

[45]   Bracciolini Florentini, Poggio: Historiæ de Varietate Fortunæ. Libri Quatuor. Lutetiæ
       Parisiorum: Typis Antonii Urbani Coustelier 1723, S. 135. ("Has homines inhumanissimi
       omnium, crudelissimique inhibitant. […] Hominem occidere pro ludo est, nullique
       supplicio dantur, debitores pro servis adjiciuntur creditoribus, quidam cum mori malint,
       quam servire, arrepto gladio obvios imbecilliores transfigunt, donec a valentiori obvio &
       ipsi occidantur, quem postea creditores in jus vocantes cogunt pro mortuo satisfacere. Si
       quis novum ensem emerit, aut gladium, in corpus obvii experitur aciem ferri, neque ulli
       mors ejus hominis noxæ est. Transeuntes vulnus inspiciunt, laudantque percussoris
       peritiam in feriendo, si recte gladium adegit. Uxores, quot libuerit pro libidine, sumunt.
       Frequentissimus apud hos ludus, galli invicem pugnantes. Hos diversi producunt ad
       pugnam, quisque suum superaturum asserens, proque alterius victoria pecuniam etiam
       adstantes invicem ponunt, pro cujus voto gallus superat, pecuniam tollit.") [Übersetzung
       aus dem Lateinischen, Hartmut Reul]
[46]   Ebd., S. 361–376, hier S. 371.
[47]   Vgl. Reichert, Folker: Von Mekka nach Malakka? Ludovico de Varthema und sein Itinerar
       (Rom 1510). In: Ders.: Asien und Europa im Mittelalter. Studien zur Geschichte des Rei-
       sens. (= V&R Academic). Göttingen: Vandenhoeck & Ruprecht 2014, S. 361–376, hier
       S. 372–375.
[48]   Varthema, Ludovico di: Itinerario de Ludouico de Varthema Bolognese nello Egitto, nella
       Soria nella Arabia deserta, & felice, nella Persia, nella India, & nela Ethyopia. Vinegia: Fran-
       cesco Bindone & Mapheo Pasini 1535 [1510], fol. 65 recto/verso. („Qui nõ ſe pole andare
       p la terra cõe e notte pche ſe amazano a modo de cani. Et tutti li mercanti che arriuano qui
       vãno a dormire nelli loro nauili Li habitatori de queſta citta ſono de natiõe de Ciauai. El Re
       tiene vn gouernatore p fare ragione alli foreſtieri. Ma q̃elli della terra ſe fan ragione da p
       loro, & ſono la pegior generatione che ſia credo al mõdo. Et q̃ndo el re ſi vol mettere fra
       loro, eſſi dicone ch deshabitarãno la terra pche ſono homini de mare. Lo aere quiui e tẽpe-
       rato aſſai. Li chriſtiani ch erano in noſtra cõpagnia ce fecero intendere che q̃ nõ era troppo
       da ſtare pche ſono mala generatione Per tãto pigliãmo vn Giũcho & andaſſemo ala volta de
       Sumatra […].") [Übersetzung aus dem Italienischen, Jens Schumacher]
[49]   Vgl. etwa Reichert, Folker: Von Mekka nach Malakka? Ludovico de Varthema und sein
       Itinerar (Rom 1510). In: Ders.: Asien und Europa im Mittelalter. Studien zur Geschichte
       des Reisens. (= V&R Academic). Göttingen: Vandenhoeck & Ruprecht 2014, S. 361–376,
       hier S. 363.
[50]   Machado, Augusto Reis (Hg.): Livro. Em que dá relação do que viu e ouviu no Oriente.
       Duarte Barbosa. (Wiederabdruck). Lisboa: Agência Geral das Colónias 1946 [um 1516],
       S. 205. ("E tambén há nesta cidade muitos jaos […]. Se alguns destes jaos adoece de qual-
       quer doença, promete ao seu deus que dando-lhe saude dela, tomara outra mais honrada
       morte por seu serviço, depois que é são toma uma ardaga na mão, de umas colubrinas que
       há entre eles muitos boas; e, saindo as praças e ruas, mata quantos acha, homens e mulheres
       e meninos, e a ninguém perdoa. A estes chamam eles guaniços; e, como o vêem, logo bra-
       dam às gentes, dizendo: – Guaniço; porque se guardem. E às frechadas [sic!] e lançadas o
       matam.") [Hervorhebung durch Verf., Übersetzung aus dem Portugiesischen, Barbara
       Schäfer-Prieß]
[51]   Vgl. Cortesão, Armando (Hg.): The Suma Oriental of Tomé Pires. An Account of the East,
       from the Red Sea to Japan, Written in Malacca and India in 1512–1515. And the Book of
       Francisco Rodrigues. Rutter of a Voyage in the Red Sea, Nautical Rules, Almanack and

Maps, Written and Drawn in the East before 1515. Bde. 1 u. 2. Aus dem Portugiesischen übersetzt von Armando Cortesão. London: The Hakluyt Society 1944, S. 418 [Portugiesisches Original, Bd. 2] und S. 176 [Englische Übersetzung, Bd. 1].

⁵² Vgl. Ebd., S. 420–421 [Portugiesisches Original, Bd. 2] und S. 179 [Englische Übersetzung, Bd. 1].

⁵³ Vgl. Ebd., S. 418 und 461 [Portugiesisches Original, Bd. 2] und S. 131 und 176 [Englische Übersetzung, Bd. 1].

⁵⁴ Amucklaufen. In: Meyers Konversations-Lexikon. Eine Encyklopädie des allgemeinen Wissens. Bd. 1. A – Atlantiden. (4., gänzl. umgearb. Auflage). Leipzig: Verlag des Bibliographischen Instituts 1885, S. 516. [Hervorhebungen im Original]

⁵⁵ Vgl. etwa Adler, Lothar: Amok. Eine Studie. München: Belleville 2000, S. 12 u. S. 20; vgl. auch Ders.: Geschichte und Ergebnisse aus psychiatrischer Perspektive. In: Junkerjürgen, Ralf; Treskow, Isabella von (Hgg.): Amok und Schulmassaker. Kultur- und medienwissenschaftliche Annäherungen. (= Edition Kulturwissenschaft, Bd. 47). Bielefeld: transcript 2015, S. 17–49, hier S. 23.

⁵⁶ Vgl. Anonym [Middleton, Henry]: The Last East-Indian Voyage. Containing mvch varietie of the State of the seuerall kingdomes where they haue traded: with the Letters of three seuerall Kings to the Kings Maiestie of England, begun by one of the Voyage: since continued out of the faithfull obseruations of them that are come home. London: Walter Burre 1606.

⁵⁷ Vgl. Foster, William (Hg.): The Voyage of Sir Henry Middleton to the Moluccas 1604–1606. (Erw. Neuauflage). London: The Hakluyt Society 1943, S. 171.

⁵⁸ Vgl. Scott, Edmund: An Exact Discovrse Of the Subtilties, Fashhions [sic!], Pollicies, Religion, and Ceremonies of the East Indians, as well Chyneses as Iauans, there abyding and dweling. Together with the manner of trading with those people, aswell by vs English, as by the Hollanders: as also what hath happened to the English Nation at Bantan in the East Indies, since the 2. of February 1602. vntill the 6. of October 1605. Whereunto is added a briefe Description of Iaua Maior. Written by Edmund Scott, resident there, and in other places neere adioyng [sic!], the space of three yeeres and a halfe. London: Walter Burre 1606. ("they are a people that do very much thirst after blood. If any *Iauan* haue committed a fact worthy of death, and that he be pursued by any, whereby he thinketh hee shall die, he will presently draw his weapon, and cry *Amucke*, which is as much to say, *I am resolued*: not sparing to murther either man, woman, or childe which they can possibly come at, & he that killeth most, dieth with greatest honor & credit. They will seldom fight face to face one with another, or with any other Nation, but do altogether seek reuenge of their enemie cowardly; albeit they are (for the most part) men of a goodlie stature.") [unpaginiert, Hervorhebungen im Original, Übersetzung aus dem Englischen v. Verf.]

⁵⁹ Vgl. Ebd. ("their Lawes for Debts are so strict, that the Creditour may take his Debtour, his Wiues, Children, and Slaues, and all that hee hath, and sell them for his Debt.") [unpaginiert, Übersetzung aus dem Englischen v. Verf.]

⁶⁰ Vgl. Schultzen, Walter: Ost-Indische Reyse. Worin erzehlt wird Viel gedenckwürdiges / und ungemeine seltsame Sachen / bluhtige See- und Feld-schlachten / wieder die Portugisen und Makasser; Belägerungen / Bestürmungen / und Eroberungen vieler fürnehmen Städte und Schlösser. Wie auch Eine eigendliche Beschreibung der fürnehmsten Ost-Indischen Landschaften/ Königreiche / Inseln und Städte; Ihre Gesetze / Sitten / Religion, Kleidung; Item: der Tiere / Früchte und Gewächse / u. zugleich Eine ausführliche Erzehlung /

was sich in der gefährlichen Zurückreise nach Holland / zwischen den Ost-Indischen Retour-Schiffen / und den Engelländern / im Jahr 1665, in der Stadt Bergen in Norwegen /
wie auch in der Nord-See / merckenswürdiges zugetragen hat. Alles beschrieben durch M^{ster}
Walter Schultzen, von Harlem. Nebenst noch Dem gefährlichen Schiffbruch des Jagt-schifs
/ ter Schelling genant; Von Frantz Janß von der Heyde / aufgezeichnet. Mit vielen kunstreichen Figuren geziert. Und Aus dem Niederländischen ins Hochteutsche übergesetzt
durch I. D. Amsterdam: Meurs & Sommern 1676.

[61]   Vgl. Schouten, Wouter: Oost-Indische Voyagie. Vervattende veel voorname voorvallen en
ongemeene vreemde Geschiedenissen / bloedige Zee- en Landt-gevechten tegen de Portugeesen en Makassaren; Belegering / Bestorming / en Verovering van veel voorname Steden
en Kasteelen. Mitsgaders Een curieuse Beschrijving der voornaemste Landen, Eylanden,
Koninckrijcken en Steden in Oost-Indien; haer Wetten, Zeden, Godtsdiensten,
Costuymen, Drachten, Dieren, Vruchten en Planten: Als oock Sijn seer gevaerlijcke Wederom-Reyse naer't Vaderlandt / daer in een bysondere harde ontmoetinge met d'Engelsche Oorloghs-Vloot / soo in Bergen Noorwegen / als in de Nord-Zee. Verçiert met seer
konstige Koopere Platen, soo van de voornaemste Steden, als andere aenmerckelijcke saken; door den Schrijver in Indien self geteeckent. Amsterdam: Meurs & van Someren 1676,
S. 152. [Übersetzung ins Hochdeutsche von 1676: S. 226.]

[62]   Ebd., S. 27. ("Amock-roeper") [Hervorhebung im Original, Übersetzung ins Hochdeutsche
von 1676: S. 20.]

[63]   Vgl. State Library of New South Wales (Australia): Banks, Joseph: The Endeavour journal,
25 August 1768 – 12 July 1771 [manuscript], ML Safe 1/12-13, S. 496.

[64]   Schouten, Wouter: Oost-Indische Voyagie. Vervattende veel voorname voorvallen en ongemeene vreemde Geschiedenissen / bloedige Zee- en Landt-gevechten tegen de Portugeesen en Makassaren; Belegering / Bestorming / en Verovering van veel voorname Steden
en Kasteelen. Mitsgaders Een curieuse Beschrijving der voornaemste Landen, Eylanden,
Koninckrijcken en Steden in Oost-Indien; haer Wetten, Zeden, Godtsdiensten,
Costuymen, Drachten, Dieren, Vruchten en Planten: Als oock Sijn seer gevaerlijcke Wederom-Reyse naer't Vaderlandt / daer in een bysondere harde ontmoetinge met d'Engelsche Oorloghs-Vloot / soo in Bergen Noorwegen / als in de Nord-Zee. Verçiert met seer
konstige Koopere Platen, soo van de voornaemste Steden, als andere aenmerckelijcke saken; door den Schrijver in Indien self geteeckent. Amsterdam: Meurs & van Someren 1676,
S. 27. ("Ick sagh in dese Maent February [1659, Anm. der Verf.] binnen Batavia, door Beuls
handen / een swarten Indiaen sijn Borsten met gloeyende knijptangen afnijpen; daer op hy
voort van onderen op gerabraeckt wiert: om dat hy dorr het moetwillig nuttigen van den
Amphyoen, oft Opium […] dolsinnigh en dronchen zijnde geworden / Amock geroepen
hadde: zijnde soo veel geseyt / als dat hy wilde vermoorden / al wie langs straet hem niet
ontvluchten en kon: In welcke dolle furie dat hy wel s Menschen vermoort hadde. […] Dit
was de derde Amock-roeper, die nu al in mijn tijt binnen Batavia om sulcke snoode Moor-
deryen / op een Schavot gerabraeckt wiert.") [Hervorhebungen im Original, Übersetzung
ins Hochdeutsche von 1676: S. 19-20.]

[65]   Ebd., S. 152. ("Dien Moordenaer en Amock-schreenwer / die dan op dese wijse met sich
selven te verweeren / de meeste moorden bedreven heest / eer hy gevangen / gekrist / of
neder-gezabelt is geworden / verkrijght noch wel meermael die glorie by de J a v a n e n, dat
men seeckere blijcken van sijn kloeckmoedigheyt / onversaeghtheyt en volstandigheyt heeft
gesien / dewijl hy sich in sijn ongeval tegens alle die hem besprongen / als een dapper en

edelmoedigh Javaen quam aen te stellen. [...] waeromme de Nederlandtse Regeeringh aldaer genootsaecht is geworden / soodanige Amock-speelders / wanneer die gevanckelijck konnen bekomen / met een verschrickelijcke doobt te straffen; gelijck in mijn tijdt al meermaels de suicke voor de Justitie hare vorsten [...].") [Hervorhebungen im Original, Übersetzung ins Hochdeutsche von 1676: S. 226.]

[66] Vgl. Overbeck, Hans (Übers.): Die Geschichte von Hang Tuah. Eine Erzählung aus dem 16. Jahrhundert über den malaiischen Volkshelden. Aus dem Malaiischen übersetzt von Hans Overbeck. (= Orientalische Bibliothek). Leipzig [u.a.]: Kiepenheuer 1986.

[67] Vgl. Rashid, Razha: Martial Arts and the Malay Superman. In: Karim, Wazir Jahan (Hg.): Emotions of Culture. A Malay Perspective. (= South-East Asian Social Science Monographs). Singapore [u.a.]: Oxford University Press 1990, S. 64–95, hier S. 80.

[68] Vgl. Schouten, Wouter: Oost-Indische Voyagie. Vervattende veel voorname voorvallen en ongemeene vreemde Geschiedenissen / bloedige Zee- en Landt-gevechten tegen de Portugeesen en Makassaren; Belegering / Bestorming / en Verovering van veel voorname Steden en Kasteelen. Mitsgaders Een curieuse Beschrijving der voornaemste Landen, Eylanden, Koninckrijcken en Steden in Oost-Indien; haer Wetten, Zeden, Godtsdiensten, Costuymen, Drachten, Dieren, Vruchten en Planten: Als oock Sijn seer gevaerlijcke Wederom-Reyse naer't Vaderlandt / daer in een bysondere harde ontmoetinge met d'Engelsche Oorloghs-Vloot / soo in Bergen Noorwegen / als in de Nord-Zee. Verçiert met seer konstige Koopere Platen, soo van de voornaemste Steden, als andere aenmerckelijcke saken; door den Schrijver in Indien self geteeckent. Amsterdam: Meurs & van Someren 1676, S. 155. [Übersetzung ins Hochdeutsche von 1676: S. 228.]

[69] Vgl. Ebd., S. 151–152. [Ebd.: S. 226–227.]

[70] Vgl. Ebd., S. 152. [Ebd.: S. 226.]

[71] Vgl. Kirsch, Peter: Goldbergbau der niederländischen ostindischen Kompanie auf Sumatra 1670 bis 1737. Die Berichte der deutschen Bergleute Elias Hesse und Johann Wilhelm Vogel. (= Kleine Beiträge zur europäischen Überseegeschichte, Bd. 27). Bamberg: Förderverein Forschungsstiftung für vergleichende europäische Überseegeschichte 1995, S. 21–22.

[72] Hesse, Elias: Ost-Indische Reise-Beschreibung Oder Diarium, Was bey der Reise des Churfürstl. Sächs. Raths und Berg Commissarii D. Benjamin Olitzschens / im Jahr 1680. Von Dreßden aus biß in Asiam auff die Insul Sumatra Denckwürdiges vorgegangen / auffgezeichnet von Elias Hessen, um andern mahl gedruckt / und mit sonderbahren Fleiß übersehen / in vielen verbessert und vermehret. Leipzig: Günther 1690, S. 134. [Hervorhebung im Original]

[73] Vgl. Ebd., S. 134.

[74] Ebd., S. 134–135.

[75] Vgl. etwa Teoh, Jin-Inn: The Changing Psychopathology of Amok. In: Psychiatry 35 (1972): 345–351, hier S. 345; vgl. auch Ng, Beng Yeong: Till the Break of Day. A History of Mental Health Services in Singapore, 1841–1993. (2. Auflage). Singapore: National University of Singapore Press 2016 [2001], S. 57; vgl. auch Fast, Jonathan: Beyond Bullying. Breaking the Cycle of Shame, Bullying, and Violence. Oxford [u.a.]: Oxford University Press 2016, S. 181.

[76] Vgl. National Library of Australia: Cook, James: Journal of H. M. S. Endeavour, 1768–1771 [manuscript], MS 1.

[77] Vgl. Hawkesworth, John (Hg.): An Account of the Voyages undertaken by the Order of His

Present Majesty for making Discoveries in the Southern Hemisphere, And successively performed by Commodore Byron, Captain Wallis, Captain Carteret, And Captain Cook, In the Dolphin, the Swallow, and the Endeavour, Drawn up From the Journals which were kept by the several Commanders, And from the Papers of Joseph Banks, By John Hawkesworth. Bd. 3. London: Strahan & Cadell 1773, S. 350-351.

[78] Ebd., S. 351.

[79] Vgl. State Library of New South Wales (Australia): Banks, Joseph: The Endeavour journal, 25 August 1768 – 12 July 1771 [manuscript], ML Safe 1/12-13, S. 494-496.

[80] Ebd., S. 494. ("No one who has ever been in these countries can be ignorant of the practise here which is calld Amoc [...].") [Übersetzung aus dem Englischen v. Verf.]

[81] Vgl. Ebd.

[82] Ebd. ("foaming at the mouth like mad dogs") [Übersetzung aus dem Englischen v. Verf.]

[83] Vgl. Ebd., S. 494-495.

[84] Vgl. Ebd., S. 495.

[85] Vgl. Ebd., S. 550.

[86] Vgl. Ebd., S. 495-496.

[87] Vgl. Crawfurd, John: History of the Indian Archipelago. Containing an Account of the Manners, Arts, Languages, Religions, Institutions, and Commerce of its Inhabitants. Bd. 1. Edinburgh: Archibald Constable & Co. 1820, S. 66-68.

[88] Vgl. Rashid, Razha: Martial Arts and the Malay Superman. In: Karim, Wazir Jahan (Hg.): Emotions of Culture. A Malay Perspective. (= South-East Asian Social Science Monographs). Singapore [u. a.]: Oxford University Press 1990, S. 64-95.

[89] Crawfurd, John: History of the Indian Archipelago. Containing an Account of the Manners, Arts, Languages, Religions, Institutions, and Commerce of its Inhabitants. Bd. 1. Edinburgh: Archibald Constable & Co. 1820, S. 66. [Hervorhebung im Original]

[90] Vgl. Ebd., S. 67.

[91] Ebd., S. 67-68. ("The most frequent mucks, by far, are those in which the desperado assails indiscriminately friend and foe, and in which, with dishevelled hair and frantic look, he murders or wounds all he meets without distinction, until he be himself killed,—falls exhausted by loss of blood,—or is secured by the application of certain forked instruments, with which experience has suggested the necessity of opposing those who run a muck, and with which, therefore, the officers of police are always furnished. One of the most singular circumstances attending these acts of criminal desperation, is the apparently unpremeditated, and always the sudden and unexpected manner in which they are undertaken. The desperado discovers his intention neither by his gestures, his speech, nor his features, and the first warning is the drawing of the kris, the wild shout which accompanies it, and the commencement of the work of death.") [Übersetzung aus dem Englischen v. Verf.]

[92] Vgl. Norris, William: Malay Amoks Referred to Mahomedanism. Sentence of death upon a Malay convicted of running amok. In: The Journal of the Indian Archipelago and Eastern Asia 3 (1849): 460-463.

[93] Vgl. Penang. In: The Straits Times No. XCII vom 25. Juli 1846, S. 2; vgl. auch Running a Muck. In: The Singapore Free Press and Mercantile Advertiser No. CCCCCXLXXVI vom 30. Juli 1846, (Supplement) S. 1; vgl. auch Pinang. In: The Singapore Free Press and Mercantile Advertiser No. CCCCCXLXXIX vom 20. August 1846, (Supplement) S. 1.

[94] Vgl. Logan, James Richardson: Malay Amoks and Piracies. What can we do to abolish them? In: The Journal of the Indian Archipelago and Eastern Asia 3 (1849): 463-467, hier

S. 467.

95   Vgl. Ebd., hier S. 464.

96   Vgl. Ng, Beng Yeong: Till the Break of Day. A History of Mental Health Services in Singapore, 1841–1993. (2. Auflage). Singapore: National University of Singapore Press 2016 [2001], S. 9, S. 18 u. S. 88.

97   Vgl. Oxley, Thomas: Malay Amoks. In: The Journal of the Indian Archipelago and Eastern Asia 3 (1849): 532–533.

98   Ebd., hier S. 532. ("'the Devil entered into me, my eyes were darkened, I did not know what I was about.'") [Übersetzung aus dem Englischen v. Verf.]

99   Wallace, Alfred Russel: The Malay Archipelago. The land of the orang-utan, and the bird of paradise. A narrative of travel, with studies of man and nature. New York: Harper & Brothers 1869, S. 183–184. ("One morning, as we were sitting at breakfast, Mr. Carter's servant informed us that there was an 'amok' in the village—in other words, that a man was 'running a muck.' Orders were immediately given to shut and fasten the gates of our inclosure; but hearing nothing for some time, we went out, and found there had been a false alarm, owing to a slave having run away, declaring he would 'amok,' because his master wanted to sell him. A short time before a man had been killed at a gambling-table because, having lost half a dollar more than he possessed, he was going to 'amok.' Another had killed or wounded seventeen people before he could be destroyed.") [Übersetzung aus dem Englischen v. Verf.]

100 Ebd., S. 184. ("Macassar is the most celebrated place in the East for 'running a muck.'") [Übersetzung aus dem Englischen v. Verf.]

101 Vgl. Webster, Hugh Alexander: Celebes. In: The Encyclopædia Britannica. A Dictionary of Arts, Sciences, and General Literature. Bd. 5. Can – Cle. (9. Ausgabe). Edinburgh: Adam and Charles Black 1876, S. 287–290, hier S. 288.

102 Vgl. Wallace, Alfred Russel: The Malay Archipelago. The land of the orang-utan, and the bird of paradise. A narrative of travel, with studies of man and nature. New York: Harper & Brothers 1869, S. 184.

103 Vgl. Metzger, Emil: Einiges über Amok und Mataglap. In: Globus. Illustrierte Zeitschrift für Länder- und Völkerkunde 52 (1887): 107–110 und 119–123.

104 Vgl. Ders. (Hg.): Geographisch-Statistisches Welt-Lexikon. Verzeichnis der Erdteile, Länder, Völkerschaften, Meere, Inseln, Seen, Flüsse, Gebirge, Staaten, aller nennenswerten Städte, Dörfer u. der ganzen Erde. Nach den neuesten geographischen und statistischen Materialien. Stuttgart: Krais 1888.

105 Vgl. Pyenson, Lewis: Empire of Reason. Exact Sciences in Indonesia, 1840–1940. (= Brill's Studies in Intellectual History, Bd. 13). Leiden [u. a.]: Brill 1989, S. 37.

106 Metzger, Emil: Einiges über Amok und Mataglap. In: Globus. Illustrierte Zeitschrift für Länder- und Völkerkunde 52 (1887): 107–110 und 119–123, hier S. 109. [Hervorhebung durch Verf.]

107 Vgl. Hagen, Bernard. In: Klötzer, Wolfgang (Hg.): Frankfurter Biographie. Personengeschichtliches Lexikon. Bd. 1. A–L. (= Veröffentlichungen der Frankfurter Historischen Kommission, Bd. 19,1). Frankfurt am Main: Waldemar Kramer 1994, S. 295.

108 Vgl. Hagen, Bernhard: Ein Fall von „Amoklaufen" eines Malayen. In: Mittheilungen der Anthropologischen Gesellschaft in Wien 19 (1889): 32.

109 Vgl. Zuckerkandl, Emil: Das Gehirn eines Amokläufers. In: Mittheilungen der Anthropologischen Gesellschaft in Wien 19 (1889): 32–33. Unter „Affenspalte" versteht man eine bei

höher evoluierten Affen charakteristische Großhirnfurche, die als Variante auch beim Menschen zu finden ist.

[110] Vgl. Ng, Beng Yeong: Till the Break of Day. A History of Mental Health Services in Singapore, 1841–1993. (2. Auflage). Singapore: National University of Singapore Press 2016 [2001], S. 18.

[111] Vgl. Ellis, William Gilmore: The amok of the Malays. In: The Journal of Mental Science 39 (1893): 325–338, hier S. 330–331.

[112] Brero, Pieter Cornelis Johannes van: Die Nerven- und Geisteskrankheiten in den Tropen. In: Mense, Carl (Hg.): Handbuch der Tropenkrankheiten. Bd. 1. Leipzig: Johann Ambrosius Barth 1905, S. 210–235, hier S. 224–225.

[113] Vgl. Ebd., S. 225. [Hervorhebung im Original]

[114] Vgl. Ebd. [Hervorhebungen im Original]

[115] Vgl. Ebd.

[116] Vgl. Ders.: Einiges über die Geisteskrankheiten der Bevölkerung des malaiischen Archipels. Beiträge zur vergleichenden Rassenpsychopathologie. In: Allgemeine Zeitschrift für Psychiatrie und psychisch-gerichtliche Medicin 53 (1896): 25–78, hier S. 29.

[117] Vgl. Ebd., S. 30.

[118] Vgl. Ebd., S. 32.

[119] Vgl. Skeat, Walter William: Malay Magic. Being an Introduction to the Folklore and Popular Religion of the Malay Peninsula. London: Macmillan 1900, S. 396.

[120] Vgl. Ebd., S. 563.

[121] Swettenham, Frank Athelstane: Âmok. In: Ders.: Malay Sketches. (2. Auflage). London [u. a.]: John Lane 1900 [1895], S. 38-43, hier S. 38. [Hervorhebung im Original]

[122] Vgl. Ebd., hier S. 38-39.

[123] Vgl. Ebd., hier S. 39-43.

[124] Vgl. Ebd., hier S. 43.

[125] Ders.: The Real Malay. London [u. a.]: John Lane & Bodley Head 1900, S. 248. [Hervorhebung im Original]

[126] Vgl. Ebd., S. 247-249.

[127] Ebd., S. 251. [Hervorhebung im Original]

[128] Vgl. Ebd., S. 251-253.

[129] Vgl. Ebd., S. 253-255.

[130] Vgl. Gimlette, John Desmond: Notes on a case of amok. In: The Journal of Tropical Medicine 4 (1901): 195–199, hier S. 197.

[131] Vgl. Schmidt, Karl; Hill, Lee; Guthrie, George: Running Amok. In: International Journal of Social Psychiatry 23 (1977): 264–274, hier S. 269. Die Daten der Studie wurden vom Senior Autor von 1958–1969 während seines Dienstes als Leiter der Mental Health Section in Sarawak (Ostmalaysia) erhoben.

[132] Vgl. Schünemann, Karl-Friedrich: Über nicht kulturgebundene Amokläufe. Eine inhaltsanalytische Untersuchung von 196 Fällen. Dissertation, FB Medizin, Universität Göttingen 1992, S. 11 u. S. 104–106.

[133] Vgl. Pfeiffer, Wolfgang M.: Transkulturelle Psychiatrie. Ergebnisse und Probleme. (= Sammlung psychiatrischer und neurologischer Einzeldarstellungen). (2., neubearb. u. erw. Auflage). Stuttgart [u. a.]: Thieme 1994 [1971], S. 135.

[134] Vgl. Buckley, Charles Burton: An Anecdotal History of Old Times in Singapore. From the Foundation of the Settlement under the Honourable The East India Company on February

6th, 1819 to the Transfer to the Colonial Office as Part of the Colonial Possessions of the Crown on April 1st, 1867. Kuala Lumpur: University of Malaya Press 1965, S. 100.

[135] Vgl. Ebd., S. 97–99.

[136] Ebd., S. 97; Davies, Donald: The day the holy man ran amok. In: The Straits Times No. 990 vom 15. August 1954, S. 14.

[137] Peristiwa 'mengamuk' timbulkan kekecohan. In: Berita Harian No. 10,950 vom 23. August 1985, S. 5.

[138] Vgl. Kraepelin, Emil: Vergleichende Psychiatrie. In: Centralblatt für Nervenheilkunde und Psychiatrie 27 (1904): 433–437.

[139] Vgl. Loon, Feico Herman Glastra van: Die Bedeutung ur-instinktiver Phänomene bei „Primitiven" und in der Kulturgesellschaft. In: Zeitschrift für Völkerpsychologie und Soziologie 7 (1931): 21–33, hier S. 23.

[140] Vgl. Ders.: Amok and Lattah. In: The Journal of Abnormal and Social Psychology 21 (1927): 434–444, hier S. 436.

[141] Vgl. Gimlette, John Desmond: Notes on a case of amok. In: The Journal of Tropical Medicine 4 (1901): 195–199, hier S. 197.

[142] Vgl. Loon, Feico Herman Glastra van: Amok and Lattah. In: The Journal of Abnormal and Social Psychology 21 (1927): 434–444, hier S. 436–437.

[143] Vgl. Ders.: Die Bedeutung ur-instinktiver Phänomene bei „Primitiven" und in der Kulturgesellschaft. In: Zeitschrift für Völkerpsychologie und Soziologie 7 (1931): 21–33, hier S. 23. [Hervorhebung im Original]

[144] Vgl. Ders.: Amok and Lattah. In: The Journal of Abnormal and Social Psychology 21 (1927): 434–444, hier S. 437–438.

[145] Vgl. Overbeck, Hans (Übers.): Die Geschichte von Hang Tuah. Eine Erzählung aus dem 16. Jahrhundert über den malaiischen Volkshelden. Aus dem Malaiischen übersetzt von Hans Overbeck. (= Orientalische Bibliothek). Leipzig [u. a.]: Kiepenheuer 1986; vgl. auch Ders. (Übers.): Die Chronik der Malaien. In: Ders.: Malaiische Weisheit und Geschichte. Einführung in die malaiische Literatur. Die Krone aller Fürsten. Die Chronik der Malaien. Aus dem Malaiischen übersetzt von Hans Overbeck. (= Insulinde, Bd. 1, Vom Goldenen Chersones). Jena: Diederichs 1927, S. 113–255.

[146] Zu den Pflichten des Bĕntara gehörte u. a. die Organisation der Empfänge und Audienzen des Fürsten. Als Hofmarschall verkündete er die Befehle des Fürsten und diente als Bote zur Überreichung von Briefen des Fürsten. Vgl. Overbeck, Hans: Anmerkungen. In: Ders. (Übers.): Die Geschichte von Hang Tuah. Eine Erzählung aus dem 16. Jahrhundert über den malaiischen Volkshelden. (= Orientalische Bibliothek). Leipzig [u. a.]: Kiepenheuer 1986, S. 588–618, hier S. 588.

[147] Vgl. Overbeck, Hans (Übers.): Die Chronik der Malaien. In: Ders.: Malaiische Weisheit und Geschichte. Einführung in die malaiische Literatur. Die Krone aller Fürsten. Die Chronik der Malaien. Aus dem Malaiischen übersetzt von Hans Overbeck. (= Insulinde, Bd. 1, Vom Goldenen Chersones). Jena: Diederichs 1927, S. 113–255, hier S. 207–208.

[148] Vgl. Ebd., S. 180.

[149] Vgl. Ebd., S. 180. Der Laksamana gehörte als Admiral der Flotte zu den Offizieren. Er vertrat den Fürsten außerhalb des Reiches und war in den meisten malaiischen Staaten nach dem Großwesir der wichtigste Würdenträger. Vgl. Overbeck, Hans: Anmerkungen. In: Ders. (Übers.): Die Geschichte von Hang Tuah. Eine Erzählung aus dem 16. Jahrhundert

über den malaiischen Volkshelden. (= Orientalische Bibliothek). Leipzig [u. a.]: Kiepenheuer 1986, S. 588–618, hier S. 596 und S. 603.

[150] Vgl. Ders. (Übers.): Die Geschichte von Hang Tuah. Eine Erzählung aus dem 16. Jahrhundert über den malaiischen Volkshelden. Aus dem Malaiischen übersetzt von Hans Overbeck. (= Orientalische Bibliothek). Leipzig [u. a.]: Kiepenheuer 1986, S. 43–44.

[151] Vgl. Ebd., S. 165–168.

[152] Ebd., S. 384.

[153] Ebd., S. 385.

[154] Vgl. Ebd., S. 390–392.

[155] Vgl. Ebd., S. 394.

[156] Vgl. Ebd., S. 402–403.

[157] Vgl. Ebd., S. 300–301.

[158] Vgl. Murphy, Henry B. M.: Comparative Psychiatry. The International and Intercultural Distribution of Mental Illness. Berlin [u. a.]: Springer 1982, S. 108.

[159] Vgl. Norris, William: Malay Amoks Referred to Mahomedanism. Sentence of death upon a Malay convicted of running amok. In: The Journal of the Indian Archipelago and Eastern Asia 3 (1849): 460–463.

[160] Kling, von Sanskrit Kalinga, war die Bezeichnung für die aus Südindien stammende Bevölkerung Südostasiens (Tamilen und Telugu). Vgl. Overbeck, Hans: Anmerkungen. In: Ders. (Übers.): Die Geschichte von Hang Tuah. Eine Erzählung aus dem 16. Jahrhundert über den malaiischen Volkshelden. (= Orientalische Bibliothek). Leipzig [u. a.]: Kiepenheuer 1986, S. 588–618, hier S. 596.

[161] Vgl. Norris, William: Malay Amoks Referred to Mahomedanism. Sentence of death upon a Malay convicted of running amok. In: The Journal of the Indian Archipelago and Eastern Asia 3 (1849): 460–463; vgl. auch Penang. In: The Straits Times No. XCII vom 25. Juli 1846, S. 2; vgl. auch Running a Muck. In: The Singapore Free Press and Mercantile Advertiser No. CCCCCXLXXVI vom 30. Juli 1846, (Supplement) S. 1; vgl. auch Pinang. In: The Singapore Free Press and Mercantile Advertiser No. CCCCCXLXXIX vom 20. August 1846, (Supplement) S. 1.

[162] Norris, William: Malay Amoks Referred to Mahomedanism. Sentence of death upon a Malay convicted of running amok. In: The Journal of the Indian Archipelago and Eastern Asia 3 (1849): 460–463, hier S. 461. ("He used to bring his child to his work, since its death he has worked for me; he often said he could not work as he was afflicted by the loss of his child. I think he was out of his mind, he did not smoke or drink, I think he was mad." [Übersetzung aus dem Englischen v. Verf.]

[163] Ebd., S. 461. ("He replied that he could not, he was very much afflicted. […] He had his hands concealed under his cloth, he frequently exclaimed, Allah! Allah!" [Übersetzung aus dem Englischen v. Verf.]

[164] Vgl. etwa Koran: Sure 4, 93–94. In: Ahmad, Hazrat Mirza Tahir (Hg.): Koran. Der heilige Qur-ân. Aus dem Arabischen übersetzt [o. A.]. Frankfurt am Main: Der Islam 2003 [1954], S. 86–87. („Keinem Gläubigen steht es zu, einen anderen Gläubigen zu töten, es sei denn aus Versehen. […] Und wer einen Gläubigen vorsätzlich tötet, dessen Lohn ist die Hölle, worin er bleiben soll.")

[165] Norris, William: Malay Amoks Referred to Mahomedanism. Sentence of death upon a Malay convicted of running amok. In: The Journal of the Indian Archipelago and Eastern Asia 3 (1849): 460–463, hier S. 461. ("As the gentleman [sic!] say I have committed so many

murders I suppose it must be so.") [Übersetzung aus dem Englischen v. Verf.]

[166] Vgl. Ebd., S. 462–463.

[167] Vgl. Altes Testament: Lev 24,17–21. In: Still, Waltraud (Hg.): Die Bibel oder die ganze Heilige Schrift des Alten und Neuen Testaments. Köln: Naumann & Göbel 1990, S. 112. („Wer irgend einen Menschen erschlägt, der soll des Todes sterben. Wer aber ein Vieh erschlägt, der soll's bezahlen Leib um Leib. Und wer seinen Nächsten verletzt, dem soll man tun, wie er getan hat. Schade um Schade, Auge um Auge, Zahn um Zahn; wie er einen Menschen verletzt, so soll man ihm wieder tun. Also daß, wer ein Vieh erschlägt, der soll's bezahlen; wer aber einen Menschen erschlägt, der soll sterben.")

[168] Vgl. etwa Gimlette, John Desmond: Notes on a case of amok. In: The Journal of Tropical Medicine 4 (1901): 195–199, hier S. 197; vgl. auch Buckley, Charles Burton: An Anecdotal History of Old Times in Singapore. From the Foundation of the Settlement under the Honourable The East India Company on February 6th, 1819 to the Transfer to the Colonial Office as Part of the Colonial Possessions of the Crown on April 1st, 1867. Kuala Lumpur: University of Malaya Press 1965, S. 101.

[169] Vgl. Ellis, William Gilmore: The amok of the Malays. In: The Journal of Mental Science 39 (1893): 325–338, hier S. 325.

[170] Vgl. etwa Untitled [Leserbrief]. In: The Straits Times No. CVI vom 12. September 1846, S. 4; vgl. auch Logan, James Richardson: Malay Amoks and Piracies. What can we do to abolish them? In: The Journal of the Indian Archipelago and Eastern Asia 3 (1849): 463–467, hier S. 464; vgl. auch Ellis, William Gilmore: The amok of the Malays. In: The Journal of Mental Science 39 (1893): 325–338, hier S. 329.

[171] Norris, William: Malay Amoks Referred to Mahomedanism. Sentence of death upon a Malay convicted of running amok. In: The Journal of the Indian Archipelago and Eastern Asia 3 (1849): 460–463, hier S. 461. ("Mahomedan Murders") [Hervorhebung im Original, Übersetzung aus dem Englischen v. Verf.] Aus historisch-wissenschaftlichen Gründen wurde der Begriff „mohammedanisch" in der deutschen Übersetzung beibehalten, obwohl der Duden empfiehlt, die Bezeichnung nicht mehr zu verwenden, weil damit eine unzulässige Parallele zwischen der Stellung von Jesus Christus in der christlichen Religion und der von Mohammed im Islam gezogen wird. Vgl. Mohammedaner. In: Dudenredaktion (Hg.): Duden – Deutsches Universalwörterbuch. Das umfassende Bedeutungswörterbuch der deutschen Gegenwartssprache. (8., überarb. u. erw. Auflage). Berlin: Dudenverlag 2015, S. 1215.

[172] Vgl. etwa Azizi, Rahi: When Individuals Seek Death at the Hands of the Police. The Legal and Policy Implications of Suicide by Cop and Why Police Officers Should Use Nonlethal Force in Dealing With Suicidal Suspects. In: Golden Gate University Law Review 41 (2011): 183–211.

[173] Vgl. Schulz, Daniel: Dürfen Muslime sich selbst töten? Das Suizid-Verbot in der islamischen Theologie und dem islamischen Recht. Marburg: Tectum 2009.

[174] Vgl. etwa Koran: Sure 3, 146. In: Ahmad, Hazrat Mirza Tahir (Hg.): Koran. Der heilige Qur-ân. Aus dem Arabischen übersetzt [o. A.]. Frankfurt am Main: Der Islam 2003 [1954], S. 65. („Zu sterben steht niemandem zu, es sei denn mit Allahs Erlaubnis – ein Beschluß mit vorbestimmter Frist.")

[175] Ellis, William Gilmore: The amok of the Malays. In: The Journal of Mental Science 39 (1893): 325–338, hier S. 331. ("two typical cases of Amok") [Übersetzung aus dem Englischen v. Verf.]

[176] Vgl. Ebd., S. 331–332.

[177] Vgl. Ebd., S. 332–333.

[178] Vgl. Gimlette, John Desmond: Notes on a case of amok. In: The Journal of Tropical Medicine 4 (1901): 195–199, hier S. 196.

[179] Vgl. ساكت sākit. In: Marsden, William: A dictionary of the Malayan language, in two parts, Malayan and English and English and Malayan. London: Cox and Baylis 1812, S. 158.

6 School Shooting

Quantitative Erhebungen verzeichnen eine kontinuierliche Häufigkeitszunahme von angedrohten oder tatsächlich ausgeführten School Shootings weltweit seit Mitte der 1970er-Jahre.[1] Mit einer Fallzahl von weniger als zehn School Shootings pro Jahr weltweit handelt es sich jedoch auch weiterhin um ein extrem seltenes Phänomen, dessen Häufigkeit in einem starken Gegensatz zu dem medialen Interesse an derartigen Gewalttaten steht.[2] Um ein Vielfaches häufiger als tatsächlich ausgeführte School Shootings sind allerdings angedrohte oder angekündigte Taten. Diese werden überwiegend durch Kinder, Jugendliche und Heranwachsende in Zusammenhang mit einer ehemaligen oder der aktuell besuchten Schule geäußert, sehr viel seltener durch Erwachsene.[3]

In den Publikationen vieler Experten und auch im öffentlichen Bewusstsein stellen vor allem die School Shootings von Columbine (1999) und Winnenden (2009) eine „zeitliche Zäsur"[4] dar. Die Mehrheit der deutschsprachigen und internationalen Forschungsliteratur konzentriert sich dementsprechend auf die Zeit ab den 1990er-Jahren. Dies bedeutet jedoch nicht im Umkehrschluss, dass es sich bei School Shootings um ein ausschließlich neues Phänomen des 20. und 21. Jahrhunderts handelt: „Gewalttätige Akte gegen Schulen, besser Schüler, gibt es vermutlich schon so lange wie es Schulen gibt."[5]

In Bezug auf das erstmalige Auftreten des Phänomens auf deutschem Boden herrscht immer noch große Uneinigkeit: 2011 identifizierten Scheithauer und Bondü den Täter von Emsdetten vom 20. November 2006 als ersten deutschen School Shooter, der bewusst und beabsichtigt auch auf Mitschüler schoss.[6] Ein Jahr später verzeichnete Bondü die Tat eines fünfzehnjährigen Schülers am 9. November 1999 in Meißen als das erste School Shooting in Deutschland.[7] Auch Peter geht in ihrer Dissertation von 2014 davon aus, dass sich in Deutschland erstmals 1999 ein „Schulamoklauf" ereignet hat.[8] Auf internationaler Ebene verzeichnet Robertz in seiner Liste der bis zum 31.12.2002 weltweit bekannten School Shootings die Gewalttat eines siebzehnjährigen Schülers am 30. Dezember 1974 an seiner Highschool im US-amerikanischen Bundesstaat New York als erstes School Shooting weltweit.[9] Auch Faust und Winter gehen 2013 noch von einem ersten Auftreten in den 1970er-Jahren aus.[10] 2012 weist Bondü bereits auf eine noch frühere Tat eines Schülers hin, der am 5. Oktober 1966 in Grand Rapids, Minnesota (USA) einen Mitschüler verwundete und den eingreifenden Schuldirektor erschoss.[11] Böckler und Kollegen hingegen gehen 2013 von einem ersten Fall von School Shooting in den 1920er-Jahren aus.[12]

Online finden sich, z. B. auf der englischsprachigen Internetpräsenz von Wikipedia, noch frühere Angaben zu School Shootings junger Täter in der Mitte des 19. Jahrhunderts in den USA. School Shootings, die sich vor 1925 ereigneten, sind jedoch

© Der/die Autor(en) 2021
M. Sell, *Anatomie des Amoklaufs*, Edition Centaurus –
Neuere Medizin- und Wissenschaftsgeschichte,
https://doi.org/10.1007/978-3-658-33104-7_6

qualitativ noch weitgehend unerforscht. Die vorliegende Untersuchung soll dazu bei-
tragen, diese Lücke zu schließen, indem auf der Grundlage von Krankenakten, Einträgen in Geschichtschroniken und historischen Zeitungsberichten zusammen mit
zwei jüngeren Fällen von School Shooting auch zwei bisher weitgehend unbekannte
Gewalttaten an Schulen aus der Zeit des Deutschen Kaiserreichs (1871–1918) qualitativ erforscht werden.

Für die Untersuchung des klassischen School-Shooting-Phänomens fiel die Wahl auf
zwei Ereignisse, die in der Fachwelt gemeinhin als eindeutige Vertreter des Phänomens gelten: das Columbine High School Shooting vom 20. April 1999 im US-amerikanischen Bundesstaat Colorado und die Tat eines siebzehnjährigen ehemaligen
Schülers der Albertville-Realschule am 11. März 2009 in Winnenden und Wendlingen bei Stuttgart. Als historische Fälle von schwerer Gewalt an deutschen Schulen
werden die Ereignisse vom 25. Mai 1871 am Saarbrücker Gymnasium sowie die Bluttat vom 20. Juni 1913 an der Bremer St.-Marien-Schule untersucht.

Die Untersuchung der Bremer Ereignisse wurde dabei bewusst als Exkurs gewählt,
um die Grenzen zwischen Amoklauf und School Shooting besser ausloten zu können.
Bei der Bluttat handelt es sich um einen Sonderfall, der nicht die in Abschnitt 3.3
aufgeführten School-Shooting-Kriterien erfüllt. Anders als in Saarbrücken, Columbine und Winnenden war hier kein (ehemaliger oder aktueller) Schüler für die Mehr-
fachtötung in einer Schule verantwortlich, sondern ein 29-jähriger Lehrer ohne Ar-
beitsbeziehung zu der bewusst als Tatort gewählten Schule.

6.1 Klassisches School Shooting

Im Folgenden werden die Tatverläufe und möglichen Tatmotive zweier eindeutiger,
andernorts bereits ausführlich untersuchter Vertreter des School-Shooting-Phänomens rekonstruiert. Für die Untersuchung des School Shootings vom 20. April 1999
konnte dank der öffentlich zugänglichen Ermittlungsakten auf zahlreiche prädeliktische Selbstzeugnisse der beiden Täter in Form von Tagebüchern, handschriftlichen
Einträgen in den Jahrbüchern der Highschool, Interneteinträgen auf der eigenen
Website, Schulaufsätzen und Videoaufnahmen sowie auf Aussagen von Mitschülern
zurückgegriffen werden. Die Untersuchung des School Shootings vom 11. März 2009
stützt sich auf die Ermittlungsergebnisse der Staatsanwaltschaft Stuttgart und der Polizeireviere Waiblingen und Esslingen sowie auf eine Pressemitteilung des Landgerichts Stuttgart und Dokumente der baden-württembergischen Landesregierung. Zusätzlich wurden die Vorarbeiten von Göran Schattauer genutzt, dessen 2010 erschienene Dokumentation auf der Auswertung der Ermittlungsakten und zahlreichen Befragungen aufbaut. Ein darin veröffentlichtes zehnzeiliges Selbstzeugnis des Täters
fließt ebenfalls in die vorliegende Untersuchung ein.

6.1.1 Columbine, 1999

Am Dienstag, den 20. April 1999 eröffneten die beiden achtzehn und siebzehn Jahre alten Schüler Eric Harris und Dylan Klebold in ihrer bei Littleton im US-Bundesstaat Colorado gelegenen Highschool um 11:19 Uhr das Feuer auf ihre Mitschüler mit dem erklärten Ziel, so viele Menschen wie möglich zu töten. Innerhalb von sechzehn Minuten erschossen sie zwölf Schüler und einen Lehrer und verletzten mehr als zwanzig weitere Menschen durch Schüsse und Detonationen verschiedener handgefertigter Bomben zum Teil schwer, ehe sie gegen 12:08 Uhr ihre Waffen gegen sich selbst richteten.[13] Die beiden Schüler wollten nach Harris' Aussage „Rache nehmen und die natürliche Selektion ein paar Gänge hochschalten" und „einen bleibenden Eindruck auf der Welt hinterlassen."[14] Beide fühlten sich als Ausgestoßene und standen wenige Wochen vor ihrem Highschoolabschluss. Die Columbine High School wurde zum Tatzeitpunkt von rund 2 000 Schülern und 120 Lehrkräften besucht.

Aus zahlreichen Selbstzeugnissen geht hervor, dass die beiden Schüler die Umsetzung ihrer Fremd- und Selbsttötungsfantasien von langer Hand geplant und monatelang akribisch vorbereitet hatten. Ursprünglich wollten sie die ab elf Uhr stark frequentierte Schulcafeteria per Zeitzünder mit zwei selbstgebastelten Propangasbomben in die Luft jagen und im Anschluss auf die Flüchtenden schießen. Da die Zündung jedoch versagte, mussten sie ihren Plan kurzfristig ändern. Das Jefferson County Sheriff's Office geht davon aus, dass die meisten der rund 488 in der Cafeteria anwesenden Schüler getötet oder schwer verletzt worden wären, wenn die beiden Bomben ordnungsgemäß gezündet hätten. Die beiden Schüler hatten zwei weitere Bomben auf dem Schulparkplatz in ihren Fahrzeugen deponiert, die aufgrund technischer Fehler ebenfalls versagten.

Aus den zahlreichen Selbstzeugnissen der Täter geht hervor, dass das School Shooting ursprünglich für Montag, den 19. April geplant gewesen war, dem vierten Jahrestag des Bombenanschlags auf das Murrah Federal Building in Oklahoma City, einem der schwersten Terroranschläge der Vereinigten Staaten von Amerika, der 168 Menschen das Leben kostete. Wahrscheinlich kamen die beiden Schüler jedoch mit ihren Vorbereitungen in Verzug. Ob sie wussten, dass es sich bei dem 20. April 1999 um den 110. Geburtstag Adolf Hitlers handelte, ist unklar. Es gibt jedoch vielzählige Belege dafür, dass Harris Hitler bewunderte und sich für Hakenkreuze, die SS und das sogenannte Dritte Reich interessierte. Klebold, dessen Urgroßvater mütterlicherseits ein anerkannter jüdischer Philanthrop war, teilte diese Faszination nach Aussage von Klassenkameraden hingegen nicht oder in einem geringeren Ausmaß.

Während ihrer Tat gingen die beiden Schüler äußerst brutal und zielgerichtet vor und verletzten oder töteten nahezu wahllos jeden, der in Reichweite war. Einzig ihren gemeinsamen Freund Brooks Brown forderte Harris gegen 11:10 Uhr auf dem Schülerparkplatz wenige Minuten vor der Tat mit den Worten „Brooks, ich mag dich jetzt

wieder. Hau ab. Geh nach Hause."[15] auf, das Gelände zu verlassen, so dass dieser un-
beschadet überlebte. Im Anschluss suchten Harris und Klebold die Schulcafeteria auf
und platzierten unbemerkt im Lunchbereich zwei Taschen mit ihren selbstgebastelten Propangasbomben, deren Zeitzünder auf 11:17 Uhr eingestellt war. Um diese
Uhrzeit erwarteten sie die meisten Schüler in der Cafeteria. Anschließend verließen
die beiden Jugendlichen das Schulgebäude, um auf dem Schülerparkplatz in ihren
Autos auf die Explosion der Sprengkörper zu warten.

Gegen 11:20 Uhr ging der erste Notruf ein. Als Ablenkungsmanöver konzipiert hatte
in drei Meilen Entfernung eine Explosion auf einer freien Rasenfläche stattgefunden,
bei der niemand zu Schaden kam. Die beiden Täter hatten in der Zwischenzeit erneut
das Schulgelände betreten. Sie trugen lange schwarze Trenchcoats, unter denen sie
ihre Schusswaffen versteckten. Darüber hinaus hatten sie einen Rucksack und eine
Tasche gefüllt mit mehreren Klingenwaffen und zahlreichen Sprengkörpern dabei.
Um diese zu zünden, hatten sie sich Streichhölzer auf die Vorderarme geklebt.

Wann genau die beiden bemerkten, dass die Propangasbomben versagt hatten, ist
nicht ganz klar. Gegen 11:19 Uhr begannen sie am Westeingang der Schule mit ihren
mitgeführten Waffen wahllos auf Schülerinnen und Schüler zu schießen. Anschließend feuerten sie mehrere Schüsse in Richtung Parkplatz und Cafeteria ab. Während
der Schießerei warfen sie durchgehend explosive Sprengkörper. Es wurden zwei
Menschen getötet und neun weitere verletzt.

Gegen 11:24 Uhr betraten die beiden Täter das Schulgebäude. Hier kam es zu einem
Schusswechsel zwischen Harris und einem Polizisten des Jefferson County Sheriff's
Office. Lachend um sich schießend durchquerten sie das Schulgebäude, töteten einen
Lehrer und erreichten gegen 11:29 Uhr die im Obergeschoss gelegene Schulbiblio-
thek. Hier wurden später die meisten Todesopfer verzeichnet. In siebeneinhalb Minuten wurden zehn Menschen getötet und zwölf weitere verletzt. Die Täter hatten
genug Munition, um alle 56 in der Bibliothek befindlichen Personen zu töten.

Die Überlebenden berichteten, dass sowohl Harris als auch Klebold äußerst brutal
und demütigend vorgegangen seien und gelächelt und gelacht hätten, ganz so als
würden sie die Tötungshandlungen genießen. Harris beispielsweise schlug vor der
Tötung einer unter einem Tisch versteckten Schülerin zweimal auf den Tisch und rief
„Kuckuck"[16], bevor er ihr in das Gesicht schoss. Der Rückstoß der Waffe brach ihm
dabei die Nase. Im Anschluss fragte Harris eine Schülerin mehrfach, ob sie heute
sterben wolle, verschonte sie dann aber. Gegen 11:35 Uhr wurde das letzte Opfer getötet, wenig später verließen die Täter die Bibliothek. Klebold soll in der Bücherei
explizit nach „jocks" (Sportlern) gefragt haben und beide sollen einen dunkelhäuti-
gen Schüler als „nigger" bezeichnet haben, bevor Harris ihn tötete.[17]

Ab dann erschien ihr Verhalten direktionslos. Sie warfen eine Rohrbombe in einen
leeren Abstellraum und Harris schoss wahllos in einen Klassenraum. Gegen 11:44

Uhr kehrten sie zur Cafeteria zurück und Harris versuchte, die Propangasbomben durch Schüsse doch noch auszulösen. Als dies auch nicht gelang, unterbrachen sie kurz und tranken etwas aus Bechern, die auf den Esstischen zurückgelassen worden waren. Klebold warf etwas in Richtung der Propangasbomben. Die Bewegungen der Täter wirkten weiterhin äußerst willkürlich. Sie liefen ziellos in der videoüberwachten Cafeteria umher.

Gegen 11:46 Uhr verließen sie die Cafeteria wieder, um über die Treppen nach oben zu gelangen. Es kam zu einer partiellen Explosion einer der beiden Propangasbomben mit anschließender Feuerbildung, die durch die Sprinkleranlagen gelöscht wurde. Weiter um sich schießend gingen sie zu Büros der Schuladministration im Ostteil des Gebäudes. Gegen 11:56 Uhr kamen sie erneut in der Cafeteria und im Küchenbereich vorbei. Gegen 12:02 Uhr erreichten sie wieder die Bibliothek, in der sich weiterhin Überlebende befanden. Sie gaben aus den Fenstern der Bibliothek mehrere Schüsse in Richtung der Polizei und des Rettungspersonals ab, das sich auf dem Parkplatz befand.

Währenddessen interviewte der erste Fernsehreporter eine Mutter und ein Fernsehnachrichtenhelikopter kreiste über dem Areal der Highschool. Einigen Schülern gelang die Flucht. Draußen wurden die Verletzten medizinisch versorgt. Kurz nachdem sie mehrere Schüsse aus dem Fenster der Bibliothek abgegeben hatten, töteten sich die beiden Täter gegen 12:08 Uhr durch Schüsse in den Kopf selbst. Die Tat hatte etwa eine Stunde, das eigentliche School Shooting hingegen lediglich sechzehn Minuten gedauert. Insgesamt waren 188 Schüsse abgegeben worden, 121 von Harris und 67 von Klebold.

Untersuchungen des Jefferson County Sheriff's Office ergaben, dass die beiden Täter bewusst die eigene Schule als Tatort gewählt hatten. In Video- und Tagebuchaufzeichnungen, Jahrbüchern und Computerdateien fanden die Ermittler die Namen von 67 Personen, die sie aus den verschiedensten Gründen nicht mochten. Die Ermittlungen ergaben jedoch, dass nur eine dieser Personen am 20. April verletzt wurde, und es gibt keine Hinweise darauf, dass diese Verletzung gezielt erfolgte.[18] Es ist deshalb anzunehmen, dass die Opferwahl sich zufällig ergab. Einziger gemeinsamer Nenner der getöteten und verletzten Personen war, dass sie der Schule angehörten, die die beiden Täter besuchten, und zu dieser in einer symbolischen Beziehung standen. Ziel waren wahrscheinlich weniger bestimmte Schüler oder Lehrer, sondern eher die Institution Schule selbst bzw. eine möglichst große Anzahl an Toten und Verletzten.

Die beiden Schüler befanden sich in ihrem letzten Highschooljahr und standen beide kurz vor dem Abschluss. Sie waren seit der Mittelschule befreundet. Zum Tatzeitpunkt war ihre Freundschaft sehr eng, in vielen Bereichen sogar exklusiv. Durch den bevorstehenden Highschoolabschluss wäre diese in dieser Form beendet worden.

Dylan Klebold hatte bereits einen positiven Bescheid über einen Studienplatz in Computerwissenschaften an der University of Arizona erhalten. Am 25. März 1999, wenige Wochen vor der Tat, war sein Vater gemeinsam mit ihm für vier Tage in die von Littleton mit dem Auto etwa 890 Meilen (rund 1 400 km) entfernte Universitätsstadt gefahren, um ein Zimmer in einem Studentenwohnheim auszusuchen.

In dieser Zeit hätten die Eltern nichts Ungewöhnliches an ihrem Sohn bemerkt. Dass ihr Sohn seit mehr als zwei Jahren unter schweren Depressionen und Suizidgedanken litt, erfuhren sie erst Monate nach seinem Tod aus seinen Tagebüchern. Im Gegensatz zu Klebold war Harris ohne klare Perspektive. Er wollte zur Marine, aber die antidepressive Medikation, die er einnahm (Fluvoxamin, ein selektiver Serotonin-Wiederaufnahmehemmer) verunmöglichte diese Pläne. Wie sehr ihr Sohn die Menschheit hasste, hatten auch Harris' Eltern nicht bemerkt.

Weder Klebolds noch Harris' Autopsie ergaben den Nachweis von Alkohol- oder anderem Drogeneinfluss. Der Fluvoxamin-Spiegel lag bei Harris mit 390 ng/ml im therapeutischen Bereich [50-900 ng/ml].[19] Klebolds Autopsie erwähnte ein rotes Sternmedaillon mit Hammer und Sichel am linken Stiefel, wie es in der Nationalflagge der Sowjetunion verwendet wurde.[20]

Sowohl Harris als auch Klebold stammten aus gut situierten, weißen Mittelstandfamilien. Im Gegensatz zu Harris, der in seiner Kindheit und Jugend häufig umgezogen war, hatte Klebold sein ganzes Leben im Jefferson County (Colorado) verbracht. Er wurde am 11. September 1981 als zweites Kind eines Geophysikers und der Enkelin eines jüdischen Philanthropen in Denver im US-Bundesstaat Colorado geboren. Sein Bruder war drei Jahre älter als Dylan. Dylan wurde als äußerst schüchternes Kind beschrieben. In der Grundschule hatte er sich für ein Programm zur Hochbegabtenförderung qualifiziert und wurde getrennt von den regulären Schülern unterrichtet. Der Wechsel aus dem geschützten Milieu seiner Grundschule auf die weiterführende Mittelschule hatte ihm nach Aussage seiner Mutter große Sorgen bereitet und er habe Schwierigkeiten gehabt, sich in die neue Peergroup-Hierarchie einzufinden. Auf der Mittelschule lernte er Eric Harris kennen, der wie er selbst Schwierigkeiten mit dem neuen sozialen Umfeld hatte.

Eric Harris wurde am 9. April 1981 in Wichita im US-Bundesstaat Kansas geboren. Auch er hatte einen drei Jahre älteren Bruder. Sein Vater war in der U.S. Air Force, weshalb die Familie häufig umgezogen war: 1983 nach Dayton (Ohio), 1989 nach Oscoda (Michigan), 1992 nach Plattsburg (New York) und im Juli 1993 nach dem Ausscheiden des Vaters aus der U.S. Air Force nach Littleton (Colorado). Nach eigener Aussage hatte Harris unter dem Wegzug von Plattsburg und dem Verlust seines besten Freundes sehr gelitten:

> „Ich habe mich allein gefühlt, verloren, und mich darüber aufgeregt, dass ich so viel Zeit mit ihnen [seinen beiden engsten Freunden, Anm. der Verf.] verbracht

hatte und dann einfach wegen etwas gehen muss, das ich nicht aufhalten kann. [...] Einen Freund zu verlieren ist fast das Schlimmste, was einem Menschen passieren kann, besonders in der Kindheit. [...] Ich habe viele großartige Freunde verloren, und jedes Mal, wenn ich einen Freund verlor, machte ich die schlimmsten Tage meines Lebens durch."[21]

Anders als Klebold war Harris zwar nicht schüchtern, musste durch die vielen Umzüge jedoch jedes Mal in der Peergroup-Hierarchie ganz unten neu anfangen. Der Außenseiterstatus und das Aufwachsen im Schatten eines um drei Jahre älteren Bruders verbanden die beiden Heranwachsenden.

Beide galten als gute, überdurchschnittlich intelligente und im Großen und Ganzen unauffällige Schüler. Sie wurden als eher isoliert, jedoch nicht als vollkommene Außenseiter beschrieben. Sie engagierten sich in Videoproduktionen und im Computerlabor der Columbine High School. Beide hatten schwere psychische Probleme, die von ihrem sozialen Umfeld in ihrer Schwere nicht hinreichend erkannt waren. Klebold litt unter schweren Depressionen mit Suizidgedanken. In Harris fand er möglicherweise einen Seelenverwandten, der ihm einen Ausweg aus seiner mit Selbsthass und Suizidneigung einhergehenden depressiven Gedankenwelt aufzeigte.

Klebold galt als der Introvertiertere von beiden. Er hatte weder mit seiner Mutter noch mit seiner besten Freundin über seine Depressionen oder seine politischen Einstellungen offen gesprochen. Mitschüler beschrieben ihn im Nachhinein als seltsam. Er hätte ungepflegt gewirkt und sein Haar sei oft fettig gewesen. Sie sahen ihn eher als Mitläufer und vermuteten, dass der etwas ältere Harris federführend war. Klebolds Vater erzählte den Ermittlungsbeamten, dass sein Sohn nach seiner Kenntnis nie Zeichen einer Faszination für Schusswaffen gezeigt habe. Im Gegensatz zu Harris, der mit Waffen und größtenteils auf Armeestützpunkten aufgewachsen war, besaßen Klebolds Eltern keinerlei Waffenaffinität.

Während bei Klebold der Selbsttötungsaspekt tatmotivierend im Vordergrund stand und er sich in erster Linie selbst für seine Probleme verantwortlich machte, überwogen bei Harris sadistische und faschistoide Gedanken sowie Fremdtötungsfantasien. In Klebolds Jahrbuch von 1998 malte Harris Bilder von bewaffneten Computerspielhelden, Leichenbergen und ein Hakenkreuz. Dazu schrieb er: „Gott, ich kann kaum erwarten, bis sie sterben. Ich kann schon ihr Blut schmecken ... NBK und KMFDM ... Weißt du, was ich HASSE!!? ... DIE MENSCHHEIT!!!! yeaaAAAAAAAH! ... alles töten ... alles töten ..."[22]. Harris hatte nicht nur deutlich mehr Kugeln abgefeuert, er hatte auch mehr Menschen getötet. Klebold fielen fünf Menschenleben zum Opfer, Harris acht, darunter eine Lehrkraft.

Harris hatte nach außen hin eine soziale Fassade. Er wurde als höflich und freundlich beschrieben, war jedoch – wie aus seinen Tagebüchern hervorgeht – manipulierend, doppelzüngig, kalt und berechnend. Er verachtete seine Mitmenschen und hatte eine

Lust an der Lüge und der Hinterlist, fühlte sich anderen dadurch überlegen. „Wenn [ich] jeden belügen und betrügen muss, dann ist das eben so. [...] Ich habe Vertrauen in meine Fähigkeit, Leute hinters Licht zu führen. Hoffentlich halte ich das bis April durch"[23], schrieb er am 22. November 1998 in sein im Frühjahr 1998 begonnenes Tagebuch. Am 4. Dezember 1998 schrieb er: „Niemand ist auch nur einen Scheißdreck wert, solange ich es nicht anders sehe, ich fühle mich wie Gott und ich wünschte, der wäre ich, denn dann würde jeder OFFIZIELL unter mir stehen."[24]

Es mangelt in seinen Tagebucheinträgen an echter Empathie und Gewissensbissen. Hier zeigte Harris deutliche narzisstische und psychopathische Persönlichkeitszüge, während Klebolds hohe Sensibilität, sein ungepflegtes äußeres Erscheinungsbild, sein sozialer Rückzug und seine Unzugänglichkeit sowie seine außergewöhnlichen Fähigkeiten z. B. im Informatikbereich am ehesten auf schizotypische Persönlichkeitsmerkmale hindeuten.[25]

Eine der Ideen, denen Harris anhing, war die der natürlichen Auslese. In seiner Gedankenwelt nimmt diese sozialdarwinistische Züge an:

> „WISST IHR, WAS ICH LIEBE!!!? —Natürliche AUSLESE!!!!!!!!! Das ist verdammt nochmal die beste Sache, die der Erde je zugestoßen ist. All die dummen und schwachen Organismen loswerden ...... aber das ist völlig natürlich!! JA! Ich wünschte die Regierung würde einfach alle Warnhinweise entfernen. Dann würden sich all die Dumpfbacken entweder schwer verletzen oder STERBEN! Und bum, keine Dumpfbacken mehr. heh."[26]

Während des School Shootings trug er ein weißes T-Shirt mit dem Schriftzug „Natural Selection" (Natürliche Auslese), was die Wichtigkeit des evolutionstheoretischen Konzepts für den Achtzehnjährigen noch einmal unterstreicht.

Ironischerweise löschte Harris während des School Shootings auch sein eigenes Leben aus. Homi- und suizidale Aspekte scheinen in seinem Fall dicht nebeneinander vorgelegen zu haben. In seinen Tagebuchaufzeichnungen dominierten allerdings die homizidalen Auslöschungsfantasien deutlich. Aus psychologischer Perspektive liegt deshalb die Vermutung nahe, dass Harris eigene „schwache" Persönlichkeitsanteile, die er in sich ablehnte, aus seiner Gedankenwelt ausschloss und in der Außenwelt lokalisierte. Der diesem Prozess zugrunde liegende Abwehrmechanismus wird auch als Projektion bezeichnet.[27] Die so auf andere Menschen übertragenen und diesen zugeschriebenen Anteile hasste Harris so sehr, dass er sie auslöschen wollte.

Diese Annahme wird durch einen Befund aus der Autopsie sowie durch mehrere Tagebucheinträge gestützt. In seinem im Frühjahr 1998 begonnenen Tagebuch schrieb Harris: „Alle machen sich immer lustig über mich, darüber, wie ich aussehe, was für ein verdammter Schwächling ich bin und so ein Scheiß, ich werde es euch allen heimzahlen, die ultimative Scheißrache üben."[28] An gleicher Stelle ergänzte er:

„Ich habe schon immer gehasst, wie ich aussehe und mich über Leute lustig
gemacht, die aussehen wie ich, manchmal ohne drüber nachzudenken, manchmal nur, um mich selbst schlecht zu machen. Daher kommt ein großer Teil
meines Hasses, dass ich praktisch kein Selbstbewusstsein habe, speziell was
Mädchen und Aussehen und so was betrifft.“[29]

Die Autopsie seines Leichnams ergab den Nachweis einer leichten Trichterbrust, d.h.
einer angeborenen Einsenkung der vorderen Wand des Brustkorbs (Pectus excavatum), die chirurgisch korrigiert, aber weiterhin von außen sichtbar war.[30] Sein Freund
Brooks Brown berichtete, dass Harris sich aufgrund seiner Brustwanddeformität ge-
schämt habe, sein T-Shirt im Sportunterricht auszuziehen und sich die anderen Schüler über ihn lustig gemacht hätten.[31] Die mit einer Inzidenz von 1:300 bis 1:400
auftretende Thoraxdeformität[32] allein genommen kann selbstverständlich nicht erklären, weshalb Harris so viele Menschen mit in den Tod gerissen hat. Im hier vorliegenden Fall hat das damit einhergehende Schamgefühl aber wahrscheinlich die
Entwicklung von Selbst- und Fremdhassfantasien begünstigt, die vor dem Hintergrund einer narzisstischen Persönlichkeitsstruktur für die Tatausführung nicht un-
erheblich waren.

Während Harris in erster Linie töten wollte, wollte Klebold vor allem sterben. Wenn
Harris bevorzugt Hakenkreuze in seine Tagebücher malte, waren es bei Klebold (ge-
brochene) Herzen. In seinen Tagebüchern überwogen tiefe, unerfüllte Liebessehn-
süchte. Er schrieb über Mädchen, in die er verliebt war, was aber nicht erwidert
wurde, wobei der Eindruck entsteht, dass er keines dieser Mädchen je angesprochen
hatte. Er wünschte sich „WAHRE Liebe [...] einen perfekten Seelenfreund“[33], hatte
das Gefühl nicht reinzupassen, hasste seine Existenz und sein Leben: „oooh Gott, ich
möchte um aaalles in der Welt sterben ... so eine traurige, trostlose, einsame, unrett
bare [...] Eine dunkle Zeit, unendliche Traurigkeit, ich will Liebe finden.“[34]

Im November 1997 schrieb Klebold, dass er jeden Tag depressiver werde. Er erwähnte erstmals die Idee, sich eine Waffe zu kaufen und eine „killing spree“ zu begehen:

„Ich bin so etwas wie ein Gott ... Alle Leute, die ich vielleicht einmal geliebt
habe, haben mich im Stich gelassen, meine Eltern kotzen mich an & sie hassen
mich ... Sie wollen, dass ich einen Scheißehrgeiz entwickle!! Aber wie soll ich
das, wenn ich durch alles beschissen & kaputtgemacht werde??!!!! Ich habe kein
Geld, keine Freude und keine Freunde ... Eric wird bald weiter weg sein ... Ich
werde noch weniger als nichts haben ... [...] werde mir eine Schusswaffe besor-
gen und meine Tötungstour machen gegen wen ich will.“[35]

Zwei Monate zuvor hatte er sich in seinem Tagebuch als „Gott der Traurigkeit“ bezeichnet, „ausgesetzt in diese ewige Hölle“.[36]

Die zahlreichen Selbstbezüge auf Gott sind sowohl in den Tagebüchern von Klebold als auch von Harris auffällig und können als Zeichen eines instabilen und starken Schwankungen unterworfenen Selbstwertgefühls gedeutet werden. Phasenweise hielten sie sich für grandios und höherwertig, um bestehende Selbstwertdefizite zu kompensieren („wir sind so verdammt gottgleich"[37]). In Andeutungen auf die bevorstehende Rache erwähnte Klebold den Gottesaspekt im Zusammenhang mit Zorn („Wrath"), dem Wort, das er sich auf das schwarze T-Shirt gedruckt hatte, das er während des School Shootings trug: „Wir, die Götter, werden so viel Spaß m[it] NBK haben!! Feinde töten, alles Mögliche explodieren lassen, Bullen töten!! Mein Zorn für das, was im Januar geschah, wird gottgleich sein. Ganz zu schweigen von unserer Rache in den Gemeinschafträumen."[38] Den Spaßaspekt und die Lust an der Rache griff Klebold auch in einem seiner letzten Schreibblockeinträge im Zusammenhang mit der Tat auf: „Wenn die ersten Bomben explodieren, attackieren. Spaß haben!"[39] Zeugen berichteten, dass die Täter gelacht haben, ganz so als würden sie die Tat genießen. Eine solche „Tötungslust" beschrieb Theweleit auch bei anderen Tätern wie dem 32-jährigen Norweger Anders Behring Breivik, der am 22. Juli 2011 in Oslo und auf der Insel Utøya 77 Menschen getötet hatte.[40]

Trotz einiger bereits erwähnter Unterschiede enthalten die Ego-Dokumente der beiden Täter aber auch viele gemeinsame Themen. Sowohl Harris als auch Klebold schrieben darüber, dass sie nicht reinpassten, sich nicht akzeptiert fühlten. Sie beschrieben sich als Außenseiter und als von anderen Menschen entfremdet und gemobbt. Diese Selbstwahrnehmung und -darstellung deckt sich in vielen Fällen nicht mit Fremdeinschätzungen. Die Angaben der Mitschülerinnen und der Lehrer zum Ausmaß des Mobbings sind zwar widersprüchlich, die meisten Jugendlichen waren sich jedoch nicht darüber bewusst, dass sie Harris oder Klebold verletzt hatten.

Zudem liegen auch Berichte vor, nach denen Harris und Klebold nicht nur drangsaliert wurden, sondern selbst auch andere drangsaliert haben. Die Eltern des Mitschülers Brooks Brown hatten im März 1998 wegen Harris' Morddrohungen gegen ihren Sohn auf seiner Website die Polizei eingeschaltet.[41] Gemeinsam mit Klebold und einem weiteren Mitschüler führte Harris zudem nächtliche „Missionen" von Vandalismus an den Elternhäusern unliebsamer Mitschüler aus.[42] Im Oktober 1997 wurden Harris und Klebold dabei ertappt, wie sie in Schließfächer von Mitschülern einbrachen. Die Zugangsdaten hatten sie zuvor im Computersystem der Schule gestohlen. Daraufhin wurden sie für drei Tage von der Schule suspendiert.[43]

Darüber hinaus waren die beiden am 30. Januar 1998 erwischt worden, wie sie gemeinsam einen Lieferwagen ausraubten und im Anschluss zu einer Teilnahme an einem einjährigen Erziehungsprogramm verurteilt worden. Teil des Programms war es, ein Anti-Aggressions-Training zu besuchen und Sozialstunden abzuleisten. Auch Gespräche mit einem Psychologen fanden statt. Hier zeigte sich, dass insbesondere Harris die Fähigkeit hatte, eine perfekte Fassade aufrechtzuerhalten. Er konnte seine

Mitmenschen sehr gut einschätzen und ihnen erzählen, was sie hören wollten. Weder seine Lehrer, seine Eltern noch die Mitarbeiter des Erziehungsprogramms ahnten etwas von Harris' und Klebolds School-Shooting-Plänen.

Vor dem School Shooting beschäftigten sich die beiden Schüler jahrelang intensiv mit gewalthaltigen Medien. Beide mochten die Filme von Quentin Tarantino. In Anlehnung an den Film „Natural Born Killers" von Oliver Stone wählten sie für das geplante School Shooting als Codewort das Akronym NBK. Zu Harris' Lieblingsmusikgruppen gehörten Bands wie „Rammstein" und „KMFDM" (Kein Mehrheit Für Die Mitleid), zu seinen Lieblingsspielen der Ego-Shooter „Doom". Auf diese Fähigkeiten, eigene Doom-Level zu programmieren, war er stolz: „Doom ist wirklich ein großer Teil meines Lebens und niemand, den ich kenne, kann Umgebungen in DOOM so gut gestalten wie ich."[44] An anderer Stelle schrieb er: „Ich wünschte, ich lebte in DOOM."[45] In dem Computerspiel schlüpft der Spieler in die Rolle eines Marinesoldaten, der sich auf dem Marsmond Phobos befindet und sich dort Höllenkreaturen stellt. Genau wie der Protagonist seines Lieblingsspiels träumte auch Harris davon, sich zum Marinesoldaten ausbilden zu lassen, ein Traum, den die ihm verschriebene antidepressive Medikation verunmöglichte.

Auch bei vielen anderen School Shootern wurde eine sowohl zeitlich als auch gedanklich intensive Beschäftigung mit gewalthaltigen Medien beobachtet.[46] Vor allem Computerspiele und Filme liefern gefährdeten Personen vielfältige Identifikationsmöglichkeiten bis hin zu konkreten Skripten für Handlungsabläufe. Ein häufig zitiertes Beispiel für diesen als „Copycat Effect" bezeichneten Nachahmungseffekt ist der Coming-of-Age-Film „The Basketball Diaries" (dt.: Jim Carroll – In den Straßen von New York) von 1995.[47] In einer Traumsequenz richtet der Schauspieler Leonardo DiCaprio mit einem halbautomatischen Gewehr bewaffnet und einem langen, schwarzen Trenchcoat bekleidet in einer Schule ein Blutbad an. Tatsächlich waren mehrere spätere School Shooter – darunter die Täter des Columbine High School Shootings – mit einem langen, schwarzen Trenchcoat bekleidet. Da sich das Shooting an der Columbine High School wenige Wochen nach dem Kinostart des Science-Fiction-Films „The Matrix" in den USA ereignete, ist es jedoch auch möglich, dass der Protagonist Neo die Täter in ihrer Kleiderwahl inspiriert hat. Auch in diesem Fall würde ein „Copycat Effect" vorliegen.

Das School Shooting von Columbine weist zudem deutliche Parallelen zu terroristischen Anschlägen und Bombenattentaten auf, wobei die politische Motivation nur in Ansätzen erkennbar ist. Deutlich wird auch, dass weniger objektive Kränkungen, sondern vorwiegend subjektiv empfundene Kränkungen auf der Grundlage einer depressiven bzw. narzisstischen Persönlichkeitsstruktur die Tat motiviert haben. Den beiden Tätern ging es darum, durch ihre Tat berühmt zu werden. Ihnen war bewusst, dass über das School Shooting weltweit berichtet werden würde. In einer wenige Wochen vor der Tat selbst erstellten Videoaufnahme spekulierten die beiden Jugendlichen darüber, ob Quentin Tarantino oder Steven Spielberg in dem Film, den man über ihre Tat drehen werde, Regie führen werde.[48] Ihre Tat fand in der Folge zahlreiche Nachahmer, unter anderem 2009 im baden-württembergischen Winnenden.

6.1.2 Winnenden, 2009

Am Vormittag des 11. März 2009 kehrte der siebzehnjährige Tim Kretschmer an seine ehemalige Schule, die Albertville-Realschule in Winnenden, zurück und erschoss mit der Pistole seines Vaters acht Schülerinnen, einen Schüler und drei Lehrerinnen. Als die Einsatzkräfte der Polizei eintrafen, entfernte er sich vom Tatort, erschoss auf der Flucht einen Mitarbeiter des benachbarten Zentrums für Psychiatrie, nahm vor dem Krankenhaus eine Geisel und ließ sich von dieser in das nahe gelegene Wendlingen am Neckar (Kreis Esslingen) fahren, wo er in einem Autohaus zwei weitere Personen erschoss, ehe er die Waffe gegen sich selbst richtete, um einer Festnahme durch die Polizei zu entgehen.[49]

Das School Shooting ereignete sich an einem Mittwoch, nur wenige Stunden nachdem über den „Amoklauf" eines Mannes in Geneva County im Südosten Alabamas (USA) berichtet worden war.[50] Dass die Berichterstattung über die Ereignisse in Alabama den Jugendlichen möglicherweise in seinem Entschluss beeinflusste, an diesem Tag seine seit Monaten bestehenden Fremdtötungsfantasien in die Realität umzusetzen, wurde in Betracht gezogen. Die Tatwaffe, eine großkalibrige Pistole des Typs Beretta 92, hatte der Siebzehnjährige zuvor aus dem elterlichen Schlafzimmer entwendet. Aus den gemeinsamen Ermittlungen der Staatsanwaltschaft Stuttgart und der Polizeidirektionen Waiblingen und Esslingen ging hervor, dass bei dem jugendlichen Einzeltäter mindestens seit einem Jahr Hassgedanken und Fremdtötungsfantasien bestanden hatten. Der passionierte Ego-Shooter- und Pokerspieler hatte das School Shooting strategisch vorbereitet und kühl und beherrscht ohne jegliche Tötungshemmung umgesetzt. Dabei hatte er sich an Vorbildern orientiert und seine ehemalige Schule bewusst als Tatort gewählt.

In den Tagen vor dem School Shooting hatte Kretschmer sich intensiv mit den Attentätern der Terroranschläge vom 11. September 2001 beschäftigt und im Internet nach Informationen zu Ernst August Wagner recherchiert. Wagner war 1938 im Alter von 63 Jahren in der Nervenheilanstalt Winnenthal, dem heutigen Zentrum für Psychiatrie in Winnenden, an Tuberkulose verstorben. 1913 hatte er in der Nähe von Stuttgart ein Blutbad angerichtet, bei dem vierzehn Menschen getötet wurden.[51] Auch über die Täter der School Shootings an der Columbine High School und am Erfurter Gutenberg-Gymnasium hatte Kretschmer sich drei Tage vor der Tat im Internet informiert. Die Fotos der Täter hatte er sich aus dem Internet heruntergeladen und auf der Festplatte seines Computers gespeichert.

Am Tattag verließ Kretschmer kurz vor neun Uhr das Haus seiner Eltern und nahm höchstwahrscheinlich den Linienbus nach Winnenden. Zwischen 9:15 Uhr und 9:30 Uhr erreichte er die Albertville-Realschule. Nach einem kurzen Zwischenhalt auf der Jungentoilette ging er auf direktem Weg in das erste Obergeschoss. Er öffnete die Tür seines ehemaligen Klassenzimmers und schoss ohne zu zögern gezielt auf die mit dem Rücken zu ihm sitzenden Schülerinnen und Schüler der 9c. Zwei Schülerinnen waren sofort tot. Mehrere Jugendliche wurden zum Teil schwer verwundet. Eine Schülerin erlag später im Krankenhaus ihren Verletzungen.

Die Lehrerin einer benachbarten Klasse war durch die Schussgeräusche aufgeschreckt worden. Entgegen der Verhaltensvorschrift des Innen- und Kultusministeriums lief sie aus dem Zimmer, um im Flur nachzusehen, was dort los ist. Unmittelbar nachdem der Siebzehnjährige die Lehrerin sah, schoss er sofort mehrfach auf sie. Die Lehrerin wurde jedoch nicht getroffen und konnte sich in ihre Klasse retten. Im Anschluss öffnete Kretschmer die Tür eines anderen Klassenzimmers und schoss erneut gezielt auf die Anwesenden. Von den sechsundzwanzig Schülerinnen und Schülern der Klasse 10d wurden vier Schülerinnen und ein Schüler sofort getötet. Ein Schüler wurde durch einen Streifschuss leicht verwundet. Eine Schülerin erlag ihren Verletzungen auf dem Weg in die Klinik.

Unmittelbar nach den Schüssen beschlossen drei Referendarinnen, die sich ursprünglich im Erdgeschoss aufgehalten hatten, sich in das Obergeschoss zu begeben, um die Ursache der lauten Knallgeräusche zu erkunden. Der Täter näherte sich den Frauen und schoss auf sie. Zwei wurden tödlich getroffen, die dritte Referendarin konnte ins Erdgeschoss fliehen. Anschließend lief er zurück in Richtung Chemiesaal und feuerte zwei Schüsse auf die von innen verschlossene Zimmertür. Ein Geschoss streifte eine Schülerin, das andere traf eine Referendarin tödlich.

Wenige Minuten nach dem ersten Notruf trafen drei Polizeibeamte am Tatort ein. Nachdem sie das Schulgebäude durch den Haupteingang betreten hatten, eröffnete der Täter aus dem Obergeschoss das Feuer auf Polizisten, ohne sie zu treffen. Anschließend flüchtete er zu Fuß aus dem Schulgebäude und gab auf dem Weg noch einen Schuss auf eine Lehrerin ab, die gerade dabei war, ihr Klassenzimmer zu verlassen, um Hilfe zu holen. Das Geschoss streifte ihren rechten Arm und verletzte eine Schülerin. Neben den acht Personen, die durch Schüsse verletzt wurden, erlitten zwei Lehrerinnen Splitterverletzungen. Eine Schülerin und ein Schüler hatten sich bei der Flucht verletzt. Ein weiterer Schüler musste sich wegen eines Schocks in stationäre Behandlung begeben.

Auf dem angrenzenden Parkgelände des Zentrums für Psychiatrie erschoss der Flüchtige einen zufällig anwesenden Klinikangestellten. Insgesamt gab er neun Schüsse auf den Mann ab. Gegen 9:50 Uhr nahm er einen ihm bis dahin unbekannten Mann als Geisel, der vor dem Eingang des Krankenhauses in seinem Auto auf seine

Frau wartete. Mit Waffengewalt zwang der Siebzehnjährige den Mann mehr als hundert Kilometer weit über Stuttgart, die Bundesautobahn 81, Tübingen und von dort in den Bereich Nürtingen, Richtung Wendlingen zu fahren. An der Autobahnzufahrt gelang dem Mann gegen 12:05 Uhr die Flucht aus dem fahrenden Wagen.

Kretschmer flüchtete zu Fuß in das benachbarte Industriegebiet. Dort kam es um 12:12 Uhr auf dem Gelände eines Autohauses zu einem Schusswechsel mit zwei Streifenpolizisten. Kretschmer wurde in Wade und Achillessehne getroffen und sackte auf dem asphaltierten Boden zusammen. Als ein Polizeibeamter sich ihm nähern wollte, griff Kretschmer die in Reichweite liegende Waffe und schoss erneut auf den Beamten. Obwohl Kretschmer verletzt war, gelang es ihm, in das Autohaus zu flüchten. Im Autohaus verlangte er ein Fahrzeug. Dem Verkäufer gelang die Flucht, woraufhin Kretschmer im hinteren Verkaufsbereich einen Angestellten und dessen Kunden mit zwölf Schüssen tötete. Einem weiteren Angestellten und einem Besucher gelang bei einem Magazinwechsel die Flucht über eine Hintertür.

Anschließend feuerte Kretschmer durch die gläserne Fassade des Verkaufsraums zwölf Schüsse auf eine eintreffende Polizeistreife. Nachdem er im Autohaus dreißig Schüsse abgefeuert, zwei Menschen ermordet und Sachschäden in Höhe von 85 000 Euro verursacht hatte, lief der Siebzehnjährige durch einen Hinterausgang aus dem Gebäude auf den Parkplatz eines angrenzenden Industriebetriebs. Dort kam es zu einem erneuten Schusswechsel. Kretschmer zielte auf ein Zivilfahrzeug der Polizei und verletzte eine Polizeibeamtin und ihren Kollegen schwer. Nachdem er das Magazin der Beretta nachgeladen hatte, lief er kurz zwischen den geparkten Autos auf und ab, setzte sich auf den Boden und tötete sich gegen 12:30 Uhr durch einen Schuss in den Kopf selbst. Die Autopsie ergab keinen Nachweis von Drogen-, Alkohol- oder Medikamenteneinfluss. Es wurden auch keine organischen Krankheiten festgestellt.

An den Tatorten wurden 113 Patronenhülsen und 171 intakte Patronen gefunden. Insgesamt wurden – den Täter eingeschlossen – sechzehn Menschen getötet und vierzehn weitere verletzt. Die Tatwaffe, eine Beretta, Kaliber 9 mm, und die verwendeten Patronen stammten aus dem Bestand seines Vaters, einem passionierten Sportschützen. Dieser hatte die Sportpistole nicht wie vorgeschrieben im hauseigenen Waffentresor, sondern zur Abwehr von Einbrechern unverschlossen in seinem Kleiderschrank verwahrt. Das Landgericht Stuttgart verurteilte den Vater des Täters deshalb wegen fahrlässiger Tötung in fünfzehn Fällen und fahrlässiger Körperverletzung in vierzehn Fällen sowie wegen Verstoßes gegen das Waffengesetz zu einer 21-monatigen Bewährungsstrafe. Im Revisionsprozess wurde das Strafmaß wegen eines Verfahrensmangels um drei Monate reduziert.[52]

Der Jugendliche hatte die Tatwaffe höchstwahrscheinlich am Morgen des 11. März 2009 aus dem elterlichen Schlafzimmer entwendet. Durch gemeinsame Schießübungen mit dem Vater war er im Umgang mit der Waffe vertraut. In seinem Elternhaus wurden insgesamt mehr als 5 000 Patronen und 24 Schusswaffen gefunden. Seit Herbst 2008 hatte Kretschmer nachweislich insgesamt 285 Patronen unterschiedlicher Hersteller aus dem väterlichen Vorrat an sich gebracht. Im Zimmer des Täters stellten die Ermittler zudem mehrere Softairwaffen sicher, darunter eine Nachbildung der Tatwaffe, die ihm seine Eltern 2004 geschenkt hatten. Zu diesem Zeitpunkt war Tim Kretschmer dreizehn Jahre alt.

Der Täter stammte aus einer nach außen intakt wirkenden Mittelschichtsfamilie. Er wurde am 26. Juli 1991 in Waiblingen als Sohn einer Betriebswirtin und eines Geschäftsmannes geboren. Drei Jahre später kam seine jüngere Schwester zur Welt. Seine Eltern waren durch Fleiß zu finanziellem Wohlstand gelangt. Möglicherweise von der Angst geleitet, das Erarbeitete wieder zu verlieren, rüstete der Vater das Einfamilienhaus mit elektronischem Zugangscode, Bewegungsmeldern, Alarmanlage und Panzerschränken aus. Selbst in die Kinderzimmer ließ er Stahltresore einbauen. In seinem Schlafzimmerschrank deponierte er zudem eine Pistole gegen mögliche Einbrecher.

Von seinem Umfeld wurde Kretschmer als zurückhaltend und verschlossen, in der Zeit vor der Tat als isoliert beschrieben. In seiner Lebensführung mangelte es an Spontaneität. Alles lief eher kontrolliert und etwas zwanghaft ab. In sozialen Interaktionen galt er als unbeholfen. Mitschülern war aufgefallen, dass er sich vor der Tat sowohl innerlich als auch äußerlich verändert hatte. Er hatte sich die Kopfhaare kurzrasiert und wirkte auf viele noch schweigsamer und unnahbarer als sonst. Wie die beiden Täter des Columbine School Shootings hatte auch Tim Kretschmer sich vor der Tat zeitlich und gedanklich intensiv mit gewalthaltigen Medien in Form von Filmen und Computerspielen beschäftigt. Auf seinen Wunsch hatten ihm seine Eltern nachweislich die First-Person-Shooter „Counter-Strike" und „Far Cry 2" gekauft, obwohl diese für seine Altersklasse nicht freigegeben waren. Sie interessierten sich nicht für die Inhalte der Medien, die ihr Sohn mehrere Stunden täglich konsumierte.

In der Familie des Täters wurde selten über Probleme oder Gefühle gesprochen. Auch Tim behielt seine Gefühle, Zweifel oder Ängste meistens für sich. Nach Aussage der Mutter erzählte er nur wenig und nur nach Aufforderung. Seiner Schwester erschien er voller dunkler Gedanken, die er nicht preiszugeben bereit war. Er hatte keine Freunde und verbrachte viel Zeit allein auf seinem Zimmer in einer virtuellen Parallelwelt aus Computerspielen, Internetkonsum und Filmschauen. Sein Vater begleitete ihn mehrmals im Monat zum Armwrestling und zum Tischtennis. Tim nahm an Wettkämpfen, nicht aber am Vereinsleben teil. Als auffällig wurde sein Verhalten nach Niederlagen beschrieben. Er galt als Einzelkämpfer und konnte schlecht verlieren. Über Erfolge schien er sich nicht richtig zu freuen, nahm Urkunden und Pokale teilnahmslos entgegen. Sein Vater wurde als ehrgeizig beschrieben. Ihm waren Erfolge wichtig. Für jedes gewonnene Einzel erhielt Tim zwanzig Euro. Nach Niederlagen kam es vor, dass der Vater seinen Sohn eine Pfeife nannte.

Anders als in seinen Computerspielen, im Poker und im Sport, wo er zum Teil be-
achtliche Erfolge erzielte, fiel es Tim schwer, in der Schule mit den anderen mitzu-
halten. Seine Versetzung in der Albertville-Realschule, dem späteren Tatort, war
2006 und 2007 gefährdet. 2008 schaffte er die Mittlere Reife knapp. Auch den theoretischen Teil der Führerscheinprüfung bestand er erst im zweiten Anlauf. Durch die
praktische Prüfung fiel er zweimal und erhielt seinen Führerschein erst im Januar
2009. Seit September 2008 besuchte er das Berufskolleg einer kaufmännischen Privatschule in Waiblingen, für das die Eltern jeden Monat 195 Euro Schulgeld zahlten.
Seine Leistungen verbesserten sich jedoch auch hier nicht. Im Halbjahreszeugnis vom
6. Februar 2009 waren die Leistungen in Mathematik mangelhaft.

Tim hatte Anfang 2008 seiner Mutter gegenüber die Sorge geäußert, „manisch-de-
pressiv" zu sein, und gehofft, die Erkrankung würde seine schlechten schulischen
Leistungen erklären. Bei einem im Januar 2007 durchgeführten Intelligenztest hatte
er ein durchschnittliches Ergebnis erzielt. Mangelnde kognitive Fähigkeiten konnten
somit nicht erklären, weshalb er in der Realschule solche Probleme hatte. Seine Eltern
veranlassten daraufhin eine ambulante Abklärung im Klinikum am Weissenhof in
Weinsberg (Kreis Heilbronn), wo Tim von April bis September 2008 fünfmal vor-
stellig wurde und eine soziale Phobie diagnostiziert wurde. Im ersten Gespräch äußerte er gegenüber der Therapeutin konkrete Fremdtötungsfantasien, die jedoch als
nicht handlungsnah eingestuft wurden. Da Tim einer psychotherapeutischen Behandlung ablehnend gegenüberstand, unternahmen auch die Eltern nichts in dieser
Richtung. Stattdessen nahm ihn sein Vater mit zum Schießtraining, damit er unter
Leute kam. Dort schoss er auch mit der späteren Tatwaffe.

Wie die Täter des Columbine High School Shootings hatte auch Tim Kretschmer gezielte Vorbereitungen getroffen und vor der Tat ein überdurchschnittliches Interesse
an Schusswaffen gezeigt. Auf seinen eigenen Wunsch war er am 23. Januar 2009 gemeinsam mit seinem Vater in ein Stuttgarter Waffengeschäft gefahren, um 1 000 Patronen zu kaufen. Tim bezahlte die Munition bar, angeblich ein nachträgliches Ge-
burtstagsgeschenk für den Vater. Im Februar 2009 war er dann von sich aus auf seinen Vater zugekommen und hatte ihn gefragt, wann er wieder ins Schießtraining
gehe. Bis dahin war die Initiative jedes Mal von seinem Vater ausgegangen. Tim galt
zudem als geizig. Geburtstagsgeschenke hatte er sonst nie gemacht. Der Vater hatte
sich über die ungewohnten Initiativen seines Sohnes gefreut und diese fehlinterpre-
tiert.

Dem Vater waren die Veränderungen seines Sohnes nach eigener Aussage nicht aufgefallen. Auch von den schulischen Problemen habe er nichts gewusst. Chatproto-
kolle der Schwester belegen jedoch, dass Tim sich seit dem vierzehnten Lebensjahr
verändert hatte. Damals hatte er eine erste Herabsetzung in seiner erhofften Tisch-
tenniskarriere erlebt. Er begann, sich zunehmend zu verschließen. Zeitgleich bekam
er von den Eltern einen eigenen Computer geschenkt und spielte fortan fast jeden

Abend. Durch Erfolge in der virtuellen Parallelwelt versuchte er möglicherweise, fehlende reale Erfolgserlebnisse zu kompensieren und dem Hass auf seine Umwelt ein Ventil zu geben. Dabei schwankte er zwischen Versagensgefühlen, Selbstzweifeln und Größenideen. Im Mai 2008 schrieb seine Schwester einem Chatpartner, dass ihr Bruder verzweifelt sei und geweint habe, weil er in der Schule zweimal die Note Sechs bekommen habe.

Wahrscheinlich hatte der jahrelange exzessive Computerspielkonsum wesentlich zum Ausmaß der schulischen Leistungsprobleme beigetragen. Stattdessen machte er jedoch Hänseleien von Mitschülern und seine Lehrer, die ihn immer im falschen Moment drannehmen würden, für seine schlechten schulischen Leistungen verantwortlich. Tims Neigung, andere für seine Probleme verantwortlich zu machen, verhinderte die Entwicklung eines konstruktiven Umgangs mit Rückschlägen und Misserfolgen, der an der Veränderung des eigenen Verhaltens ansetzt. Durch die Vermeidung realer Kontakte und den Rückzug in eine virtuelle Parallelwelt entwickelte Tim zudem anders als seine Altersgenossen kaum soziale Kompetenzen im Umgang mit anderen, was wiederum – im Sinne eines Circulus vitiosus – zur Aufrechterhaltung des exzessiven Computerspielverhaltens beigetragen haben mag.

Experimentell konnte gezeigt werden, dass Computertraining mit Spielen wie „Counter-Strike" oder „Time Crisis" die Schießfähigkeit mit einer richtigen Schusswaffe verbessern kann.[53] Diskutiert wird auch, ob das Spielen von Ego-Shooter-Spielen am Computer die Hemmschwelle für eigene Schieß- und Tötungshandlungen senken kann.[54] Tatsächlich tötete Tim Kretschmer nicht aus einem spontanen Impuls heraus, sondern er führte seine Tat kühl und überlegt und ohne sichtbare Schuss- oder Tötungshemmung aus. Lediglich bevor er die Waffe gegen sich selbst richtete, zögerte er kurz, lief zwischen den geparkten Autos auf und ab.

Auswirkungen des Medienkonsums als alleinige Ursache für School Shootings anzunehmen greift jedoch zu kurz. Früher und übermäßiger Gebrauch gewalthaltiger Medien ist häufig bedingt durch mangelnde soziale und emotionale Fürsorge sowie unzureichende Beaufsichtigung durch die (berufstätigen) Eltern. Auch bei Tim Kretschmer fällt das mangelnde Interesse der Eltern für etwas, mit dem ihr Sohn täglich mehrere Stunden seines Lebens verbrachte, auf. Hinzu kamen hohe Leistungserwartungen, die insbesondere der Vater an Tim stellte, gepaart mit der Unfähigkeit des Sohnes, diese zu erfüllen. Sein letztes Tischtennisspiel am 7. März 2009 hatte Tim verloren. Einen Tag später durchsuchte er das Internet nach Informationen zu Robert Steinhäuser, dem Täter des School Shootings vom 26. April 2002 in Erfurt.

Genau wie die Täter des Columbine High School Shootings hatte Tim Kretschmer seit vielen Monaten konkrete Fremdtötungsfantasien. Auch er hatte seine Tat vorbereitet. Allerdings hatte er kaum schriftliche Selbstzeugnisse und auch keine Videobotschaften hinterlassen, mit Ausnahme einer handschriftlichen Notiz, welche die ermittelnden Polizeibeamten im Tresor seines Schlafzimmerschrankes fanden. Sie wurde mit sehr hoher Wahrscheinlichkeit von Tim Kretschmer verfasst und dort hinterlegt. Darin beschäftigte sich der Täter mit der in den Verhaltenswissenschaften als Anlage-Umwelt-Kontroverse bezeichneten Diskussion „nature versus nurture". Neben den Genen machte Kretschmer hierin auch „das Gemachte" als notwendige Bedingung für die Entstehung bestimmter Persönlichkeitsmerkmale verantwortlich. Damit könnten das familiäre und soziale Umfeld und die eigenen prägenden Erfahrungen darin gemeint sein.

Die undatierte Notiz hat folgenden Inhalt:

> „Es gibt zwei Behauptungen / warum es solche Menschen / gibt. Die einen sagen man / wird so geboren, die anderen / sagen man wird zu dem / gemacht. Die Wahrheit ist, / diejenigen haben es schon von / Geburt an in sich, es kommt / jedoch nur raus, wenn das / Gemachte hinzukommt!!"[55]

Ob sich der Zettel auf die geplante Massentötung oder auf andere problematische Bereiche seiner Persönlichkeit bezog, bleibt offen. Leider ging der für seine Wortkargheit bekannte Jugendliche auch hier nicht weiter ins Detail und ließ viel Raum für Spekulationen. Manche machen deshalb Mobbingerfahrungen in der Schule für die Tat verantwortlich, andere die frühen Erfahrungen mit Gewalt in für seine Altersklasse nicht zugelassenen Computerspielen und Filmen wie „Counter-Strike", „Natural Born Killers" und „Doom", wieder andere die durch seinen Vater geförderte frühe Faszination für den Gebrauch von Schusswaffen.

An den besuchten Schulen war es zwar zu Hänseleien ihm gegenüber gekommen, Kretschmer wurde aber nicht gezielt attackiert, so dass die ermittelnden Behörden diese als jugendtypisch eingestuft haben. Ob sich dieser Befund mit Kretschmers subjektivem Erleben deckte, kann allerdings nachträglich nicht beantwortet werden, da Kretschmer zu Lebzeiten kaum Selbstzeugnisse hinterlassen hat und seinem Leben nach der Tat selbst ein Ende setzte. Die Ermittlungen ergaben jedoch keinen Anhalt für ein überdurchschnittliches Maß an Bullying im Vorfeld der Tat.

6.2 School Shooting im Deutschen Kaiserreich

Anhand von Archivbeständen, Einträgen in Geschichtschroniken und historischen Zeitungsberichten des ausgehenden 19. und beginnenden 20. Jahrhunderts sollen im Folgenden die Tatverläufe und möglichen Tatmotive zweier schwerer Gewalttaten untersucht werden, die sich zeitlich deutlich vor den Ereignissen an der Columbine High School an Schulen des Deutschen Kaiserreichs ereigneten. Die Revolverschüsse eines achtzehnjährigen Gymnasiasten aus Saarbrücken im Mai 1871 hatten zwei verletzte Mitschüler, die Pistolenschüsse eines 29-jährigen Lehrers im Juni 1913 an einer Bremer Grundschule fünf Tote und mehr als zwanzig Verletzte zur Folge.

Dem saarländischen Historiker Peter Wettmann-Jungblut ist zu verdanken, dass der historische Fall des Saarbrücker Gymnasiasten retrospektiv aufgearbeitet werden kann. 2004 und 2012 publizierte er zwei, von der psychiatrischen Fachwelt bislang vernachlässigte Artikel über einen frühen Fall von „modernem School Shooting" auf deutschem Boden.[56] Auf die im Landesarchiv Saarbrücken konservierte Krankenakte des Täters war er während seiner Recherchen zur Lokalgeschichte der Rechtsanwälte an der Saar über den an dem Gerichtsprozess beteiligten Advokat-Anwalt Heinrich Boltz (1831–1918) gestoßen.[57]

Wenig später, im Jahr 2013, fand der Leiter des Bremer Krankenhausmuseums Achim Tischer die Krankenakte eines weiteren „Schulamokläufers" im Klinikarchiv Bremen Ost und veröffentlichte diese im selben Jahr in Auszügen.[58] Eine Namensverwechselung hatte dazu geführt, dass die Akte des Täters lange als verschollen galt.[59] In seinem 2012 erschienenen Sachbuch „1913: Der Sommer des Jahrhunderts" gab Florian Illies als Täter den dreißigjährigen arbeitslosen Lehrer Ernst Friedrich Schmidt aus Bad Sülze an.[60] Anders als angenommen handelte es sich bei dem im Mecklenburgischen Sülze (heute Bad Sülze) geborenen Täter um einen zum Tatzeitpunkt 29-jährigen Mann namens Hans Jacob Friedrich Ernst Schmidt.[61] Eine systematische Recherche in Zeitungs- und Klinikarchiven könnte mit großer Wahrscheinlichkeit weitere historische Fälle von „Schulamoklauf" zutage fördern. Zum Zeitpunkt der vorliegenden Untersuchung sind der Verfasserin jedoch für den Zeitraum 1871–1918 lediglich die beiden genannten Fälle an deutschen Schulen bekannt.

Der besondere Mehrwert der beiden Fälle liegt in der Tatsache begründet, dass beide Schützen ihre Tat überlebt haben und neben Zeitungsberichten auch umfangreiche psychiatrische Krankenakten erhalten sind. Dadurch lässt sich der weitere Lebensweg der beiden Täter bis zu ihrem natürlichen Tod in den Jahren 1912 bzw. 1932 rekonstruieren. Die Untersuchung der Krankengeschichten ermöglicht darüber hinaus Rückschlüsse auf Tatmotive und Persönlichkeit der Täter. Erstmals soll auch die Krankengeschichte des Bremer Täters vollständig ausgewertet und vor dem Hintergrund der Forschungsfrage „Schulamoklauf vs. School Shooting" wissenschaftlich untersucht werden. Im Fall des Saarbrücker Schützen wurden zahlreiche neue Akten geborgen, so dass der Lebensweg des Täters nun erstmals vollständig rekonstruiert werden kann. Die Quellenrecherche wurde hierbei durch die Vorarbeiten von Tanja Bialojan erheblich erleichtert.[62]

Die Untersuchung der Ereignisse vom 25. Mai 1871 am Saarbrücker Gymnasium und ihrer Hintergründe stützt sich im Wesentlichen auf den Inhalt mehrerer Krankenakten.[63] Die Landgerichtsakten zum Prozess in Saarbrücken sind höchstwahrscheinlich bei einem Bombenangriff im November 1944 im Staatsarchiv Koblenz verbrannt.[64] In einer der Krankenakten konnte jedoch die Abschrift eines Vernehmungsprotokolls gefunden werden.[65] Es existieren zudem zahlreiche Zeitungsberichte zum Tatgeschehen und zum Prozess, die für die vorliegende Untersuchung gesichtet und ausgewertet worden sind.[66] Darüber hinaus wurden die handschriftlichen Berichte des damaligen Schuldirektors an das königliche Provinzialschulkollegium in Koblenz sowie Berichtsabschriften an das Ministerium der geistlichen, Unterrichts- und Medicinal-Angelegenheiten in Berlin[67] und die gedruckten Jahresberichte des Saarbrücker Gymnasiums aus den Jahren 1866 bis 1873[68] für die Untersuchung herangezogen. Eine 1910 erschienene Kriegschronik, welche die vierzig Jahre später niedergeschriebenen Erinnerungen eines Schülers enthält, der bei der Tat durch zwei Schüsse schwer verwundet worden war, wurde ebenfalls ausgewertet.[69]

Die sich an die Untersuchung der Saarbrücker Ereignisse anschließende Untersuchung der schweren Bluttat an einer Bremer Grundschule aus dem Jahr 1913 stützt sich ebenfalls im Wesentlichen auf die psychiatrische Krankengeschichte des Täters[70] sowie auf zahlreiche Zeitungsberichte zum Tatgeschehen[71]. Da der Todesschütze nach der Tat nicht angeklagt, sondern direkt in die zuständige Nervenheilanstalt gebracht wurde, gibt es keine Prozess- oder Verhörakten. Allerdings gibt es im Staatsarchiv Bremen Akten mit Informationen zu dem Fall, die für die vorliegende Untersuchung gesichtet wurden.[72] Darüber hinaus wurden auch sechs Seiten einer Schulchronik von 1949[73], Auszüge aus einer Kirchenchronik der Waller St.-Marien-Gemeinde von 1998[74] und eine Chronik der Bremer Konfessionsgeschichte aus dem Jahr 2005[75] berücksichtigt.

In den beiden folgenden Abschnitten werden die Ereignisse vom 25. Mai 1871 am Saarbrücker Gymnasium und die Ereignisse vom 20. Juni 1913 an der Bremer St.-Marien-Schule anhand der genannten Dokumente so genau wie möglich rekonstruiert und anschließend auf auslösende Ereignisse und Hintergründe untersucht.

6.2.1 Saarbrücken, 1871

Am Nachmittag des 25. Mai 1871, zwei Wochen nachdem der Frieden von Frankfurt den Deutsch-Französischen Krieg beendet hatte, schoss der achtzehnjährige Unterprimaner Julius Becker während einer Unterrichtspause aus nächster Nähe auf zwei Mitschüler und verwundete beide durch Kopfschüsse schwer. Die versuchte Tötung ereignete sich in den Räumen des Saarbrücker Gymnasiums (heute Ludwigsgymnasium), das zwischen 1820 und 1892 im Obergeschoss der zum Schulhaus umgebauten reformierten Kirche (der heutigen Friedenskirche) untergebracht war. Die während der Bluttat anwesenden, auf zwei Bankreihen verteilten Schüler bildeten die Ober- und Unterprima des Saarbrücker Gymnasiums und gehörten allesamt der bürgerlichen Bildungselite an. Die Prima des Saarbrücker Gymnasiums zählte im Wintersemester 1870/71 gerade einmal sieben Schüler: die Oberprimaner Adolph Dörmer, Vincenz Bier, Adolf Brandt und die Unterprimaner Johann Pistorius, Julius Becker, Gustav Eybisch und Carl Storck.[76] Ihr hätte noch ein weiterer Primaner angehört, Leonard Kraushaar, der sich aber im Juli 1870 zum preußischen Militär gemeldet hatte.

Die Tat ereignete sich in der Fünfminutenpause zwischen der ersten und zweiten Nachmittagsstunde. Oberlehrer von Velsen hatte kurz zuvor sein Lateinbuch in das Klassenzimmer gebracht, um im Anschluss das Werk des römischen Dichters Horaz (65–8 v. Chr.) zu unterrichten, und den Raum dann wieder verlassen. Der achtzehnjährige Unterprimaner saß in der Mitte der hinteren Bankreihe, als er gegen fünfzehn Uhr ohne jede Vorwarnung und ohne vorhergegangenen Wortwechsel einen sechsläufigen Revolver aus seiner Tasche holte und mehrere Schüsse auf seine Mitschüler abgab. Er feuerte zunächst aus nächster Nähe drei Revolverschüsse auf den Kopf seines Banknachbarn Gustav Eybisch ab. Den anwesenden Mitschülern zufolge habe er dabei neben seinem Banknachbarn gestanden und diesem den Revolver dicht an den Kopf vor das Ohr gehalten und dann abgedrückt.[77] Ein Schuss streifte das rechte Auge. Zwei Schüsse trafen den Mitschüler in der Mitte des rechten Scheitelbeines und hinter dem rechten Ohr. Der Getroffene sank sofort bewusstlos zusammen. Unmittelbar im Anschluss schoss Becker dem in der vorderen Bank sitzenden Adolf Brandt in Kopf und Oberkörper und verletzte ihn mit zwei Schüssen am rechten Scheitelbein schwer und in der linken Achselhöhle leicht.

Zum letzten (sechsten) Schuss gibt es zwei Überlieferungsvarianten: Nach der (von dem Augenzeugen Carl Storck beobachteten) Variante versagte der Revolver, nach der anderen (durch den bei der Tat nicht anwesenden Schuldirektor Hollenberg und viele Zeitungen überlieferten) verfehlte die für Adolph Dörmer bestimmte Kugel ihr Ziel und schlug in die Wand. Dass der von der Polizei bei der Verhaftung in Beschlag genommene sechsläufige Revolver bis auf einen noch scharf geladenen Lauf abgeschossen war und keine Kugel in der Wand überliefert ist, spricht jedoch dafür, dass Becker fünf und nicht sechs Schüsse abgegeben hat und eine Kugel im Lauf verblieben ist.[78] Sehr wahrscheinlich versagte der Revolver bei Beckers letztem Schuss, wofür sowohl die im Lauf verbliebene Kugel als auch die Zeugenaussage des Mitschülers Storck sprechen.

Die unverletzt gebliebenen Schüler rannten nach den ersten Schüssen sofort aus dem Klassenzimmer, um den Schuldirektor herbeizurufen. Nachdem Becker zum letzten Mal den Abzugshahn betätigt hatte, beobachtete sein Mitschüler Carl Storck noch, wie er sich mit den Worten: „Geht und ruft die Polizei!"[79] neben seinem blutenden und bewusstlosen Banknachbarn niederließ. Als Dörmer nach einigen Minuten wieder in die Klasse zurückkam, saß Becker an seinem Platz und hatte den Kopf auf die Hand gestützt. Der herbeigeholte Schuldirektor Hollenberg fand Becker kurze Zeit später „ruhig und blaß"[80] auf seinem Platz sitzend an, während sein Klassennachbar Eybisch blutend neben ihm auf der Bank lag. Der geständige Schütze ließ sich von den herbeigerufenen Polizeibeamten widerstandslos festnehmen. Er wurde noch am selben Tag in Untersuchungshaft gesperrt. Bei der Verhaftung gestand er den Beamten, er „habe den Eybisch todt schießen wollen."[81] Bei der Durchsuchung seiner Kleidung fanden die Polizisten neben der Tatwaffe noch ein Dolchmesser und zwei an Eybisch gerichtete Zettel mit den Worten: „An Ei…. Scheinheiliger Schuft! Verleumder! Alles vergeblich! Wir stehen am Ende!"[82]

Julius Becker wurde am 3. Januar 1853 als drittes von sechs Kindern des Ehepaares Christian und Luise Becker in Saarbrücken geboren.[83] Der „Sohn eines hiesigen hochgeachteten Beamten"[84] entstammte einer angesehenen Saarbrücker Oberschichtsfamilie. Der Saarbrücker Oberschicht gehörten damals drei deutlich unterscheidbare Gruppen an: das wirtschaftlich führende Bürgertum, der zahlenmäßig kleine Militäradel und die höheren Beamten der Verwaltung.[85] Die sozialen Hierarchien wurden wesentlich durch das Einkommen bestimmt, wobei in der Regel der Rang des Mannes die Zuordnung der ganzen Familie festlegte.

Der Vater des Schützen, Christian Becker, hatte im Juli 1850 die vier Jahre ältere, verwitwete Luise Diener geheiratet, die einer Saarbrücker Bäcker- und Wirtsfamilie entstammte und in erster Ehe mit einem Lederfabrikanten aus dem nassauischen Idstein verheiratet gewesen war.[86] Christian Becker, Sohn eines Grubensteigers aus Heusweiler, hatte sich bei der königlichen Eisenbahn vom einfachen Buchhalter zum Redundanten und später weiter zum Rechnungsrat hochgearbeitet. Aus der Ehe gingen neben dem Sohn Julius fünf weitere Kinder hervor, so dass dieser gemeinsam mit zwei älteren Brüdern sowie drei jüngeren Geschwistern aufwuchs.[87]

Als Katholik gehörte Julius Becker im protestantisch dominierten Saarbrücken nicht nur der konfessionellen Minderheit, sondern auch der „Konfession der Unterschichten"[88] an, während der Protestantismus den bürgerlichen und gehobenen Sozialgruppen zuordnet gewesen war. Die Volkszählung von 1871 gibt den Anteil an Protestanten in dem von bürgerlichen Gruppen geprägten Saarbrücken mit 65,4 Prozent, den der Katholiken mit 33,7 Prozent an.[89] Größere Konflikte zwischen den beiden großen christlichen Konfessionen habe es in Saarbrücken zu dieser Zeit wohl nicht gegeben, das Verhältnis der evangelischen Gemeinden zu den Katholiken sei jedoch „zumeist kühl bis gespannt"[90] gewesen. So hätten sich die evangelischen Gemeinden durch die (ab 1875 verbotenen) Fronleichnamsprozessionen gestört gefühlt und gegen den Einsatz katholischer Lehrer am Saarbrücker Gymnasium protestiert.[91]

Auch Mischehen seien ein ständiges Konfliktfeld gewesen. Die sich ab 1870 zuspitzenden Auseinandersetzungen zwischen der preußischen Staatsverwaltung und der römisch-katholischen Kirche unter Pius IX. führten auch in den Saarstädten zu Unverständnis und Protesten seitens der Protestanten. Aber auch etliche Katholiken, vor allem im Kreis der Beamten und Angestellten, die in engen Bindungen zu staatlichen Institutionen standen, distanzierten sich von ihrem geistigen Oberhaupt und bildeten sogenannte altkatholische Gemeinden.[92] Dass Julius Becker seiner konfessionellen Zugehörigkeit wegen Nachteile erfahren oder Hänseleien ausgesetzt war, ist nicht überliefert. Im Sommersemester 1871 betrug der Anteil katholischer Schüler am Saarbrücker Gymnasium 59 von 231 Schülern.[93]

Der Besuch des Saarbrücker Gymnasiums war nahezu ausschließlich den wohlhabenden Bürgerfamilien der Saarstädte und der näheren Umgebung vorbehalten. Es finanzierte einen erheblichen Teil seiner Betriebskosten aus Schulgeld, das 1875 für einen Schüler in den beiden unteren Klassen 75 Mark, für alle anderen 84 Mark im Jahr kostete. Das Schulgeld in der Volksschule betrug hingegen nur sechs Mark.[94] Eine einfache, vierköpfige Familie benötigte in dieser Zeit ein Jahreseinkommen von 1 300 bis 1 500 Mark, um ihren Lebensunterhalt bestreiten zu können. Auch in dem vergleichsweise wohlhabenden Saarbrücken lagen nur rund 35 Prozent der Haushalte oberhalb dieser Einkommensgrenze, wovon etwa dreißig Prozent zum Mittelstand und rund fünf Prozent zur wohlhabenden Schicht mit einem Jahreseinkommen über 6 000 Mark zu rechnen waren.[95]

Das Saarbrücker Gymnasium galt als besonders selektiv und die Saarbrücker Lehrerschaft, die Absolventen und ihre Familien genossen ein hohes Ansehen. Teile der städtischen Bürgerschaft kritisierten die hohen Anforderungen der Schule und die Strenge bei Versetzungen: Mehr Schüler als in anderen preußischen Städten verließen das Gymnasium vorzeitig und nur neunzehn Prozent aller aufgenommenen Schüler erreichte das Abitur.[96] Das Gymnasium war zudem dafür bekannt, der Vermittlung der alten Sprachen ein (zu) hohes Gewicht beizumessen und demgegenüber die neueren Sprachen und vor allem die naturwissenschaftlichen Fächer zu vernachlässigen.[97]

Alle untersuchten Quellen berichten einstimmig, dass Julius Becker bei seiner Festnahme und bei seinen ersten Vernehmungen gegenüber der Polizei die Absicht der Tötung zugestanden und die Verantwortlichkeit für seine Tat auf sich genommen hatte. Er hatte erklärt, dass es seine Absicht gewesen sei, seinen seit längerer Zeit mit ihm verfeindeten Mitschüler Gustav Eybisch zu erschießen. Zwölf Tage vor der Tat habe er sich deshalb bei einem lokalen Waffenhändler einen Revolver und Munition mit eigens für diesen Zweck geliehenem Geld gekauft. Ermittlungen bestätigten den Kauf des sechsläufigen Revolvers nebst Munition am 13. Mai 1871 bei dem Büchsenmacher Manke zum Preis von fünf Talern und zwanzig Silbergroschen.[98] Die geringe Feuerkraft des Taschenrevolvers könnte erklären, warum die aus nächster Nähe abgefeuerten Bleikugeln die Schädelknochen der beiden verletzten Schüler nicht vollständig durchschlagen hatten, sondern abgeprallt waren bzw. platt gedrückt gefahrlos noch am Tatort durch die herbeigeholten Ärzte entfernt werden konnten.

Neben zahlreichen kleinen Ereignissen, ging der Tat ein wichtiges auslösendes Ereignis voraus. Am Morgen des 25. Mai 1871 hatte der Latein- und Griechischlehrer von Velsen Christian Becker durch dessen jüngsten Sohn Emil einen Brief übermitteln lassen, in dem er diesen über die nachlassenden schulischen Leistungen seines drittältesten Sohnes Julius informierte.[99] Vor allem in Latein und Griechisch habe dessen Fleiß in den letzten vier Wochen deutlich nachgelassen. Am Morgen des 25. Mai 1871 habe Julius gegenüber dem Oberlehrer Kopfschmerzen als Begründung angeführt, weshalb er seine Hausaufgaben nur zum Teil habe erledigen können, was von Velsen zum Anlass für die schriftliche Mitteilung an dessen Vater genommen habe.[100]

Unter den Gymnasiasten galt von Velsen als besonders strenger Lehrer. Ab dem 25. Juli 1870 hatte er den Lateinunterricht der Prima von dem alten, gemütlichen Professor Schröter übernommen, da dieser kurz zuvor in den Kriegsdienst zurückberufen worden war.[101] Zur Überraschung der Primaner führte der jüngere und tatkräftige Oberlehrer sogleich Stehgreifübersetzungen der Oden des Horaz ein, die die Jungen nur durch intensive Vorbereitung am Vortag zu bewältigen wussten.[102] Beckers Mitschüler Adolf Brandt, der am 25. Mai 1871 von diesem durch zwei Revolverkugeln schwer verletzt worden war, schildert in einer 1910 erschienenen Kriegschronik rückblickend seine Erfahrungen mit dem strengen Oberlehrer. Kalter Schweiß sei ihm auf die Stirn getreten, als ihn der Lehrer einmal in einer Lateinstunde der mangelhaften Vorbereitung überführt habe:

> „Ich sehe den Herrn Oberlehrer zornroten Antlitzes vernichtende Blitze durch die Brille sprühen. Der Mann scheint über der unerhörten Mißhandlung seines Lieblingsdichters die Sprache verloren zu haben. Doch da hebt er in höchster Wut das Buch und schlägt es, daß es kracht, auf's Katheder."[103]

Donnernder Kanonenlärm und Schussgeräusche retteten den Schüler jedoch aus dieser unangenehmen Situation. Draußen tobte der Deutsch-Französische Krieg. Der herbeigeeilte Schuldirektor erklärte den Unterricht für beendet und forderte die Gymnasiasten auf, sofort und auf direktem Weg nach Hause zu gehen.

Der Deutsch-Französische Krieg hatte direkten Einfluss auf die Schüler des Saarbrücker Gymnasiums. Das in der alten, zum Schulhaus umgebauten reformierten Kirche gelegene Gymnasium lag in unmittelbarer Nähe des Hauptquartiers des „Helden von Saarbrücken" Eduard von Pestel (1821–1908). Dadurch war „die kriegerisch gestimmte Jugend beständig über die militärischen Unternehmungen auf dem Laufenden"[104]. In den von Glabbach dokumentierten Schilderungen ehemaliger Saarbrücker Gymnasiasten zeichnen sich deutliche Parallelen zwischen den „Kriegsspielen" der jungen Saarbrücker Gymnasiasten aus den Kriegsjahren 1870/71 und ihren realen Vorbildern auf dem Feld ab.[105]

Die sich an den heldenmütigen Kriegern und dem mit ihnen einhergehenden Männlichkeitsideal orientierenden „Kriegsspiele" entsprachen ganz und gar nicht der als

„kränklich"[106] und „schwächlich"[107] beschriebenen Konstitution von Julius Becker. Sein körperlicher Zustand war weit entfernt von dem Körperideal einer Zeit, in der sportliche Aktivitäten in der Knabenerziehung im Sinne des „Mens sana in corpore sano" auch im Schulunterricht zunehmend an Bedeutung gewannen. So bot das Saarbrücker Gymnasium ab 1866 das Schulfach Turnen zusätzlich auch in den Wintermonaten an und im November 1866 verfügte die vorgesetzte Behörde in Koblenz, dass die Turnleistungen künftig auch in den Semesterzeugnissen und im Abitur beurteilt werden sollen.[108]

Auch auf das Saarbrücker Gymnasium selbst hatte das Kriegsgeschehen direkten Einfluss. Anfang August 1870, so ist aus der Schulchronik von 1870 zu erfahren, schlug eine (vermutlich französische) Gewehrkugel in die sechste Klasse ein.[109] In Folge der Schlacht bei Spichern, die am 6. August 1870 unmittelbar an der Stadtgrenze Saarbrückens stattfand, musste der Unterricht schließlich ganz ausgesetzt werden, da die Räume des Gymnasiums zur Versorgung von Verwundeten benötigt wurden. Auch die jährliche Schulfeier fiel 1870 dem Krieg zum Opfer.[110] Darüber hinaus stellte das Saarbrücker Gymnasium im Kampf gegen Frankreich Soldaten zur Verfügung. So wurden allein im Juli 1870 zwei Abiturienten und zwei Sekundaner des Saarbrücker Gymnasiums militärisch einberufen, ein weiterer Abiturient trat freiwillig in den Kriegsdienst ein.[111] Insgesamt starben dreizehn ehemalige Gymnasiasten als Soldaten auf den Schlachtfeldern oder in Lazaretten im Deutsch-Französischen Krieg.[112]

Allein im Schuljahr 1870/71 starben zudem vier Gymnasiasten an kriegsbedingten Seuchen, darunter Julius Beckers vier Jahre jüngerer Bruder Robert, der am 19. August 1870 im Alter von nur zwölf Jahren an den Folgen einer kriegsbedingten Seuche verstarb.[113] Inwiefern sich die Einflüsse des Krieges und die alltägliche Präsenz von Waffen und heldenmütigen Soldaten möglicherweise tatbegünstigend auf Beckers jugendliche Psyche auswirkten, lässt sich nicht belegen. Durch den Tod seines jüngeren Bruders Robert war Julius Becker jedoch mit einer schweren kriegsbedingten Verlusterfahrung konfrontiert. Auch die schwere Krankheit seiner Mutter, die wenige Wochen nach der Tat ihres Sohnes im Alter von fünfzig Jahren an den Folgen einer Lungentuberkulose verstarb, bereitete dem Achtzehnjährigen nachweislich große Sorge.

Ein Jahr nach Beckers Tat legte der am Tattag ebenfalls anwesende Mitschüler Johann Pistorius beim Königlichen Provinzial-Schul-Kollegium in Koblenz Beschwerde gegen den Oberlehrer von Velsen ein, da dieser sich weigerte, ihn zum Abiturientenexamen zuzulassen. In seinem Beschwerdebrief führte er das Verhältnis zu Becker als Beispiel für den schwierigen und ungerechten Umgang von Velsens gegenüber den Schülern des Saarbrücker Gymnasiums an. Seine, wenn auch mit großer Sicherheit subjektiv gefärbte Interpretation des Verhältnisses, deutet auf bekannte Konflikte zwischen Becker und von Velsen hin:

„Wie aber Herr von Velsen ihm mißliebige Schüler und speziell auch mich behandelte, kann jeder leicht aus der ersten Äußerung desselben nach der That
des Becker entnehmen: ‚Der erste Schuß war für mich bestimmt, doch konnte
er nicht so lange an sich halten bis meine Stunde begann.' Daraus folgt doch
klar genug, daß er sich einer ungerechten Behandlung seiner Schüler schuldig
weiß."[114]

Nach eigener Aussage war Christian Becker aufgrund des kurz zuvor erhaltenen
Briefs am Tattag mit seinem Sohn hart ins Gericht gegangen.[115] Das Gespräch ereignete sich während der Mittagspause gegen 13:45 Uhr, woraufhin Julius Becker zur
Schule zurückkehrte und noch vor Beginn des Nachmittagsunterrichts seinen Revolver lud.

Bei ersten Vernehmungen sagte Julius Becker, dass er nicht vorgehabt habe, neben
Gustav Eybisch noch weitere Mitschüler zu erschießen. Im Verlauf der polizeilichen
Ermittlungen widerrief er jedoch sein Geständnis. Er gab stattdessen an, dass er nicht
beabsichtigt habe, seinen Mitschüler Eybisch zu töten, und behauptete, er habe den
Revolver „nur zu seinem Vergnügen"[116] gekauft. Am Tatnachmittag sei er durch das
Lachen seiner Mitschüler derartig gereizt worden, dass er geschossen habe, ohne zu
wissen, was er tue. Die neue Tatversion, als deren wahrscheinlicher Urheber der in
den Prozess involvierte Rechtsanwalt Boltz angesehen werden kann, zielte augen-
scheinlich auf eine strafmildernde Tatversion ohne Vorsatz und Überlegung ab, spiegelt jedoch nicht Beckers ursprüngliche Tatmotivation wider.

In einem nach der Tat veröffentlichten Leserbrief und vor Gericht bemühte sich
Christian Becker im Sinne der Verteidigung, seinen Sohn Julius als guten Sohn und
Schüler und sich selbst als guten Vater darzustellen. Christian Becker betonte, dass er
„niemals das Verlangen an ihn stellte, der Beste seiner Klasse sein zu müssen."[117]
Gleichzeitig erklärte er in seinem Leserbrief, dass sein Sohn niemals eine Klasse habe
wiederholen müssen, und fügte zum Beweis der guten gymnasialen Leistungen des-
sen vorletzte Zeugnisnoten bei, die allesamt gut oder im Ganzen gut waren, auch die
Leistungen in Lateinisch und Griechisch.

Im letzten Vierteljahr habe sein Sohn jedoch des Öfteren über Kopfschmerzen geklagt und sei in der Folge oft zu Hause geblieben. Durch das Benehmen seiner Mitschüler, so der Vater, sei die Empfindlichkeit seines, durch die schwere Krankheit der
Mutter betrübten Sohnes zusätzlich gereizt worden. Luise Diener war an einer schweren Lungentuberkulose erkrankt und wenige Wochen nach der Tat ihres Sohnes im
Alter von fünfzig Jahren verstorben.[118] Aus Rücksicht auf die Mutter habe der Unterprimaner vor der Tat elf Wochen lang auf das von ihm geliebte Klavierspielen verzichten müssen und sei in dieser Zeit nach Aussage des Vaters „auffallend wort-

karg"[119] gewesen. Dieser war überzeugt, dass sein Sohn in einem Zustand der „Sinnesverwirrung"[120] gehandelt hatte und zum Zeitpunkt der Tat unzurechnungsfähig war.

In seinem Plädoyer vor dem Saarbrücker Geschworenengericht entwickelte Rechtsanwalt Boltz ebenfalls ein Bild, das die Zurechnungsfähigkeit seines Mandanten anzweifelte. Schon in der Kindheit sei er von seinen Familienangehörigen, Dienstboten und Spielkameraden als „sonderbarer Kauz", später von seinen Mitschülern als „eingebildet, hoffährtig und überaus mißtrauisch", von seinen Lehrern als begabt, aber mit einer „gewissen ‚Selbstüberschätzung'"[121] bezeichnet worden. Beckers Anwalt machte diese „den Umgang mit andern Menschen störenden Eigenschaften"[122] dafür verantwortlich, dass Becker von seinen Altersgenossen gemieden wurde. Das Verhalten seiner Mitmenschen habe seinen Mandanten bereits in jungen Jahren derart verbittert, dass sich bei ihm die „fixe Idee" festgesetzt habe, er sei „Gegenstand einer systematischen Mißachtung und Verfolgung"[123] seitens seiner Mitschüler.

Diese tiefe Verbitterung habe sich in den letzten Monaten vor der Tat vor allem gegenüber seinem Mitschüler Eybisch so gesteigert, dass er davon gänzlich beherrscht seine Schulpflichten vernachlässigt habe. Becker habe sich eingebildet, dass der von Oberlehrer von Velsen aufgesetzte Brief an seinen Vater von Eybisch veranlasst worden wäre. Diese „Einbildung"[124] sei es schließlich gewesen, die den Entschluss zu dessen Tötung in ihm hervorgebracht habe. Rechtsanwalt Boltz plädierte deshalb dafür, dass eine völlig freie Willensbestimmung seines Mandanten zum Tatzeitpunkt nicht angenommen werden könne.

Dieser hatte das Saarbrücker Gymnasium durchgehend seit seinem zehnten Lebensjahr besucht.[125] Bei seinen Mitschülern galt er als hochfahrend und eingebildet, nicht aber verrückt, wobei ihm diese Eigenschaften erst nach der Tat zugeschrieben wurden.[126] Adolf Brandt, der bei der Tat schwer verwundet worden war, beschreibt Becker rückblickend als „ein in seinem Äußern, wie nach seiner Veranlagung etwas sprunghafter Mensch"[127]. Auch mehrere Lehrer äußerten sich im Rahmen der polizeilichen Ermittlungen zu Beckers Persönlichkeit. Beckers Lehrer Hollweg wollte bereits einige Jahre zuvor ein „närrisches Verhalten"[128] an ihm bemerkt haben.

Schuldirektor Hollenberg habe hingegen lediglich „eine gewisse Selbstüberschätzung"[129], aber nie irgendwelche Spuren von Geistesstörung, bei Becker festgestellt. In seinem Bericht an das Provinzialschulkollegium in Koblenz beschreibt er Becker als „verschlossen und spröde"[130]. Becker sei bereits in der Sekunda „[e]twas kränklich, bei hochaufgeschossenem Körper"[131] gewesen. Als ausschlaggebendes Tatmotiv sah Hollenberg den abgrundtiefen Hass Beckers gegen Eybisch und die ihn neckenden Mitschüler. Dieser Hass sei durch Beckers „reizbare[n], eitle[n] Sinn"[132] genährt und bis zum Mord gesteigert worden. Auch Oberlehrer von Velsen gab an, dass sich bei Becker in jüngerer Zeit eine „Art der Sinnesverwirrung"[133] bemerkbar machte, die sich in seinem Körperzustand begründete und durch Vernachlässigung seiner schulischen Pflichten sichtbar wurde.

Nach eigener Aussage war Julius Becker „immer etwas melancholisch."[134] Psychiatrische Erkrankungen waren in der Familie allerdings keine bekannt. Nach Aussage seiner behandelnden Ärzte und seines Vaters war Julius Becker als Kind „sanft, gutmüthig, gefällig, gehorsam"[135], allerdings „stets schwächlich u. kränklich"[136]. In seiner Jugend habe er neben einem „Lungencatarrh" und „nervösem Herzklopfen"[137] an „[s]crophulöse[n] Drüsenaufschwellungen"[138] am Hals gelitten, die ein Leben lang sichtbar blieben.

Die Skrofulose, auch Drüsen- oder Skrofelkrankheit genannt, war früher eine bei Kindern und Jugendlichen häufig vorkommende Erkrankung, die mit chronischem Schnupfen, ekzematösen oder geschwürigen Veränderungen am Naseneingang mit rüsselförmiger Verdickung der Oberlippe und chronischen Hauteiterungen im Gesicht sowie Lymphknotenschwellungen an Hals und Nacken einherging, die sich langsam vergrößern, erweichen und nach außen durchbrechen konnten, wobei sich dünnflüssiger, gelblicher Eiter entleerte.[139] Die durch die Lymphknotenschwellungen bedingte Verdickung des Halses sowie die rüsselförmigen Veränderungen von Nase und Oberlippe erinnerten an einen Schweinskopf, was der Erkrankung ihren Namen gegeben haben soll (lat. scrofa = Mutterschwein). Heutzutage wird das Erkrankungsbild der subkutanen Manifestationsform der Hauttuberkulose (Tuberculosis cutis colliquativa) zugerechnet und als Skrofuloderm bezeichnet. Die Behandlung erfolgt durch chirurgische Ausräumung der abgekapselten verkalkten Herde unter tuberkulostatischem Schutz.[140] Eine solche antibiotische Therapie gab es zu Beckers Lebzeiten jedoch noch nicht.[141]

Rinder waren früher häufig von Tuberkulose befallen und stellten damit eine verbreitete Infektionsquelle für den Menschen dar. Da Kuhmilch hauptsächlich von Kindern und Jugendlichen getrunken wurde, waren diese die Hauptbetroffenen der Skrofulose. Julius Becker könnte sich durch den Konsum von kontaminierter Kuhmilch mit bovinen Tuberkuloseerregern infiziert haben. Das nach dem französischen Chemiker Louis Pasteur (1822–1895) benannte Verfahren der Pasteurisierung, das die säurefesten Mykobakterien in der Rohmilch durch schonendes Erhitzen auf Temperaturen unter 100 °C zuverlässig abtötet, wurde erst 1866 als Methode zur Haltbarmachung von Wein entwickelt und später auf andere flüssige Lebensmittel übertragen.[142] Neben der alimentären Ansteckung mit Tuberkelbakterien ist die aerogene Übertragung ein anderer möglicher Infektionsweg. Julius Becker könnte sich auch durch Tröpfcheninfektion bei seiner tuberkulosekranken Mutter infiziert haben.

In seinem Brief vom 18. Dezember 1876 an den behandelnden Arzt seines Sohnes schrieb sein Christian Becker, dass die „Aufschwellungen" ab dem vierzehnten Lebensjahr oft so stark gewesen seien, dass Julius, um seinen Kopf wenden zu können, den gesamten Oberkörper drehen musste. Dies hätten einige im Unterricht hinter ihm sitzende Mitschüler zum Anlass genommen, ihn zu ärgern, indem sie ihn erst von der einen, dann von der anderen Seite anstießen und ihm dadurch Schmerzen verursachten, ohne dass sein Sohn den „Thäter" erkennen konnte. „Unter Thränen" habe Julius seinen Vater deshalb des Öfteren gebeten, ihn auf ein anderes Gymnasium zu bringen. Christian Becker sei daraufhin mehrmals zu den verantwortlichen Lehrern gegangen, jedoch ohne die erhoffte Unterstützung zu erhalten.[143]

Als Julius Becker acht Jahre später im Alter von sechsundzwanzig Jahren erneut zu seinen Tatmotiven befragt wurde, antwortete er knapp: „Ich hatte Streitigkeiten und wurde dadurch erbittert."[144] Im Vorfeld der Tat war es wiederholt zu Tätlichkeiten zwischen Becker und seinem Banknachbarn Gustav Eybisch gekommen:

> „Er [Becker, Anm. der Verf.] hat in der Klasse Eybisch oft geschlagen. Eybisch hat sich, wie alle Mitschüler versichern, nie diesen Mißhandlungen, thätlich widersetzt. Die Mitschüler erklärten dem Becker, er werde, wenn er diesen feigen Mißhandlungen nicht ein Ende setze, es mit ihnen allen zu thun haben."[145]

Die Auseinandersetzungen gingen jedoch nicht nur von Becker aus: „Eybisch ist ein sehr tüchtiger, zuverlässiger Schüler, aber er hat an Becker gewiß seinen Scherz ausgelassen."[146] Beckers Vater sei bereits in der Sekunda zu Schuldirektor Hollenberg gekommen, um sich über die „Neckereien" der Mitschüler Eybisch und Kraushaar zu beklagen.[147] Obwohl es sich nach Meinung des Direktors um „unbedeutende Dinge [...], wie sie unter jungen Menschen oft vorkommen"[148] gehandelt habe, habe er beide Parteien ermahnt, dieses Verhalten zu unterlassen. Von einem Missverhältnis zwischen Adolf Brandt und Julius Becker war dem Direktor hingegen nichts bekannt.

Zwischen Becker und seinem Mitschüler Leonard Kraushaar war es in der Sekunda zu Reibungen gekommen, die sie im Rahmen eines dichterischen Wettstreits austrugen. Der nach Anerkennung suchende Becker unterlag Kraushaar regelmäßig und war deshalb dem Spott seiner Mitschüler ausgeliefert. Wenn Becker während einer Pause vom Katheder herab seinen Mitschülern eines seiner selbstverfassten Gedichte vortrug, antwortete Kraushaar an einem der folgenden Tage von derselben Stelle mit einer Parodie auf Beckers Gedicht, die nach Aussage Adolf Brandts „stets viel mehr Beifall fand, als das Urbild."[149]

Der in den Dichterwettstreiten überlegene und bei Lehrern und Mitschülern beliebte Kraushaar war zudem nachweislich seit 1866 jedes Jahr für den Festakt zum Schuljahresende als Repräsentant seiner Klassenstufe ausgewählt worden. In dieser Funktion durfte Kraushaar vor den versammelten Lehrern und Schülern ein Gedicht vortragen. Im Gegensatz zu den Dichterwettstreiten mit Becker handelte es sich hierbei jedoch nicht um Eigenproduktionen.[150] Julius Becker war hingegen nie als Vertreter der Schülerschaft an dem jährlichen Festakt des Gymnasiums beteiligt. Sein älterer Bruder Christian hingegen trug 1866 als Repräsentant der Tertianer das Gedicht „Die Werbung" von Nikolaus Lenau vor.[151]

Anders als dessen Zimmernachbar Gustav Eybisch war der in den Dichterwettstreiten überlegene Kraushaar jedoch nicht unter den Opfern der Tat, da er die Schule bereits im Juli 1870 für den Militärdienst verlassen hatte. Nachdem Kraushaar sich ihm durch den Eintritt in die Armee entzogen hatte, richtete sich Beckers Hass zunehmend auf Eybisch, der Kraushaars Spottgedichte „immer am meisten beklatscht hatte"[152]. Einige Tage nach Ostern 1871 fühlte sich Julius Becker durch figürliche Kreidezeichnungen auf einem Hintergebäude der Schule persönlich angegriffen.[153] Er verdächtigte Gustav Eybisch der Urheberschaft. Nach Aussage von Christian Becker hatte sich Eybisch seit der Sekunda mehrfach in Form von selbstgemalten Karikaturen und spitzen Worten über seinen Sohn öffentlich lustig gemacht, was diesen gekränkt habe. Er habe deshalb seit der Sekunda die Lehrer seines Sohnes wiederholt um Hilfe gebeten, ihnen auch die Karikaturen gezeigt, ohne jedoch die gewünschte Unterstützung zu erhalten.[154]

Im Vorfeld der Tat hatte Julius Becker erwiesenermaßen mehrfach Drohungen gegen seinen Mitschüler Eybisch ausgestoßen und die Tat seinen Mitschülern gegenüber angekündigt. Wenige Tage nach Ostern 1871 sagte Becker zu Eybisch: „unser Verhältnis wird bald ein Ende haben; ich werde mich rächen" oder „ich werde mich zu revanchieren wissen, ehe 14 Tage um sind" oder von Mitschüler Otto Trapp bekundet: „er wolle den Eybisch einmal ordentlich auszahlen."[155] Dem Primaner Carl Storck habe Becker auf einem Spaziergang erklärt, „in 14 Tagen werde alles zu Ende sein, er werde Rache nehmen."[156] Er hoffe nur, dass Leonard Kraushaar noch vor Pfingsten aus der Armee entlassen und zurückgekehrt sei. Denn diesen habe er auch erschießen wollen. Der Primaner Storck habe erwidert, dass sich Kraushaar, nachdem er die Kriegszeit hinter sich habe, sich nicht wie früher von Becker schlagen lassen werde.[157] Dieses oftmals vor School Shootings beobachtete Phänomen wird als „Leaking-Verhalten" bezeichnet. Dabei lässt der Täter seine Tatfantasien oder konkrete Pläne im Vorfeld „durchsickern" (to leak, engl. = lecken, durchsickern). Auch andere retrospektive Fallanalysen haben gezeigt, dass direktes oder indirektes Leaking sehr häufig im Vorfeld eines School Shootings beobachtbar ist.[158]

Beckers Racheabsichten scheinen sich neben Gustav Eybisch primär auf Leonard Kraushaar konzentriert zu haben. Er befragte nicht nur seine Klassenkameraden nach dem Friedensschluss am 10. Mai 1871 in Frankfurt am Main wiederholt nach dessen Rückkehr aus der Armee[159], sondern kaufte am 13. Mai 1871 bei dem Büchsenmacher Manke einen sechsläufigen Revolver nebst Munition.[160] Der an diesem Morgen an seinen Vater adressierte Brief des Oberlehrers von Velsen hatte jedoch dazu geführt, dass er seinen Tatentschluss bereits am 25. Mai und nicht wie angekündigt nach Kraushaars Rückkehr in die Tat umsetzte. Dass sein Groll auch gegen Eybisch gerichtet war, belegt ein Bericht des Schuldirektors, wonach Becker seinem

Mitschüler Eybisch den Kauf des Revolvers mit hinzugefügter Drohung mitgeteilt habe.[161] Sein Vater habe nach eigener Aussage vom Kauf des Revolvers keine Kenntnis gehabt.[162]

Julius Becker wurde vor dem Geschworenengericht des versuchten Mordes an Gustav Eybisch und des versuchten Totschlags an Adolf Brandt angeklagt. Die Anklage lautete auf Vorsatz in zwei Fällen. Der Vater des Angeklagten, Christian Becker, und sein Verteidiger, der renommierte Advokat-Anwalt Heinrich Boltz, beabsichtigten, die Zurechnungsfähigkeit des Achtzehnjährigen zu verneinen. Da die Juli-Assisen die Tat aufgrund des unzureichenden Gesundheitszustandes der von Becker verwundeten Schüler nicht verhandeln konnten, fand die Verhandlung vor den Geschworenen erst am 15. November 1871 statt. Nach einem Bericht der „Trierischen Volks-Zeitung" soll der Achtzehnjährige bei der öffentlichen Verhandlung „zu einer Apathie herabgesunken"[163] gewesen sein. Auf Nachfrage der „Berliner Gerichts-Zeitung" machte Becker bei dem sehr zahlreich erschienenen Publikum jedoch „nicht den Eindruck eines in seinen Geistesfähigkeiten Gestörten, eines Verrückten."[164]

Im Strafverfahren war die Öffentlichkeit bezüglich der Frage nach der Schuld- und Zurechnungsfähigkeit Beckers in zwei Lager gespalten. Auch die beiden Expertengutachten kamen zu einem abweichenden Schluss. Der ärztliche Gutachter Sanitätsrat Dr. Zwicke (und zugleich Hausarzt der Familie Becker) hielt es für möglich, dass der achtzehnjährige Angeklagte zeitweise außerstande sein könnte, ein vernünftiges und richtiges Urteil über seine Denk- und Handlungsweise zu fällen. Der Königliche Kreisphysikus Küpper hingegen sah die Behauptung, nach der eine freie Willensbestimmung bei der Tat ausgeschlossen sei, als wissenschaftlich nicht bewiesen an. Nach eingehender Prüfung könne er Julius Becker keine nachweisbare Bewusstlosigkeit oder krankhafte Störung der Geistestätigkeit attestieren. Vorbereitung, Ausführung und Beweggründe der Tat würden eindeutig für eine willentliche Tat sprechen.[165]

Das Geschworenengericht entschied sich letztlich dazu, Julius Becker als „zeitweilig unzurechnungsfähig" einzustufen und sprach ihn in einem „für viele sehr überraschende[n] Urtheil"[166] mit Stimmenmehrheit in beiden Anklagen nicht schuldig. Hierauf wurde Julius Becker am Abend des 15. November 1871 aus der Untersuchungshaft entlassen. Zugute kamen Becker neben dem Überleben der beiden verwundeten Mitschüler auch sein junges Alter. Mit achtzehn Jahren lag es nur knapp über der Altersgrenze, unter der das Gesetz selbst die Schuldfähigkeit anzweifelte. Wenn man der „Trierischen Volks-Zeitung" Glauben schenken darf, so hätten die Beschädigten nach dem neuen Strafgesetz die Befugnis gehabt, die Klage bloß wegen „Mißhandlung" bei dem Polizeigericht anzubringen oder ganz fallen zu lassen, wenn Julius Becker nicht in den Verhören auf das Bestimmteste die Absicht der Tötung zugestanden hätte.[167]

Eine intensive Aufarbeitung der Tat innerhalb des Saarbrücker Gymnasiums erfolgte nicht. Für Schuldirektor Hollenberg stand fest: „Unserem wirklich vortrefflichen Gymnasium ist keine Schuld bei diesem Vorfalle beizumessen, da strenge Zucht auf demselben waltet. Americanische Schülerideen gedeihen auch mitunter auf deutschem Boden."[168] Ob der damalige Schuldirektor mit dem Verweis auf „amerikanische Schülerideen" auf ähnliche, vereinzelt an Schulen in den USA vorgekommene Taten anspielte, lässt sich retrospektiv nicht beantworten.[169] Zwei Jahre nach der Bluttat am Saarbrücker Gymnasium setzte sich Hollenbergs späterer Nachfolger Franz Fauth in einer Festrede mit dem emblematischen Titel „Über die Entstehung des Bösen" vor dem Hintergrund der Theodizee mit der Philosophie Hermann Lotzes (1817–1881) auseinander. Die Tat des Saarbrücker Gymnasiasten wird zwar mit keinem Wort erwähnt, die Festrede kann aber als eine Form der theoretischen Auseinandersetzung mit den Geschehnissen angesehen werden, wenn Fauth davon spricht, „dass, abgesehen von der wirklichen Entstehung des Bösen, die Einrichtung der Welt eine solche ist, dass stets Böses entstehen kann, dass aber die wirkliche Entstehung die Schuld der Menschen ist."[170]

Bevor die weitere Entwicklung des Täters aufgezeigt wird, soll zunächst auf den Verbleib der von Becker am 25. Mai 1871 verwundeten Mitschüler Gustav Eybisch und Adolf Brandt sowie des Mitschülers Leonard Kraushaar eingegangen werden. Die Tatsache, dass sowohl Eybisch als auch Brandt die Revolverschüsse überlebten, verdankten sie vermutlich Beckers Unerfahrenheit im Umgang mit Schießpulver. Die verwendeten Bleikugeln hatten keine ausreichende Treibkraft: statt die Schädelkalotte der Mitschüler zu durchschlagen, waren sie platt gedrückt im Knochen stecken geblieben und konnten so von den behandelnden Ärzten herausgezogen werden.[171]

Während Gustav Eybisch nach Einschätzung der behandelnden Ärzte von Becker lebensgefährlich verwundet worden war, wurde Adolf Brandt im Anschluss an die ärztliche Wundversorgung und einen Wäschewechsel nach der Tat nach Hause geschickt.[172] Für Gustav Eybisch hatte Beckers Tat den zeitweiligen Verlust der Sehkraft des rechten Auges zur Folge, wenngleich der Sohn eines Pfarrers aus Niederlinxweiler bei St. Wendel bereits nach fünf Wochen wieder imstande war, das Gymnasium zu besuchen. Er wurde von der mündlichen Abiturprüfung entbunden und legte sein schriftliches Examen am 27. Juni 1872 regulär und erfolgreich ab.[173]

Anders als Gustav Eybisch konnte der Sohn des langjährigen Direktors der höheren Töchterschule in Saarbrücken Adolf Brandt, der zum Zeitpunkt der Tat kurz vor seinem Abschluss im Sommer stand, die Schule einige Monate nicht besuchen. Nach längerer Krankheit legte er sein Abitur zu Beginn des Wintersemesters, am 5. Oktober 1871, in abgekürzter Form ebenfalls erfolgreich ab.[174] Als Erwachsenem wurde ihm der nichtakademische Titel Geheimer Oberbaurat verliehen und er arbeitete als Vortragender Rat im Ministerium.[175]

Leonard Kraushaar, der im Krieg gegen die Franzosen gekämpft hatte, trat erst im Juli 1871 in die Prima ein und legte am 15. Februar 1873 sein schriftliches Abitur erfolgreich ab. Aufgrund seiner schriftlichen Prüfungsergebnisse „und seines ganzen Verhaltens" beschloss die Prüfungskommission einstimmig, ihm ebenfalls die mündliche Prüfung zu erlassen, an deren Stelle eine „ermunternde Ansprache des Herrn Superintendenten"[176] trat. Diese besondere lobende Erwähnung erfuhren die beiden vorgenannten nicht. Kraushaar, der früh verwaist war und in Saarbrücken in einer Pflegefamilie lebte, verstarb jedoch fünf Monate nach dem Abitur bei seinen Angehörigen in Trier an einem „ererbte[n] Brustleiden"[177]. Sein Mitschüler Adolf Brandt erinnerte sich noch Jahre später an Kraushaars „nette[s] und liebenswürdige[s] Wesen"[178].

Julius Becker kehrte, nachdem er am 15. November 1871 vor den Assisen freigesprochen worden und aus der Untersuchungshaft entlassen worden war, nicht an das Saarbrücker Gymnasium zurück. Er wechselte stattdessen am 11. April 1872 in die Oberprima des Großherzoglichen Gymnasiums zu Worms (heute Rudi-Stephan-Gymnasium)[179] und legte dort im Juli 1872 sein schriftliches Abitur mit guten Leistungen ab.[180] Seine schriftlichen Arbeiten in Deutsch waren inhaltlich sehr gut, wurden aufgrund einiger Rechtschreib- und Grammatikfehler jedoch nur mit gut bewertet. Seine schriftlichen Abiturleistungen in Mathematik wurden mit gut und sein Aufsatz im Französischen als im Ganzen gut bewertet.[181] Christian Becker muss sehr stolz auf die Leistungen seines Sohnes gewesen sein, denn in einem Brief vom 18. Dezember 1876 an den behandelnden Arzt seines Sohnes rühmt er dessen „vorzügliches Maturitätszeugnis aus dem Jahre 1872."[182]

Als Unterprimaner hätte Julius Becker am Saarbrücker Gymnasium noch mindestens ein Jahr bis zum Abitur gehabt. Dass es ihm nach seiner Untersuchungshaft in Worms in weniger als fünf Monaten gelang, solche guten Abiturleistungen zu erzielen, spricht sowohl für seine kognitiven und sprachlichen Fähigkeiten als auch für das hohe Niveau des von ihm zuvor besuchten Saarbrücker Gymnasiums, das auch für preußische Verhältnisse als besonders anspruchsvoll galt. Durch die Nähe Saarbrückens zu Frankreich hatte Becker darüber hinaus Vorteile im Französischen gegenüber seinen Wormser Mitschülern.

Dass die Zulassung zum Abitur nach einem Schulwechsel nicht selbstverständlich war, zeigt das Beispiel eines dem Saarbrücker Gymnasium zugewiesenen fremden Maturitäts-Aspiranten, der im Sommer 1869 nicht zur mündlichen Abitur-Prüfung zugelassen wurde.[183] Nach einem so kurzen Schulbesuch bereits zum schriftlichen und mündlichen Abitur zugelassen worden zu sein verdankt Julius Becker neben seinen eigenen Leistungen wahrscheinlich auch dem Geschick seines Vaters, der sich in Briefen sehr eloquent, höflich und diplomatisch auszudrücken wusste und der mit dem Wormser Gymnasium vermutlich bewusst eine in einem anderen Großherzogtum gelegene Schule gewählt hatte. Im rheinhessischen Worms wusste man von Beckers Schüssen auf seine Mitschüler, die sich im preußischen Saarbrücken ereignet hatten, wahrscheinlich nichts. Die seit 1776 erscheinende „Wormser Zeitung" erwähnte das Saarbrücker School Shooting zumindest weder in den Tagen nach der Tat noch zum Zeitpunkt der Gerichtsverhandlung.[184]

Trotz seiner überdurchschnittlichen schulischen Leistungen war Julius Becker später nicht in der Lage, als Erwachsener ein selbstständiges Leben zu führen und einen Beruf zu erlernen. Nach dem Abitur kehrte er aus Worms zurück nach Saarbrücken, wo er zunächst ein praktisches Bau-Eleven-Jahr bei der Eisenbahn absolvierte.[185] Um ihm weiterhin nahe zu sein, schickte ihn sein Vater im Anschluss zum Studium der Bauwissenschaft auf die nächste Akademie nach Karlsruhe, wo er sich im Wintersemester 1873/74 als Eleve der Bauschule an der 1825 gegründeten Polytechnischen Schule einschrieb.[186]

In Saarbrücken reichten die Bildungsangebote damals nur bis zum Abitur, das von etwa ein bis zwei Prozent eines Jahrgangs der jungen Männer abgelegt wurde.[187] Wer danach ein Studium absolvieren wollte, musste sich z. B. an Universitäten in Bonn, Heidelberg oder Freiburg oder an technischen Hochschulen wie Karlsruhe oder Aachen einschreiben. Die akademische Ausbildung erforderte deshalb von den Familien erhebliche finanzielle Opfer.

In Karlsruhe entwickelte Julius Becker im Winter 1873 akustische Halluzinationen. Zuvor hatte sein Vater in den Briefen seines Sohnes bereits „Auffälligkeiten"[188] (u. a. eine „große Gereiztheit") bemerkt. Der zwanzigjährige Architekturstudent glaubte von der Tochter seiner Hauswirtin, die er über sich sprechen hörte, verhöhnt zu werden. In seiner Aufregung entwickelte er den Gedanken, diese zu erschießen.[189] Angst und Aufregung trieben ihn schließlich aus dem Haus. Er lief zum Bahnhof, fühlte sich verfolgt und irrte durch die Stadt Richtung Schwarzwald. Am nächsten Morgen kam er im fast dreißig Kilometer entfernten Pforzheim an. Dort wies ihn der zuständige Pastor dem Hofrat Dr. Fischer in Rastatt zu, der bei ihm „Verfolgungswahn" und „Ernährungsfehler" diagnostizierte.[190]

Den Beschreibungen des Vaters nach zu urteilen („Die Händt waren durchsichtig wie Glas."[191]) litt Julius Becker zu diesem Zeitpunkt sehr wahrscheinlich an einer ausgeprägten Anämie. Beckers akustische Halluzinationen, die Verfolgungsideen und sein umherziehendes Verhalten weisen am ehesten auf das Vorliegen einer paranoiden Schizophrenie hin. Nach Aussage des Vaters war sein Sohn in der Zeit vor dem produktiv-psychotischen Schub jede Nacht bis ein Uhr aufgeblieben, um „mit außergewöhnlichem Fleiße" und einem „hohen Grad von Ehrgeiz" zu studieren. Zudem habe er von früh bis spät Pfeife geraucht, weshalb der Vater Bedenken hinsichtlich einer „Nicotin-Vergiftung" äußerte.[192] Differenzialdiagnostisch wäre auch eine Dissoziative Fugue in Erwägung zu ziehen. Bei einer Dissoziativen Fugue kommt es – im Unterschied zur Schizophrenie – jedoch nicht zu den bei Becker beschriebenen psychopathologischen Auffälligkeiten wie Verfolgungswahn und Minussymptomatik.[193]

Im Anschluss an seinen zweitägigen Aufenthalt in Pforzheim kehrte Becker in den Kreis seiner Familie nach Saarbrücken zurück. Zu Hause nahmen seine paranoiden Wahnvorstellungen weiter zu. Aufgrund von „Lebensüberdruß in Folge von totaler Schlaflosigkeit"[194] unternahm er dort trotz strenger Bewachung einen Suizidversuch (durch Aufschneiden der Halsgefäße), worauf sein Vater ihn am 27. Dezember 1873 in die Erlenmeyer'schen Anstalten für Gemüts- und Nervenkranke nach Bendorf bei Koblenz brachte.[195] Die privat betriebenen und verhältnismäßig kostspieligen Anstalten, deren ärztliche Leiter rückblickend als „Vorreiter der heutigen Sozialpsychiatrie"[196] angesehen werden, galten als fortschrittlich und genossen einen sehr guten Ruf.[197]

Bei der Aufnahmeuntersuchung stellte Dr. Erlenmeyer fest, dass Julius Becker unter „Gehörtäuschungen"[198] litt, auf deren Inhalten seine Wahnideen aufbauten. Die ebenfalls diagnostizierte „sehr beträchtliche Blutarmuth"[199] (Anämie) wurde auf die vorbekannte Skrofulose und einen akuten Magenkatarrh (Gastritis) bei gleichzeitiger Mangelernährung zurückgeführt. Beckers Lymphdrüsen waren bei Aufnahme sämtlich geschwollen. Es wurden besonders ausgeprägte Drüsenschwellungen im Sinne einer regionalen Lymphadenopathie entlang der großen Halsgefäße beschrieben, die vermutlich auf das dort verlaufende Gefäßnervengeflecht drückten und – so die Annahme des behandelnden Arztes Dr. Erlenmeyer – zum Auftreten der Geistesstörung beitrugen. Darüber hinaus wurde ein Lungenspitzenkatarrh festgestellt, was auf eine beginnende Lungentuberkulose hindeuten könnte.[200]

In den ersten drei Tagen nach Aufnahme verweigerte Julius Becker die Nahrungsaufnahme und musste in der Folge zwangsernährt werden. Der Zwanzigjährige gab an, „in Carlsruhe ein Mädchen entehrt"[201] zu haben. Er fühlte sich infolgedessen verfolgt und hatte Angst, auf fürchterliche Weise bestraft zu werden. Ob die Vergewaltigung real oder Teil seiner psychotischen Wahnvorstellungen war, lässt sich nachträglich nicht mehr eruieren. Becker unternahm in der Folge mehrere erfolglose Suizidversuche. Aus einem Brief seines Vaters geht hervor, dass sein Sohn die Zwangsbehandlung in Bendorf als große Erniedrigung empfand und in der Folge einen starken Hass gegen seinen Vater entwickelte, da dieser ihn in diese Lage gebracht hatte.[202] Sein Architekturstudium in Karlsruhe musste Julius Becker im noch laufenden ersten Semester wegen Krankheit abbrechen. Er verließ die Polytechnische Schule Anfang 1874 ohne Abschluss.[203] Im Anschluss nahm er kein weiteres Studium mehr auf, sondern verbrachte den Rest seines Lebens als Patient in unterschiedlichen Nervenheilanstalten.

Julius Becker blieb mehr als eineinhalb Jahre in der Erlenmeyer'schen Nervenheilanstalt (vom 27. Dezember 1873 bis 19. September 1874). Die stationäre Behandlung
richtete sich zunächst gegen die Ängste, die Insomnie und die Gastritis. Als letztere
erfolgreich therapiert war, verbesserte sich die Nahrungsaufnahme wesentlich und
der Zwanzigjährige wurde ruhiger. Die akustischen Halluzinationen ließen nach, ver-
schwanden aber nicht vollständig. Suizidversuche unternahm er nach einiger Zeit
nicht mehr. Die geschwollenen Halslymphknoten wurden mit Jod behandelt, aufgrund der Anämie Lebertran verabreicht. Unter dieser Therapie wurden die Halslymphknoten kleiner und sein Verhalten besserte sich, so dass die Ärzte an eine
vollständige Genesung dachten, da zu diesem Zeitpunkt auch kein Defekt der kognitiven Leistungsfähigkeit festgestellt werden konnte.[204] Julius Becker unterhielt sich,
wenn seine Wahnideen nicht berührt wurden, ganz vernünftig und auch seine Briefe
und sonstigen schriftlichen Leistungen waren recht gut.[205] In Folge einer Scarlatina
(Scharlachinfektion) verschlechterte sich sein körperlicher Zustand jedoch erneut
und die paranoiden Wahnideen nahmen wieder zu. Da diese sich vor allem gegen
seinen Vater und die Anstaltsärzte richteten, wurde dem Vater ein Anstaltswechsel
empfohlen.[206]

Auf Anraten der Anstaltsärzte wurde Julius Becker am 19. September 1874 in die
Privatirrenanstalt Pützchen bei Bonn verlegt, wo er bis zum 17. Dezember 1874 un-
tergebracht war.[207] Das 1866 von Leopold Besser (1820–1906) gegründete „Asyl für
Geisteskranke" wendete sich vornehmlich an Angehörige des Mittelstands.[208] Am 17.
Dezember 1874 verließ Becker heimlich die Privatirrenanstalt und begab sich nach
Saarbrücken. Er kam mit der Wahnidee nach Hause, sein Unterleib sei nicht in Ord-
nung und er leide an starker Obstipation. Um nachzusehen, versuchte er sich den
Leib aufzuschneiden. Dies nahm der Vater zum Anlass, seinen Sohn vom 31. Dezember 1874 bis 4. Juli 1875 für ein weiteres halbes Jahr in der Erlenmeyer'schen Nerven-
heilanstalt in Bendorf unterzubringen.[209]

Bei seiner Wiederaufnahme litt Julius Becker unter „heftigen Gehörtäuschungen"[210]
sowie körperbezogenen Wahnvorstellungen. Er war davon überzeugt, dass Dr. Besser
ihm den Mastdarm und die Zwischenwand zwischen Schlund und Kehlkopf abgeschnitten habe, man ihm den Arm gebrochen habe und dergleichen mehr.[211] Die hier
beschriebene Kombination aus akustischen Halluzinationen und Leibhalluzinatio-
nen kann auch im Nachhinein noch eindeutig als Plussymptomatik einer schubför-
mig verlaufenden schizophrenen Erkrankung interpretiert werden (psychotische
Exazerbation im Rahmen einer paranoiden Schizophrenie). Auch diesmal – fast genau ein Jahr nach der ersten akuten schizophrenen Episode – schien wieder ein Magenkatarrh die Zustandsverschlimmerung hervorgerufen zu haben.

Im Februar 1875 hatte Julius Becker während seines Aufenthalts in der Erlenmeyer'schen Nervenheilanstalt erneut einen heftigen Angstschub, hörte Stimmen,
die ihn verhöhnten und unternahm mehrere Suizidversuche. Er äußerte gegenüber

den behandelnden Ärzten hypochondrisch gefärbte körperbezogene Wahnvorstellungen. Allmählich beruhigte er sich und es stellte sich eine Apathie ein, wie sie häufig nach einem akuten Schub im Rahmen einer chronisch verlaufenden schizophrenen Erkrankung auftritt (schizophrenes Residuum).

Der behandelnde Arzt Dr. Erlenmeyer beobachtete, dass die beträchtliche Vergrößerung von Beckers Halsdrüsengeschwülsten von Phasen großer Erregtheit begleitet war und eine größere Ruhe mit einer wesentlichen Verkleinerung der Geschwülste einherging.[212] Ein Analabszess führte zu einer erneuten Verschlechterung von Beckers Gesundheitszustand. Nach Heilung des Abszesses verlor sich die Apathie etwas, die Antriebslosigkeit blieb jedoch erhalten. Das klinische Bild Beckers war fortan von Interessenverlust, Antriebslosigkeit und Anhedonie geprägt. Er konnte nicht bewogen werden sich zu beschäftigen und blieb stattdessen unter einem nichtigen Vorwand im Bett liegen. Die akustischen Halluzinationen und paranoiden Wahngedanken blieben ebenfalls bestehen. An guten Tagen imponierte er durch gute mnestische Funktionen und auch seine Beurteilungsgabe war an diesen Tagen recht gut. Bei Entlassung ließ sich ebenfalls keine wesentliche Schwächung der kognitiven Leistungsfähigkeit feststellen.[213]

Auf Drängen des Vaters wurde die Behandlung in Pützchen am 4. Juli 1875 unterbrochen.[214] Mit dem Ziel, die Lymphdrüsengeschwülste weiter zu verkleinern, begab sich der 22-Jährige in Begleitung seines Vaters zu einer Badekur in Bad Münster am Stein bei Bad Kreuznach. Nach Aussage des Vaters habe er die Bäder jedoch nicht lange ausgehalten und sei gleich wieder aus dem Wasser gestiegen.[215] Dr. Erlenmeyer bedauerte in seinem Übergabebericht an die weiterbehandelnden Ärzte in Merzig die Entscheidung des Vaters:

> „Vielleicht wäre es, wenn der Zustand des Patienten sich nicht wesentlich verschlimmert hat, u. eine consequente Kur nicht durch die Ungeduld u. den Wunsch des Vaters, seinen Sohn in angenehmere u. freiere Verhältnisse zu bringen, unterbrochen wird, doch noch zu erreichen, daß Becker nicht ganz der menschlichen Gesellschaft verloren geht.“[216]

Diese Aussage weist einerseits auf das große Engagement des Vaters für seinen Sohn hin, spricht andererseits aber auch für seine Fehleinschätzung der psychischen und physischen Verfasstheit seines Sohnes. Christian Becker überschätzte seinen Sohn Julius möglicherweise und projizierte – wie bereits einige Jahre zuvor – seinen eigenen Ehrgeiz auf seinen Sohn. An anderer Stelle hatte der behandelnde Arzt Dr. Erlenmeyer den besonderen Ehrgeiz seines Patienten zu Schulzeiten und die maßgebliche Rolle des Vaters hervorgehoben:

> „In der Schule lernte er gut u. war sehr strebsam. Der Ehrgeiz wurde von Seiten seines Vaters immer stark angeregt u. trieb ihn zu großen Anstrengungen. Mit

seinen Mitschülern lebte er meist in gespanntem Verhältniß, verhöhnte u. är-
gerte dieselben, weil er sich selbst von ihnen gekränkt glaubte. Aus diesem Gefühl des Gekränktseins entwickelte sich allmälig ein Verfolgungswahn, der ihn
dahin führte, zwei seiner Mitschüler in der Classe mit Revolverschüssen zu ver-
wunden."[217]

Schulz setzt das familiäre Arbeits- und Leistungsethos, das im 19. Jahrhundert vornehmlich auf den Söhnen und Töchtern der bürgerlichen Bildungsschicht lastete, in
den Kontext der bürgerlichen Erziehungsideale und verweist darauf, dass diese auch
„Versager" in den eigenen Reihen produzierten:

> „Hohe Erwartungen und Hoffnungen lasteten auf den Zöglingen. Sie lassen den
> bürgerlichen Wunsch erkennen, die eigene Berufskarriere durch die junge Ge-
> neration möglichst übertroffen zu sehen. Die Erziehung zu Leistungsbereit-
> schaft, Disziplin und rationaler Lebensplanung erzeugte ‚Versager' in den Rei-
> hen des Bürgertums."[218]

Der väterliche Ehrgeiz, der auf Julius Becker lastete, könnte für den kränklichen Sohn
eine chronische Überforderung dargestellt haben. Zusammen mit anderen psychosozialen und somatischen Stressoren wie dem Tod des jüngeren Bruders, der Tuber-
kuloseerkrankung der Mutter sowie der eigenen körperlichen Kränklichkeit könnte
diese chronische Überforderung die Entwicklung der schizophrenen Erkrankung bei
vorbestehender Vulnerabilität im Sinne des Vulnerabilitäts-Stress-Modells begünstigt haben.[219]

Julius Becker entwickelte sich zu einem der von Schulz beschriebenen „Versager",
der trotz seiner bürgerlichen Voraussetzungen nicht den Sozialstatus seiner Eltern
erreichte. Nachdem sich sein Zustand im Dezember 1876 erneut verschlechtert hatte,
wurde er fast sechs Jahre lang (vom 7. Dezember 1876 bis 25. Mai 1879 und vom 27.
Juni 1879 bis 2. September 1882) in der Rheinischen Provinzialirrenanstalt Merzig
untergebracht.[220] Der Vater Christian Becker hatte 1878 die gesetzliche Vormundschaft für seinen entmündigten Sohn übernommen. Julius Becker war 1879 als ge-
bessert entlassen worden, wurde jedoch kurze Zeit später wegen Gefährdung der
öffentlichen Ruhe und zum Wohl seiner Familie wieder aufgenommen.[221] Nach dem
Tod des Vaters übernahm der jüngere Bruder Emil, Landgerichtsdirektor in Dort-
mund, ab März 1904 die Vormundschaft.[222]

Aus den Merziger Krankenakten geht hervor, dass Julius Becker an einer „Seelenstö-
rung"[223] litt, welche sich bei ihm spätestens ab 1879 im sogenannten Sekundärsta-
dium in Form einer Schwäche sämtlicher geistiger Funktionen äußerte. Wahnvorstellungen in Verbindung mit Sinnestäuschungen traten nach Aussage des behandelnden Arztes lediglich in der ersten Zeit in der Irrenanstalt in Merzig auf. An ihre
Stelle sei eine „gewisse Reizbarkeit" und ein „übertriebenes Mißtrauen" vor allem ge-

genüber Fremden getreten. Becker wurde zudem eine „Neigung zum Zerstören" attestiert, die sich u. a. im Zertrümmern von Mobiliar oder Abreißen von Tapeten äußerte. Tagsüber lag er oft stundenlang untätig in der Abteilung herum, vernachlässigte seine Kleidung, lachte in unmotivierter Weise. Auf Ansprache erwiderte er ein stereotypes: „ich weiß nicht."[224] Er glaubte, dass sein Vater ihn in der Anstalt zurückhielt und hielt sich für gesund. Nach Aussage des behandelnden Arztes war er nicht imstande, seinen Zustand richtig zu beurteilen und die Tragweite seiner Handlungen einzuschätzen.[225]

Das beschriebene klinische Bild Beckers entspricht am ehesten dem erwähnten Krankheitsbild des schizophrenen Residuums. Hierbei handelt es sich um ein chronisches Stadium in der Entwicklung einer schizophrenen Erkrankung, welches durch eine langandauernde Minussymptomatik charakterisiert ist. Beckers weitere Entwicklung stützt diese Hypothese. Im Anschluss an seinen Aufenthalt in der Irrenanstalt Merzig war er dreiundzwanzig Jahre lang (vom 2. September 1882 bis 25. Oktober 1905) in der Rheinischen Provinzialirrenanstalt in Andernach untergebracht.[226]

Der Verlaufsdokumentation aus dieser Zeit ist zu entnehmen, dass Becker die meiste Zeit des Tages untätig auf dem Sofa lag. Sein Benehmen wurde wiederholt als „unfläthig" beschrieben. So knickte er im Anstaltsgarten regelmäßig Knospen, Zweige oder ganze Sträucher ab, griff anderen Leuten ans Ohr, schlug Mitpatienten, riss Tapeten von den Wänden, kratzte Farbe von den Wänden, urinierte auf den Fußboden oder zerriss seine Kleidung. Gegenüber seinem Umfeld verhielt er sich größtenteils ablehnend, grob und schweigsam. Er vernachlässigte zunehmend sein Äußeres und wurde häufig als „stumpf und teilnahmslos" erlebt.[227]

Julius Becker verließ die Rheinische Provinzialirrenanstalt Andernach am 25. Oktober 1905 ungeheilt mit der Diagnose Dementia praecox.[228] Von dort wurde er zur weiteren Pflege in die Irren-Pflegeanstalt der Barmherzigen Brüder zu Saffig bei Koblenz überführt.[229] Hier lebte er sechseinhalb Jahre mit einer „gewissen Apathie und Stumpfheit" und „ohne Wünsche und Klagen" vor sich hin. Er sprach mit niemandem, beantwortete Fragen lediglich mit Ja und Nein und verhielt sich ruhig.[230] Julius Becker verstarb schließlich am 1. April 1912 in Saffig im Alter von 59 Jahren.[231] Er wurde morgens tot im Bett liegend aufgefunden. Eine Todesursache wurde nicht angegeben.[232]

Die Rekonstruktion der Ereignisse vom 25. Mai 1871 am Saarbrücker Gymnasium sowie der Motive und Biografie des Täters zeigt viele Gemeinsamkeiten mit klassischem School Shooting. Es soll deshalb zunächst geklärt werden, ob es sich bei dem historischen Fall von schwerer Gewalt im Schulkontext um ein School Shooting im Sinne der im Abschnitt 3.3 zugrunde gelegten Definitionskriterien handelt. Danach gelten gezielte Angriffe eines (ehemaligen) Schülers an seiner bewusst als Tatort ausgewählten Schule mit potentiell tödlichen Waffen und Tötungsabsicht als School

Shooting. Die Tat muss zudem durch individuell konstruierte Motive im Zusammenhang mit dem Schulkontext bedingt und gegen mit der Schule assoziierte, zumindest teilweise zuvor ausgewählte Personen oder Personengruppen gerichtet sein.

Im Fall des Julius Becker bestand Tötungsabsicht mindestens eines Mitschülers. Der Angriff erfolgte durch einen aktuellen Schüler des Gymnasiums, gezielt und mit einer potentiell tödlichen Waffe. Der Unterprimaner hatte den sechsläufigen Revolver zwölf Tage vor der Tat eigens für diesen Zweck auf legalem Weg erworben. Darüber hinaus führte er am Tattag ein Dolchmesser mit, welches er jedoch nicht einsetzte, sowie einen Zettel, der beweist, dass zumindest eines der Opfer feststand. Im Vorfeld hatte sich der Unterprimaner konkrete Gedanken über die Tatausführung gemacht und diese teilweise „durchsickern" lassen, indem er mehrfach Drohungen gegen einen der beiden verwundeten Mitschüler und einen im Kriegseinsatz befindlichen Mitschüler ausgesprochen und die Tat seinen Mitschülern gegenüber angekündigt hatte („Leaking-Verhalten").

Dem Angriff gingen eine mindestens zwölftägige Latenzphase und keine unmittelbare Provokation durch seine Mitschüler voraus. Es liegt folglich keine Affekttat vor, wie sie z. B. unmittelbar in Folge persönlicher Auseinandersetzungen zwischen Einzelpersonen auftritt. Vieles spricht dafür, dass Julius Becker wohlüberlegt und nicht im Affekt gehandelt hat. So wartete er eine volle Stunde mit geladenem Revolver, bevor er einen gezielten Schuss auf den Kopf seines Mitschülers abfeuerte. Auch geht der Angriff über eine reine Beziehungstat im Sinne eines individuellen Racheakts hinaus. Julius Becker hatte seine Schule bewusst als Tatort ausgewählt und seine Tat war gegen mit der Schule assoziierte, zumindest teilweise zuvor ausgewählte Personen oder Personengruppen gerichtet. Die Tat war zudem durch individuell konstruierte Motive im Zusammenhang mit dem Schulkontext bedingt. Hier sind vor allem die wiederholten Niederlagen in den Dichterwettstreiten, die zahlreichen Konflikte mit den Mitschülern und dem Lateinoberlehrer und die nachlassenden schulischen Leistungen bei gleichzeitigem überdurchschnittlichem väterlichen Ehrgeiz zu nennen. Die Ereignisse vom 25. Mai 1871 am Saarbrücker Gymnasium erfüllen folglich alle genannten Kriterien eines School Shootings.

Darüber hinaus lassen sich weitere Gemeinsamkeiten mit klassischen School Shootings erkennen. Der Täter entstammte einem gut situierten Elternhaus, er fühlte sich wiederholt Niederlagen und Hänseleien ausgesetzt, die er als narzisstische Kränkungen erlebt haben könnte, und er hatte leichten Zugang zu Schusswaffen. Anders als bei vielen klassischen School Shootings fehlt jedoch die suizidale Komponente der Tat. Suizidabsichten und konkrete Suizidhandlungen sind in diesem Fall erst für die Zeit nach dem School Shooting überliefert. Es ist deshalb davon auszugehen, dass für Julius Becker die homizidale Komponente der Tat im Vordergrund stand. Es gibt zudem keinerlei Hinweise darauf, dass die letzte (sechste) Revolverkugel für ihn selbst bestimmt war.

Hinsichtlich der Tatausführung ist Wettmann-Jungbluts Hinweis der Schule als Bühne erwähnenswert, ein Aspekt der bei klassischen School Shootings ebenfalls eine Rolle spielt.[233] Der Historiker betont in seiner Untersuchung die theatralischen, inszeniert anmutenden Aspekte der Tatausführung: Julius Becker habe die Bühne (Schule) als siegreicher Held verlassen wollen und Gustav Eybisch die Rolle des Schuftes zugedacht. Beckers handschriftliche Notiz erinnere an einen „Spickzettel", den er sich für den Fall, dass er seinen Text vergessen sollte, zurechtgelegt hatte. Becker habe jedoch, so der Historiker, nicht nur eine Rolle spielen, sondern selbst Regie führen wollen. Das inszenierte Theaterstück erinnere dabei an ein Duell zweier Ehrenmänner, bei dem nur einer der Duellanten tödliche Waffen trug.[234]

Aus psychologischer Sicht ist nicht ausgeschlossen, dass der Achtzehnjährige von Motiven wie Ehre und Männlichkeit geleitet hier ein kulturelles Skript fand, dem seine Tatausführung folgte. Andere Formen der Gewalt wie Krieg, körperliche Züchtigung der Kinder durch Eltern und Lehrer etc. stießen Ende des 19. Jahrhunderts auf eine breite gesellschaftliche Akzeptanz. Obwohl offiziell verboten, waren auch Pistolenduelle unter „Ehrenmännern" noch vereinzelt üblich. So ist z. B. ein am 22. Oktober 1894 mit Pistolen ausgetragener Zweikampf zwischen dem damaligen Saarbrücker Bürgermeister Friedrich Wilhelm Feldmann (1846–1911) und seinem St. Johanner Amtskollegen Dr. Paul Neff (1853–1934) im Saarbrücker Irgental überliefert. Hauptanlass des Duells war die Konkurrenz der beiden prosperierenden Saarstädte um die Ansiedelung des Bezirkskommandos.

Darüber hinaus haben möglicherweise aber auch persönliche Streitigkeiten zwischen den beiden Stadtoberhäuptern eine Rolle gespielt. Der durchaus ernst gemeinte Waffengang endete glimpflich, lediglich Dr. Neff trug eine leichte Verletzung am Kinn davon.[235] Aufgrund des offiziellen Verbots von Pistolenduellen verurteilte die Justiz die Duellanten zu mehreren Wochen Festungshaft. Beigelegt waren die Streitigkeiten dadurch allerdings nicht. Noch Jahre später trafen sich beide Parteien wegen beleidigender Äußerungen über den anderen vor Gericht und wurden beide zu Geldbußen verurteilt.[236] Beckers Tat geht zwar dem Pistolenduell der beiden Bürgermeister im Saarbrücker Irgental voraus, so dass dieses ihn nicht zu seiner Tat inspiriert haben kann, allerdings gab es z. B. mit dem Duelltod Ferdinand Lassalles (1825–1864) andere berühmte Vorbilder.

Ein anderer wichtiger Aspekt von Wettmann-Jungbluts Ausführungen muss jedoch vor dem Hintergrund neuerer Erkenntnisse revidiert werden. Während der Historiker bei Julius Becker von einer „unübersehbaren narzisstischen Persönlichkeitsstörung"[237] ausgeht, ergeben sich aus der retrospektiven Untersuchung der Krankenakten deutliche Hinweise auf das Vorliegen einer unspezifischen schizophrenen Prodromalsymptomatik zum Zeitpunkt der Tat. Eine solche geht in vielen Fällen der klaren Manifestation einer schizophrenen Erkrankung voraus. Beckers vorübergehende

Überforderung im Unterricht, der auffällige Leistungsknick, die beschriebenen Konzentrationsstörungen, das übertriebene Misstrauen gegenüber seinen Mitschülern und die Gereiztheit können als unspezifische Frühsymptome einer chronischen schizophrenen Verlaufsform interpretiert werden, die sich typischerweise langsam entwickelt. Schizophrene Erkrankungen beginnen seltener mit akut auftretender Plussymptomatik. Häufiger ist ein schleichender Krankheitsbeginn mit unspezifischen Symptomen und vorwiegender Minussymptomatik. Auch die beschriebenen psychosozialen Schwierigkeiten im Kontakt mit seinen Mitschülern können Teil dieser unspezifischen Prodromalsymptomatik sein.

Differentialdiagnostisch lässt sich retrospektiv jedoch auch eine jugendliche Depression als Reaktion auf den Tod seines jüngeren Bruders und die schwere Krankheit seiner Mutter nicht ganz ausschließen. Auch könnten die psychosozialen Schwierigkeiten im Kontakt mit seinen Mitschülern durch die Pubertät erklärt werden. Die Aussagekraft retrospektiver Studien ist in diesem Fall leider eingeschränkt. Allerdings schließt der weitere Verlauf seiner Erkrankung eine rein affektive Störung, d. h. eine Störung, die sich vorrangig durch eine klinisch bedeutsame Veränderung der Stimmungslage auszeichnet, aus. Für eine Erkrankung aus dem schizophrenen Formenkreis sprechen zudem das jugendliche Alter und das männliche Geschlecht als Risikofaktoren. Die Krankheitsentwicklung erfolgt bei Männern in der Regel etwa vier bis fünf Jahre früher als bei Frauen, meist in der Pubertät oder im frühen Erwachsenenalter, d. h. in einer Phase, in der Persönlichkeitsentwicklung, Partnerwahl, Berufsausbildung und die Gründung einer Familie noch nicht abgeschlossen sind.

Dass Julius Becker in seiner späteren Entwicklung in allen relevanten Lebensbereichen versagte, spricht für eine Chronifizierung seiner Symptome und für das Vorliegen einer lebensprägenden Erkrankung. Während sein Vater bei der Königlichen Eisenbahn stetig im Rang stieg, verlor Julius Becker nach dem Abitur zunehmend an Status und wurde krankheitsbedingt regelrecht „aus der Bahn geworfen". Ein solcher beobachtbarer „Knick in der Lebenslinie" mit Schwierigkeiten, der Rolle im Beruf, in der Partnerschaft oder im sozialen Umfeld gerecht zu werden, findet sich oftmals bereits in einem frühen Stadium schizophrener Erkrankungen.[238] Einschneidende Veränderungen und Belastungen wie der Verlust eines nahestehenden Angehörigen (im vorliegenden Fall des jüngeren Bruders), die schwere Krankheit der Mutter und der spätere Wohnortwechsel für das Studium in ein instabiles Umfeld in Karlsruhe fernab der üblichen Routine, können die Entwicklung der schizophrenen Erkrankung im Sinne des Vulnerabilitäts-Stress-Modells negativ beeinflusst haben.[239] Zusätzlich war dem Achtzehnjährigen vor der Tat elf Wochen lang aus Rücksicht auf seine tuberkulosegeschwächte Mutter das Klavierspielen verwehrt, das ihm in dieser für ihn schwierigen Zeit möglicherweise Ablenkung und Entspannung beschert hätte.

Für einen Sonderling wie Julius Becker gab es zudem in dem kleinen Gymnasium kaum Ausweichmöglichkeiten, stellte diese Schule doch seinen Lebensmittelpunkt dar und entschied über seine Zukunft. Zum damaligen Zeitpunkt legte nur eine kleine Elite junger Männer in Saarbrücken das Abitur ab. Diese Enge könnte erklären, weshalb sich Julius Beckers Geisteszustand immer weiter zuspitzte. In eng verflochtenen, familiären Gesellschaften ist es für ein Individuum umso tragischer, wenn es aus dem Gruppenverband verstoßen wird (oder sich verstoßen fühlt oder ihm dies bevorstehen könnte). In jedem Fall kann Julius Beckers Tat nicht durch einen einzelnen auslösenden Faktor, sondern nur durch ein komplexes Zusammenspiel vieler, möglicherweise tatbegünstigender Faktoren erklärt werden.

6.2.2 Exkurs: Bremen, 1913

Bewaffnet mit mehreren Browningpistolen und etwa tausend Schuss Munition drang der 29-jährige Pastorensohn Hans Jacob Friedrich Ernst Schmidt am Freitag, den 20. Juni 1913 kurz vor der Elf-Uhr-Pause in das Schulgebäude der katholischen St.-Marien-Gemeinde im Bremer Stadtteil Walle ein und eröffnete wahllos das Feuer auf die anwesenden Grundschulkinder und Lehrkräfte. Etwa zwanzig Kinder und fünf Erwachsene wurden zum Teil lebensgefährlich verletzt. Drei Mädchen aus der Anfängerklasse verstarben am Ort des Geschehens, zwei weitere erlagen im Krankenhaus ihren schweren Verletzungen.

Die sechsjährige Sophie Gornisiewicz hatte sich auf der Flucht über das Treppenhaus das Genick gebrochen, wohingegen ihre ebenfalls sechsjährigen Mitschülerinnen Elsa Maria Herrmann und Maria Anna Rychlik durch Schussverletzungen starben. Die siebenjährige Anna Kubica erlag in der folgenden Nacht in der Klinik ihren schweren Verletzungen, die fünfjährige Elfriede Höger starb vier Wochen später. Alle erwachsenen Verwundeten überlebten die Bluttat, die nach einer knappen Viertelstunde durch die Überwältigung des Täters beendet wurde.

In der 1899 im Bremer Stadtteil Walle gegründeten katholischen Privatschule wurden im Schuljahr 1912/1913 über tausend Mädchen und Jungen in 22 nach Geschlechtern getrennten Klassen unterrichtet.[240] Der Anteil an fremdsprachlichen Kindern betrug etwa 37 Prozent, von denen die meisten aus polnischen Zuwandererfamilien stammten.[241] Viele dieser Zuwanderer hatten in der Jute-Spinnerei und Weberei Arbeit gefunden, die 1888 in unmittelbarer Nähe zum Bremer Freihafen gegründet worden war und 1913 mit 2150 Beschäftigten ihren Höchststand an Personal hatte.[242]

Die Jutefabrik und ihre – meist katholischen – Arbeiterinnen und Arbeiter prägten maßgeblich die Struktur des Viertels. Das im Bremer Westen gelegene Arbeiter- und Hafenviertel wurde im Volksmund deshalb auch „Jute-Viertel" oder „Klein Galizien" genannt.[243] Die 1898 konsekrierte St.-Marien-Kirche wurde zum Mittelpunkt des religiösen und kulturellen Lebens der katholischen Zuwanderer. Viel Arbeit in der „Jute" bedeutete auch viel Arbeit für die Geistlichen von St. Marien, was die Rekordzahl von 625 Taufen im Jahr 1913 belegt.[244] Vor allem das Waisenhaus der Gemeinde und die 1899 gegründete Marienschule leisteten einen erheblichen Teil Sozialarbeit für die Jute-Mitarbeiter und damit auch für die Fabrik. Dem „Katholischen Pudding" oder „Waller Vatikan", wie das Gebiet der St.-Marien-Gemeinde mit Kirche, Pfarrhaus, Waisenhaus und Schule in der Bevölkerung Walles und Utbremens auch genannt wurde, gehörten zu diesem Zeitpunkt fast zehntausend Mitglieder an, von denen über die Hälfte polnischer Ethnizität war.[245]

Der buchstäblich bis an die Zähne bewaffnete Täter hatte die Marienschule am 20. Juni 1913 von der Schönebecker Straße aus betreten und war auf direktem Weg die Treppe hinauf ins Hochparterre des mehrgeschossigen Schulgebäudes gelaufen. Die etwa tausend Schuss Munition hatte er in einer mit Patronen vollgestopften Aktentasche, in einem Strumpf und unter seinem Hut verstaut.[246] Auf dem Flur begegnete er als Erstes der links von der großen Eingangstür gelegenen Mädchenklasse 8b der Lehrerin Maria Pohl, die gerade damit beschäftigt war, sich vor dem Klassenraum zum Gang in die Pause aufzustellen.

Der 29-Jährige eröffnete sofort das Feuer. Ohne durch einen der schnell hintereinander abgegebenen Schüsse getroffen zu werden, konnte die Lehrerin in die Nachbarklasse 7b des Lehrers Friedrich Fehnker flüchten. Der bewaffnete Schütze folgte ihr und feuerte mehrere rasch hintereinander abgegebene Schüsse in das Klassenzimmer ab. Zwei Schülerinnen aus der Anfängerklasse wurden auf der Stelle getötet. Etwa dreizehn wurden mehr oder weniger schwer verletzt.[247]

Anschließend rannte der Täter aus dem Klassenzimmer hinaus und schoss aus zwei Pistolen wahllos auf die in den Flur drängenden Kinder. Einige Mädchen liefen die Treppe hinunter, andere zurück in die Klassenzimmer. Bei dem Versuch über die Treppe zu flüchten, stürzte eine Erstklässlerin im Gedränge und brach sich das Genick. Der in der gegenüberliegenden Knabenklasse unterrichtende Lehrer verschloss geistesgegenwärtig die Klassentür. Anschließend forderte er seine Schüler auf, aus dem Fenster des im Hochparterre gelegenen Raums in den Schulhof hinabzuspringen, wo sie von der Frau des Pedells und herbeieilenden Müttern aufgefangen wurden.[248]

Unterdessen war Friedrich Wilhelm Butz aus seiner im Souterrain liegenden Wohnung nach oben gelaufen. Der Pedell warf sich von hinten auf den Täter, der zuvor vergeblich versucht hatte, in den abgeschlossenen Klassenraum einzudringen. Bei dem sich entwickelnden Zweikampf wurde er von einer Kugel im Gesicht getroffen, woraufhin sich der Täter losreißen konnte und die Treppe weiter nach oben in den ersten Stock eilte. Dort traf er auf den 24-jährigen Lehrer Hubert Möllmann. Der

Lehrer der 3a hatte seine Jungenklasse zuvor auf den Hof geführt und war dann in das Schulgebäude zurückgeeilt, um sich dem Schützen entgegenzustellen. Schmidt schoss aus zwei Pistolen auf den sich nun mit ihm im Zweikampf befindenden Lehrer und traf ihn lebensgefährlich mit einer Kugel in den Oberbauch und mit einer zweiten in eine der beiden Schultern. Daraufhin verlor der Lehrer das Bewusstsein und brach schwer verletzt zusammen.[249]

Vom offenen Fenster des ersten Stockwerks aus zielte Schmidt nun auf die flüchtenden Kinder auf dem Schulhof. Einzelne Schüsse verfehlten ihr Ziel und schlugen in die benachbarten Wohnhäuser und in eine Baustelle ein, wo ein Dachdecker am Arm verwundet wurde. Der Buchdruckereibesitzer Wilhelm Reusch war unterdessen aus seinem Geschäft zur gegenüberliegenden Schule geeilt und beobachtete das Geschehen von außen. Er sah, wie Kinder schreiend und teilweise verletzt aus den Fenstern im Hochparterre sprangen und in die nächsten Häuser liefen. Seine Beobachtungen schilderte Reusch später wie folgt: „Schmidt feuerte in einem fort aus dem Fenster der ersten Etage unter die Fliehenden und die ansammelnden Leute, so daß diese um nicht getroffen zu werden, sich in die Häuser zurückziehen mußten."[250] Während Reusch die Polizei und alle verfügbaren Ärzte in der Umgebung alarmierte, holte Fliesenlegermeister Johannes Hanft Leitern aus seinem Betrieb, um sie am Schulgebäude anzustellen. So konnten sich viele Kinder aus den Fenstern der Klassenzimmer in die umliegenden Häuser retten.

Währenddessen rannten besorgte Mütter und Väter zur Schule. Umliegende Straßen füllten sich mit Schaulustigen, von denen manche versuchten, von den umliegenden Dächern aus einen Blick auf das Geschehen zu erhaschen. Einige drangen in das Schulgebäude ein, um den Täter zu überwältigen, der sich nun im Kampf mit mehreren Personen befand. Daran waren Lehrer Wilhelm Kleine-Hartlage, Schwester Felicia, Schlachtermeister Hülle aus der Nachbarschaft und maßgeblich auch der bereits genannte Schuldiener Butz beteiligt. Als die Polizei kurze Zeit später eintraf, hatte sie nur noch die Aufgabe, den Täter festzunehmen und ihn vor der Lynchjustiz der aufgebrachten Menge zu schützen, die gerade dabei war, den Täter durch Püffe und Schläge am Kopf übel zuzurichten.[251] Gleichzeitig verbreitete sich das Gerücht um einen Mittäter, der sich noch im Keller der Schule versteckt hätte. Die Durchsuchung sämtlicher Räume des Schulgebäudes sowie die polizeilichen Ermittlungen ergaben jedoch keinen Anhalt für einen Mittäter oder Mitwisser.[252]

Seinerzeit wurde national und international über die Ereignisse an der Bremer Marienschule berichtet. Sogar die „New York Times", die „Washington Post", der „Boston Daily Globe" oder die „Chicago Daily Tribune" widmeten der Bremer Bluttat einen Artikel.[253] Es ist deshalb durchaus wahrscheinlich, dass auch der damals in Stuttgart-Degerloch wohnhafte Hauptlehrer Ernst August Wagner von der Bluttat in Bremen gewusst hat. Sowohl das „Stuttgarter Neue Tagblatt" als auch der „Schwäbische Merkur" haben wiederholt und ausführlich über die Ereignisse in Bremen berichtet.[254]

Wagner hat am 4. September 1913, nur wenige Monate nach den Bremer Ereignissen, seine Frau und die vier gemeinsamen Kinder getötet und anschließend neun weitere Menschen erschossen. Möglicherweise hat die Berichterstattung über das Blutbad des Oberlehrers Schmidt an der Waller Marienschule die Umsetzung des bereits lange im Voraus geplanten Massenmords durch den Hauptlehrer Wagner beschleunigt, der darüber hinaus Gemeinsamkeiten mit dem norwegischen Massenmörder Anders Behring Breivik aufweist, der am 22. Juli 2011 in Oslo und auf der Insel Utøya 77 Menschen getötet hat.[255] „[E]s ist durchaus nicht phantastisch, in der Tat des Lehrers von Degerloch eine suggestive Wirkung der Tat des Bremer Schulamtskandidaten zu sehen."[256]

Der Bremer Täter wurde nach der Tat auf direktem Weg in das nächste Polizeirevier gebracht und dort unter strenger Bewachung polizeilich befragt. Es wurden ihm sechs Browningpistolen abgenommen. Darüber hinaus wurden am Tatort weitere vier Schusswaffen sowie 35 Patronenhülsen und in seiner Wohnung zahlreiche, zumeist über den Fußboden verstreute Patronen sichergestellt.[257] Der Lehrer Hubert Möllmann überlebte nach einer offenen Notoperation ohne Narkose im Krankenhaus und konnte seinen Dienst in der Marienschule trotz einer im Körper verbliebenen Kugel am 1. April 1914 wieder aufnehmen. Für seinen Einsatz wurde ihm vom Bremer Senat die Silberne Rettungsmedaille verliehen.[258] Auch der Pedell Friedrich Wilhelm Butz kam mit dem Leben davon. Er erhielt für seinen selbstlosen Einsatz jedoch keine gesonderte Ehrung.

Während der gesamten Befragung zitterte Schmidt am ganzen Körper und saß zusammengekauert und apathisch da. Fragen beantwortete er nicht, als ob er sie nicht verstände. Nur auf das Wort „Jesuit" reagierte er einige Male. Aufgrund seines reduzierten Erscheinungsbildes und seiner vernachlässigten Kleidung kam der Gedanke auf, er könnte die Ausweispapiere, die er bei sich trug, gestohlen haben. Die Zweifel an seiner Identität wurden noch bestärkt, als er auf eine Anrede in russischer Sprache mit irrem, aber verstehendem Lächeln reagierte und dann rasch einige Sätze, offenbar auch in russischer Sprache, hervorstieß. Danach sank er wieder kraftlos zusammen und schwieg beharrlich. In das Feuerwehrfahrzeug, das ihn in die Bremische Staatsirrenanstalt St. Jürgen-Asyl in Ellen (heute Klinikum Bremen-Mitte) bringen sollte, mussten ihn die Polizisten hineintragen.[259]

Wie sich später herausstellte stammte der Täter aus dem Mecklenburgischen Sülze (heute Bad Sülze) und war seit Ende 1912 in der Bremer Neustadt wohnhaft. Er wurde am 24. September 1883 als Sohn eines evangelisch-lutherischen Pastors und einer mecklenburgischen Pastorentochter im heutigen Bad Sülze geboren.[260] Er hatte elf jüngere Geschwister, von denen eines wenige Tage nach der Geburt gestorben war.[261] Die Familie lebte in sehr ärmlichen Verhältnissen. Die jüngeren Kinder litten unter armutsbedingten Mangelerkrankungen wie Anämie („Blutarmut") und Rachitis („englische Krankheit") und auch die drei ältesten (erwachsenen) Kinder – darunter Hans Schmidt – waren allesamt über lange Phasen hinweg krankheitsbedingt arbeitsunfähig.[262]

Der Vater Karl Schmidt, geboren am 11. Juli 1849 in Hagenow, war ab 1875 als Rektor in Warin, danach von 1881 bis 1890 als Rektor und Hilfsprediger in Sülze tätig und von 1890 bis zu seinem Tod als Pastor der mecklenburgischen Landeskirche in Klinken im Amt.[263] Beide Eltern stammten aus Pastorenfamilien. Hans Schmidts Großvater väterlicherseits, Albert Schmidt, war von 1853 bis 1869 Pastor in Vietlübbe und von 1869 bis 1887 Pastor in Kieve, sein Großvater mütterlicherseits, Friedrich Reinke, war von 1852 bis 1860 Pastor in Güstrow und von 1860 bis 1891 Pastor in Warin.[264] Die am 8. Juni 1862 in Warin geborene Mutter Margarete Schmidt, geb. Reinke, wurde von ihrem Ehemann als sehr fleißig und arbeitsam beschrieben.[265] Sie lebte später als Witwe in Rostock.[266]

Gemäß seiner Mutter wurde Hans Schmidt als „schwächliches, zartes", aber „völlig gesund[es]"[267] Kind geboren. Er lernte früh laufen und war altersentsprechend entwickelt. Mit zwei Jahren hatte er plötzlich „schweren Darmkatarrh"[268], der ihn körperlich sehr schwächte und mit einem deutlichen Gewichtsverlust einherging. Erst nach Jahren erholte er sich unter Einhaltung einer strengen Diät und mit Hilfe von Salz- und Moorbädern. Er war aber „sehr nervös und sehr leicht erregt."[269]

Auch der Vater erwähnte in zwei Briefen an den hohen Oberkirchenrat die lange Erkrankung des ältesten Sohnes. Ab dem Alter von zwei Jahren sei Hans etwa eineinhalb Jahre lang krank gewesen, was so hohe Arzt- und Apothekenkosten verursacht habe, dass die Familie trotz finanzieller Unterstützung durch Verwandte und die Kirchenkasse nicht habe auskommen können. Der Vater sah sich deshalb genötigt, seine Frau und seine Kinder für die Sommermonate bei Verwandten unterzubringen.[270] Als ursächlich für die Krankheit nahm er an, dass „die hiesige Luft, Wasser und Milch, mehr oder weniger vom Salze infiziert"[271] sei.

Lernschwierigkeiten habe Hans nie gehabt, allerdings habe er sich „mit einem Eifer und einer Ausschließlichkeit" mit zahlreichen „Nebendingen"[272] beschäftigt, die alles Übrige in den Hintergrund treten ließen: Ausgrabungen von wendischen Altertümern und Notenschreiben (ganze Musikstücke habe er abgeschrieben), danach Schmetterlingssammeln und zuletzt Briefmarkensammeln. Nach Aussage der Mutter sei es ihm früher bei letzterem vor allem um den Gewinn gegangen. Hans habe immer wieder das Gefühl gehabt, betrogen worden zu sein, und habe daraufhin „großen Menschenhaß und Mißtrauen"[273] entwickelt.

Sein Vater habe ihm in der Folge oft Vorhaltungen über das „Anrüchige" dieser „Schacherei"[274] gemacht, woraufhin Hans überzeugt gewesen sei, die Eltern wären an dem Betrug beteiligt und hätten seine großen Verluste mit zu verantworten. Gemäß der Mutter habe es zwischen Vater und Sohn am „rechten Verständnis untereinander" gefehlt: Ihr Mann habe dem Sohn „harte vielfach ungerechte Vorwürfe" gemacht, der Sohn aber auch ein „unkindliches, unbotmäßiges Betragen"[275] an den Tag gelegt. Dazu sei Hans' „verschlossenes, fast finsteres Wesen"[276] gekommen.

Im Februar 1902 legte Hans Schmidt sein Abitur am Großherzoglichen Gymnasium zu Schwerin im Alter von achtzehn Jahren mit genügenden Leistungen ab.[277] Anschließend studierte er acht Semester lang Neuere Philologie. Zunächst war er von Ostern 1902 bis Michaelis 1903 für drei Semester an der Universität Rostock. Danach ging er von Michaelis 1903 bis Michaelis 1905 für vier Semester nach Straßburg. Nach einem weiteren Semester an der Universität Rostock (von Ostern 1906 bis Michaelis 1906) wurde er zur Prüfung für das Lehramt zugelassen.[278]

Während seiner Studienzeit war Hans Schmidt Mitglied des 1850 gegründeten Rostocker Wingolfs, einer farbentragenden, christlich ausgerichteten Verbindung männlicher Studenten und Alumni, die bis heute Duell und Mensur ablehnt und der auch sein Vater angehörte.[279] Es sind Abschriften von mehreren Briefen an seinen Leibbursch Martin Hübener sowie Abschriften von dessen Antwortbriefen erhalten.[280] Pastor Hübener hatte seinen Leibfuchs seit 1907 oder 1908 nicht mehr gesehen, sich aber mindestens einmal im Jahr nach ihm erkundigt. Auch mit einem weiteren befreundeten Wingolfiten, Max Koch, stand Hans Schmidt sporadisch in Kontakt.[281] Aus dem 1857 gegründeten Straßburger Wingolf trat Schmidt wahrscheinlich nach kurzer Zeit wieder aus. Nach dem Grund hatte ihn sein Leibbursch nicht gefragt.[282] In der Straßburger Argentina, wie sich der Straßburger Wingolf nannte, war es in den Jahren 1902–1905 zu einer Reihe an Austritten gekommen: „Lähmende Erschlaffung lastete auf der kleinen Schar [...], dazu mancherlei persönliche Reibereien verleideten dem einzelnen das persönliche Zusammenleben."[283]

In einem Brief vom 1. Juli 1913 beschrieb Pastor Hübener das Benehmen seines Leibfuchses als „von Anfang an etwas wunderbar"[284]. Im Gegensatz zu manch anderem habe Schmidt auch durch die Gesellschaft im Wingolf seine „Verschlossenheit u. Menschenscheu"[285] nicht überwinden können. Bisweilen habe er auch witzig und fröhlich sein können, aber es sei immer „eine Art Galgenhumor"[286] gewesen. Auf sein Äußeres habe er wenig Wert gelegt. Auch Ermahnungen seines Leibburschen hätten an seinem vernachlässigten Erscheinungsbild nicht viel geändert. Pastor Hübener führte dies auf mangelnde finanzielle Mittel zurück. Schmidt habe damals bereits neun jüngere Geschwister gehabt und von seinem Vater so gut wie gar keine finanzielle Unterstützung erhalten. In Rostock habe Schmidt lediglich von Wasser und trockenem Brot gelebt.[287] In einem Brief vom 31. Oktober 1902 bestätigte Pastor Schmidt, dass er seinem Sohn Hans damals nur 200 Mark geben konnte, was nicht ausreichte, so dass Kommilitonen seines Sohnes ohne dessen Wissen sich an ihn gewandt hätten mit der Bitte, dem Sohn einen größeren Betrag zu geben, da dieser abends nichts zu essen habe.[288]

Auch während seines Studiums in Straßburg habe Schmidt nach Aussage eines in einem Zeitungsausschnitt namentlich nicht genannten Bekannten in extrem einfachen Verhältnissen gelebt. Er habe dort zeitweilig in einer nur notdürftig ausgestatteten, mäßig beleuchteten Waschküche gewohnt. Ein Straßburger Pastor habe sich schließlich seiner erbarmt und ihn in sein Haus aufgenommen.[289] Dem Bekannten aus seiner Straßburger Zeit seien damals außerdem Schmidts „wunderliches, menschenscheues Wesen" und sein „sehr gesteigertes sexuelles Triebleben"[290] aufgefallen. Der christlich ausgerichtete Wingolf hingegen erwartete von seinen Mitgliedern unbedingte Keuschheit: „ein Wilgolfit, der diese Forderung übertritt, d. h. sich in unsittlichen Geschlechtsverkehr einläßt, [kann] nicht mehr Mitglied einer Wingolfsverbindung bleiben."[291]

1906 kehrte Hans Schmidt nach Rostock zurück und legte dort die schriftlichen und mündlichen Prüfungen für das Höhere Lehramt erfolgreich mit der Note „gut" ab.[292] Im Anschluss an das bestandene Staatsexamen kam er für fast ein Jahr als Lehrer an die städtische höhere Schule im Mecklenburgischen Hagenow, an der auch sein Leibbursch Max Hübener tätig war.[293] Nach Aussage seines namentlich nicht genannten Bekannten schien er hier anfänglich aufzuleben, sei dann aber bald wieder in sein zurückgezogenes, menschenscheues Leben zurückgefallen.[294]

Als Lehrer sei Schmidt tüchtig gewesen, habe in Hagenow auf sein Oberlehrerexamen hingearbeitet und nebenbei Schwedisch und später auch Russisch gelernt.[295] Die Schüler hätten jedoch vor ihm gezittert, weil er „so furchtbar streng und misstrauisch"[296] gewesen sei. Schmidt hätte sehr viele Strafarbeiten verteilt und oft nachsitzen lassen. In den Extemporalien, den unvorbereitet anzufertigenden Klassenarbeiten, habe er den Schülern richtige Fallen gestellt und sich über jeden gefreut, der hineingefallen war.[297]

Im Übrigen sei er noch verschlossener gewesen als in seiner Studentenzeit. Bei dem gemeinsamen Mittagstisch habe er meist schweigend dabeigesessen und sei nur plötzlich mit einer scharfen Bemerkung dazwischengefahren („Wie ein kleiner bissiger Köter"[298]). Auf Hübeners Wunsch hin habe er an einem Leseabend teilgenommen, „sagte aber auch da fast kein Wort."[299] Obwohl Schmidt in Hagenow etwa 1 200 bis 1 500 Mark verdient habe, habe er äußerst sparsam, „ja eigentlich geizig"[300], gelebt. So habe er u. a. eine beliebte Kandidatenwohnung nach kurzer Zeit gekündigt, nur um in eine schlechtere und billigere zu ziehen und sich von kalten, antiquarisch gekauften Konserven ernährt. Pastor Hübener vermutete, dass Schmidt schon damals Geld an den Vater für die jüngeren Geschwister zurückzahlen musste.[301]

Hübeners Vermutung ist durchaus wahrscheinlich. Handschriftliche Briefe des Vaters in der durch die Kirchenleitung geführten Personalakte bestätigen Pastor Schmidts fortwährende Geldnöte.[302] In mehr als vierzig Briefen legte Karl Schmidt die desaströse finanzielle Lage der Familie dar. Er schrieb, unter gesundheitlichen

Problemen und neben den Geldsorgen auch an Erschöpfung und Überforderung zu leiden. Bereits zu Lebzeiten machte er sich Sorgen um seine ihn wahrscheinlich überlebende Ehefrau und die unversorgten Kinder, denen er nichts als Schulden hinterlassen werde.[303]

In zahlreichen Briefen an den Oberkirchenrat machte Karl Schmidt den Schuldienst für seinen schlechten Gesundheitszustand verantwortlich. Am 7. Januar 1882 schrieb er, dass „bereits seit längerer Zeit [s]eine Gesundheit unter der Schule leidet"[304], da seine Erholungszeit wegen des Doppelamtes in Sülze als Rektor und Hilfsprediger wesentlich verkürzt sei. Der Arzt habe ihm bestätigt, dass die Schule seiner Gesundheit zusetze, da er „leberleidend"[305] sei. Unter Berufung auf seinen schlechten Gesundheitszustand, seine finanzielle Not und die zunehmende Vergrößerung seiner Familie bemühte er sich in den folgenden Jahren immer wieder, meist erfolglos, um Versetzung in eine andere Pfarrei, bis ihm schließlich 1890 die Klinkener Parochie zugesprochen wurde.

Als Pfarrer war er in der Gemeinde nicht sehr beliebt. In einem amtlichen Schreiben vom 29. März 1912 an das Großherzogliche Finanzministerium in Schwerin hieß es, das Verhältnis zwischen dem Pastor und den Gemeinden Klinken und Raduhn ließe „zu wünschen übrig"[306]. Auch Pastor Schmidt war in der Gemeinde nicht glücklich. Er bemühte sich immer wieder um Versetzung und gab an, dass seine Amtsfreudigkeit unter „der hiesigen teilweise unkirchlichen, rohen und frechen Bevölkerung leiden muss."[307]

Am Palmsonntag 1898 hatte er einen Knaben von der Konfirmation abgewiesen, weil ihm „jegl. religiöses Verständnis und Wissen fehlte, er auch nicht lesen konnte, nicht mal die Buchstaben kannte"[308], musste ihn auf Anordnung des Oberkirchenrates schließlich aber doch zulassen. In der Nacht vom 13. zum 14. Mai 1900 wurden ihm in seinem Pfarrgarten vierzehn Obst- und elf Pflaumenbäume abgeschnitten.[309] Pastor Schmidt vermutete den Racheakt einer Gruppe junger Leute, die in der Passionszeit anlässlich ihrer militärischen Aushebung mit Musik durchs Dorf gezogen war, woraufhin der Pastor beim Amt Anzeige erstattet hatte und jeder von ihnen drei Mark Strafe zahlen musste.[310] Im Jahr 1907 versagte Pastor Schmidt einem in seiner Gemeinde während eines Verwandtenbesuchs verstorbenem Hamburger, der seine dortige Einäscherung verfügt hatte, die Scheideglocken, woraufhin ihm in einer der nächsten Nächte die Fenster eingeworfen wurden.[311] Er selbst bezeichnete sich als einen für den Dienst an seinen Mitmenschen „Unbegabten"[312], dem die Arbeit deshalb schwerer fallen würde als seinen Amtsbrüdern. Dies erklärt vielleicht auch, weshalb es nach Einschätzung der Mutter zwischen Vater und Sohn am „rechten Verständnis untereinander"[313] gefehlt habe.

Im Anschluss an seine Lehrertätigkeit in Hagenow absolvierte Hans Schmidt von Ostern 1907 bis Ostern 1908 ein Vorbereitungsjahr an dem Realgymnasium in Malchin.

Für das sich von Ostern 1908 bis Ostern 1909 anschließende Probejahr war er an dem Gymnasium bzw. Realgymnasium in Parchim tätig.[314] Dort habe er mit anderen in einer Pension gewohnt. Die Pensionsmutter habe ihn seinem Leibburschen gegenüber als ein „wunderbare[s], menschenscheue[s] Wesen"[315] beschrieben. Einmal sei Schmidt spätabends nach Hause gekommen. Er habe zwar den Haustürschlüssel bei sich gehabt, aber seinen Zimmerschlüssel vergessen. Weil er nicht gewagt habe, jemanden zu stören, sei er die ganze Nacht lautlos auf dem Flur vor seiner verschlossenen Zimmertür gestanden. Am nächsten Morgen sei er so in die Schule gegangen.[316]

Im März 1909 wurde Schmidt schließlich die Fähigkeit zum höheren Lehramt zuerkannt.[317] Es folgte ein Pflichtjahr beim Militär, das seinen Lungen schwer zu schaffen machte und aus dem er mit 1 000 Mark Schulden herausging.[318] Ab dem 22. Januar 1910 begann er am Gymnasium in Stolp in Pommern (heute Słupsk/Polen) Probelektionen zu geben und wurde dort noch im selben Jahr als Oberlehrer angestellt. Zusätzlich gab er einem Oberprimaner auf Wunsch des Direktors noch einige bezahlte private Nachhilfestunden. Trotz seiner Einnahmen von rund 4 000 Mark im Jahr, konnte er sich nach eigener Aussage keine regelmäßigen Reisen zu seinen Eltern leisten. Auch die Umstellung vom Militär auf die Schule sei ihm schwergefallen. Er habe sich sehr einarbeiten müssen, um seinen Ansprüchen zu genügen.[319]

Am 4. Mai 1911 beantragte Direktor Mörner, Leiter des städtischen Gymnasiums in Stolp, an dem Schmidt unterrichtete, bei dem zuständigen Kreisarzt die Ausstellung eines amtsärztlichen Attestes über den Gesundheitszustand des am Gymnasium angestellten Oberlehrers Johannes [sic!] Schmidt. Dieser sei ihm schon seit längerer Zeit durch sein „in mancher Beziehung eigenartiges Verhalten, insbesondere durch seinen Stimmungswechsel, seine Zerstreutheit, u. leichte Erregbarkeit aufgefallen."[320] Der Amtsarzt hatte bei Schmidt daraufhin eine ziemlich schwere Form von „Neurasthenie"[321] diagnostiziert und ihn als nicht dienstfähig befunden. Zur Wiederherstellung der Arbeitsfähigkeit empfahl er eine geeignete Erholungskur. Ab dem 7. Mai 1911 begab sich Schmidt deshalb auf eigene Kosten als Privatpatient für sechs Wochen in die offene Abteilung für Nervenkranke der Nervenheilanstalt Bergquell in Frauendorf bei Stettin (heute Golęcino, Ortsteil von Szczecin/Polen).[322]

In einem Brief an Martin Hübener äußerte Pastor Karl Schmidt, dass sich sein Sohn in Stolp überarbeitet habe. Man habe ihm dort nach einigen Wochen die Abiturvorbereitung der Primaner übertragen. Dies sei ihm – „zumal bei seiner hartnäckigen Simpelei"[323] – zu viel geworden. Dem hohen Oberkirchenrat schrieb er, sein ältester Sohn habe „wegen Ueberarbeitung leider eine Nervenheilanstalt aufsuchen müssen"[324]. Trotz seiner jungen Jahre sei ihm in Stolp nach nur kurzer Tätigkeit die Oberprima mit Vorbereitung der Abiturienten und die Obersekunda in seinen Fächern übergeben worden. Dabei habe er sich überarbeitet, musste in eine Nervenheilanstalt, verlor seine Stelle, sei seit Anfang Mai 1911 stellungslos und wohne seitdem zu Hause bei den Eltern, um sich weiter zu erholen.[325]

Auch Hans Schmidt sprach in einem Brief an seinen Leibburschen von einer „Nervenkrankheit, hervorgerufen durch Ueberarbeitung"[326] als Grund für seinen Aufenthalt in der Nervenheilanstalt. In einem Brief von Schmidts Mutter an den Klinikdirektor äußerte diese hingegen, dass ihr Sohn in Wirklichkeit wegen eines „sittlichen Fehltritts"[327] in die Nervenheilanstalt nach Frauendorf geschickt worden war.[328] Offiziell wurde Hans Schmidt dort wegen „Nervosität"[329] behandelt und am 16. Juni 1911 als arbeitsfähig entlassen.

Ab 1900 wurden in der Nervenheilanstalt Bergquell ausschließlich die „Privatkranken der besseren Stände"[330] aufgenommen. Schmidt konnte sich den Aufenthalt, der ihn nach eigener Aussage sechs Mark pro Tag kostete, nur sechs Wochen leisten, obwohl er bis zum 1. Juli 1911 beurlaubt war.[331] Die Stelle als Oberlehrer in Stolp konnte er nicht mehr antreten. Im Anschluss an seinen Aufenthalt im Bergquell verbrachte Schmidt die Sommerferien, die bis zum 4. August dauerten, in seinem Elternhaus in Klinken bei Schwerin. Im Herbst 1911 trat er eine Stelle als Hauslehrer an, wurde allerdings auch dort zum Jahresende wegen „Nervosität"[332] entlassen und lebte im Anschluss ohne Stellung in seinem Elternhaus. Der erneute Stellenverlust habe ihn schwer getroffen und sehr niedergedrückt, auch weil er sich mit niemandem darüber ausgesprochen habe.[333]

Nach vielen Bemühungen fand Hans Schmidt 1912 in Montjoie (heute Monschau) bei Aachen eine Stelle als Oberlehrer. Dort hatte er viele Konflikte mit dem Schuldirektor. In einem Brief vom 2. Mai 1912 an seinen Leibburschen äußert sich Schmidt über den Direktor als einem „durchgefallen Theologen", der „auch von den aller elementarsten Sachen der ‚Pädagogik' keinen blassen Schimmer hat, und auch sonst ein Mann ist, dessen Urteil durch Sachkenntnisse keineswegs getrübt ist"[334]. Gegenüber seiner Mutter äußerte Schmidt damals zudem öfters Schwierigkeiten mit der größtenteils katholischen Bevölkerung, die Jesuiten oder Patres würden ihm dort „eingebildeter Weise oder in Wirklichkeit"[335] das Leben schwer machen. Er war davon überzeugt, die Stadt würde ihn haftbar machen, wenn er nicht bei allen Schülern das vorgeschriebene Pensum erreichte. Und das sei unmöglich, weil die Schüler von anderen Lehrern mit Strafarbeiten überhäuft waren und für ihn keine Zeit hatten. Schmidt war deshalb sehr niedergeschlagen und sagte seiner Mutter, „dies sei sein letzter Versuch und wenn er ihm dort nicht glückte, sei es vorbei mit seiner Stellung als Lehrer."[336]

Schmidts Vater erhielt kurz vor Weihnachten 1912 ein Telegramm von dem Bürgermeister aus Montjoie: „Sohn aufgeregt. Muss in Anstalt."[337] Er antwortete daraufhin, seinen Sohn auf seine Kosten in eine Anstalt zu bringen. Der Bürgermeister hielt dies jedoch nicht für indiziert: „Anstaltspflege nicht geeignet, muss nach Hause."[338] So sei es hin und her gegangen und der Sohn nicht wie erwartet zu Hause eingetroffen. Stattdessen sei ein Brief aus Bremen gekommen, aber ohne Wohnungsangabe.[339] Dem hohen Oberkirchenrat schrieb Pastor Schmidt am 22. Januar 1913, dass sein ältester Sohn erneut so nervenleidend geworden sei, dass er nicht nur seine Stellung, sondern auch seinen Beruf aufgeben und etwas anderes ergreifen müsse.[340]

Hans Schmidt war Ende Dezember 1912 nach Bremen übergesiedelt, logierte zunächst in der Seemannstraße und wohnte zuletzt bei einer Familie Heinze in der Oderstraße 33 in der Bremer Neustadt.[341] Beim Einzug habe er seiner Logiswirtin gegenüber geäußert, dass er übernervös sei und sich hier ausruhen wolle. Er habe sich als Kandidat des höheren Schulamts, auch wohl als Oberlehrer, ausgegeben, habe sich aber nie darüber geäußert, weshalb er aus dem Dienste ausgeschieden oder entlassen worden sei. Ihren Untermieter beschrieb sie als scheu, nervös und ein „bißchen fimmelig"[342]. Er habe oft geglaubt bestohlen zu werden, und immer Briefe erwartet und sich beunruhigt, wenn keiner kam. Getrunken habe er nicht, sondern solide gelebt, gelegentlich das Theater besucht und Übersetzungen angefertigt. Während der Zeit, in der er bei ihr in der Oderstraße gewohnt habe, habe ihn seine Mutter einmal besucht.[343]

Nachdem der Brief aus Bremen ohne Wohnungsangabe gekommen war, ließen die Eltern ihren Sohn von der Post ausfindig machen und die Mutter suchte ihn im Januar 1913 auf, um ihn zu überreden, nach Hause zu kommen oder ein Sanatorium aufzusuchen. Er habe jedoch keinerlei Krankheitseinsicht gehabt, hielt sich für „durchaus gesund und klar"[344] und wollte auf keinen Fall in ein Sanatorium. Nach Hause wollte er wegen des unruhigen Lebens mit den kleinen Geschwistern auch nicht, da er zu diesem Zeitpunkt extrem lärmempfindlich war, „kein Husten, kein Räuspern, keinerlei Geräusche" vertrug und „das Gespräch der Leute"[345] im Ort fürchtete. Stattdessen bemühte er sich erfolglos um eine neue Stelle. Er wollte am liebsten nach England gehen und bemühte sich um einen Pass. Der Misserfolg machte ihn nach Aussage seiner Mutter noch schwermütiger und niedergeschlagener. Auch an die schwere Erkrankung seines Vaters habe er nicht glauben wollen.[346]

Die sechs Browningpistolen, zwei große und vier kleinere, hatte Schmidt an unterschiedlichen Tagen und Orten gekauft.[347] Ein Mann, dessen Beschreibung auf Schmidt passt, soll etwa acht Wochen vor der Tat – d. h. gegen Ende April 1913 – auffallend viele Patronen in einem Waffenladen in der Bremer Altstadt erworben haben. Dem Inhaber seien die unruhigen Augen des Käufers verdächtig vorgekommen, weshalb er die Kriminalpolizei darüber in Kenntnis gesetzt und gebeten habe, seiner Verkäuferin einen Beamten zur Seite zu stellen, da sie dem Mann häufiger begegne, wenn sie vom Bahnhof komme.[348]

Der Privatdetektiv G. H. Vogelsang hatte den „Bremer Nachrichten" schriftlich mitgeteilt, dass Schmidt am 19. Juni 1913 bei ihm gewesen sei. Schmidt habe ihn am Donnerstagmorgen gebeten, sofort in Klinken bei Crivitz Ermittlungen einzuziehen, ob und wann sein Vater, der Pastor Schmidt, gestorben sei und an welchem Tag die

Beerdigung stattfinden werde. Schmidt habe auf ihn einen sehr guten Eindruck gemacht und er sei der Überzeugung gewesen, dass er Lehrer sein müsste. Am Freitag-
mittag wollte Schmidt dann die Auskunft abholen, sei aber nicht gekommen. Die telegrafische Antwort auf Schmidts Anliegen sei bereits am Donnerstagmittag eingetroffen. Da Schmidt es sehr eilig hatte, habe er noch die Frage gestellt, ob er die Reise
in einem halben Tage machen könne.[349]

Schmidts Vater litt seit Ende 2012 an einer „Verengung der Speiseröhre"[350] und
konnte nur noch flüssige und völlig zerkleinerte Nahrung zu sich nehmen. Ein Arzt
und drei Professoren hatten seinen Zustand als inoperabel eingeschätzt.[351] Er hatte
Speiseröhrenkrebs und war am 18. Juni 1913 im Alter von 63 Jahren in Klinken nach
schwerem Leiden verstorben.[352] Die telegrafische Nachricht über den Tod seines Vaters hatte Schmidt vermutlich bereits am Mittwochabend oder Donnerstagfrüh er-
reicht. Er hatte offenbar vor, noch am Donnerstag nach Hause zu fahren. In seinem
Portemonnaie wurde eine Fahrkarte nach Schwerin gefunden, die er am Donnerstag
gelöst hatte.[353] In Schmidts Unterlagen befanden sich nach Aussage der „Bremer
Nachrichten" mehrere Briefe, in denen er die Gesellschaft Jesu für die schwere Erkrankung seines Vaters verantwortlich machte und vor der Gefahr warnt, die von
den Jesuiten ausgehe.[354]

In einem Brief an Herrn Dr. med. Leipziger, der am 20. Juni 1913 um dreizehn Uhr
bei diesem abgegeben worden sei – also vermutlich am gleichen Morgen auf die Post
gegeben war – sei die Rede davon gewesen, dass er die Jesuiten mit allem Mitteln
bekämpfen wolle.[355] Er habe darin auch einige Namen von angeblichen Mittätern genannt, die ihm beistehen würden, und auf die Gefahr der Gesellschaft Jesu hingewiesen: „„Aber auf sie kommt niemand, weil die Jesuiten stets andere aufhetzen.""[356] Zum
Schluss habe es dann geheißen: „„Man wende dies mit tödlicher Sicherheit gegen katholische Familien an.""[357] Auf einen Brief, in dem ihm seine Schwester von der
schweren Erkrankung des Vaters Mitteilung gemacht habe, habe er die Worte geschrieben: „Das haben die Jesuiten getan."[358]

Nach Aussage der Mutter habe ihr Sohn nicht an die schwere Erkrankung seines Vaters glauben wollen. Die Todesnachricht habe ihn deshalb umso mehr erschüttert.
Telegrafisch habe er der Mutter mitgeteilt, er wolle zur Beerdigung kommen, doch
das Telegramm sei nicht klar verständlich verfasst gewesen.[359] Am Morgen vor der
Tatausführung habe Schmidt nach Aussage seiner Logiswirtin noch ein Paket versie-
gelt, wo es geblieben war, wusste die Wirtin allerdings nicht. Schmidt sei morgens
mit einer Mappe weggegangen und habe geäußert, dass er verreisen wolle.[360] Die Familie wartete vergebens auf sein Kommen. Stattdessen sei die Nachricht aus Bremen
von der Kriminalpolizei gekommen.[361] Unmittelbar vor der Tat hatte Schmidt noch
in einem Kolonialwarengeschäft in der Nähe der Schule eine Bleifeder gekauft und
dabei bemerkt, dass er um elf Uhr in der Schule sein müsse.[362]

Schmidt wurde als sehr gemeingefährlich eingestuft und nach dem polizeilichen Ver-
hör gegen 13:40 Uhr mittags in Ketten und mit polizeilicher Begleitung in die Bremische Staatsirrenanstalt in Ellen gebracht. Das als psychiatrische Reformanstalt konzi-
pierte Asyl für Geistes- und Nervenkranke war neun Jahre zuvor in ländlicher Abge-
schiedenheit vor den Toren der Stadt im heutigen Stadtteil Osterholz eröffnet worden.[363] Bei der Einlieferung wies Schmidt zahlreiche frische äußere Verletzungen auf,
die allesamt von der Festnahme stammten. Mund, Wangen und Augen waren geschwollen und blutunterlaufen, auch der rechte Zungenrand war verletzt. Zudem
fanden sich Sugillationen an beiden Handgelenken als Folge der Fesselung. Die Reflexe waren gesteigert, die Körpertemperatur bei Einlieferung und auch am Abend
febril (38,8 °C). Im Urin wurden Spuren von Albumin nachgewiesen. Der Lumbalbe-
fund war negativ. Lymphknoten waren nicht tastbar, die Schilddrüse nicht vergrö-
ßert. Es bestand ein akuter Tremor der Hände, der es ihm unmöglich machte, mit
einem Füllfederhalter zu schreiben. Ein Foetor alcoholicus lag nicht vor. Darüber
hinaus bestand eine Hyperalgesie am ganzen Körper.[364]

Ein am Aufnahmetag gegen achtzehn Uhr erhobener Fragebogen zur Beurteilung
von Orientiertheit, Schulkenntnissen und Rechenvermögen kam zu dem Ergebnis,
dass Schmidt sowohl örtlich und zeitlich als auch zur eigenen Person und zur Situation nur sehr unscharf bis gar nicht orientiert war. Er wusste weder seinen Namen
noch sein Alter, Geburtsort oder weshalb er in der Anstalt war. Auch seinen Beruf
erinnerte er nicht („ich bin nichts"[365]). Er kannte weder die aktuelle Jahreszeit noch
den exakten Tag und Monat. Nach längerem Zögern konnte er jedoch das exakte Jahr
angeben. Örtlich war er gänzlich desorientiert, dachte, er sei in Schwerin und der
Pfaffenteich befinde sich vor dem Asyl, das er für ein gewöhnliches Wohnhaus hielt.
Er konnte sich auch nicht erinnern, wie er in das St. Jürgen-Asyl nach Ellen gekommen war, was ebenfalls für das Vorliegen einer retrograden Amnesie spricht. Auf
Nachfrage gab er unter Schluchzen und Weinen an, dass er sich verfolgt und verspottet fühle. Er höre oft schimpfende Stimmen, gerade im Moment jedoch nicht. Visu-
elle Halluzinationen verneinte er. Er sehe keine spukhaften Gestalten, „aber die Gedanken sind Gespenster."[366]

Der 29-Jährige konnte bei Aufnahme weder das Alphabet noch die korrekte Abfolge
der Wochentage und Monatsnamen aufsagen. Auch das korrekte Zählen war nicht
möglich. Sowohl das Kurzzeit-, das Arbeitszeit- als auch das Langzeitgedächtnis waren stark eingeschränkt. Eine Zahlenfolge von sechs Ziffern konnte er nicht korrekt
nachsprechen. Auch das Vaterunser konnte er nicht aufsagen („das hab' ich lang vergessen"[367]), wusste nicht, wer 1870 Krieg geführt hatte („die Russen u. die Türken"[368])
und vieles mehr. Seine Rechenleistungen waren deutlich eingeschränkt und seine Re-
aktionszeiten auffallend lang. Während der gesamten Exploration war Schmidt deutlich verlangsamt und im Affekt verflacht mit Ausnahme der Frage des Arztes nach

Verfolgungsideen, die er unter lebhaftem Affekt vehement bejahte, sich aber gleich wieder beruhigte.

In der ersten Nacht schlief er nicht, lag still wach. Am nächsten Tag war Schmidt weiterhin völlig verwirrt, wirkte teilnahmslos und verlangsamt. Er war weder zu Person noch zu Ort, Zeit oder Situation orientiert. Er wusste weder genau, wie er heißt („Schmidt oder Jakob. Aber das haben Sie mir erst gesagt."[369]) noch, was er Schreckliches getan hatte. Er konnte sich anscheinend an nichts erinnern. Bei der Untersuchung seiner Krankenakte entsteht nicht der Eindruck, dass Schmidt simulierte. Auch nachdem ihn der Arzt De la Motte mit den Geschehnissen aus der Tageszeitung konfrontierte, hatte Schmidt anscheinend nicht die geringste Erinnerung an die Straftat. Er reagierte auf die Nachricht ohne Affekt. Als De la Motte seinem Patienten erklärte, dass er für die grauenhafte Tat verantwortlich sei, antwortete Schmidt kopfschüttelnd: „Ich? [...] Das kann ich mir garnicht denken."[370] Auf die Frage des Arztes, wer das getan hat, antwortete er: „Ich glaube irgend ein Oberlehrer Schmidt."[371]

Zeigte Schmidt im bisherigen Gespräch wenig Affekt, änderte sich dies schlagartig, als die Rede auf die Jesuiten gebracht wurde. Schmidt begann zu schluchzen. Auf seinen Hass gegen die Jesuiten angesprochen, erhob er sich plötzlich und bestätigte, dass er die Jesuiten hasst und sich von ihnen seit seiner Studentenzeit verfolgt und beobachtet fühlte. Er glaubte auch, man würde schlecht über ihn sprechen. Er höre sehr oft Stimmen, die ihm sagen: „[A]us dem wird nichts"[372]. Der Arzt De la Motte diagnostizierte bei ihm im Anschluss an das Gespräch eine „(Epilepsie oder) Dementia praecox."[373] Eine gerichtliche Verfolgung des Täters fand nicht statt. Dieser war laut Krankenakte auch acht Tage nach der Tat noch vollkommen desorientiert und konnte sich an nichts erinnern.[374]

Bei einem Besuch seiner Mutter am 27. August 1913 verhielt sich Schmidt weiterhin auffällig.[375] Beim Eintritt seiner Mutter reagierte er affektarm und zeigte keine Zeichen von großer Überraschung oder Freude, fragte nur, woher sie käme und was sie wolle. Nach den Geschwistern und Verwandten erkundigte er sich nicht und auch die Erkrankung seiner Großmutter ließ ihn teilnahmslos. Er erzählte seiner Mutter von Hypnotismus und Magnetismus und äußerte ihr gegenüber wahnhafte Vorstellungen von Fremdbeeinflussung. Er sei davon überzeugt gewesen, dass ein Mensch durch diese Kräfte auf einen anderen ohne sein Wissen Einfluss nehmen und diesen zu Taten veranlassen könnte, die er nicht gewollt habe, und so zu einem schlechten Menschen würde.

Auf seine Tat angesprochen erklärte er, dass der Arzt ihm aus der Zeitung vorgelesen habe, er sich aber nicht erinnern könne. Daraufhin habe er plötzlich angefangen zu lachen, ohne sagen zu können, warum er lachen müsse. Diese sich durch ihre affektive Inadäquatheit auszeichnende parathyme Reaktion findet sich u. a. regelmäßig bei

Psychosen aus dem schizophrenen Formenkreis. Sie stellt sich anstelle von Erinnerungen ein, wenn die Betroffenen mit ganz konkreten Einzelheiten ihrer Psychose
konfrontiert werden, und spricht im vorliegenden Fall für die Echtheit der mnesti-
schen Lücke im Sinne einer Psychose-Amnesie.[376]

Bei ihrem Besuch habe Schmidt seiner Mutter einen Brief gezeigt, den sie ihm vor
einiger Zeit geschrieben hatte, und sich gewundert, warum die Adresse nicht an ihn
gerichtet gewesen sei. Er habe sich gedacht, die Buchstaben seien von den Jesuiten
nachgemacht worden, und er schien schwer unter diesen Vorstellungen zu leiden.
Der Abschied sei ihm sehr nah gegangen. Er habe sie gebeten noch zu bleiben, wollte
am liebsten immer bei ihr sein. Ihr Einwand, dass dies nicht ginge, schien ihm nicht
einzuleuchten, denn er habe sie begleiten wollen.[377]

Während seines Aufenthalts im St. Jürgen-Asyl adressierte Hans Schmidt mehrere in
unbeholfener und sehr unsauberer Schrift verfasste Briefe an seine Mutter, in denen
er sie vor den Nachstellungen der Jesuiten warnt.[378] In seinem Brief vom 28. November 1913 warnte er sie vor der Gefahr, die von den Jesuiten ausgehe: „Liebe Mutter!
[...] Ich will Dir noch etwas von den Jesuiten schreiben. Sie wollen, daß alle Leute
Jesuiten werden, u. allen Leuten die nicht Jesuiten sind wollen sie ihr Geld u. alles was
sie haben wegnehmen."[379] Diesen Umstand würden die Jesuiten „schwarz machen"[380]
nennen.

In dem Brief vom 6. Juli 1914 schrieb Schmidt, dass „ihre bosheit [sic!] größer ist als
daß man sie beschreiben könnte."[381] Die Jesuiten würden sich zudem sehr für die
Aufzucht von „mehrschweinen"[382] interessieren, womit er vermutlich Kinder meinte.
Schmidts Krankenakte ist zu entnehmen, dass er auch später den Ausdruck „Kinder"
nie gebrauchte und stattdessen immer von „Meerschweinchen" sprach.[383] „Ihre Forderung lautet: mehrschweine, mehr schweine"[384], so Schmidts wahnhafte Überzeugung. Hierbei handelt es sich um ein Beispiel von Privatsymbolik, wie sie manchmal
bei an einer Schizophrenie erkrankten Person vorzufinden ist.[385]

Schmidt, der während seines Studiums mehrere Sprachen gelernt hatte, las auch während seiner Unterbringung im St. Jürgen-Asyl gerne fremdsprachige Bücher.[386] Im
Juli 1917 spielte er mit dem Gedanken, ein Buch über die Reform der deutschen Sprache zu schreiben. Er selbst sprach bereits in dieser reformierten Art.[387] Er pflegte zudem bis zu seinem Tod eine umfangreiche Briefmarkensammlung.[388] Auch die deutschen Briefmarken wollte er mit neuen Farben versehen und hatte sich eigens für
diesen Zweck einen eigenen Farbenkasten kommen lassen.[389] Im Januar 1919 entwickelte er ein neues phonetisches System.[390]

Darüber hinaus beschäftigte sich Schmidt mit vergleichenden Sprachstudien. Auf
nähere Fragen dazu ging er gerne ein und verlor sich dann häufig in langatmigen
Ausführungen über Sprachvergleichung.[391] Später entwickelte er auch eine neue Or-
thografie, in der er Briefe an seine Angehörigen schrieb. Als ihm bedeutet wurde, dass

seine Briefe dadurch schwer lesbar seien, zuckte er verlegen die Achseln.[392] Wie bei
Schmidts persönlicher Symbolik „Kinder = Meerschweinchen" handelt es sich auch
hier um Beispiele von Privatsymbolik. Sowohl die von Schmidt entwickelte Kryptolalie (Privatsprache) als auch seine Kryptografie (Privatschrift) sind als Fortführun-
gen dieser Privatsymbolik zu verstehen.[393]

Der Krankenakte ist zu entnehmen, dass sich Schmidt bereits seit seiner Studentenzeit von den Jesuiten verfolgt fühlte und sie für alles Schlechte verantwortlich machte.
Bereits kurz nach dem Abitur habe er während einer Bahnfahrt den Eindruck gehabt,
dass zwei Herren eigentümliche Bemerkungen über ihn machten und ihn so sonderbar ansähen. Er sei noch Jahre später überzeugt gewesen, dass sie alles über ihn gewusst hätten.[394] Hierbei handelte es sich sehr wahrscheinlich um eine wahnhafte
Fehlinterpretation eines realen Ereignisses.

In seinem Brief vom 25. Oktober 1926 an den Freund Max Koch griff Schmidt diese
Wahnwahrnehmung aus seiner Studentenzeit auf. Er war jetzt davon überzeugt, dass
„die Jesuiten in der Bahn, die for [sic!] 20 Jahren den Fakirschurkenstreich gegen
mich begingen"[395], nun von der Ortsgruppe Ellen und anderen Jesuitenorten sprachen und vorhätten, weitere „Schurkenstreiche" gegen ihn zu begehen. Aus der ursprünglichen Wahnwahrnehmung und den überwertigen Ideen hatten sich wahnhafte Überzeugungen entwickelt.

Im Januar 1927 verdächtigte er einen Mitpatienten, möglicherweise auch mit den Jesuiten im Bunde zu stehen.[396] Durch Wahnarbeit und Herstellen weiterer Verknüpfungen war ein in sich geschlossenes Wahnsystem entstanden. Noch im Juni desselben Jahres, war er von der Gefährlichkeit der Jesuiten überzeugt. In einem Brief an
seine Mutter schrieb Schmidt, dass er Angst habe, die Jesuiten könnten ohne sein
Wissen und gegen seinen Willen „schurkenstreiche"[397] gegen seine Mutter oder seine
Geschwister begehen, die er weder gewollt noch geäußert habe und auch nicht ver-
hindern könne. Er schrieb von den „moralischen Münchhausiaden"[398] der Jesuiten
und ihren „menschenfressergebäude[n]"[399].

Die von Schmidt in Zusammenhang mit den Jesuiten verwendeten Wortbildungen
„Fakirschurkenstreich" und „Menschenfressergebäude" stellen sogenannte Kontaminationen (Wortverschmelzungen) dar. Es handelt sich hierbei um Verknüpfungen
heterogener Sachverhalte, mit denen fast ausschließlich an einer Schizophrenie erkrankte Personen ihre Privatsymbole ausdrücken oder wie im vorliegenden Fall versuchen, „das Unfassbare ihrer Erfahrungen irgendwie annähernd noch zum Ausdruck zu bringen."[400] Kontaminationen zeigen sich in einer Unverständlichkeit
sprachlicher Äußerungen und sind hinweisend auf formale Denkstörungen.

In Briefen an die Direktion beschwerte sich Schmidt wiederholt über Mitinsassen,
von denen er glaubte, sie sprächen schlecht über ihn.[401] Da die Betreffenden versi-
cherten, sie hätten kein Wort zu ihm gesagt, handelte es sich sehr wahrscheinlich um

akustische Halluzinationen. Vor allem bei paranoider Schizophrenie werden im Rahmen des Krankheitsprozesses gelegentlich kommentierende Stimmen wahrgenommen, die das eigene Handeln abschätzig beurteilen oder die Betroffenen beleidigen. Diese Annahme findet sich durch die Krankenakte bestätigt. „Sehr paranoisch, hört viel Stimmen"[402], ist im Juli 1928 darin zu lesen.

Hans Schmidt glaubte sich bis zuletzt von den Jesuiten verfolgt. Er blieb bis kurz vor seinem Tod im geschlossenen „Verwahrhaus für verbrecherische Geisteskranke", welches von der übrigen Anstalt durch eine vier Meter hohe Mauer gesichert war. Die Kosten für die Unterbringung wurden von der städtischen Armenpflege übernommen. Therapie im heutigen Sinne gab es keine. Es handelte sich um ein reines Verwahrhaus. Aufgrund seines schlechten Allgemeinzustandes und der infausten Prognose wurde er am 17. März 1932 in ein Einzelzimmer in Haus II des St. Jürgen-Asyls verlegt. Dort verstarb er am 31. März 1932 im Alter von 48 Jahren an den Folgen einer Wirbelsäulentuberkulose, die in den Brustkorb durchgebrochen war und einen linksseitigen Pyopneumothorax verursacht hatte.[403]

Trotz seiner bis zuletzt bestehenden paranoiden Wahngedanken sah Schmidt schließlich doch die Schwere seines tuberkulösen Leidens, das er kurz zuvor noch als „Erkältung"[404] bezeichnet hatte. Er neigte jedoch dazu, auch sein körperliches Leiden auf feindselige Beeinflussungen zurückzuführen.[405] Hans Schmidt hinterließ mehrere Bücher, darunter viele fremdsprachige, und eine etwa 5 000 verschiedene Marken umfassende Briefmarkensammlung.[406] Die Sektion ergab keinen Hinweis auf einen krankhaften Prozess im Gehirn.[407]

Die Rekonstruktion der Ereignisse vom 20. Juni 1913 an der Marienschule in Bremen-Walle weist einige Gemeinsamkeiten mit klassischem School Shooting auf. Es werden aber durchaus auch Unterschiede deutlich. So erfolgte der Angriff auf die Kinder und das Lehrpersonal der gezielt als Tatort ausgewählten Marienschule zwar mit potentiell tödlichen Waffen und Tötungsabsicht, jedoch stand der Täter in keinem realen persönlichen Bezug zu der katholischen Grundschule. Der arbeitslose mecklenburgische Oberlehrer war weder aktueller oder ehemaliger Schüler oder Lehrer der Bremer Marienschule noch hatte er sich an dieser beworben und war abgelehnt worden. Seine Tat ist folglich nicht durch individuell konstruierte Motive im Zusammenhang mit dem konkreten Schulkontext – wie etwa persönliche Kränkungserfahrungen – bedingt. Es handelt sich deshalb nicht um ein School Shooting im Sinne der im Abschnitt 3.3 zugrunde gelegten Kriterien der Freien Universität Berlin. Aufgrund des fehlenden impulsiven, raptusartigen Beginns und der Zielgerichtetheit bezüglich des Tatorts erfüllt die Tat zudem nicht die Kriterien eines Amoklaufs.

Die Motive des Täters waren ausschließlich wahnhafter Natur. Er fühlte sich durch die Gesellschaft Jesu bedroht und machte Mitglieder der katholischen Ordensgemeinschaft für die schwere Erkrankung (und möglicherweise auch für den Tod) seines Vaters verantwortlich. Dieser war zwei Tage vor der Tat gestorben. Zu Lebzeiten hatte sein Vater in zahlreichen Briefen an den Oberkirchenrat zudem den Schuldienst für seinen schlechten Gesundheitszustand verantwortlich gemacht.[408] Sogar sein Arzt habe ihm bestätigt, dass die Schule seiner Gesundheit zusetze, da er „leberleidend"[409] sei.

Unklar ist, wie lange im Voraus die Tat geplant war. Wegen außergewöhnlich hoher Munitionskäufe hatte die Bremer Kriminalpolizei etwa acht Wochen vor der Tat einen Hinweis von einem Waffenhändler aus der Altstadt erhalten, dem indessen nicht mit Nachdruck nachgegangen wurde. Der Kunde soll Ähnlichkeit mit Schmidt gehabt haben. Auch soll dieser die sechs Tatwaffen nicht alle auf einmal und nicht alle an einer Stelle gekauft haben. Ob Schmidt die Browningpistolen und die Munition mit dem konkreten Ziel gekauft hat, die Kinder der Marienschule zu töten, kann nicht sicher gesagt werden. Vor dem Hintergrund seines Beeinträchtigungswahns wäre es ebenso vorstellbar, dass er sich die Waffen zunächst zu seinem Eigenschutz gekauft hat, ohne konkrete Anschlagsabsichten zu besitzen. Es ist nicht ausgeschlossen, dass erst die Nachricht über den Tod des Vaters zur akuten psychischen Dekompensation mit zunehmender Bewusstseinseinengung und zur Tatentstehung geführt hat.

Zu den Motiven der Tat gab es, damals wie heute, geteilte Stimmen. Während die einen den Täter für wahnsinnig und damit für vermindert zurechnungsfähig hielten, vermuteten katholische Blätter, es handele sich um die Tat eines protestantischen Fanatikers:

> „Wenn wir den protestantischen Hetzereien gegen die Katholiken diese furchtbare Tat aufs Konto setzen, so lassen wir uns nicht durch den Einwand beirren, daß der Mörder ja irrsinnig sei. Wodurch ist er denn irrsinnig geworden? Eben durch seine völlige Hingabe an die antikatholische Verhetzung. [...] Man wird annehmen können, daß der Verbrecher durch Lektüre entsprechender Schriften, zum Beispiel der Publikationen des Evangelischen Bundes, der Täglichen Rundschau oder dergleichen, zu einem furchtbaren Hass gegen Jesuiten und Katholiken gekommen ist."[410]

Auch der spätere langjährige Schulleiter Bernhard Schnieders, der 1913 als Lehrer an der Marienschule unterrichtete, ging in seiner 1949 veröffentlichten „Geschichte der St. Marienschule" von einer politisch-religiös motivierten Tat aus. Aus dem „Geist der Unduldsamkeit und Feindseligkeit" und der „Angriffe gegen den Katholizismus" sei es zu verstehen, „daß ein Mensch dem religiösen Wahnsinn verfiel" und ihn das „schreckliche Attentat an den Kindern der Marienschule begehen ließ"[411].

Der ehemalige Pressesprecher der Bremer katholischen Kirche und frühere Schulleiter der St.-Marien-Schule Wilhelm Tacke geht in seiner Interpretation der Ereignisse vom 20. Juni 1913 noch einen Schritt weiter. Er ist davon überzeugt, dass „tiefsitzende Vorurteile" und „der ‚unbändige Haß auf die Jesuiten', [...] den verirrten Pastorensohn zu seiner grausigen Tat motiviert"[412] haben. Dieser Hass sei der eigentliche Grund für das Attentat gewesen und nicht etwa seine schwere psychische Erkrankung, wegen der Schmidt vor der Tat in Behandlung war. Der Bremer Historiker Achim Saur geht gegenüber der „Nordwest-Zeitung" ebenfalls von einem Akt religiösen Fanatismus aus: Bei dem Bremer Blutbad an der St.-Marien-Schule handele es sich seiner Meinung nach um „das erste fundamentalistische Attentat im 20. Jahrhundert."[413]

Bei den sich der Tat anschließenden Vernehmungen und der Aufnahme in die Bremische Staatsirrenanstalt in Ellen erfüllte Schmidts klinische Symptomatik jedoch klar die Diagnosekriterien einer paranoiden Schizophrenie nach ICD-10 (F20.0): charakteristische formale und inhaltliche schizophrene Denkstörungen mit paranoiden Wahnvorstellungen, Ich-Störungen mit Fremdbeeinflussungsideen, Affektverflachung mit zum Teil inadäquaten Affekten (Parathymie) und eindeutige und anhaltende Sinnestäuschungen in Form von akustischen Halluzinationen (Stimmenhören). Es lagen weder Hinweise auf eine organische Erkrankung noch auf Alkohol- oder Drogenkonsum vor. Die Symptome bestanden zum Tatzeitpunkt seit mehr als einem Monat und auch das Erkrankungsalter (junges Erwachsenenalter) ist typisch für das Vorliegen einer paranoiden Schizophrenie.[414] Ähnlich wie im Fall des jugendlichen Täters aus Saarbrücken (Abschnitt 6.2.1) findet sich auch bei Hans Schmidt ein deutlicher „Knick in der Lebenslinie"[415]. Schmidt konnte darüber hinaus keinerlei Bezug zwischen der eigenen Person und den Geschehnissen herstellen und war sowohl in seiner Identitätswahrnehmung als auch in seinem autobiografischen Gedächtnis schwerwiegend gestört (dissoziiert).

Trotz der aus Schmidts Krankengeschichte eindeutig hervorgehenden Wahnsymptomatik lässt sich die Tat nicht losgelöst von ihrem historischen Kontext verstehen. Es ist anzunehmen, dass der Sohn eines protestantischen Pastors und einer protestantischen Pastorentochter bereits seit seiner Kindheit und Jugend mit den konfessionellen Spannungen im Kaiserreich vertraut gewesen ist. Aufgrund der Dominanz Preußens war das Deutsche Kaiserreich ein protestantisch geprägter Staat. Als Protestant gehörte Schmidt folglich der deutschen Mehrheitsgesellschaft an. In der Hansestadt Bremen waren Katholiken damals wie heute in der Minderheit, genau wie in Schmidts rund 300 km entfernter Geburtsstadt Sülze (heute Bad Sülze). Zwischen Stralsund und Rostock gelegen, gehörte Sülze seit 1815 zum Großherzogtum Mecklenburg-Schwerin, dessen Einwohner bis auf wenige Ausnahmen alle dem evangelisch-lutherischen Glauben angehörten. Die Hochburgen der Katholiken lagen hingegen in West- und Süddeutschland sowie in Oberschlesien.[416]

Als sich Anfang der 1870er-Jahre der sogenannte „Kulturkampf" zuspitzte, beschnitt Otto von Bismarck (1815–1898) mit Hilfe antiklerikaler Liberaler mit einer Reihe von staatlichen Sanktionen und Diskriminierungen die Rechte der katholischen Minderheit. Den Auftakt markierte der sogenannte „Kanzelparagraph", der bereits 1871 vom Reichstag angenommen wurde. Unter Androhung einer Freiheitsstrafe von bis zu zwei Jahren war es fortan allen Geistlichen gesetzlich untersagt, während ihrer Amtsausübung „in einer den öffentlichen Frieden gefährdenden Weise"[417] zu politischen Angelegenheiten Stellung zu nehmen. Anders als ihre staatskonformen protestantischen Kollegen waren katholische Geistliche im preußisch dominierten Kaiserreich von dieser Strafvorschrift besonders betroffen.

Der Begriff „Kulturkampf" für die sich Anfang der 1870er-Jahre entfaltende Auseinandersetzung zwischen dem Deutschen Reich und der katholischen Kirche wurde von dem deutschen Pathologen und liberalen Politiker Rudolf Virchow (1821–1902) geprägt. Bismarcks Kampf richtete sich vor allem gegen den politischen Katholizismus. Mithilfe mehrerer Gesetze sollte die 1870 gegründete Deutsche Zentrumspartei geschwächt und der „Ultramontanismus", d. h. die vermeintliche Vatikangläubigkeit der im Deutschen Kaiserreich lebenden Katholiken, bekämpft werden. Von besonderer Relevanz für den hier untersuchten Fall ist die Tatsache, dass die Jesuiten als intellektuelle Speerspitze dieser romtreu-katholischen Bewegung galten.

Das am 4. Juli 1872 verabschiedete „Jesuitengesetz" war Teil eines breit angelegten Angriffs auf die Rechte der katholischen Kirche in Deutschland. Es verbot sämtliche Niederlassungen des Jesuitenordens auf dem Boden des Deutschen Kaiserreichs und ermächtigte die Regierung, Aufenthaltsverbote gegen einzelne Jesuiten auszusprechen sowie ausländische Jesuiten jederzeit auszuweisen.[418] Das Gesetz blieb auch nach der weitgehenden Beendigung des Kulturkampfs in den 1880er-Jahren in Kraft und wurde erst 1904 gemildert, bevor es am 19. April 1917 aufgehoben wurde.[419]

Bismarcks Ausnahme- und Verbotsgesetze richteten sich jedoch nicht nur gegen den Jesuitenorden, sondern hatten auch weitreichende Konsequenzen auf das Leben der innerhalb der Grenzen des Deutschen Reichs lebenden Katholiken, zu denen auch eine zahlenmäßig starke polnische Minderheit gehörte. In dem wenige Monate vor dem „Jesuitengesetz" verabschiedeten „Schulaufsichtsgesetz" wurden alle Schulen unter staatliche Kontrolle gestellt. Damit wurde allen Kirchen, auch der protestantischen, die geistliche Aufsicht über die Schulen entzogen.[420] Darüber hinaus wurde Deutsch ab 1872 in den polnischsprachigen Gebieten gegen zum Teil erbitterten Widerstand als alleinige Schulsprache durchgesetzt.[421]

Die von vielen Katholiken während des Kulturkampfs als bedrohlich und weitgehend feindlich gedeutete, protestantisch dominierte städtische Lebenswelt förderte die Ausbildung eines intensiven Vereinslebens. Im Kreis mit Menschen gleicher Herkunft und Wertvorstellungen konnten sich die Mitglieder gegenseitig ihrer religiösen

Werte versichern und ihrem Bedürfnis nach Gemeinschaft nachgehen. Die katholischen Vereine boten ihren Mitgliedern zwar sichere Nischen, führten aber auch zu einer zunehmenden konfessionellen und sozialen Abschottung der katholischen Minderheit. Die äußere Bedrohung durch den Kulturkampf führte entgegen Bismarcks ursprünglicher Intention nicht zu einer Schwächung des politischen Katholizismus im Kaiserreich, sondern im Gegenteil zu einer Stärkung der konfessionellen Identität der katholischen Minderheit. Ende der 1880er-Jahre ging der Katholizismus deshalb gestärkt aus dem Kulturkampf hervor und gewann zunehmend an politischem Einfluss.

Anfang der 1880er-Jahre wurde mit den sogenannten „Milderungsgesetzen" das Ende der staatlichen Diskriminierung der Katholiken und des Kulturkampfs eingeleitet. Kaiser Wilhelm II. (1859–1941) befürwortete die Beendigung und hob einige Repressionen gegen die während des bismarckischen Kulturkampfs benachteiligten Katholiken, die an der Teilnahme am politischen Leben sowie an der freien Ausübung ihrer Religion gehindert worden waren, auf. Am 23. Mai 1887 erklärte Papst Leo XIII. den Kulturkampf für beendet.[422]

In der Folge manifestierten sich die konfessionellen Spannungen um 1900 nicht mehr so sehr auf staatlich-amtskirchlicher Ebene. Vielmehr hatten sich die Kulturkampf-konflikte auf andere alltägliche Ebenen verlagert, wovon insbesondere das aufblühende Vereinswesen wie die Gründung des radikalen „Evangelischen Bunds" 1886 durch den evangelischen Theologen Willibald Beyschlag (1823–1900) oder der später gegründete „Volksverein für das katholische Deutschland" zeigen. Beide hatten um 1914 mit über einer halben Million bzw. mit mehr als 800 000 ihren Höchststand an Mitgliedern.[423]

Auch protestantische Pastoren wie Schmidts Vater waren in den 1870er-Jahren vom bismarckischen Kulturkampf betroffen. Sie standen aber nicht im Zentrum der Auseinandersetzung und Maßnahmen gegen den katholischen Konkurrenten wie das „Jesuitengesetz" könnten durchaus in ihrem Sinne gewesen sein. Andere Gesetze wie der sogenannte „Kanzelparagraph" oder das „Schulaufsichtsgesetz", das alle Geistlichen und Schulen betraf, könnten auch unter einigen Protestanten kritisch gesehen worden sein. Leider lässt die Pfarrchronik, die Pastor Schmidt in der 1 298-Seelen-Gemeinde Klinken 1898 angelegt hat, keine Rückschlüsse auf seine Einstellungen gegenüber dem Katholizismus und im Speziellen gegenüber dem Jesuitenorden zu.[424]

Schmidts religiöser Wahn speist sich aus den Verschwörungstheorien gegen die Jesuiten und hat neben einer individuellen auch eine gesellschaftliche Komponente. Seit ihrer Gründung im 16. Jahrhundert haften der Ordensgemeinschaft zahlreiche Vorurteile an. Als ideologische Grundlage dafür dienen bis heute die um 1612–14 erstmals in gedruckter Form erschienenen „Monita secreta", die sogenannten „Geheimen Instruktionen der Jesuiten", deren Authentizität mittlerweile als wissenschaftlich widerlegt gilt.[425]

Die zentralen Vorwürfe der „Monita secreta" werden von dem Stereotyp des habgierigen und machtlüsternen Jesuiten dominiert. Um die Interessen der Ordensgemeinschaft durchzusetzen würden sie konspirativ zusammenarbeiten und im Geheimen Intrigen spinnen. Die in der Form einer ordensinternen Anweisung des Generals an die Provinzialoberen formulierten „Geheimen Instruktionen" handeln davon, wie die Leitung des Ordens vermeintlich dazu auffordert, reiche Witwen zur Erblassung an die Jesuiten zu bewegen, die katholische Kirche zu unterwandern, Fürsten und Monarchen zu schmeicheln und diese über Ränke oder über den Beichtstuhl im Sinne der Ordensinteressen zu beeinflussen und sogar Kriege anzuzetteln.[426] Es handelt sich um ein äußerst wirkmächtiges Fantasieprodukt, vergleichbar mit den Protokollen der Weisen von Zion, die immer noch unter Verschwörungstheoretikern und Antisemiten zirkulieren, obwohl sie 1921 von der Londoner Tageszeitung „The Times" als Fälschung und antisemitisches Propagandamaterial entlarvt wurden.[427]

Vor dem Hintergrund seines Jesuitenwahns hatte Schmidt wahrscheinlich bewusst die katholische Marienschule als Tatort ausgewählt. Die seit 1888 im Bremer Stadtteil Walle ansässige Jutefabrik hatte Anfang des 20. Jahrhunderts vor allem polnische Zuwanderer angelockt und in der protestantisch dominierten Hansestadt ein katholisches Viertel entstehen lassen. Die 1899 gegründete konfessionell ausgerichtete Grundschule hatte nach wenigen Jahren über tausend Schülerinnen und Schüler. Für Hans Schmidt, der zum Tatzeitpunkt in der Oderstraße 33 in der Bremer Neustadt wohnhaft war, lag die an der St. Magnusstraße 6 gelegene Marienschule fußläufig etwa dreieinhalb Kilometer entfernt. Wenn es ihm lediglich darum gegangen wäre, ein Blutbad in einer Schule anzurichten, hätte er u. a. die seit 1909 in der Oderstraße bestehende Volksschule auswählen können.[428] Seine Wahl fiel jedoch auf die entferntere katholische Privatschule, was auf eine Zielgerichtetheit der Tat schließen lässt.

6.3 Zusammenfassung und Fazit

Für die Untersuchung von klassischem School Shooting wurden zwei jüngere Fälle von School Shooting qualitativ ausgewertet. Die Analyse der beiden School Shootings zeigte, dass die meist jugendlichen Täter nicht aus einem plötzlichen Impuls heraus handeln, sondern ihre Taten langfristig und gezielt planen. Die Befunde aus den beiden untersuchten School Shootings decken sich hierbei mit aktuellen Forschungsbefunden, denen eine höhere Fallzahl zugrunde liegt. Es handelt sich bei den Tätern in der Regel um Jugendliche oder junge Erwachsene männlichen Geschlechts mit einer ausgeprägten Affinität zu Schusswaffen und dem Konsum gewalthaltiger Medien. Die Wahl der eigenen (aktuellen oder ehemaligen) Schule als Tatort erfolgt bewusst.

Geleitet werden die Täter von einem Motivbündel aus Hass, narzisstischer Wut als Reaktion auf erfahrene oder empfundene Kränkungen, depressiven Affekten, Todeswünschen sowie dem Wunsch nach Rache. Häufig bestehen Suizidabsichten. Das School Shooting wird instrumentalisiert, um größtmögliche mediale Aufmerksamkeit zu erzielen. Anders als bei Massentötungen durch erwachsene Täter spielen psychotisch bedingte Motive zum Tatzeitpunkt in der Regel keine Rolle.

Noch vor wenigen Jahren gingen Forscher von einem ersten Auftreten des Phänomens auf deutschem Boden in den 1990er-Jahren aus. Die Untersuchung der Tat vom 25. Mai 1871 im Saarbrücker Gymnasium, bei der zwei Oberstufenschüler durch mehrere Revolverschüsse eines Mitschülers schwer verwundet wurden, kommt jedoch zu dem Schluss, dass diese Einschätzung revidiert werden muss. Ein achtzehnjähriger Unterprimaner hatte gezielt zwei Mitschüler durch Kopfschüsse schwer verletzt, ohne dass dem Angriff eine unmittelbare Provokation vorausgegangen war. Die Tat war durch individuell konstruierte Motive im Zusammenhang mit dem Schulkontext bedingt und geht über eine reine Beziehungstat im Sinne eines individuellen Racheakts hinaus. Anders als bei jüngeren Taten spielte der Wunsch nach Bekanntheit und medialer Aufmerksamkeit Ende des 19. Jahrhunderts hingegen keine Rolle.

Im Vorfeld der Tat war es wiederholt zu Auseinandersetzungen zwischen dem späteren Täter und seinen Mitschülern gekommen, die sie u. a. im Rahmen eines dichterischen Wettstreits austrugen. In der Sekunda unterlag der zur Selbstüberschätzung neigende Schüler darin regelmäßig einem dichterisch veranlagten Klassenkameraden und machte sich dadurch zum Gespött seiner Mitschüler. Nachdem sein Rivale das Gymnasium im Juli 1870 für den Militärdienst verlassen hatte, richtete sich sein Hass vermehrt auf dessen Zimmernachbarn, der den Spottgedichten gegen ihn immer am lautesten Beifall gespendet hatte.

Anfang April 1871 fühlte er sich durch figürliche Kreidezeichnungen auf einem Hintergebäude der Schule persönlich angegriffen. Er verdächtigte den Zimmernachbarn seines Rivalen der Urheberschaft und äußerte verschiedenen Zeugen gegenüber, dass er sich rächen wolle, ehe vierzehn Tage um sind. Dieses „Durchsickern" von Racheplänen im Vorfeld der Tat wird als „Leaking" bezeichnet. Retrospektive Fallanalysen jüngerer School Shootings haben gezeigt, dass direktes oder indirektes Leaking sehr häufig im Vorfeld eines School Shootings beobachtbar ist.

Zwölf Tage vor der Tat kaufte der Unterprimaner bei einem lokalen Waffenhändler einen sechsläufigen Revolver samt Munition. Vieles weist darauf hin, dass er ursprünglich die Rückkehr seines einstigen Dichterrivalen aus der Armee abwarten wollte, um auch diesen zu erschießen. Durch den am 10. Mai 1871 unterzeichneten Frieden von Frankfurt war diese in greifbare Nähe gerückt. Ein am Morgen der Tat an seinen Vater adressierter Brief des Latein- und Griechischlehrers hatte jedoch dazu geführt, dass er seinen Tatentschluss bereits am 25. Mai und nicht wie angekündigt nach dessen Rückkehr in die Tat umsetzte. Darin informierte der als besonders streng geltende Lateinoberlehrer seinen Vater über seine nachlassenden schulischen Leistungen. Der ehrgeizige Vater war in der Mittagspause mit seinem Sohn hart ins Gericht gegangen. Dieser kehrte daraufhin heftig erregt zur Schule zurück und lud noch vor Beginn des Nachmittagsunterrichts seinen sechsläufigen Revolver.

Sowohl die beiden schwer verwundeten Mitschüler als auch der Schütze überlebten die Tat. Zweieinhalb Jahre nach der Tat entwickelte er während des Studiums in Karlsruhe akustische Halluzinationen und paranoide Wahnvorstellungen und unternahm in der Folge mehrere erfolglose Suizidversuche. Aus der retrospektiven Untersuchung der Krankenakten ergeben sich deutliche Hinweise auf das Vorliegen einer unspezifischen schizophrenen Prodromalsymptomatik zum Zeitpunkt der Tat. Die vorübergehende Überforderung im Unterricht, der auffällige Leistungsknick, die beschriebenen Konzentrationsstörungen, das übertriebene Misstrauen gegenüber seinen Mitschülern und die Gereiztheit können als unspezifische Frühsymptome einer chronischen schizophrenen Verlaufsform interpretiert werden, die sich typischerweise langsam entwickelt und in vielen Fällen der klaren Manifestation einer schizophrenen Erkrankung vorausgeht.

Die von Wettmann-Jungblut angenommene narzisstische Persönlichkeitsstörung muss deshalb vor dem Hintergrund neuerer Erkenntnisse revidiert werden. Dass der Täter in seiner späteren Entwicklung in allen relevanten Lebensbereichen versagte, spricht für eine Chronifizierung seiner Symptome und für das Vorliegen einer lebensprägenden Erkrankung. Er führte nie ein selbstständiges Leben, sondern war bis zu seinem Tod im Alter von neunundvierzig Jahren dauerhaft in verschiedenen „Irren-" und Pflegeanstalten untergebracht. Während zunächst die Plussymptomatik seiner schizophrenen Erkrankung im Vordergrund stand, dominierte später die Minussymptomatik im Sinne eines schizophrenen Residuums.

Auch bei dem 29-jährigen protestantischen Pastorensohn und arbeitslosen Lehrer, der am 20. Juni 1913 in Bremen an einer katholischen Privatschule wahllos das Feuer auf die anwesenden Grundschulkinder und Lehrkräfte eröffnete und etwa zwanzig Kinder und fünf Erwachsene zum Teil lebensgefährlich verletzte, muss vom Vorliegen einer Erkrankung aus dem schizophrenen Formenkreis ausgegangen werden. Allerdings war der Schütze, anders als der achtzehnjährige Täter von Saarbrücken, bereits zum Tatzeitpunkt eindeutig psychotisch.

Der schulfremde Täter litt an einer schizophrenen Psychose und war davon überzeugt, dass die katholische Ordensgemeinschaft „Societas Jesu" für den Tod seines zwei Tage zuvor nach schwerer Krankheit verstorbenen Vaters verantwortlich war. Die von Schnieders, Tacke, Saur und der national-konservativen, katholischen Tageszeitung „Germania" angenommene Interpretation der Tat als vornehmlich religiös motivierter, fundamentalistischer Anschlag muss vor dem Hintergrund der vorliegenden Untersuchung eindeutig revidiert werden, da der Täter nachgewiesenermaßen kontinuierlich bis zu seinem Tod fast zwanzig Jahre nach der Tat unter den Symptomen einer paranoiden Schizophrenie litt und diese zum Tatzeitpunkt bereits vorlagen.

Trotz der eindeutig wahnhaften Symptomatik ist die Bremer Bluttat nicht losgelöst von ihrem historischen und politischen Kontext verstehbar. Als Sohn eines protestantischen Pastors und einer protestantischen Pastorentochter gehörte der Täter im protestantisch dominierten Kaiserreich der deutschen Mehrheitsgesellschaft an. Insbesondere in Nord- und Ostdeutschland waren Katholiken deutlich in der Minderheit. Anfang der 1870er-Jahre eskalierten die zwischen Katholiken und Protestanten bestehenden konfessionellen Spannungen im sogenannten „Kulturkampf" und hatten staatliche Sanktionen und Diskriminierungen der Rechte der katholischen Minderheit zur Folge. Mit einer Reihe von Gesetzen sollte der politische Katholizismus geschwächt werden. Die als intellektuelle Speerspitze dieser vatikantreuen Bewegung geltende „Societas Jesu" wurde per Gesetz verboten. Das am 4. Juli 1872 verabschiedete „Jesuitengesetz" blieb auch nach der weitgehenden Beendigung des Kulturkampfs in den 1880er-Jahren in Kraft und wurde erst 1904 gemildert, bevor es am 19. April 1917 aufgehoben wurde.

Der seit Studienzeiten bestehende religiöse Beeinträchtigungs- und Verfolgungswahn des Täters speiste sich aus Verschwörungstheorien gegen die Jesuiten und hatte neben einer individuellen auch eine gesellschaftliche Komponente. Gemäß der „Monita secreta", den sogenannten „Geheimen Instruktionen der Jesuiten", deren Authentizität mittlerweile als wissenschaftlich widerlegt gilt, würden die Mitglieder der „Societas Jesu" konspirativ zusammenarbeiten und im Geheimen Intrigen spinnen, um Einfluss auf die Mächtigen zu nehmen und die Interessen der Ordensgemeinschaft mit allen Mitteln durchzusetzen. Vor dem Hintergrund seines Jesuitenwahns hatte der Schütze deshalb gezielt die katholische Marienschule als Tatort ausgewählt. In der 1899 im Bremer Stadtteil Walle gegründeten Privatschule wurden im Schuljahr 1912/1913 über tausend Mädchen und Jungen unterrichtet. Die seit 1888 in Walle ansässige Jutefabrik, die 1913 mit 2150 Beschäftigten ihren Höchststand an Personal hatte, hatte Anfang des 20. Jahrhunderts vor allem polnische Zuwanderer angelockt und in der protestantisch dominierten Hansestadt ein katholisches Viertel entstehen lassen, das im Volksmund auch „Jute-Viertel" oder „Klein Galizien" genannt wurde.

Obwohl die Tat einige Gemeinsamkeiten mit klassischem School Shooting aufweist, dominieren die Unterschiede. So erfolgte der Angriff auf die Mitglieder der gezielt als Tatort ausgewählten Schule zwar mit potentiell tödlichen Waffen und Tötungsabsicht, jedoch stand der Täter in keiner direkten persönlichen Beziehung zu den Mitgliedern der Schule. Der arbeitslose mecklenburgische Oberlehrer war weder aktueller oder ehemaliger Schüler oder Lehrer der Bremer Marienschule noch hatte er sich an dieser beworben und war abgelehnt worden. Seine Tat ist folglich nicht durch individuell konstruierte Motive im Zusammenhang mit dem konkreten Schulkontext – wie etwa persönliche Kränkungserfahrungen – bedingt. Es handelt sich deshalb nicht um ein School Shooting im Sinne der im Abschnitt 3.3 zugrunde gelegten Kriterien der Freien Universität Berlin. Die Tat unterscheidet sich dementsprechend deutlich von der Bluttat am Saarbrücker Gymnasium vom 25. Mai 1871 durch einen Gymnasiasten, die zahlreiche Gemeinsamkeiten mit klassischen School Shootings junger Täter aufweist.

Unklar ist, wie lange im Voraus die Tat geplant war. Wegen ungewöhnlich hoher Munitionseinkäufe hatte die Bremer Kriminalpolizei etwa acht Wochen vor der Tat einen Hinweis von einem Waffenhändler aus der Altstadt erhalten, dem allerdings nicht mit Nachdruck nachgegangen wurde. Der Kunde soll Ähnlichkeit mit dem Täter gehabt haben. Auch soll dieser die sechs Tatwaffen nicht alle auf einmal und nicht alle an einer Stelle gekauft haben. Ob er die Browningpistolen und die Munition mit dem konkreten Ziel gekauft hat, die Kinder der Marienschule zu töten, kann nicht sicher gesagt werden. Vor dem Hintergrund seines Beeinträchtigungswahns wäre es ebenso vorstellbar, dass er sich die Waffen zunächst zu seinem Eigenschutz gekauft hat, ohne konkrete Anschlagsabsichten zu besitzen. Es ist nicht ausgeschlossen, dass erst die Nachricht über den Tod des Vaters zur akuten psychischen Dekompensation mit zunehmender Bewusstseinseinengung und zur Tatentstehung geführt hat.

Für die Hypothese der akuten psychischen Dekompensation sprechen die tatbezogene Amnesie und die dissoziative Symptomatik. In dieser Hinsicht weist die Tat Ähnlichkeiten zum klassischen Amoklauf auf. Die Zielgerichtetheit bezüglich des Tatorts und der fehlende impulsive, raptusartige Beginn unterscheiden die beiden Formen des Massenmords jedoch. Der Täter hatte nachweislich nicht eine fußläufig deutlich näher gelegene Volksschule, sondern mit Absicht die katholische Privatschule als Tatort ausgewählt. Es handelt sich folglich um einen opferspezifischen Massenmord, der weder die Kriterien eines Amoklaufs noch, wie zuvor gezeigt, diejenigen eines terroristischen Anschlags oder eines School Shootings im Sinne der in Abschnitt 3.3 zugrunde gelegten Kriterien der Freien Universität Berlin erfüllt.

---

[1] Vgl. Böckler, Nils; Seeger, Thorsten; Sitzer, Peter; Heitmeyer, Wilhelm (Hgg.): School Shootings. International Research, Case Studies, and Concepts for Prevention. New York [u. a.]: Springer 2013, S. 9.

[2] Vgl. Faust, Benjamin: Der Amoklauf von Winnenden als mediales Ereignis. In: Brunner,

Markus; Lohl, Jan (Hgg.): Normalungetüme. School Shootings aus psychoanalytisch-sozialpsychologischer Perspektive. (= Psyche und Gesellschaft). Gießen: Psychosozial-Verlag 2013, S. 163–198, hier S. 163.

[3] Vgl. Bannenberg, Britta: Umgang mit Amokdrohungen an Schulen. In: Zeitschrift für Internationale Strafrechtsdogmatik 5 (2011): 300–317.

[4] Huck, Wilfried: Amok. School Shooting und zielgerichtete Gewalt aus kinder- und jugendpsychiatrischer Sicht. Berlin: Medizinisch Wissenschaftliche Verlagsgesellschaft 2012, S. 16.

[5] Eckart, Wolfgang U.: Sterben in Massakern – Zu Geschichte und Phänomenologie des School Shooting. In: Anderheiden, Michael; Eckart, Wolfgang U. (Hgg.): Handbuch Sterben und Menschenwürde. Bd. 2. Berlin [u. a.]: De Gruyter 2012, S. 1203–1212, hier S. 1206.

[6] Vgl. Scheithauer, Herbert; Bondü, Rebecca: Amoklauf und School Shooting. Bedeutung, Hintergründe und Prävention. Göttingen: Vandenhoeck & Ruprecht 2011, S. 35. Bei dem School Shooting an der Geschwister-Scholl-Realschule im nordrhein-westfälischen Emsdetten durch einen achtzehnjährigen ehemaligen Schüler wurden über dreißig Personen verletzt, einige davon schwer. Außer dem Täter, der sich selbst erschoss, überlebten alle Opfer das School Shooting.

[7] Vgl. Bondü, Rebecca: School Shootings in Deutschland. Internationaler Vergleich, Warnsignale, Risikofaktoren, Entwicklungsverläufe. Univ. Diss., FB Erziehungswissenschaft und Psychologie, Freie Universität Berlin 2012, S. 33–34 und S. 476. Am 9. November 1999 tötete in Meißen ein fünfzehnjähriger Schüler seine Lehrerin mit zwei großen Küchenmessern und floh nach der Tat.

[8] Vgl. Peter, Eileen: Amokläufe in Deutschland. Epidemiologie und Charakterisierung von Täterprofilen. Univ. Diss., FB Medizin, Universität Magdeburg 2014, S. 77.

[9] Vgl. Robertz, Frank J.: School Shootings. Über die Relevanz der Phantasie für die Begehung von Mehrfachtötungen durch Jugendliche. Frankfurt am Main: Verlag für Polizeiwissenschaft 2004, S. 62. Der Siebzehnjährige hatte an seiner Highschool in Olean, New York drei Menschen getötet und elf weitere verletzt.

[10] Vgl. Faust, Benjamin: Der Amoklauf von Winnenden als mediales Ereignis. In: Brunner, Markus; Lohl, Jan (Hgg.): Normalungetüme. School Shootings aus psychoanalytisch-sozialpsychologischer Perspektive. (= Psyche und Gesellschaft). Gießen: Psychosozial-Verlag 2013, S. 163–198, hier S. 163; vgl. auch Winter, Sebastian: School Shootings als männliche „Lösung" der narzisstischen Spannung zwischen Selbstverwirklichung und Anpassung im Postfordismus. In: Ebd., S. 103–129, hier S. 104.

[11] Vgl. Bondü, Rebecca: School Shootings in Deutschland. Internationaler Vergleich, Warnsignale, Risikofaktoren, Entwicklungsverläufe. Univ. Diss., FB Erziehungswissenschaft und Psychologie, Freie Universität Berlin 2012, S. 472.

[12] Vgl. Böckler, Nils; Seeger, Thorsten; Sitzer, Peter; Heitmeyer, Wilhelm (Hgg.): School Shootings. International Research, Case Studies, and Concepts for Prevention. New York [u. a.]: Springer 2013, S. 9. Die Grafik „School rampage incidents worldwide" veranschaulicht die weltweite Häufigkeitsentwicklung des Phänomens seit 1925, dem den Autoren bis dato ersten bekannten Fall von School Shooting weltweit.

[13] Die Rekonstruktion des School Shootings basiert im Wesentlichen auf folgenden Quellen:
- Jefferson County Sheriff's Office (Hg.): Columbine Documents. URL: https://schoolshoo ters.info/sites/default/files/11000_pg_report_part_1.pdf und https://schoolshooters.info /sites/default/files/11000_pg_report_part_2.pdf [Stand: 28. Juli 2018].

- Jefferson County Sheriff's Office (Hg.): Official Columbine Report. URL: https://schoolsh ooters.info/jcso-official-columbine-report [Stand: 28. Juli 2018].
- State of Colorado (Hg.): Report of the Investigation into the 1997 Directed Report and Related Matters Concerning the Columbine High School Shootings in April 1999. URL: https://schoolshooters.info/sites/default/files/1997_1998_columbine_report.pdf [Stand: 28. Juli 2018].
- Langman, Peter: Transcript of the Columbine "Basement Tapes". URL: https://schoolsho oters.info/sites/default/files/columbine_basement_tapes_1.0.pdf [Stand: 28. Juli 2018].
- Office of the District Attorney: Juvenile Diversion File of Dylan Klebold. URL: https://sch oolshooters.info/sites/default/files/dylan-klebold-diversion.pdf [Stand: 28. Juli 2018].
- Office of the District Attorney: Juvenile Diversion File of Eric Harris. URL: https://school shooters.info/sites/default/files/eric-harris-diversion.pdf [Stand: 28. Juli 2018].
- Galloway, Ben: Dylan Klebold's Autopsy Report [22. April 1999]. URL: https://schoolsho oters.info/sites/default/files/dylan_klebold_autopsy.pdf [Stand: 28. Juli 2018].
- Galloway, Ben: Eric Harris's Autopsy Report [22. April 1999]. URL: https://schoolshoote rs.info/sites/default/files/eric_harris_autopsy.pdf [Stand: 28. Juli 2018].
- Brown, Brooks; Merritt, Rob: No easy answers. The truth behind death at Columbine. New York: Lantern Books 2002.

[14] Jefferson County Sheriff's Office (Hg.): Columbine Documents, hier JC-001-026343, Selbstzeugnis von Eric Harris, vermutlich von seinem Heimcomputer [undatiert]. ("some-time in april me and V will get revenge and will kick natural selection up a few notches. […] i want to leave a lasting impression on the world.") [Übersetzung aus dem Englischen v. Verf.]. Harris verwendete die Abkürzung V für VoDKa (Dylan Klebold).

[15] Brown, Brooks; Merritt, Rob: No easy answers. The truth behind death at Columbine. New York: Lantern Books 2002, S. 4. ("Brooks, I like you now. Get out of here. Go home.") [Übersetzung aus dem Englischen v. Verf.]

[16] Jefferson County Sheriff's Office (Hg.): Columbine Documents, hier JC-001-000529, Vernehmungsprotokoll der Schülerin Bree Pasquale vom 20. April 1999. ("peek-a-boo") [Übersetzung aus dem Englischen v. Verf.]

[17] Vgl. Ebd., hier JC-001-000526, JC-001-000531 und JC-001-000579, Vernehmungsproto-kolle der Schülerin Bree Pasquale vom 20. April 1999 und des Schülers Craig Scott vom 30. April 1999.

[18] Vgl. Jefferson County Sheriff's Office (Hg.): Official Columbine Report, hier Findings of the Threats Team. URL: https://schoolshooters.info/jcso-official-columbine-report [Stand: 28. Juli 2018].

[19] Vgl. Galloway, Ben: Eric Harris's Autopsy Report [22. April 1999]. URL: https://schoolshoo ters.info/sites/default/files/eric_harris_autopsy.pdf [Stand: 28. Juli 2018].

[20] Vgl. Ders.: Dylan Klebold's Autopsy Report [22. April 1999]. URL: https://schoolshooters.i nfo/sites/default/files/dylan_klebold_autopsy.pdf [Stand: 28. Juli 2018].

[21] Jefferson County Sheriff's Office (Hg.): Columbine Documents, hier JC-001-026773–JC-001-026774, Schulaufsatz von Eric Harris vom 18. Februar 1997. ("I felt alone, lost, and even agitated that I had spent so much time with them and now I have to go because of something I can't stop. […] Loosing a friend is almost the worst thing to happen to a per-son, especially in the childhood years. […] I have lost many great friends, and each and every time I lost one, I went through the worst days of my life.") [Übersetzung aus dem Englischen v. Verf.]

22 Ebd., hier JC-001-026496, Handschriftlicher Eintrag von Eric Harris in Dylan Klebolds Columbine High School Jahrbuch von 1998. ("God I cant wait till they die. I can taste the blood now ... NBK und KMFDM ... You know what I HATE!!? ... MANKIND!!!! yeaaAAAAAAAH! ... kill everything ... kill everything ...") [Übersetzung aus dem Englischen v. Verf.]. Die Akronyme NBK und KMFDM stehen für Natural Born Killers und Kein Mehrheit Für Die Mitleid.

23 Ebd., hier JC-001-026017, Handschriftlicher Tagebucheintrag von Eric Harris vom 22. November 1998. ("If [I] have to cheat and lie to everyone than thats fine. [...] I have confidence in my ability to deceive people, hopefully I'll make it to April.") [Übersetzung aus dem Englischen v. Verf.]

24 Ebd., hier JC-001-026005, Handschriftlicher Tagebucheintrag von Eric Harris vom 4. Dezember 1998. ("no one is worthy of shit unless I say they are, I feel like God and I wish I was, having everyone being OFFICIALLY lower than me.") [Übersetzung aus dem Englischen v. Verf.]

25 Vgl. etwa Langman, Peter; Hurrelmann, Klaus: Amok im Kopf. Warum Schüler töten. Aus dem Englischen übersetzt von Andreas Nohl. Weinheim [u. a.]: Beltz 2009, S. 53–130; vgl. auch Langman, Peter: Rampage school shooters. A typology. In: Aggression and Violent Behavior 14 (2009): 79–86.

26 Jefferson County Sheriff's Office (Hg.): Columbine Documents, hier JC-001-010411, Interneteintrag von Eric Harris auf seiner Website [undatiert]. ("YOU KNOW WHAT I LOVE!!!? —Natural SELECTION!!!!!!!!! God damn its the best thing that ever happened to the Earth. Getting rid of all the stupid and weak organisms ...... but its all natural!! YES! I wish the government would just take off every warning label. So then all the dumbasses would either severely hurt themselves or DIE! And boom, no more dumbasses. heh.") [Übersetzung aus dem Englischen v. Verf.]

27 Vgl. König, Karl: Projektion – Inneres soll außen sein. In: Ders.: Abwehrmechanismen. (4. Auflage). Göttingen: Vandenhoeck & Ruprecht 2007 [1996], S. 47–50.

28 Jefferson County Sheriff's Office (Hg.): Columbine Documents, hier JC-001-026014, Handschriftlicher Tagebucheintrag von Eric Harris vom 12. November 1998. ("Everyone is always making fun of me because of how I look, how fucking weak I am and shit, well I will get you all back, ultimate fucking revenge here.") [Übersetzung aus dem Englischen v. Verf.]

29 Ebd. ("I have always hated how I looked, I make fun of people who look like me, sometimes without even thinking sometimes just because I want to rip on myself. That's where a lot of my hate grows from, the fact that I have practically no selfesteem, especially concerning girls and looks and such.") [Übersetzung aus dem Englischen v. Verf.]

30 Vgl. Galloway, Ben: Eric Harris's Autopsy Report [22. April 1999]. URL: https://schoolshooters.info/sites/default/files/eric_harris_autopsy.pdf [Stand: 28. Juli 2018].

31 Vgl. Brown, Brooks; Merritt, Rob: No easy answers. The truth behind death at Columbine. New York: Lantern Books 2002, S. 51.

32 Vgl. Shamberger, Robert C.: Repair of Pectus Excavatum. In: Puri, Prem; Höllwarth, Michael (Hgg.): Pediatric Surgery. Berlin [u. a.]: Springer 2006, S. 97.

33 Jefferson County Sheriff's Office (Hg.): Columbine Documents, hier JC-001-026398, Handschriftlicher Tagebucheintrag von Dylan Klebold vom 14. Oktober 1997. ("TRUE love [...] a perfect soulmate") [Hervorhebung im Original, Übersetzung aus dem Englischen v. Verf.]

[34]   Ebd., hier JC-001-026396, Handschriftlicher Tagebucheintrag von Dylan Klebold vom 5.
       September 1997. („oooh god I want to die sooo bad … such a sad, desolate, lonely, unsal-
       vageable […] A dark time, infinite sadness, I want to find love.") [Übersetzung aus dem
       Englischen v. Verf.]
[35]   Vgl. Ebd., hier JC-001-026400, Handschriftlicher Tagebucheintrag von Dylan Klebold vom
       3. November 1997. ("Some god i am … All people i ever might have loved have abandoned
       me, my parents piss me off & hate me … want me to have fuckin ambition!! How can i
       when i get screwed & destroyed By everything??!!! I have no money, no happiness, no
       friends … Eric will be getting farther away soon … I'll have less than nothing … […] will
       get me a gun, ill go on my killing spree against anyone I want.") [Hervorhebung im Origi-
       nal, Übersetzung aus dem Englischen v. Verf.]
[36]   Ebd., hier JC-001-026397, Handschriftlicher Tagebucheintrag von Dylan Klebold vom 5.
       September 1997. ("me is a god, a god of sadness / exiled to this eternal hell") [Übersetzung
       aus dem Englischen v. Verf.]
[37]   Vgl. Langman, Peter: Transcript of the Columbine "Basement Tapes", S. 5. URL: https://s
       choolshooters.info/sites/default/files/columbine_basement_tapes_1.0.pdf [Stand: 28. Juli
       2018]. ("we're so fucking God-like") [Übersetzung aus dem Englischen v. Verf.]
[38]   Jefferson County Sheriff's Office (Hg.): Columbine Documents, hier JC-001-026237,
       Handschriftlicher Eintrag von Dylan Klebold in Eric Harris' Columbine High School Jahr-
       buch von 1998. ("We, the gods, will have so much fun w[ith] NBK!! killing enemies, blow-
       ing up stuff, killing cops!! My wrath for january's incident will be godlike. Not to mention
       our revenge in the commons.") [Hervorhebungen im Original, Übersetzung aus dem Eng-
       lischen v. Verf.]. Als Codewort für ihr geplantes School Shooting verwendeten Harris und
       Klebold das Akronym NBK, das in Anlehnung an den gleichnamigen Film von Oliver
       Stone für Natural Born Killers steht. Mit Januar war wahrscheinlich die Festnahme nach
       dem gemeinsamen Autoeinbruch Anfang des Jahres gemeint und die Columbine Cafeteria
       wird auch „the commons" genannt.
[39]   Ebd., hier JC-001-026490, Handschriftliches Selbstzeugnis von Dylan Klebold auf seinem
       Schreibblock [undatiert]. ("when first bombs go off, attack. have fun!") [Hervorhebung im
       Text, Übersetzung aus dem Englischen v. Verf.]
[40]   Vgl. Theweleit, Klaus: Das Lachen der Täter: Breivik u. a. Psychogramm der Tötungslust.
       (= Unruhe bewahren). St. Pölten [u. a.]: Residenz 2015.
[41]   Vgl. State of Colorado (Hg.): Report of the Investigation into the 1997 Directed Report and
       Related Matters Concerning the Columbine High School Shootings in April 1999, hier
       S. 13. URL: https://schoolshooters.info/sites/default/files/1997_1998_columbine_report.p
       df [Stand: 28. Juli 2018].
[42]   Vgl. Jefferson County Sheriff's Office (Hg.): Columbine Documents, hier JC-001-010421–
       JC-001-010423, Interneteintrag von Eric Harris auf seiner Website [undatiert].
[43]   Vgl. Office of the District Attorney: Juvenile Diversion File of Eric Harris, hier S. 4. URL:
       https://schoolshooters.info/sites/default/files/eric-harris-diversion.pdf [Stand: 28. Juli
       2018]; vgl. auch Office of the District Attorney: Juvenile Diversion File of Dylan Klebold,
       hier S. 3. URL: https://schoolshooters.info/sites/default/files/dylan-klebold-diversion.pdf
       [Stand: 28. Juli 2018].
[44]   Jefferson County Sheriff's Office (Hg.): Columbine Documents, hier JC-001-026187,
       Schulaufsatz vom 24. August 1998 von Eric Harris zum Thema „25 things that make me

different". ("Doom is such a big part of my life and no one I know can recreate environments in DOOM as good as me.") [Übersetzung aus dem Englischen v. Verf.]

⁴⁵ Ebd., hier JC-001-026496, Handschriftlicher Eintrag von Eric Harris in Dylan Klebolds Columbine High School Jahrbuch von 1998. ("I wish I lived in DOOM.") [Übersetzung aus dem Englischen v. Verf.]

⁴⁶ Vgl. Vossekuil, Bryan; Fein, Robert A.; Reddy, Marisa; Borum, Randy; Modzeleski, William: The Final Report and Findings of the Safe School Initiative. Implications for the Prevention of School Attacks in the United States. Washington D.C.: Unites States Secret Service and United States Department of Education 2004, S. 22.

⁴⁷ Vgl. Coleman, Loren: The Copycat Effect. How the Media and Popular Culture Trigger the Mayhem in Tomorrow's Headlines. New York [u. a.]: Paraview Pocket Books 2004, S. 175.

⁴⁸ Vgl. Langman, Peter: Transcript of the Columbine "Basement Tapes", S. 5. URL: https://schoolshooters.info/sites/default/files/columbine_basement_tapes_1.0.pdf [Stand: 28. Juli 2018].

⁴⁹ Die Rekonstruktion des School Shootings basiert, sofern nicht anders angegeben, auf folgenden Quellen:
- Gemeinsame Pressemitteilungen der Staatsanwaltschaft Stuttgart und der Polizeidirektionen Waiblingen und Esslingen vom 12., 14. und 16. März, 4. April und Mai 2009.
- Landesregierung Baden-Württemberg (Hg.): Expertenkreis Amok. Gemeinsam handeln, Risiken erkennen und minimieren. Prävention, Intervention, Opferhilfe, Medien. Konsequenzen aus dem Amoklauf in Winnenden und Wendlingen am 11. März 2009. Stuttgart: Geschäftsstelle Expertenkreis Amok 2009, S. 7.
- Landtag von Baden-Württemberg (Hg.): Drucksache 14/6000. Bericht und Empfehlungen des Sonderausschusses „Konsequenzen aus dem Amoklauf in Winnenden und Wendlingen: Jugendgefährdung und Jugendgewalt". Stuttgart: 2010, S. 1.
- Schattauer, Göran: Der letzte Schultag. Die Amoktat von Winnenden. Leipzig: Militzke 2010.

⁵⁰ Vgl. etwa Blutbad. Viele Tote bei Amoklauf in Alabama. In: Spiegel Online vom 11. März 2009, 6:14 Uhr. URL: http://www.spiegel.de/panorama/justiz/blutbad-viele-tote-bei-amoklauf-in-alabama-a-612556.html [Stand: 28. Juli 2018].

⁵¹ Vgl. Gaupp, Robert Eugen; Wollenberg, Robert: Zur Psychologie des Massenmords. Hauptlehrer Wagner von Degerloch. Eine kriminalpsychologische und psychiatrische Studie. (= Verbrechertypen, Bd. 1). Berlin [u. a.]: Springer 1914.

⁵² Vgl. Landgericht Stuttgart (Hg.): Pressemitteilung vom 1. Februar 2013 zum Urteil im Verfahren gegen den Vater des Amokläufers von Winnenden und Wendlingen. URL: http://www.landgericht-stuttgart.de/pb/,Lde/1196028/?LISTPAGE=1195716 [Stand: 28. Juli 2018].

⁵³ Vgl. Hermanutz, Max; Spöcker, Wolfgang, Gnam, Thomas, Neher, Martin: Computerspiele – Training für den Schusswaffengebrauch? Ergebnisse einer experimentellen Studie. In: Polizei & Wissenschaft 2 (2002): 3–12.

⁵⁴ Vgl. Hermanutz, Max; Spöcker, Wolfgang; Panning, Markus: Schießen lernen mit Computerspielen. In: Polizei & Wissenschaft 3 (2003): 2–16.

⁵⁵ Spur Nr. 244. Handschriftliches Selbstzeugnis von Tim Kretschmer [undatiert]. Zit. nach: Schattauer, Göran: Der letzte Schultag. Die Amoktat von Winnenden. Leipzig: Militzke 2010, S. 143. Der Autor hat nach eigenen Angaben die vorhandenen Rechtschreibfehler korrigiert.

[56] Vgl. Wettmann-Jungblut, Peter: „Wir stehen am Ende." Gewalt des Krieges und Gewalt unter Schülern des Saarbrücker Gymnasiums in den Jahren 1870/71. In: Ludwigsgymnasium Saarbrücken (Hg.): 400 Jahre Ludwigsgymnasium Saarbrücken. Kontinuität und Wandel 1604–2004. Saarbrücken: Saarbrücker Druckerei und Verlag 2004, S. 213–224; vgl. auch Ders.: Revolverschüsse statt Pausenbrot. Warum ein Saarbrücker Gymnasiast das moderne School Shooting „erfand" – und warum seine „Erfindung" vergessen wurde. In: saargeschichte|n. Magazin zur regionalen Kultur und Geschichte 3 (2012), S. 26–33.

[57] Persönliche Mitteilung von Peter Wettmann-Jungblut bei einem Besuch im Landesarchiv Saarbrücken am 8. Juli 2016.

[58] Vgl. Tischer, Achim: Der Amoklauf in Bremen 1913. In: Sindlinger, Peter: Amoklauf 1913. Vom Versuch, eine Katastrophe zu bewältigen. Der Fall Ernst Wagner. Nürtingen [u. a.]: Sindlinger-Buchartz 2013, S. 174–182.

[59] Persönliche Mitteilung von Achim Tischer bei einem Besuch in der Bremer Kulturambulanz am 29. Juni 2016.

[60] Vgl. Illies, Florian: 1913. Der Sommer des Jahrhunderts. Frankfurt am Main: S. Fischer 2012, S. 160.

[61] Vgl. Standesamt Bad Sülze: Geburtseintrag Hans Jacob Friedrich Ernst Schmidt [24. September 1883], Geburtenregister, Nr. 69/1883.

[62] Vgl. Bialojan, Tanja: Das Saarbrücker School Shooting vom 25. Mai 1871. Täter, Tat, Öffentlichkeit. Masterarbeit, FB Geschichte, Universität Leipzig 2015.

[63] Folgende Krankenakten konnten für die vorliegende Untersuchung ausfindig gemacht werden:
- Landesarchiv Saarbrücken: Rheinische Provinzialirrenanstalt Merzig. Krankenakten Julius Becker [1876–1882], LKH.MZG.
- Landeshauptarchiv Koblenz: Rheinische Provinzialirrenanstalt Andernach. Krankenakten Julius Becker [1876–1907], 426,006/16398.
- Bistumsarchiv Trier: Privat Heil- und Pflege-Anstalt der Barmherzigen Brüder zu Saffig. Krankenakte Julius Becker [1905–1912], Abt. 1200,1 Nr. 1030.

[64] Vgl. Archivportal für den Südwesten: Bestand LG.SB Landgericht Saarbrücken. Verfügbar unter: http://www.archivdatenbank.lha-rlp.de/saarbr/b/v/ [Stand: 28. Juli 2018].

[65] Vgl. Landesarchiv Saarbrücken: Rheinische Provinzialirrenanstalt Merzig. Krankenakten Julius Becker [1876–1882], LKH.MZG, hier Abschrift des Vernehmungsprotokolls des Julius Becker vom 30. September 1879 in der Provinzial-Irren-Anstalt zu Merzig im Auftrag der Königlichen Staatsanwaltschaft, hinterlegt im Königlichen Landgericht zu Saarbrücken, Hinterlegungs-Register Nr. 11824.

[66] Für den Raum Saarbrücken wurden für die vorliegende Arbeit die „Saarbrücker Zeitung" und die „St. Johanner Zeitung", für den Raum Trier die „Trierische Zeitung" und die „Trierische Volks-Zeitung" sowie die überregionale „Berliner Gerichts-Zeitung" gesichtet.

[67] Die Berichte des Schuldirektors Hollenberg werden im Landeshauptarchiv Koblenz sowie im Geheimen Staatsarchiv Preußischer Kulturbesitz in Berlin verwahrt:
- Landeshauptarchiv Koblenz: Provinzialschulkollegium. Jahresberichte der Direktion des Gymnasiums zu Saarbrücken. Acta betreffend die Jahresberichte der Direktion des Gymnasiums zu Saarbrücken Nr. 18 [1826–1873], 405/4826.
- Geheimes Staatsarchiv Preußischer Kulturbesitz: Kultusministerium. Berichte zum Gymnasium in Saarbrücken der Geheimen Registratur des Ministeriums der geistlichen, Unterrichts- und Medicinal-Angelegenheiten Berlin [1867–1877], I. HA Rep. 76.

[68] Vgl. Königliches Gymnasium und Vorschule Saarbrücken (Hgg.): Jahresbericht über das Königliche Gymnasium und die Vorschule zu Saarbrücken. Saarbrücken: Gebrüder Hofer [1866–1873].

[69] Vgl. Glabbach, Wilhelm: Vaterlandsliebe. Saarbrücker Gymnasiasten in den Kriegen mit den Franzosen, nach einer Sammlung von freiwilligen Beiträgen früherer Gymnasiasten. Saarbrücken: Bock & Seip 1910.

[70] Vgl. Archiv Klinikum Bremen-Ost: St. Jürgen-Asyl in Ellen (Bremen). Kranken-Geschichte Hans Schmidt [1913–1932].

[71] Für die vorliegende Arbeit wurden die „Bremer Nachrichten", das „Bremer Tageblatt", die „Bremer Bürger-Zeitung", die „Weser-Zeitung", die „Berliner Morgenpost" sowie die „New York Times" gesichtet.

[72] Vgl. Staatsarchiv Bremen: Kirchensachen [1875–1958], 3-K.1; Ebd.: Unterrichtskanzlei [1814–1938], 4,36 Nr. 1426 und Nr. 2119.

[73] Vgl. Schnieders, Bernard: Die Geschichte der St. Marienschule in Bremen. Denkschrift zur 50. Wiederkehr des Tages der am 1. April 1899 erfolgten Eröffnung der Schule. Bremen: Selbstverlag 1949, S. 32–37.

[74] Vgl. Sandkühler, Hermann: Als aus Agnieszka Agnes wurde (1898 bis 1914). In: St.-Marien-Gemeinde (Hg.): 100 Jahre St. Marien. Erlebte Geschichte in einer Kirchengemeinde im Bremer Westen. 1898–1998. Verden: Lührs + Röver 1998, S. 19–32.

[75] Vgl. Tacke, Wilhelm: Unbändiger Haß auf die Jesuiten führt zum Attentat auf Katholiken. In: Ders.: Klöster in Bremen. Über 800 Jahre Konfessionsgeschichte der Freien Hansestadt Bremen. (2., korr. Auflage). Bremen: Temmen 2005 [2004], S. 81–82.

[76] Vgl. Landesarchiv Saarbrücken: Verzeichniss der Schüler nach den Klassen, Teil III [1858–1871], LuGym.SB/19.

[77] Vgl. Saarbrücken, 15. Nov. In: Saarbrücker Zeitung Nr. 269 vom 16. November 1871, S. 2–3, hier S. 2.

[78] Vgl. Ebd., S. 2.

[79] Ebd., S. 2.

[80] Geheimes Staatsarchiv Preußischer Kulturbesitz: Kultusministerium. Berichte zum Gymnasium in Saarbrücken der Geheimen Registratur des Ministeriums der geistlichen, Unterrichts- und Medicinal-Angelegenheiten Berlin [1867–1877], I. HA Rep. 76, hier Berichtsabschrift Hollenberg vom 26. Mai 1871, fol. 105 recto.

[81] Ebd.

[82] Saarbrücken, 15. Nov. In: Saarbrücker Zeitung Nr. 269 vom 16. November 1871, S. 2–3, hier S. 2.

[83] Vgl. Stadtarchiv Saarbrücken: Geburtseintrag Julius Becker [3. Januar 1853], Geburtenregister, 7/1853 S.

[84] Saarbrücken, 25. Mai. In: Saarbrücker Zeitung Nr. 121 vom 26. Mai 1871, S. 3.

[85] Vgl. Wittenbrock, Rolf: Die drei Saarstädte in der Zeit des beschleunigten Städtewachstums (1860–1908). In: Ders. (Hg.): Geschichte der Stadt Saarbrücken. Bd. 2. Von der Zeit des stürmischen Wachstums bis zur Gegenwart. Saarbrücken: SDV 1999, S. 11–130, hier S. 49.

[86] Vgl. Stadtarchiv Saarbrücken: Heiratseintrag von Christian Becker und Luise Diener [25. Juli 1850], Heiratsregister, 43/1850 S.

[87] Vgl. Stadtarchiv Saarbrücken: Geburtseintrag Georg Heinrich Christian Becker [15. November 1850], Geburtenregister, 390/1850 S; Geburtseintrag Heinrich Carl Ludwig Becker [8. Oktober 1851], Geburtenregister, 352/1851 S; Geburts-Akt Emma Marie Luise Becker

[20. Januar 1856], Geburtenregister, 20/1856 S; Geburtseintrag Emil Becker [27. Dezember 1857], Geburtenregister, 485/1857 S und Geburtseintrag Robert Becker [27. Dezember 1857], Geburtenregister, 486/1857 S.

[88] Wittenbrock, Rolf: Die drei Saarstädte in der Zeit des beschleunigten Städtewachstums (1860–1908). In: Ders. (Hg.): Geschichte der Stadt Saarbrücken. Bd. 2. Von der Zeit des stürmischen Wachstums bis zur Gegenwart. Saarbrücken: SDV 1999, S. 11–130, hier S. 48.

[89] Vgl. Ebd., S. 48.

[90] Ebd., S. 110.

[91] Vgl. Ebd, S. 110.

[92] Vgl. Ebd., S. 111.

[93] Vgl. Königliches Gymnasium und Vorschule Saarbrücken (Hgg.): Jahresbericht über das Königliche Gymnasium und die Vorschule zu Saarbrücken. Saarbrücken: Gebrüder Hofer [1866–1873], hier Jahresbericht 1871, S. 6.

[94] Vgl. Wittenbrock, Rolf: Die drei Saarstädte in der Zeit des beschleunigten Städtewachstums (1860–1908). In: Ders. (Hg.): Geschichte der Stadt Saarbrücken. Bd. 2. Von der Zeit des stürmischen Wachstums bis zur Gegenwart. Saarbrücken: SDV 1999, S. 11–130, hier S. 101.

[95] Vgl. Ebd., S. 51–52.

[96] Vgl. Ebd., S. 101.

[97] Vgl. Ebd, S. 101.

[98] Vgl. Saarbrücken, 15. Nov. In: Saarbrücker Zeitung Nr. 269 vom 16. November 1871, S. 2–3, hier S. 2. Nach der Währungsreform 1873 entsprach 1 Taler 3 Mark.

[99] Vgl. Ebd, S. 2.

[100] Vgl. Becker, Christian: An die „Saar- und Blies-Zeitung" in Neunkirchen. [Stellungnahme des Vaters zur Tat.] In: Saarbrücker Zeitung Nr. 124 vom 31. Mai 1871, S. 4.

[101] Vgl. Königliches Gymnasium und Vorschule Saarbrücken (Hgg.): Jahresbericht über das Königliche Gymnasium und die Vorschule zu Saarbrücken. Saarbrücken: Gebrüder Hofer [1866–1873], hier Jahresbericht 1870, S. 5; vgl. auch Brandt, Adolf; Glabbach, Wilhelm: Der 28. Juli 1870. In: Glabbach, Wilhelm: Vaterlandsliebe. Saarbrücker Gymnasiasten in den Kriegen mit den Franzosen, nach einer Sammlung von freiwilligen Beiträgen früherer Gymnasiasten. Saarbrücken: Bock & Seip 1910, S. 53–54.

[102] Vgl. Brandt, Adolf; Glabbach, Wilhelm: Der 28. Juli 1870. In: Glabbach, Wilhelm: Vaterlandsliebe. Saarbrücker Gymnasiasten in den Kriegen mit den Franzosen, nach einer Sammlung von freiwilligen Beiträgen früherer Gymnasiasten. Saarbrücken: Bock & Seip 1910, S. 53–54.

[103] Ebd., hier S. 54.

[104] Glabbach, Wilhelm: Vaterlandsliebe. Saarbrücker Gymnasiasten in den Kriegen mit den Franzosen, nach einer Sammlung von freiwilligen Beiträgen früherer Gymnasiasten. Saarbrücken: Bock & Seip 1910, S. 45.

[105] Vgl. Wettmann-Jungblut, Peter: „Wir stehen am Ende." Gewalt des Krieges und Gewalt unter Schülern des Saarbrücker Gymnasiums in den Jahren 1870/71. In: Ludwigsgymnasium Saarbrücken (Hg.): 400 Jahre Ludwigsgymnasium Saarbrücken. Kontinuität und Wandel 1604-2004. Saarbrücken: Saarbrücker Druckerei und Verlag 2004, S. 213-224.

[106] Geheimes Staatsarchiv Preußischer Kulturbesitz: Kultusministerium. Berichte zum Gymnasium in Saarbrücken der Geheimen Registratur des Ministeriums der geistlichen, Unterrichts- und Medicinal-Angelegenheiten Berlin [1867-1877], I. HA Rep. 76, hier

[107] Berichtsabschrift Hollenberg vom 26. Mai 1871, fol. 105 verso.
Landeshauptarchiv Koblenz: Rheinische Provinzialirrenanstalt Andernach. Krankenakten Julius Becker [1876–1907], 426,006/16398, hier Übergabebericht zu Julius Becker von Dr. Erlenmeyer aus Bendorf bei Koblenz an die Provinzialirrenanstalt Andernach vom 16. Dezember 1876.

[108] Vgl. Königliches Gymnasium und Vorschule Saarbrücken (Hgg.): Jahresbericht über das Königliche Gymnasium und die Vorschule zu Saarbrücken. Saarbrücken: Gebrüder Hofer [1866–1873], hier Jahresbericht 1867, S. 29 und 31.

[109] Vgl. Ebd., hier Jahresbericht 1870, S. 5.

[110] Vgl. Ebd., S. 5.

[111] Ebd., S. 5.

[112] Vgl. Ebd., hier Jahresbericht 1872, S. 4.

[113] Vgl. Stadtarchiv Saarbrücken: Sterbeeintrag Robert Becker [19. August 1870], Sterberegister, Nr. 217/1870 S; vgl. auch Königliches Gymnasium und Vorschule Saarbrücken (Hgg.): Jahresbericht über das Königliche Gymnasium und die Vorschule zu Saarbrücken. Saarbrücken: Gebrüder Hofer [1866–1873], hier Jahresbericht 1871, S. 4.

[114] Landeshauptarchiv Koblenz: Provinzialschulkollegium. Disziplinaraufsicht auf Lehrer und Schüler. Acta betreffend die Disciplinar-Angelegenheiten bei dem Gymnasium zu Saarbrücken Nr. 15 [1841–1909], 405/ 4825, hier Brief von Johann Pistorius an das Königliche Provinzial-Schul-Kollegium in Coblenz vom 11. März 1872.

[115] Vgl. Becker, Christian: An die „Saar- und Blies-Zeitung" in Neunkirchen. [Stellungnahme des Vaters zur Tat.] In: Saarbrücker Zeitung Nr. 124 vom 31. Mai 1871, S. 4.

[116] Saarbrücken, 15. Nov. In: Saarbrücker Zeitung Nr. 269 vom 16. November 1871, S. 2–3, hier S. 2.

[117] Becker, Christian: An die „Saar- und Blies-Zeitung" in Neunkirchen. [Stellungnahme des Vaters zur Tat.] In: Saarbrücker Zeitung Nr. 124 vom 31. Mai 1871, S. 4. Die Sammlung des Stadtarchivs Neunkirchen weist für das Jahr 1871 für die „Saar- und Blieszeitung" leider eine Lücke in ihrem Bestand auf. (Persönliche Mitteilung des Stadtarchivs Neunkirchen vom 23. August 2016). Auch in anderen Archiven konnte über den Online-Katalog der Zeitschriftendatenbank der Staatsbibliothek zu Berlin kein Nachweis für diesen Jahrgang gefunden werden.

[118] Vgl. Stadtarchiv Saarbrücken: Sterbeeintrag Luise Diener [3. Juli 1871], Sterberegister, Nr. 213/1871 S.

[119] Becker, Christian: An die „Saar- und Blies-Zeitung" in Neunkirchen. [Stellungnahme des Vaters zur Tat.] In: Saarbrücker Zeitung Nr. 124 vom 31. Mai 1871, S. 4.

[120] Saarbrücken, 15. Nov. In: Saarbrücker Zeitung Nr. 269 vom 16. November 1871, S. 2–3, hier S. 2.

[121] Saarbrücken, 16. Novbr. In: Trierische Volks-Zeitung Nr. 283 vom 21. November 1871, S. 3.

[122] Ebd.

[123] Ebd.

[124] Ebd.

[125] Vgl. Landesarchiv Saarbrücken: Inscriptionsbuch des Gymnasiums zu Saarbrücken, Teil III [Michaelis 1858 bis Ostern 1886], LuGym.SB/20.

[126] Vgl. Saarbrücken, 15. Nov. In: Saarbrücker Zeitung Nr. 269 vom 16. November 1871, S. 2–3, hier S. 2.

[127] Vgl. Brandt, Adolf; Glabbach, Wilhelm: Mai 1871. In: Glabbach, Wilhelm: Vaterlandsliebe. Saarbrücker Gymnasiasten in den Kriegen mit den Franzosen, nach einer Sammlung von freiwilligen Beiträgen früherer Gymnasiasten. Saarbrücken: Bock & Seip 1910, S. 89.

[128] Saarbrücken, 15. Nov. In: Saarbrücker Zeitung Nr. 269 vom 16. November 1871, S. 2–3, hier S. 2.

[129] Ebd.

[130] Landeshauptarchiv Koblenz: Provinzialschulkollegium. Jahresberichte der Direktion des Gymnasiums zu Saarbrücken. Acta betreffend die Jahresberichte der Direktion des Gymnasiums zu Saarbrücken Nr. 18 [1826–1873], 405/4826, hier Jahresbericht 1870/71 vom 30. Oktober 1871, fol. 899 recto.

[131] Geheimes Staatsarchiv Preußischer Kulturbesitz: Kultusministerium. Berichte zum Gymnasium in Saarbrücken der Geheimen Registratur des Ministeriums der geistlichen, Unterrichts- und Medicinal-Angelegenheiten Berlin [1867–1877], I. HA Rep. 76, hier Berichtsabschrift Hollenberg vom 26. Mai 1871, fol. 105 verso.

[132] Ebd., fol. 106 verso.

[133] Saarbrücken, 15. Nov. In: Saarbrücker Zeitung Nr. 269 vom 16. November 1871, S. 2–3, hier S. 2.

[134] Landesarchiv Saarbrücken: Rheinische Provinzialirrenanstalt Merzig. Krankenakten Julius Becker [1876–1882], LKH.MZG, hier Abschrift des Vernehmungsprotokolls des Julius Becker vom 30. September 1879 in der Provinzial-Irren-Anstalt zu Merzig im Auftrag der Königlichen Staatsanwaltschaft, hinterlegt im Königlichen Landgericht zu Saarbrücken, Hinterlegungs-Register Nr. 11824.

[135] Landeshauptarchiv Koblenz: Rheinische Provinzialirrenanstalt Andernach. Krankenakten Julius Becker [1876–1907], 426,006/16398, hier Fragebogen zur ärztlichen Untersuchung des Gemüthszustandes des Julius Becker zur vorgeschlagenen Aufnahme in die Irrenheilanstalt zu Merzig, ausgefüllt am 6. Dezember 1876 von Hausarzt Dr. Zwicke.

[136] Ebd., hier Übergabebericht zu Julius Becker von Dr. Erlenmeyer aus Bendorf bei Koblenz an die Provinzialirrenanstalt Andernach vom 16. Dezember 1876.

[137] Ebd.

[138] Vgl. Ebd., hier Fragebogen zur ärztlichen Untersuchung des Gemüthszustandes des Julius Becker zur vorgeschlagenen Aufnahme in die Irrenheilanstalt zu Merzig, ausgefüllt am 6. Dezember 1876 von Hausarzt Dr. Zwicke.

[139] Vgl. Skrophulose. In: Metzke, Hermann: Lexikon der historischen Krankheitsbezeichnungen. Neustadt an der Aisch: Degener 2005, S. 111.

[140] Vgl. Schwenzer, Norbert; Ehrenfeld, Michael (Hgg.): Zahn-Mund-Kiefer-Heilkunde. Bd. 1. Allgemeine Chirurgie. (3., aktual. u. erw. Auflage). Stuttgart [u. a.]: Thieme 2000 [1981], S. 184.

[141] Vgl. Condrau, Flurin: Lungenheilanstalt und Patientenschicksal. Sozialgeschichte der Tuberkulose in Deutschland und England im späten 19. und frühen 20. Jahrhundert. (= Kritische Studien zur Geschichtswissenschaft, Bd. 137). Göttingen: Vandenhoeck & Ruprecht 2000, S. 15.

[142] Vgl. Pasteur, Louis: Études sur le vin, ses maladies, causes qui les provoquent, procédés nouveaux pour le conserver et pour le vieillir. Paris: Victor Masson et Fils 1866.

[143] Vgl. Landesarchiv Saarbrücken: Rheinische Provinzialirrenanstalt Merzig. Krankenakten Julius Becker [1876–1882], LKH.MZG, hier Brief von Christian Becker an die Direktion der Provinzial-Irrenanstalt zu Merzig vom 18. Dezember 1876.

[144] Ebd., hier Abschrift des Vernehmungsprotokolls des Julius Becker vom 30. September 1879 in der Provinzial-Irren-Anstalt zu Merzig im Auftrag der Königlichen Staatsanwaltschaft, hinterlegt im Königlichen Landgericht zu Saarbrücken, Hinterlegungs-Register Nr. 11824.

[145] Geheimes Staatsarchiv Preußischer Kulturbesitz: Kultusministerium. Berichte zum Gymnasium in Saarbrücken der Geheimen Registratur des Ministeriums der geistlichen, Unterrichts- und Medicinal-Angelegenheiten Berlin [1867–1877], I. HA Rep. 76, hier Berichtsabschrift Hollenberg vom 26. Mai 1871, fol. 106 recto.

[146] Ebd.

[147] Vgl. Ebd.

[148] Ebd.

[149] Brandt, Adolf; Glabbach, Wilhelm: Mai 1871. In: Glabbach, Wilhelm: Vaterlandsliebe. Saarbrücker Gymnasiasten in den Kriegen mit den Franzosen, nach einer Sammlung von freiwilligen Beiträgen früherer Gymnasiasten. Saarbrücken: Bock & Seip 1910, S. 89.

[150] Am 28. August 1866 trug Kraushaar als Quintaner „Der Glockenguß zu Breslau" von Wilhelm Müller vor, am 27. August 1867 als Quartaner „Arion" von August Wilhelm von Schlegel, am 1. September 1868 als Tertianer „Der Preusse in Lissabon" von Karl von Holtei und 1869 als Sekundaner „Das Siegesfest" von Friedrich Schiller. Der Festakt von 1870 war kriegsbedingt entfallen. Vgl. Königliches Gymnasium und Vorschule Saarbrücken (Hgg.): Jahresbericht über das Königliche Gymnasium und die Vorschule zu Saarbrücken. Saarbrücken: Gebrüder Hofer [1866–1873], hier Jahresbericht 1866, S. 24, Jahresbericht 1867, S. 38, Jahresbericht 1868, S. 28 und Jahresbericht 1869, S. 12.

[151] Vgl. Ebd., hier Jahresbericht 1866, S. 24.

[152] Brandt, Adolf; Glabbach, Wilhelm: Mai 1871. In: Glabbach, Wilhelm: Vaterlandsliebe. Saarbrücker Gymnasiasten in den Kriegen mit den Franzosen, nach einer Sammlung von freiwilligen Beiträgen früherer Gymnasiasten. Saarbrücken: Bock & Seip 1910, S. 89.

[153] 1871 fiel Ostern auf die Zeit vom 7. bis 10. April und Pfingsten auf den 28. und 29. Mai.

[154] Vgl. Becker, Christian: An die „Saar- und Blies-Zeitung" in Neunkirchen. [Stellungnahme des Vaters zur Tat.] In: Saarbrucker Zeitung Nr. 124 vom 31. Mai 1871, S. 4.

[155] Saarbrücken, 15. Nov. In: Saarbrücker Zeitung Nr. 269 vom 16. November 1871, S. 2–3, hier S. 2.

[156] Geheimes Staatsarchiv Preußischer Kulturbesitz: Kultusministerium. Berichte zum Gymnasium in Saarbrücken der Geheimen Registratur des Ministeriums der geistlichen, Unterrichts- und Medicinal-Angelegenheiten Berlin [1867–1877], I. HA Rep. 76, hier Berichtsabschrift Hollenberg vom 26. Mai 1871, fol. 106 recto.

[157] Vgl. Ebd., fol. 106 recto/verso.

[158] Vgl. Bondü, Rebecca: School Shootings in Deutschland. Internationaler Vergleich, Warnsignale, Risikofaktoren, Entwicklungsverläufe. Univ. Diss., FB Erziehungswissenschaft und Psychologie, Freie Universität Berlin 2012, S. 48–49.

[159] Vgl. Brandt, Adolf; Glabbach, Wilhelm: Mai 1871. In: Glabbach, Wilhelm: Vaterlandsliebe. Saarbrücker Gymnasiasten in den Kriegen mit den Franzosen, nach einer Sammlung von freiwilligen Beiträgen früherer Gymnasiasten. Saarbrücken: Bock & Seip 1910, S. 89.

[160] Vgl. Saarbrücken, 15. Nov. In: Saarbrücker Zeitung Nr. 269 vom 16. November 1871, S. 2–3, hier S. 2.

[161] Vgl. Geheimes Staatsarchiv Preußischer Kulturbesitz: Kultusministerium. Berichte zum Gymnasium in Saarbrücken der Geheimen Registratur des Ministeriums der geistlichen,

Unterrichts- und Medicinal-Angelegenheiten Berlin [1867–1877], I. HA Rep. 76, hier Berichtsabschrift Hollenberg vom 26. Mai 1871, fol. 106 recto.

[162]   Vgl. Becker, Christian: An die „Saar- und Blies-Zeitung" in Neunkirchen. [Stellungnahme des Vaters zur Tat.] In: Saarbrücker Zeitung Nr. 124 vom 31. Mai 1871, S. 4.

[163]   Saarbrücken, 16. Novbr. In: Trierische Volks-Zeitung Nr. 283 vom 21. November 1871, S. 3.

[164]   Saarbrücken, 15. Nov. In: Saarbrücker Zeitung Nr. 269 vom 16. November 1871, S. 2–3, hier S. 2.

[165]   Vgl. Ebd., S. 2.

[166]   Saarbrücken, den 16. November. In: Berliner Gerichts-Zeitung Nr. 137 vom 23. November 1871, S. 3–4.

[167]   Vgl. Saarbrücken, 16. Novbr. In: Trierische Volks-Zeitung Nr. 283 vom 21. November 1871, S. 3.

[168]   Saarbrücken, 25. Mai. In: Trierische Volks-Zeitung Nr. 131 vom 27. Mai 1871, S. 2.

[169]   Vgl. etwa A Boy Shot by his Schoolfellow–A Curious Affair. In: The New York Times Nr. 4899 vom 9. Juni 1867, S. 5.

[170]   Fauth, Franz: Ueber die Entstehung des Bösen. In: Königliches Gymnasium und Vorschule Saarbrücken (Hgg.): Jahresbericht über das Königliche Gymnasium und die Vorschule zu Saarbrücken. Saarbrücken: Gebrüder Hofer [1866–1873], hier Jahresbericht 1873, S. 3–17, hier S. 16. [Hervorhebung im Original]

[171]   Vgl. Geheimes Staatsarchiv Preußischer Kulturbesitz: Kultusministerium. Berichte zum Gymnasium in Saarbrücken der Geheimen Registratur des Ministeriums der geistlichen, Unterrichts- und Medicinal-Angelegenheiten Berlin [1867–1877], I. HA Rep. 76, hier Berichtsabschrift Hollenberg vom 26. Mai 1871, fol. 105 recto/verso.

[172]   Vgl. Ebd., fol. 105 recto.

[173]   Vgl. Königliches Gymnasium und Vorschule Saarbrücken (Hgg.): Jahresbericht über das Königliche Gymnasium und die Vorschule zu Saarbrücken. Saarbrücken: Gebrüder Hofer [1866–1873], hier Jahresbericht 1872, S. 4.

[174]   Vgl. Ebd.

[175]   Vgl. Glabbach, Wilhelm: Vorwort. In: Ders.: Vaterlandsliebe. Saarbrücker Gymnasiasten in den Kriegen mit den Franzosen, nach einer Sammlung von freiwilligen Beiträgen früherer Gymnasiasten. Saarbrücken: Bock & Seip 1910, S. 3–5, hier S. 4.

[176]   Königliches Gymnasium und Vorschule Saarbrücken (Hgg.): Jahresbericht über das Königliche Gymnasium und die Vorschule zu Saarbrücken. Saarbrücken: Gebrüder Hofer [1866–1873], hier Jahresbericht 1873, S. 6.

[177]   Ebd.

[178]   Brandt, Adolf; Glabbach, Wilhelm: Mai 1871. In: Glabbach, Wilhelm: Vaterlandsliebe. Saarbrücker Gymnasiasten in den Kriegen mit den Franzosen, nach einer Sammlung von freiwilligen Beiträgen früherer Gymnasiasten. Saarbrücken: Bock & Seip 1910, S. 89.

[179]   Vgl. Stadtarchiv Worms: Catalogus discipulorum inde ab anno 1804 (quo Seminarium catholicum at Gymnasium evangelicum unit sunt) receptorum Directoribus Schneidlero, Curtman, Wiegandero [Schülerlisten 1808–1873], Abt. 55/1 Nr. 408.

[180]   Vgl. Ebd.: Abschrift Maturitätszeugnis Julius Becker. Bestand Altsprachliches Gymnasium (Rudi-Stephan-Gymnasium) [31. August 1872], Abt. 55/1 Nr. 213A.

[181]   Vgl. Ebd.: Schriftliche Maturitätsarbeiten Julius Becker. Bestand Altsprachliches Gymnasium (Rudi-Stephan-Gymnasium) [3., 6. und 10. Juli 1872], Abt. 55/1 Nr. 248A.

[182] Vgl. Landesarchiv Saarbrücken: Rheinische Provinzialirrenanstalt Merzig. Krankenakten Julius Becker [1876–1882], LKH.MZG, hier Brief von Christian Becker an die Direktion der Provinzial-Irrenanstalt zu Merzig vom 18. Dezember 1876.

[183] Vgl. Königliches Gymnasium und Vorschule Saarbrücken (Hgg.): Jahresbericht über das Königliche Gymnasium und die Vorschule zu Saarbrücken. Saarbrücken: Gebrüder Hofer [1866–1873], hier Jahresbericht 1869, S. 9.

[184] Der Jahrgang 1871 der „Wormser Zeitung" ist in den Digitalen Sammlungen der Universitäts- und Landesbibliothek Darmstadt unter folgendem Link vollständig abrufbar: http://tudigit.ulb.tu-darmstadt.de/show/Za-140-1871 [Stand: 28. Juli 2018].

[185] Vgl. Landesarchiv Saarbrücken: Rheinische Provinzialirrenanstalt Merzig. Krankenakten Julius Becker [1876–1882], LKH.MZG, hier Brief von Christian Becker an die Direktion der Provinzial-Irrenanstalt zu Merzig vom 18. Dezember 1876.

[186] Vgl. Archiv des Karlsruher Instituts für Technologie: Zeugniss des Grossherzoglich Badischen Polÿtechnikums vom 14. März 1874 über Julius Becker zum Wintersemester 1873/74, 10001/1479.

[187] Vgl. Wittenbrock, Rolf: Die drei Saarstädte in der Zeit des beschleunigten Städtewachstums (1860–1908). In: Ders. (Hg.): Geschichte der Stadt Saarbrücken. Bd. 2. Von der Zeit des stürmischen Wachstums bis zur Gegenwart. Saarbrücken: SDV 1999, S. 11–130, hier S. 99.

[188] Landesarchiv Saarbrücken: Rheinische Provinzialirrenanstalt Merzig. Krankenakten Julius Becker [1876–1882], LKH.MZG, hier Brief von Christian Becker an die Direktion der Provinzial-Irrenanstalt zu Merzig vom 18. Dezember 1876.

[189] Vgl. Landeshauptarchiv Koblenz: Rheinische Provinzialirrenanstalt Andernach. Krankenakten Julius Becker [1876–1907], 426,006/16398, hier Übergabebericht zu Julius Becker von Dr. Erlenmeyer aus Bendorf bei Koblenz an die Provinzialirrenanstalt Andernach vom 16. Dezember 1876.

[190] Vgl. Landesarchiv Saarbrücken: Rheinische Provinzialirrenanstalt Merzig. Krankenakten Julius Becker [1876–1882], LKH.MZG, hier Brief von Christian Becker an die Direktion der Provinzial-Irrenanstalt zu Merzig vom 18. Dezember 1876.

[191] Ebd.

[192] Vgl. Ebd.

[193] Vgl. Dissoziative Fugue. In: Dilling, Horst; Mombour, Werner; Schmidt, Martin H. (Hgg.): Internationale Klassifikation psychischer Störungen ICD-10: Kapitel V (F) Klinisch-diagnostische Leitlinien. Aus dem Englischen übersetzt nach der ICD-10 Classification of Mental and Behavioural Disorders. Clinical Descriptions and Diagnostic Guidelines der World Health Organization (Hg.) unter Berücksichtigung der Änderungen entsprechend ICD-10-GM 2015. Bern [u. a.]: Hogrefe 2015, S. 216.

[194] Landesarchiv Saarbrücken: Rheinische Provinzialirrenanstalt Merzig. Krankenakten Julius Becker [1876–1882], LKH.MZG, hier Brief von Christian Becker an die Direktion der Provinzial-Irrenanstalt zu Merzig vom 18. Dezember 1876.

[195] Über den Verbleib der Krankenakten der Erlenmeyer'schen Anstalt in Bendorf ist nichts bekannt. Im Landeshauptarchiv Koblenz sind nur allgemeine Verwaltungsakten der Regierung Koblenz und des Oberpräsidiums der Rheinprovinz untergebracht. Ein vorhandenes Patientenverzeichnis der Erlenmeyer'schen Anstalt reicht nur von 1882 bis 1920. (Persönliche Mitteilung des LHA Koblenz vom 17. August 2016).

[196] Isermann, Horst: Erlenmeyersche Anstalten zu Bendorf bei Koblenz. Vorreiter der Sozialpsychiatrie und der Geistigbehindertenpädagogik. In: Der Nervenarzt 80 (2009): 74–77,

hier S. 77.

[197] Vgl. Erlenmeyer, Albrecht; Halbey, Hermann; Erlenmeyer, Max: Die Dr. Erlenmeyer'schen Anstalten für Gemüths- und Nervenkranke zu Bendorf bei Coblenz. Bericht über Einrichtung, Organisation und Leistungen derselben in dem Decennium 1. Januar 1871 bis 31. December 1880. Leipzig: Böhme 1881; vgl. auch Erlenmeyer, Albrecht; Sommer, Max; Erlenmeyer, Adolph: Dr. Erlenmeyersche Anstalten für Gemüts- und Nervenkranke zu Bendorf a. Rh. In: Bresler, Johannes: Deutsche Heil- und Pflegeanstalten für Psychischkranke in Wort und Bild. Halle an der Saale: Carl Marhold 1910, S. 521–536.

[198] Landeshauptarchiv Koblenz: Rheinische Provinzialirrenanstalt Andernach. Krankenakten Julius Becker [1876–1907], 426,006/16398, hier Übergabebericht zu Julius Becker von Dr. Erlenmeyer aus Bendorf bei Koblenz an die Provinzialirrenanstalt Andernach vom 16. Dezember 1876.

[199] Ebd.

[200] Vgl. Ebd.

[201] Vgl. Ebd.

[202] Landesarchiv Saarbrücken: Rheinische Provinzialirrenanstalt Merzig. Krankenakten Julius Becker [1876–1882], LKH.MZG, hier Brief von Christian Becker an die Direktion der Provinzial-Irrenanstalt zu Merzig vom 18. Dezember 1876.

[203] Becker war nachweislich allein im Wintersemester 1873/74 als Eleve der Bauschule an der Polytechnischen Schule Karlsruhe eingeschrieben. Vgl. Archiv des Karlsruher Instituts für Technologie: Zeugniss des Grossherzoglich Badischen Polÿtechnikums vom 14. März 1874 über Julius Becker zum Wintersemester 1873/74, 10001/1479.

[204] Vgl. Landeshauptarchiv Koblenz: Rheinische Provinzialirrenanstalt Andernach. Krankenakten Julius Becker [1876–1907], 426,006/16398, hier Übergabebericht zu Julius Becker von Dr. Erlenmeyer aus Bendorf bei Koblenz an die Provinzialirrenanstalt Andernach vom 16. Dezember 1876.

[205] Vgl. Ebd., hier Brief von Julius Becker an die Direktion der Merziger Provinzial-Irrenanstalt vom 12. Juni 1879 und Brief von Julius Becker aus der Irrenanstalt Merzig an seinen Vetter vom August 1881.

[206] Vgl. Ebd., hier Übergabebericht zu Julius Becker von Dr. Erlenmeyer aus Bendorf bei Koblenz an die Provinzialirrenanstalt Andernach vom 16. Dezember 1876.

[207] Der Verbleib der Krankenakten der Privatirrenanstalt Pützchen ist nicht bekannt. Das Landesarchiv Nordrhein-Westfalen hat nur allgemeine Akten der Regierung Köln, beispielsweise zur Verwaltung der Anstalt, in seinem Bestand, jedoch keine Patientenakten. [Persönliche Mitteilung des LAV NRW (Abteilung Rheinland) vom 17. August 2016]. Auch das Archiv des Landschaftsverbandes Rheinland hat keine Patientenakten aus der Anstalt Pützchen (Persönliche Mitteilung des Archivleiters Dr. Wolfgang Schaffer vom 1. September 2016) und auch die Leiterin des Psychatriemuseums Ver-rückte Zeiten der LVR-Klinik Bonn Linda Orth hat trotz langer Suche die Patientenakten aus Pützchen bislang nicht ausfindig machen können (Persönliche Mitteilung vom 2. September 2016).

[208] Vgl. Orth, Linda: Das Asyl für Geisteskranke zu Pützchen 1866–1920. In: Bonner Geschichtswerkstatt (Hg.): „Die Beueler Seite ist nun einmal die Sonnenseite". Ein historisches Lesebuch. Bonn: Selbstverlag 1996, S. 41–46.

[209] Vgl. Landeshauptarchiv Koblenz: Rheinische Provinzialirrenanstalt Andernach. Krankenakten Julius Becker [1876–1907], 426,006/16398, hier Übergabebericht zu Julius Becker von Dr. Erlenmeyer aus Bendorf bei Koblenz an die Provinzialirrenanstalt Andernach vom

16. Dezember 1876.

[210] Ebd.

[211] Vgl. Ebd.

[212] Vgl. Ebd.

[213] Vgl. Ebd.

[214] Vgl. Ebd.

[215] Vgl. Landesarchiv Saarbrücken: Rheinische Provinzialirrenanstalt Merzig. Krankenakten Julius Becker [1876–1882], LKH.MZG, hier Brief von Christian Becker an die Direktion der Provinzial-Irrenanstalt zu Merzig vom 18. Dezember 1876.

[216] Landeshauptarchiv Koblenz: Rheinische Provinzialirrenanstalt Andernach. Krankenakten Julius Becker [1876–1907], 426,006/16398, hier Übergabebericht zu Julius Becker von Dr. Erlenmeyer aus Bendorf bei Koblenz an die Provinzialirrenanstalt Andernach vom 16. Dezember 1876.

[217] Ebd.

[218] Schulz, Andreas: Lebenswelt und Kultur des Bürgertums im 19. und 20. Jahrhundert. (= Enzyklopädie deutscher Geschichte, Bd. 75). (2., um einen Nachtr. erw. Auflage). Berlin [u. a.]: De Gruyter Oldenbourg 2014 [2005], S. 21.

[219] Vgl. Hankin, Benjamin L.; Abela, John R. Z. (Hgg.): Development of Psychopathology. A Vulnerability-Stress Perspective. Thousand Oaks [u. a.]: SAGE 2005.

[220] Vgl. Landesarchiv Saarbrücken: Rheinische Provinzialirrenanstalt Merzig. Krankenakten Julius Becker [1876–1882], LKH.MZG; Landeshauptarchiv Koblenz: Rheinische Provinzialirrenanstalt Andernach. Krankenakten Julius Becker [1876–1907], 426,006/16398. Die Patientendokumentation wurde von Merzig nach Andernach geschickt und wird auch heute noch in Beckers Andernacher Krankenakte im LHA Koblenz archiviert.

[221] Vgl. Landesarchiv Saarbrücken: Rheinische Provinzialirrenanstalt Merzig. Krankenakten Julius Becker [1876–1882], LKH.MZG, hier Handschriftliches Dokument vom 27. Juni 1879 verfasst von Sanitätsrath Dr. Zwicke mit amtlichem Stempel des Bürgermeisteramtes der Stadt Saarbrücken.

[222] Vgl. Bistumsarchiv Trier: Privat Heil- und Pflege-Anstalt der Barmherzigen Brüder zu Saffig. Krankenakte Julius Becker [1905–1912], Abt. 1200,1 Nr. 1030, hier Brief von Dr. Emil Becker vom 30. Oktober 1905 an die Privat-Heil- und Pflege-Anstalt der barmherzigen Brüder zu Saffig.

[223] Landesarchiv Saarbrücken: Rheinische Provinzialirrenanstalt Merzig. Krankenakten Julius Becker [1876–1882], LKH.MZG, hier Schriftliche Notiz des behandelnden Arztes vom 26. März 1879.

[224] Vgl. Ebd.

[225] Vgl. Ebd.

[226] Vgl. Landeshauptarchiv Koblenz: Rheinische Provinzialirrenanstalt Andernach. Krankenakten Julius Becker [1876–1907], 426,006/16398.

[227] Vgl. Ebd., hier Journaleinträge [2. September 1882 bis 25. Oktober 1905].

[228] Vgl. Bistumsarchiv Trier: Privat Heil- und Pflege-Anstalt der Barmherzigen Brüder zu Saffig. Krankenakte Julius Becker [1905–1912], Abt. 1200,1 Nr. 1030, hier Übergabeschein der Rheinischen Prov.-Heil- u. Pflegeanstalt Andernach vom 25. Oktober 1905.

[229] Vgl. Bistumsarchiv Trier: Privat Heil- und Pflege-Anstalt der Barmherzigen Brüder zu Saffig. Krankenakte Julius Becker [1905–1912], Abt. 1200,1 Nr. 1030; vgl. auch Standesamt Pellenz: Sterbeurkunde Julius Becker [1. April 1912], Sterberegister, Nr. 31/1912.

[230] Vgl. Bistumsarchiv Trier: Privat Heil- und Pflege-Anstalt der Barmherzigen Brüder zu Saffig. Krankenakte Julius Becker [1905–1912], Abt. 1200,1 Nr. 1030, hier Journal [28. Oktober 1905 bis 1. April 1912].

[231] Vgl. Standesamt Pellenz: Sterbeurkunde Julius Becker [1. April 1912], Sterberegister, Nr. 31/1912.

[232] Vgl. Bistumsarchiv Trier: Privat Heil- und Pflege-Anstalt der Barmherzigen Brüder zu Saffig. Krankenakte Julius Becker [1905–1912], Abt. 1200,1 Nr. 1030, hier Eintrag im Journal [28. Oktober 1905 bis 1. April 1912] vom 1. April 1912.

[233] Vgl. Wettmann-Jungblut, Peter: „Wir stehen am Ende." Gewalt des Krieges und Gewalt unter Schülern des Saarbrücker Gymnasiums in den Jahren 1870/71. In: Ludwigsgymnasium Saarbrücken (Hg.): 400 Jahre Ludwigsgymnasium Saarbrücken. Kontinuität und Wandel 1604–2004. Saarbrücken: Saarbrücker Druckerei und Verlag 2004, S. 213–224, hier S. 224.

[234] Vgl. Ders.: Revolverschüsse statt Pausenbrot. Warum ein Saarbrücker Gymnasiast das moderne School Shooting „erfand" – und warum seine „Erfindung" vergessen wurde. In: saargeschichte|n. Magazin zur regionalen Kultur und Geschichte 3 (2012), S. 26–33, hier S. 32.

[235] Vgl. Wittenbrock, Rolf: Die drei Saarstädte in der Zeit des beschleunigten Städtewachstums (1860–1908). In: Ders. (Hg.): Geschichte der Stadt Saarbrücken. Bd. 2. Von der Zeit des stürmischen Wachstums bis zur Gegenwart. Saarbrücken: SDV 1999, S. 11–130, hier S. 38.

[236] Vgl. Gräbner, Dieter; Weszkalnys, Stefan: Bürger, Brücken und Duelle. Die Geschichte der Großstadt Saarbrücken. Saarbrücken: Conte 2009, S. 35–37.

[237] Wettmann-Jungblut, Peter: Revolverschüsse statt Pausenbrot. Warum ein Saarbrücker Gymnasiast das moderne School Shooting „erfand" – und warum seine „Erfindung" vergessen wurde. In: saargeschichte|n. Magazin zur regionalen Kultur und Geschichte 3 (2012), S. 26–33, hier S. 28.

[238] Vgl. Riecher-Rössler, Anita: Die beginnende Schizophrenie als „Knick in der Lebenslinie". In: Schneider, Hartmut (Hg.): Lieben und Arbeiten. Der junge Erwachsene und der Ernst des Lebens. (= Schriftenreihe des Psychotherapie-Seminars Freudenstadt, Bd. 6). Heidelberg: Mattes 1999, S. 23–40. Der Ausdruck „Knick in der Lebenslinie" geht auf den Psychiater und Kraepelin-Schüler Eugen Kahn (1887–1973) zurück.

[239] Vgl. Zubin, Joseph; Spring, Bonnie: Vulnerability. A New View of Schizophrenia. In: Journal of Abnormal Psychology 86 (1977): 103–126.

[240] Vgl. Staatsarchiv Bremen: Unterrichtskanzlei [1814–1938], 4,36 Nr. 2119, hier Jahresbericht 1912/13 der St.-Marien-Schule vom 24. Mai 1913.

[241] Vgl. Ebd., hier Anlage III zum Jahresbericht 1912/13 der St.-Marien-Schule vom 24. Mai 1913. Familiensprache der Kinder.

[242] Vgl. Sandkühler, Hermann: Als aus Agnieszka Agnes wurde (1898 bis 1914). In: St.-Marien-Gemeinde (Hg.): 100 Jahre St. Marien. Erlebte Geschichte in einer Kirchengemeinde im Bremer Westen. 1898–1998. Verden: Lührs + Röver 1998, S. 19–32, hier S. 26.

[243] Vgl. Ebd.

[244] Vgl. Ebd.

[245] Vgl. Ebd.

[246] Vgl. Die Mordtaten in der Marienschule. In: Weser-Zeitung Nr. 23953 (Zweite Morgen-Ausgabe) vom 21. Juni 1913, S. 9.

[247] Vgl. Die Mordtaten eines Wahnsinnigen in der Marienschule. In: Bremer Nachrichten Nr. 169 (Drittes Blatt) vom 21. Juni 1913, S. 9.

[248] Vgl. Die Wahnsinns-Bluttat in der katholischen Schule. In: Bremer Tageblatt Nr. 144 vom 22. Juni 1913, S. 5–6, hier S. 5.

[249] Vgl. Zu den Bluttaten in der Marienschule. In: Bremer Bürger-Zeitung Nr. 143 vom 21. Juni 1913, S. 2–3, hier S. 3.

[250] Die Mordtaten in der Marienschule. In: Bremer Nachrichten Nr. 170 (Drittes Blatt) vom 22. Juni 1913, S. 9.

[251] Vgl. Die Mordtaten in der Marienschule. In: Weser-Zeitung Nr. 23953 (Zweite Morgen-Ausgabe) vom 21. Juni 1913, S. 9.

[252] Vgl. Die Mordtaten eines Wahnsinnigen in der Marienschule. In: Bremer Nachrichten Nr. 169 (Drittes Blatt) vom 21. Juni 1913, S. 9.

[253] Vgl. KILLS 3, WOUNDS 17, IN A CLASSROOM. Lunatic Had Been Rejected as a Teacher in a Bremen School. In: The New York Times Nr. 20,237 vom 21. Juni 1913, S. 4; vgl. auch 24 SHOT BY MADMAN. Unemployed Teacher Runs Amuck in a Bremen School. In: The Washington Post Nr. 13,526 vom 21. Juni 1913, S. 1; vgl. auch KILLS THREE, WOUNDS MANY. Madman Runs Amuck in a Schoolhouse. In: The Boston Daily Globe Nr. LXXXIII.172 vom 21. Juni 1913, S. 9; vgl. auch FIVE SCHOOL CHILDREN SLAIN BY CRAZED BREMEN TEACHER. Twenty-two Other Persons Wounded by Madman. In: The Chicago Daily Tribune Nr. LXXII.148 vom 21. Juni 1913, S. 1.

[254] Vgl. Kurze Tagesübersicht. In: Stuttgarter Neues Tagblatt Nr. 166 vom 21. Juni 1913, S. 1; vgl. auch Fürchterliches Attentat eines Lehramtskandidaten. In: Stuttgarter Neues Tagblatt Nr. 166 vom 21. Juni 1913, S. 3; vgl. auch Die Bluttat von Bremen. In: Stuttgarter Neues Tagblatt Nr. 167 vom 22. Juni 1913, S. 2; vgl. auch Der Bremer Mörder. In: Stuttgarter Neues Tagblatt Nr. 168 vom 23. Juni 1913, S. 2; vgl. auch Der Bremer Kindermord. In: Stuttgarter Neues Tagblatt Nr. 169 vom 24. Juni 1913, S. 2; vgl. auch Die vier Opfer der Bremer Bluttat. In: Stuttgarter Neues Tagblatt Nr. 170 vom 25. Juni 1913, S. 2; vgl. auch Die Greueltat von Bremen. In: Stuttgarter Neues Tagblatt Nr. 171 vom 26. Juni 1913, S. 2; vgl. auch Wahnsinnstat eines Geistesgestörten. In: Schwäbischer Merkur Nr. 281 vom 20. Juni 1913, S. 2; vgl. auch Bremen 20. Juni. In: Schwäbischer Merkur Nr. 281 vom 20. Juni 1913, S. 3; vgl. auch Die Schreckenstat von Bremen. In: Schwäbischer Merkur Nr. 282 vom 21. Juni 1913, S. 2; vgl. auch Die Schreckenstat von Bremen. In: Schwäbischer Merkur Nr. 283 vom 21. Juni 1913, S. 4; vgl. auch Bremen 21. Juni. In: Schwäbischer Merkur Nr. 284 vom 23. Juni 1913, S. 2.

[255] Vgl. Seierstad, Åsne: Einer von uns. Die Geschichte eines Massenmörders. Aus dem Norwegischen und Englischen übersetzt von Frank Zuber und Nora Pröfrock. Zürich [u. a.]: Kein & Aber 2016.

[256] Vom Massenmord in Mühlhausen a. E. In: Schwäbische Kronik Nr. 418 (Mittagsblatt) vom 9. September 1913, S. 5–6, hier S. 6.

[257] Vgl. Die Wahnsinns-Bluttat in der katholischen Schule. In: Bremer Tageblatt Nr. 144 vom 22. Juni 1913, S. 5–6, hier S. 5.

[258] Vgl. Staatsarchiv Bremen: Unterrichtskanzlei [1814–1938], 4,36 Nr. 1426, hier Auszug aus dem Senats-Protokoll vom 24. Juni 1913.

[259] Vgl. Die Mordtaten eines Wahnsinnigen in der Marienschule. In: Bremer Nachrichten Nr. 169 (Drittes Blatt) vom 21. Juni 1913, S. 9.

[260] Vgl. Standesamt Bad Sülze: Geburtseintrag Hans Jacob Friedrich Ernst Schmidt [24. September 1883], Geburtenregister, Nr. 69/1883; vgl. auch Standesamt Neukloster-Warin: Heiratseintrag von Karl Jacob Theodor Johann Schmidt und Margarete Klara Mathilde

Reinke [18. Juli 1882], Heiratsregister, Nr. 7/1882.

[261] Vgl. Standesamt Bad Sülze: Geburtseintrag Margarete Louise Elisabeth Marie Schmidt [26. August 1885], Geburtenregister, Nr. 61/1885; Geburtseintrag Marie Louise Henriette Schmidt [3. Juli 1887], Geburtenregister, Nr. 48/1887 und Geburtseintrag Martha Gustave Johanna Helene Maria Schmidt [9. Januar 1889], Geburtenregister, Nr. 4/1889; vgl. auch Stadtarchiv Parchim: Geburtseintrag Elisabeth Julie Henriette Schmidt [24. Oktober 1890], Geburtenregister, Nr. 33/1890; Geburtseintrag Anna Louise Johanna Schmidt [8. April 1892], Geburtenregister, Nr. 11/1892; Geburtseintrag Albert Wilhelm Alfons Schmidt [6. Oktober 1893], Geburtenregister, Nr. 39/1893; Geburtseintrag Ernst Martin Amandus Schmidt [29. August 1895], Geburtenregister, Nr. 23/1895; Geburtseintrag Friedrich Karl Wulf Schmidt [14. Februar 1898], Geburtenregister, Nr. 5/1898; Geburtseintrag Hanna Maria Mathilde Schmidt [28. April 1900], Geburtenregister, Nr. 10/1900. [Verstorben am 8. Mai 1900]; Geburtseintrag Theodor Karl Elias Schmidt [3. August 1901], Geburtenregister, Nr. 34/1901 und Geburtseintrag Ursula Barbara Hanna Schmidt [22. Januar 1905], Geburtenregister, Nr. 5/1905.

[262] Vgl. Landeskirchliches Archiv Schwerin: Personalakte Carl Jacob Johannes Schmidt aus Hagenow, Pastor in Klinken [1873–1913], OKR Pers Th S107, hier Handschriftliche Briefe von Pastor Schmidt an den hohen Oberkirchenrat [7. Januar 1882 bis 2. Februar 1913], Briefe vom 31. Oktober 1902, 9. Januar 1905, 9. Mai 1911, 27. Mai 1911, 5. September 1911 und 24. Januar 1912.

[263] Vgl. Landeskirchliches Archiv Schwerin: Geburtseintrag Carl Jacob Johannes Schmidt [11. Juli 1849], Kirchenbuch Hagenow, Taufregister [1835–1858], Nr. 120/1849; vgl. auch Willgeroth, Gustav: Die Mecklenburg-Schwerinschen Pfarren seit dem dreißigjährigen Kriege. Mit Anmerkungen über die früheren Pastoren seit der Reformation. Bd. 2. Wismar: Selbstverlag 1925, S. 810.

[264] Vgl. Kirchenkreisarchiv Mecklenburg: Chronik des Kirchspiels zu Klinken. Abschrift der Pfarrchronik [1898–1992] (überarbeitete Version), PFA Klinken (unverzeichnet), Altsignatur II.4., S. 1, vgl. auch Willgeroth, Gustav: Die Mecklenburg-Schwerinschen Pfarren seit dem dreißigjährigen Kriege. Mit Anmerkungen über die früheren Pastoren seit der Reformation. Bd. 2. Wismar: Selbstverlag 1925, S. 650; vgl. auch Ders.: Die Mecklenburg-Schwerinschen Pfarren seit dem dreißigjährigen Kriege. Mit Anmerkungen über die früheren Pastoren seit der Reformation. Bd. 3. Wismar: Selbstverlag 1925, S. 1328.

[265] Vgl. Landeskirchliches Archiv Schwerin: Geburtseintrag Margareta Clara Mathilde Reinke [8. Juni 1862], Kirchenbuch Warin, Taufregister [1832–1871], Nr. 35/1862; vgl. auch Landeskirchliches Archiv Schwerin: Personalakte Carl Jacob Johannes Schmidt aus Hagenow, Pastor in Klinken [1873–1913], OKR Pers Th S107, hier Handschriftliche Briefe von Pastor Schmidt an den hohen Oberkirchenrat [7. Januar 1882 bis 2. Februar 1913].

[266] Vgl. Willgeroth, Gustav: Die Mecklenburg-Schwerinschen Pfarren seit dem dreißigjährigen Kriege. Mit Anmerkungen über die früheren Pastoren seit der Reformation. Bd. 2. Wismar: Selbstverlag 1925, S. 810.

[267] Archiv Klinikum Bremen-Ost: St. Jürgen-Asyl in Ellen (Bremen). Kranken-Geschichte Hans Schmidt [1913–1932], hier Handschriftlicher Brief von Margarete Schmidt an den Klinikarzt [undatiert, wahrscheinlich Ende Juni 1913].

[268] Ebd.

[269] Ebd.

[270] Vgl. Landeskirchliches Archiv Schwerin: Personalakte Carl Jacob Johannes Schmidt aus

Hagenow, Pastor in Klinken [1873–1913], OKR Pers Th S107, hier Handschriftliche Briefe von Pastor Schmidt an den hohen Oberkirchenrat [7. Januar 1882 bis 2. Februar 1913], Briefe vom 8. September 1886 und 19. August 1887.

271 Ebd., Brief vom 19. August 1887.

272 Archiv Klinikum Bremen-Ost: St. Jürgen-Asyl in Ellen (Bremen). Kranken-Geschichte Hans Schmidt [1913–1932], hier Handschriftlicher Brief von Margarete Schmidt an den Klinikarzt [undatiert, wahrscheinlich Ende Juni 1913].

273 Ebd.

274 Ebd.

275 Ebd.

276 Ebd.

277 Vgl. Ebd., hier Abschrift des Reifezeugnisses vom 26. Februar 1902.

278 Vgl. Ebd., hier Abschrift des Prüfungszeugnisses für das höhere Lehramt der Großherzog-lichen Wissenschaftlichen Prüfungskommission zu Rostock vom 18. Dezember 1906.

279 Vgl. Eberhard, Paul: Geschichte des Rostocker Wingolfs. In: Waitz, D. Hans (Hg.): Ge-schichte der Wingolfsverbindungen. Darmstadt: Verlag des Verbandes alter Wingolfiten 1914, S. 781–838.

280 Vgl. Archiv Klinikum Bremen-Ost: St. Jürgen-Asyl in Ellen (Bremen). Kranken-Geschichte Hans Schmidt [1913–1932], hier Abschriften mehrerer Briefe von Hans Schmidt an Pastor Martin Hübener vom 10. April 1910, 1. Juli 1911 und 2. Mai 1912; vgl. auch Abschrift eines Briefs von Pastor Martin Hübener an Hans Schmidt vom 25. September 1911 und Ab-schrift eines Briefs von Pastor Martin Hübener an den Klinikarzt vom 1. Juli 1913.

281 Vgl. Ebd., hier Abschrift eines Briefs von Hans Schmidt an Max Koch vom 25. Oktober 1926 und Brief von Max Koch an den Klinikdirektor vom 30. Oktober 1927.

282 Vgl. Archiv Klinikum Bremen-Ost: St. Jürgen-Asyl in Ellen (Bremen). Kranken-Geschichte Hans Schmidt [1913–1932], hier Abschrift eines Briefs von Pastor Martin Hübener an den Klinikarzt vom 1. Juli 1913.

283 Eber, Heinrich: Geschichte der Straßburger Argentina. In: Waitz, D. Hans (Hg.): Ge-schichte der Wingolfsverbindungen. Darmstadt: Verlag des Verbandes alter Wingolfiten 1914, S. 839–880, hier S. 876.

284 Ebd., hier Abschrift eines Briefs von Pastor Martin Hübener an den Klinikarzt vom 1. Juli 1913.

285 Ebd.

286 Ebd.

287 Vgl. Ebd.

288 Vgl. Landeskirchliches Archiv Schwerin: Personalakte Carl Jacob Johannes Schmidt aus Hagenow, Pastor in Klinken [1873–1913], OKR Pers Th S107, hier Handschriftliche Briefe von Pastor Schmidt an den hohen Oberkirchenrat [7. Januar 1882 bis 2. Februar 1913], Brief vom 31. Oktober 1902.

289 Vgl. Archiv Klinikum Bremen-Ost: St. Jürgen-Asyl in Ellen (Bremen). Kranken-Geschichte Hans Schmidt [1913–1932], hier Eintrag vom 27. Juni 1913 mit Zeitungsausschnitt im Ori-ginal [undatiert, ohne Quellenangabe].

290 Ebd.

291 Eberhard, Paul: Geschichte des Rostocker Wingolfs. In: Waitz, D. Hans (Hg.): Geschichte der Wingolfsverbindungen. Darmstadt: Verlag des Verbandes alter Wingolfiten 1914, S. 781–838, hier S. 834.

[292] Vgl. Archiv Klinikum Bremen-Ost: St. Jürgen-Asyl in Ellen (Bremen). Kranken-Geschichte Hans Schmidt [1913–1932], hier Abschrift des Prüfungszeugnisses für das höhere Lehramt der Großherzoglichen Wissenschaftlichen Prüfungskommission zu Rostock vom 18. Dezember 1906.

[293] Vgl. Ebd., hier Abschrift eines Briefs von Pastor Martin Hübener an den Klinikarzt vom 1. Juli 1913.

[294] Vgl. Ebd., hier Eintrag vom 27. Juni 1913 mit Zeitungsausschnitt im Original [undatiert, ohne Quellenangabe].

[295] Vgl. Ebd., hier Abschrift eines Briefs von Pastor Martin Hübener an den Klinikarzt vom 1. Juli 1913.

[296] Ebd.

[297] Vgl. Ebd.

[298] Ebd.

[299] Vgl. Ebd.

[300] Ebd.

[301] Vgl. Ebd.

[302] Vgl. Landeskirchliches Archiv Schwerin: Personalakte Carl Jacob Johannes Schmidt aus Hagenow, Pastor in Klinken [1873–1913], OKR Pers Th S107, hier Handschriftliche Briefe von Pastor Schmidt an den hohen Oberkirchenrat [7. Januar 1882 bis 2. Februar 1913].

[303] Vgl. Ebd., Briefe vom 24. Januar 1910, 5. Januar 1911, 27. Mai 1911 und 5. September 1911.

[304] Ebd., Brief vom 7. Januar 1882.

[305] Ebd., Brief vom 3. Februar 1888.

[306] Ebd., hier Abschrift eines Briefs vom Großherzoglichen Mecklenburgischen Amt Crivitz, gez. Eichbaum, vom 29. März 1912 an das Großherzogliche Finanzministerium in Schwerin: Bericht, betreff. Unterstützung des Pastors Schmidt zu Klinken.

[307] Ebd., hier Handschriftliche Briefe von Pastor Schmidt an den hohen Oberkirchenrat [7. Januar 1882 bis 2. Februar 1913], Brief vom 5. Juli 1909.

[308] Kirchenkreisarchiv Mecklenburg: Chronik des Kirchspiels zu Klinken. Abschrift der Pfarrchronik [1898–1992] (überarbeitete Version), PFA Klinken (unverzeichnet), Altsignatur II.4., hier S. 3.

[309] Vgl. Ebd.

[310] Vgl. Ebd.; vgl. auch Landeskirchliches Archiv Schwerin: Personalakte Carl Jacob Johannes Schmidt aus Hagenow, Pastor in Klinken [1873–1913], OKR Pers Th S107, hier Handschriftliche Briefe von Pastor Schmidt an den hohen Oberkirchenrat [7. Januar 1882 bis 2. Februar 1913], Brief vom 9. Mai 1911.

[311] Vgl. Landeskirchliches Archiv Schwerin: Personalakte Carl Jacob Johannes Schmidt aus Hagenow, Pastor in Klinken [1873–1913], OKR Pers Th S107, hier Handschriftliche Briefe von Pastor Schmidt an den hohen Oberkirchenrat [7. Januar 1882 bis 2. Februar 1913], Brief vom 30. September 1907 und 9. Mai 1911.

[312] Ebd., Brief vom 5. September 1911.

[313] Archiv Klinikum Bremen-Ost: St. Jürgen-Asyl in Ellen (Bremen). Kranken-Geschichte Hans Schmidt [1913–1932], hier Handschriftlicher Brief von Margarete Schmidt an den Klinikarzt [undatiert, wahrscheinlich Ende Juni 1913].

[314] Vgl. Ebd., hier Abschrift der Zuerkennung der Fähigkeit zur Verwaltung eines Lehramts an einer höheren Schule durch das Großherzogliche Mecklenburgische Ministerium vom 15. März 1909.

[315] Ebd., hier Abschrift eines Briefs von Pastor Martin Hübener an den Klinikarzt vom 1. Juli 1913.

[316] Vgl. Ebd.

[317] Vgl. Ebd., hier Abschrift der Zuerkennung der Fähigkeit zur Verwaltung eines Lehramts an einer höheren Schule durch das Großherzogliche Mecklenburgische Ministerium vom 15. März 1909.

[318] Vgl. Ebd., hier Abschrift eines Briefs von Hans Schmidt an Pastor Martin Hübener vom 10. April 1910.

[319] Vgl. Ebd.

[320] Ebd., hier Abschrift eines Attests des Kreisarztes Dr. Thilow vom 4. Mai 1911.

[321] Ebd.

[322] Vgl. Ebd., hier Abschrift der Teilnahme an einer Erholungsmaßnahme in der Nervenheilanstalt Bergquell von Arzt Dr. Ike vom 16. Juni 1911.

[323] Vgl. Ebd., hier Abschrift einer Karte von Pastor Karl Schmidt an Pastor Martin Hübener vom 12. Juni 1911.

[324] Landeskirchliches Archiv Schwerin: Personalakte Carl Jacob Johannes Schmidt aus Hagenow, Pastor in Klinken [1873–1913], OKR Pers Th S107, hier Handschriftliche Briefe von Pastor Schmidt an den hohen Oberkirchenrat [7. Januar 1882 bis 2. Februar 1913], Brief vom 27. Mai 1911.

[325] Vgl. Ebd., Brief vom 5. September 1911.

[326] Archiv Klinikum Bremen-Ost: St. Jürgen-Asyl in Ellen (Bremen). Kranken-Geschichte Hans Schmidt [1913–1932], hier Abschrift eines Briefs von Hans Schmidt an Pastor Martin Hübener vom 1. Juli 1911.

[327] Ebd., hier Handschriftlicher Brief von Margarete Schmidt an den Klinikarzt [undatiert, wahrscheinlich Ende Juni 1913].

[328] Die Mitarbeiter des Stettiner Staatsarchivs konnten in der Akte 279/0074 Provinzialschulkollegium für die Provinz Pommern in Stettin (Rep. 62, Kolegium Szkolne Prowincji Pomorskiej w Szczecinie) [1815–1945] keine Informationen zu Hans Schmidt und seiner Tätigkeit als Oberlehrer in Stolp finden. Auch konnten weder eine Personal- noch eine Disziplinarakte gefunden werden. [Persönliche Mitteilung des Archiwum Państwowe w Szczecinie (Staatsarchiv Stettin) vom 7. Oktober 2016]. Es ist deshalb anzunehmen, dass keine Unterlagen zu seiner Tätigkeit am Gymnasium in Stolp und keine Krankenunterlagen zu seinem Aufenthalt in der Nervenheilanstalt Bergquell erhalten sind. Um welche Art von „sittlichem Fehltritt" es sich handelte, lässt sich deshalb nicht mehr eruieren.

[329] Archiv Klinikum Bremen-Ost: St. Jürgen-Asyl in Ellen (Bremen). Kranken-Geschichte Hans Schmidt [1913–1932], hier Abschrift der Teilnahme an einer Erholungsmaßnahme in der Nervenheilanstalt Bergquell von Arzt Dr. Ike vom 16. Juni 1911.

[330] Vgl. Zenker, Johannes: Heilanstalt „Bergquell-Frauendorf" bei Stettin. In: Bresler, Johannes: Deutsche Heil- und Pflegeanstalten für Psychischkranke in Wort und Bild. Halle an der Saale: Carl Marhold 1910, S. 541–548, hier S. 541.

[331] Vgl. Archiv Klinikum Bremen-Ost: St. Jürgen-Asyl in Ellen (Bremen). Kranken-Geschichte Hans Schmidt [1913–1932], hier Abschrift eines Briefs von Hans Schmidt an Pastor Martin Hübener vom 1. Juli 1911.

[332] Ebd., hier Handschriftlicher Brief von Margarete Schmidt an den Klinikarzt [undatiert, wahrscheinlich Ende Juni 1913].

[333] Vgl. Ebd.

[334] Vgl. Ebd., hier Abschrift eines Briefs von Hans Schmidt an Pastor Martin Hübener vom 2. Mai 1912.

[335] Ebd., hier Handschriftlicher Brief von Margarete Schmidt an den Klinikarzt [undatiert, wahrscheinlich Ende Juni 1913].

[336] Ebd.

[337] Ebd.

[338] Ebd.

[339] Vgl. Ebd.

[340] Vgl. Landeskirchliches Archiv Schwerin: Personalakte Carl Jacob Johannes Schmidt aus Hagenow, Pastor in Klinken [1873–1913], OKR Pers Th S107, hier Handschriftliche Briefe von Pastor Schmidt an den hohen Oberkirchenrat [7. Januar 1882 bis 2. Februar 1913], Brief vom 22. Januar 1913.

[341] Vgl. Die Mordtaten eines Wahnsinnigen in der Marienschule. In: Bremer Nachrichten Nr. 169 (Drittes Blatt) vom 21. Juni 1913, S. 9.

[342] Ebd.

[343] Vgl. Ebd.

[344] Archiv Klinikum Bremen-Ost: St. Jürgen-Asyl in Ellen (Bremen). Kranken-Geschichte Hans Schmidt [1913–1932], hier Handschriftlicher Brief von Margarete Schmidt an den Klinikarzt [undatiert, wahrscheinlich Ende Juni 1913].

[345] Ebd.

[346] Vgl. Ebd.

[347] Vgl. Zur Mordtat in der Marienschule. Die Personalien des Täters. In: Bremer Nachrichten Nr. 171 (Erstes Blatt) vom 23. Juni 1913, S. 4.

[348] Vgl. Ebd.

[349] Vgl. Die Mordtaten in der Marienschule. In: Bremer Nachrichten Nr. 170 (Drittes Blatt) vom 22. Juni 1913, S. 9.

[350] Landeskirchliches Archiv Schwerin: Personalakte Carl Jacob Johannes Schmidt aus Hagenow, Pastor in Klinken [1873–1913], OKR Pers Th S107, hier Handschriftliche Briefe von Pastor Schmidt an den hohen Oberkirchenrat [7. Januar 1882 bis 2. Februar 1913], Brief vom 22. Januar 1913.

[351] Vgl. Ebd.

[352] Vgl. Stadtarchiv Parchim: Sterbeeintrag Pastor Karl Jakob Johannes Schmidt [18. Juni 1913], Sterberegister, Nr. 13/1913, vgl. auch Kirchenkreisarchiv Mecklenburg: Chronik des Kirchspiels zu Klinken. Abschrift der Pfarrchronik [1898–1992] (überarbeitete Version), PFA Klinken (unverzeichnet), Altsignatur II.4., S. 4.

[353] Vgl. Zu den Bluttaten in der Marienschule. In: Bremer Bürger-Zeitung Nr. 143 vom 21. Juni 1913, S. 2–3, hier S. 2.

[354] Vgl. Die Mordtaten eines Wahnsinnigen in der Marienschule. In: Bremer Nachrichten Nr. 169 (Drittes Blatt) vom 21. Juni 1913, S. 9.

[355] Vgl. Ebd.

[356] Ebd.

[357] Ebd.

[358] Ebd.

[359] Vgl. Archiv Klinikum Bremen-Ost: St. Jürgen-Asyl in Ellen (Bremen). Kranken-Geschichte Hans Schmidt [1913–1932], hier Handschriftlicher Brief von Margarete Schmidt an den Klinikarzt [undatiert, wahrscheinlich Ende Juni 1913].

[360] Vgl. Die Mordtaten eines Wahnsinnigen in der Marienschule. In: Bremer Nachrichten Nr. 169 (Drittes Blatt) vom 21. Juni 1913, S. 9.

[361] Vgl. Archiv Klinikum Bremen-Ost: St. Jürgen-Asyl in Ellen (Bremen). Kranken-Geschichte Hans Schmidt [1913–1932], hier Handschriftlicher Brief von Margarete Schmidt an den Klinikarzt [undatiert, wahrscheinlich Ende Juni 1913].

[362] Die Mordtaten eines Wahnsinnigen in der Marienschule. In: Bremer Nachrichten Nr. 169 (Drittes Blatt) vom 21. Juni 1913, S. 9.

[363] Vgl. Engelbracht, Gerda; Tischer, Achim: Das St. Jürgen-Asyl in Bremen. Leben und Arbeiten in einer Irrenanstalt 1904–1934. Bremen: Temmen 1990.

[364] Vgl. Archiv Klinikum Bremen-Ost: St. Jürgen-Asyl in Ellen (Bremen). Kranken-Geschichte Hans Schmidt [1913–1932], hier Fragebogen für die Aufnahme von Geisteskranken in das St. Jürgenasyl in Ellen bei Bremen vom 20. Juni 1913.

[365] Ebd.

[366] Ebd.

[367] Ebd.

[368] Ebd.

[369] Ebd., hier Eintrag vom 21. Juni 1913.

[370] Ebd.

[371] Ebd.

[372] Ebd.

[373] Ebd.

[374] Vgl. Ebd., hier Eintrag vom 28. Juni 1913.

[375] Vgl. Ebd., hier Handschriftlicher Brief von Margarete Schmidt an den Klinikarzt [undatiert, wahrscheinlich am 27. August 1913 verfasst].

[376] Vgl. Adams, Alfred E.: Amnesie. In: Müller, Christian (Hg.): Lexikon der Psychiatrie. Gesammelte Abhandlungen der gebräuchlichsten psychiatrischen Begriffe. (2., neubearb. u. erw. Auflage). Berlin [u. a.]: Springer 1986 [1973], S. 36–38.

[377] Vgl. Archiv Klinikum Bremen-Ost: St. Jürgen-Asyl in Ellen (Bremen). Kranken-Geschichte Hans Schmidt [1913–1932], hier Handschriftlicher Brief von Margarete Schmidt an den Klinikarzt [undatiert, wahrscheinlich am 27. August 1913 verfasst].

[378] Vgl. Ebd., hier Eintrag vom 24. September 1913.

[379] Ebd., hier Abschrift eines Briefs von Hans Schmidt an seine Mutter vom 28. November 1913.

[380] Ebd.

[381] Ebd., hier Abschrift eines Briefs von Hans Schmidt an seine Mutter vom 6. Juli 1914.

[382] Ebd.

[383] Vgl. Ebd., hier Eintrag vom 21. Juli 1917.

[384] Ebd., hier Abschrift eines Briefs von Hans Schmidt an seine Mutter vom 6. Juli 1914.

[385] Vgl. Scharfetter, Christian: Privatsymbolik. In: Ders.: Allgemeine Psychopathologie. Eine Einführung. (7., unveränderte Auflage der 6., überarb. Auflage von 2010). Stuttgart [u. a.]: Thieme 2017 [1976], S. 151.

[386] Vgl. Archiv Klinikum Bremen-Ost: St. Jürgen-Asyl in Ellen (Bremen). Kranken-Geschichte Hans Schmidt [1913–1932], hier Eintrag vom 24. Juli 1918.

[387] Vgl. Ebd., hier Eintrag vom 21. Juli 1917.

[388] Vgl. Ebd., hier Abschrift eines Briefs von Klinikdirektor Prof. Friedrich Karl Walter an Schmidts Bruder Ernst vom 11. April 1932.

[389] Vgl. Ebd., hier Eintrag vom 21. Juli 1917.

[390] Vgl. Ebd., hier Handschriftliche Aufzeichnung von Hans Schmidt über den Entwurf zu einer Reform der Lautschrift vom 20. Januar 1919.

[391] Vgl. Ebd., hier Eintrag vom 7. Januar 1926.

[392] Vgl. Ebd., hier Eintrag vom 19. Mai 1926.

[393] Vgl. Scharfetter, Christian: Kryptolalie und Kryptografie. In: Ders.: Allgemeine Psychopathologie. Eine Einführung. (7., unveränderte Auflage der 6., überarb. Auflage von 2010). Stuttgart [u. a.]: Thieme 2017 [1976], S. 153.

[394] Vgl. Archiv Klinikum Bremen-Ost: St. Jürgen-Asyl in Ellen (Bremen). Kranken-Geschichte Hans Schmidt [1913–1932], hier Eintrag vom 26. Juli 1913.

[395] Vgl. Ebd., hier Abschrift eines Briefs von Hans Schmidt an Max Koch vom 25. Oktober 1926.

[396] Vgl. Ebd., hier Eintrag vom 23. Januar 1927.

[397] Vgl. Ebd., hier Abschrift eines Briefs von Hans Schmidt an seine Mutter vom 16. Juni 1927.

[398] Ebd.

[399] Ebd.

[400] Scharfetter, Christian: Neologismen. In: Ders.: Allgemeine Psychopathologie. Eine Einführung. (7., unveränderte Auflage der 6., überarb. Auflage von 2010). Stuttgart [u. a.]: Thieme 2017 [1976], S. 153.

[401] Vgl. Archiv Klinikum Bremen-Ost: St. Jürgen-Asyl in Ellen (Bremen). Kranken-Geschichte Hans Schmidt [1913–1932], hier Handschriftlicher Brief von Hans Schmidt an den Klinikdirektor [undatiert] und Handschriftlicher Brief von Hans Schmidt an den Klinikdirektor vom 11. Februar 1930.

[402] Ebd., hier Eintrag vom 4. Juli 1928.

[403] Vgl. Staatsarchiv Bremen: Sterbeeintrag Hans Jakob Friedrich Ernst Schmidt [31. März 1932], Sterberegister, 4,60/5 Br.-Horn. Nr. 44/1932; Archiv Klinikum Bremen-Ost: St. Jürgen-Asyl in Ellen (Bremen). Kranken-Geschichte Hans Schmidt [1913–1932], hier Eintrag vom 31. März 1932. Als Todesursache wird Amyloiddegeneration angegeben.

[404] Archiv Klinikum Bremen-Ost: St. Jürgen-Asyl in Ellen (Bremen). Kranken-Geschichte Hans Schmidt [1913–1932], hier Eintrag vom 17. März 1932.

[405] Vgl. Ebd., hier Brief des Klinikdirektors Prof. Friedrich Karl Walter an eine Schwester von Hans Schmidt vom 7. Mai 1932.

[406] Vgl. Ebd., hier Liste der von Hans Schmidt nach seinem Tode hinterlassenen Bücher [undatiert] und Abschrift eines Briefs von Klinikdirektor Prof. Friedrich Karl Walter an Schmidts Bruder Ernst vom 11. April 1932.

[407] Vgl. Ebd., hier Abschrift eines Briefs an Pastor Martin Hübener vom 9. Mai 1932 [vermutlich von Max Koch oder einem Bruder Hans Schmidts]. Der Eintrag in der Krankenakte vom 31. März 1932 bestätigt die Information. Allerdings geht aus dem in der Krankenakte vermerkten Sektionsbefund nicht eindeutig hervor, ob die Sektion des Gehirns überhaupt durchgeführt wurde.

[408] Vgl. Landeskirchliches Archiv Schwerin: Personalakte Carl Jacob Johannes Schmidt aus Hagenow, Pastor in Klinken [1873–1913], OKR Pers Th S107, hier Handschriftliche Briefe von Pastor Schmidt an den hohen Oberkirchenrat [7. Januar 1882 bis 2. Februar 1913].

[409] Ebd., Brief vom 3. Februar 1888.

[410] Der Massenmord in Bremen. In: Germania – Zeitung für das deutsche Volk Nr. 285 (Abendausgabe) vom 23. Juni 1913, S. 1–2. [Hervorhebungen im Original]

[411] Schnieders, Bernard: Die Geschichte der St. Marienschule in Bremen. Denkschrift zur 50. Wiederkehr des Tages der am 1. April 1899 erfolgten Eröffnung der Schule. Bremen: Selbstverlag 1949, S. 32. [Hervorhebung im Original]

[412] Tacke, Wilhelm: Unbändiger Haß auf die Jesuiten führt zum Attentat auf Katholiken. In: Ders.: Klöster in Bremen. Über 800 Jahre Konfessionsgeschichte der Freien Hansestadt Bremen. (2., korr. Auflage). Bremen: Temmen 2005 [2004], S. 81–82.

[413] Seng, Marco: „Onkel, erschieß uns nicht!" AMOKLAUF Arbeitsloser Lehrer tötet 1913 fünf Mädchen in Bremen – Erstes Schulmassaker weltweit. In: Nordwest-Zeitung Nr. 140 vom 19. Juni 2015, S. 11.

[414] Vgl. Paranoide Schizophrenie. In: Dilling, Horst; Mombour, Werner; Schmidt, Martin H. (Hgg.): Internationale Klassifikation psychischer Störungen ICD-10: Kapitel V (F) Klinisch-diagnostische Leitlinien. Aus dem Englischen übersetzt nach der ICD-10 Classification of Mental and Behavioural Disorders. Clinical Descriptions and Diagnostic Guidelines der World Health Organization (Hg.) unter Berücksichtigung der Änderungen entsprechend ICD-10-GM 2015. Bern [u.a.]: Hogrefe 2015, S. 131–132.

[415] Vgl. Riecher-Rössler, Anita: Die beginnende Schizophrenie als „Knick in der Lebenslinie". In: Schneider, Hartmut (Hg.): Lieben und Arbeiten. Der junge Erwachsene und der Ernst des Lebens. (= Schriftenreihe des Psychotherapie-Seminars Freudenstadt, Bd. 6). Heidelberg: Mattes 1999, S. 23–40.

[416] Vgl. Deutscher Bundestag (Hg.): Wege – Irrwege – Umwege. Die Entwicklung der parlamentarischen Demokratie in Deutschland. Berlin: Deutscher Bundestag 2002, S. 112.

[417] Gesetz, betreffend die Ergänzung des Strafgesetzbuchs für das Deutsche Reich. Vom 10. Dezember 1871. In: Reichs-Gesetzblatt 1871, Nr. 49, S. 442.

[418] Vgl. Gesetz, betreffend den Orden der Gesellschaft Jesu. Vom 4. Juli 1872. In: Reichs-Gesetzblatt 1872, Nr. 22, S. 253.

[419] Vgl. Gesetz, betreffend die Aufhebung des § 2 des Gesetzes über den Orden der Gesellschaft Jesu vom 4. Juli 1872. Vom 8. März 1904. In: Reichs-Gesetzblatt 1904, Nr. 12, S. 139; vgl. auch Gesetz, betreffend die Aufhebung des Gesetzes über den Orden der Gesellschaft Jesu vom 4. Juli 1872. Vom 19. April 1917. In: Reichs-Gesetzblatt 1917, Nr. 78, S. 362.

[420] Vgl. Gesetz, betreffend die Beaufsichtigung des Unterrichts- und Erziehungswesens. Vom 11. März 1872. In: Gesetz-Sammlung für die Königlichen Preußischen Staaten 1872, Nr. 13, S. 183.

[421] Vgl. Deutscher Bundestag (Hg.): Wege – Irrwege – Umwege. Die Entwicklung der parlamentarischen Demokratie in Deutschland. Berlin: Deutscher Bundestag 2002, S. 98.

[422] Vgl. Born, Karl Erich: Der preußische Staat von der Reichsgründung bis zur Entlassung Bismarcks. In: Neugebauer, Wolfgang (Hg.): Handbuch der preussischen Geschichte. Bd. 3. Vom Kaiserreich zum 20. Jahrhundert und Große Themen der Geschichte Preußens. Berlin [u.a.]: De Gruyter 2000, S. 76–115, hier S. 103–105.

[423] Vgl. Blaschke, Olaf: Das Deutsche Kaiserreich im Zeitalter der Kulturkämpfe. In: Müller, Sven Oliver; Torp, Cornelius (Hgg.): Das Deutsche Kaiserreich in der Kontroverse. Göttingen: Vandenhoeck & Ruprecht 2009, S. 185–202, hier S. 187.

[424] Vgl. Kirchenkreisarchiv Mecklenburg: Chronik des Kirchspiels zu Klinken. Abschrift der Pfarrchronik [1898–1992] (überarbeitete Version), PFA Klinken (unverzeichnet), Altsignatur II.4., hier S. 1–4.

[425] Vgl. Pavone, Sabina: The Wily Jesuits and the Monita secreta. The Forged Secret Instructions of the Jesuits. Aus dem Italienischen übersetzt von John P. Murphy. (= Series IV:

Studies on Jesuit Topics, Bd. 28). Saint Louis: Institute of Jesuit Sources 2005.

[426] Vgl. Zahorowski, Hieronim (zugeschrieben): Secreta Monita Societatis Jesu. The Secret Instructions of the Jesuits. Latin and English. London: Printed for John Walthoe, jun. 1723.

[427] Vgl. Graves, Philip: "Jewish World Plot.". In: The Times Nr. 42800 vom 16. August 1921, S. 9–10; vgl. auch Ders.: "Jewish Peril" Exposed. In: The Times Nr. 42801 vom 17. August 1921, S. 9–10; vgl. auch Ders.: The Protocol Forgery. In: The Times Nr. 42802 vom 18. August 1921, S. 9–10.

[428] Vgl. Staatsarchiv Bremen: Schule an der Oderstraße [ab 1909], 4,39/64.

7 Vergleichende Diskussion und Perspektiven der Forschung

Ziel der vorliegenden Untersuchung war es, dem Ursprung des Amokphänomens auf den Grund zu gehen, um einerseits einen Beitrag zum Verständnis des klassischen Amoklaufs zu leisten und andererseits zu helfen, School Shootings besser zu verstehen. Im Zentrum stand die Frage, ob School Shooting als schulgebundene Unterform des Amoklaufs betrachtet werden kann oder ob es sich um ein eigenständiges Phänomen handelt.

Im folgenden Kapitel werden die Untersuchungsergebnisse diskutiert und in den Kontext des gegenwärtigen wissenschaftlichen Forschungsstandes eingeordnet. Die Struktur des Kapitels orientiert sich an der Reihenfolge der untersuchten Gegenstandsbereiche. Zunächst werden die zentralen Befunde zu Amoklauf behandelt. Anschließend werden die Ergebnisse mit den Befunden zu School Shooting verglichen und die Frage erörtert, ob die Begriffe „Schulamoklauf" und „School Shooting" synonym verwendet werden können. Ein abschließendes Fazit stellt die wichtigsten Erkenntnisse sowie die sich daraus ergebenden praktischen Konsequenzen noch einmal zusammenfassend dar.

7.1 Individueller und kollektiver Amoklauf

Auf der Basis des untersuchten Quellenmaterials lassen sich eine individuelle und eine kollektive Form des Amoklaufs unterscheiden. Beide Amokformen weisen zahlreiche Gemeinsamkeiten auf, unter anderem den gelegentlich die Handlung einleitenden und begleitenden Kampf- bzw. Warnruf „Amok". Der aus der austronesischen Sprachfamilie entlehnte Begriff leitet sich von dem malaiischen Wort „měngamok" ab, das ins Deutsche übersetzt „wütend angreifen" bedeutet.

Im Südwesten Indiens und in Teilen des südostasiatischen Raums war kollektiver Amoklauf eine bis in das 17. Jahrhundert eingesetzte, mit dem nordgermanischen Berserkergang vergleichbare ritualisierte Kriegshandlung hoch angesehener Soldaten, die bereit waren für ihre Herrscher zu sterben und dabei so viele Feinde wie möglich mit in den Tod zu reißen. Die kollektive Form des Amoklaufs hat sich vermutlich von der Südwestküste Indiens ausgehend auf malaiische und javanische Gebiete Südostasiens ausgebreitet, weshalb gemeinschaftlicher Amoklauf als Kriegstaktik möglicherweise indischen Ursprungs ist. Dieser Befund deckt sich mit der Untersuchung des Schweizer Historikers Jörg Fisch, der am Beispiel der indischen Witwenverbrennung frühe, bis ins 6. Jahrhundert n. Chr. zurückreichende, indische (hinduistische) Einflüsse auf die Inseln Java und Bali nachweisen konnte.[1]

Bemerkenswert ist die Konzentration des Quellenmaterials zu kollektiv-militärtakti-schen Amokläufen auf portugiesische und italienische Berichte aus dem 16. und 17. Jahrhundert. Dieser Befund verwundert vor dem Hintergrund des aggressiven und durchaus auch militärgestützten Vordringens der Portugiesen nach Asien jedoch nicht. Um die Handels- und Missionsinteressen der portugiesischen Krone durchzu-setzen und den Seehandel in Asien zu kontrollieren, eroberten sie im 16. Jahrhundert entlang der malaiischen Küsten existierende Handelsplätze von Einheimischen, Chi-nesen und Arabern und errangen eine klare Vormachtstellung am Meer und die Kon-trolle über die Pfeffer- und Gewürztransporte nach Europa, bis die Niederlande ihnen im 17. Jahrhundert diese Stellung streitig machten.[2]

Ebenso plausibel wie die Begegnung der Portugiesen mit der kriegerischen Form des Amoklaufs erscheint das Verschwinden des kollektiv-militärtaktischen Amokphäno-mens im Lauf des 17. Jahrhunderts. Angesichts der waffentechnologischen Fort-schritte insbesondere im Bereich der Artillerie hat sich kollektiver Amok als Nah-kampftaktik vermutlich zunehmend als wirkungslos erwiesen, weshalb Beschreibun-gen kollektiv-militärtaktischer Amokläufe im 19. Jahrhundert nur noch als Teil der Geschichtsschreibung aufzufinden sind.

Für die Authentizität der portugiesischen und italienischen Berichte und die Existenz des kollektiven Amokphänomens als militärtaktisches Kampfverhalten im malaii-schen Raum spricht neben den bereits genannten Faktoren auch die Beschreibung kriegerischer Amokläufe in malaiischen Quellen wie der zwischen 1610 und 1620 verfassten Chronik „Sějarah Mělayu" und dem zwischen 1650 und 1750 verfassten Heldenepos „Hikayat Hang Tuah". Darin werden Amokkriegern heroische Eigen-schaften wie Mut und Tapferkeit zugeschrieben. Dieser Befund deckt sich mit den Arbeiten anderer Autoren. In seiner „Geschichte der klassischen malaiischen Litera-tur" zeigt Liaw Yock Fang am Beispiel der drei Heldenepen „Hikayat Sama'un", „Hi-kayat Panji Kuda Semirang" und „Hikayat Pandawa", wie kriegerischer Amoklauf in der klassischen malaiischen bzw. javanischen Literatur thematisiert wird.[3]

Mit der Aufnahme des kriegerischen Amoklaufs in die klassische malaiische Literatur zeichnet sich eine weitere Gemeinsamkeit mit dem eingangs erwähnten Berserker-gang nordgermanischer Krieger ab, der u. a. in der Schlacht am Hafrsfjord um 872 n. Chr. zum Einsatz gekommen sein soll und ebenfalls Inhalt zahlreicher Sagen und Mythen ist.[4] Die Gegenüberstellung dieser Befunde lässt auf eine wechselseitige In-spiration zwischen malaiischem Heldenepos und realem Kriegsgeschehen schließen. Diese Schlussfolgerung wird durch Hans Overbeck am Beispiel des Heldenepos „Hi-kayat Amir Hamzah" unterstützt, das bei den Malaien „sehr hoch geschätzt und vor einem Kampfe gelesen [wird], um aus den Schilderungen der Heldentaten Mut zu eigenen zu schöpfen"[5].

Kollektiver Amok war folglich einerseits ein real existierendes, ritualisiertes militärtaktisches Kampfverhalten und zugleich Schlachtruf besonders tapferer Ausnahmekrieger, die bereit waren, für Ruhm und Sold für ihren Herrscher zu sterben und
möglichst viele Feinde mit in den Tod zu reißen, und andererseits Inhalt mythisch
überhöhter Heldengeschichten, die der männlichen Bevölkerung als Vorbild für eigene „Heldentaten" dienen sollten. Da der Konsonant am Ende des Wortes Amok im
Malaiischen als finaler Stimmritzenverschluss („glottal stop") artikuliert wird, prädestinierten aus sprachlicher Sicht sowohl Kürze als auch Vokalität das malaiische
Wort für seine Verwendung als Schlachtruf zur Einschüchterung des Feindes und
gemeinsames Signal zum bedingungslosen Kampf.

Im kollektiven Bewusstsein war der Amokruf demnach lange Zeit mit den Heldentaten besonders furchtloser Krieger assoziiert. Individuelle Amokläufer konnten in den
heldenhaften Darstellungen der Amokkrieger einerseits mythische Vorbilder für ihre
eigenen Taten finden und durch deren Nachahmung andererseits versuchen, sich in
die gesellschaftlich hoch angesehene Tradition kollektiver Amokläufer einzuschrei-
ben. Die Häufigkeit, mit der Situationen von Gesichtsverlust bzw. Angriffe auf das
Selbstkonzept als Auslöser für individuellen Amok berichtet werden, stützt diese Interpretation. Es spricht viel dafür, dass individuelle Amokläufer über die Identifikation mit den heroischen Vorbildern versucht haben könnten, ihre verletzte Ehre und
Selbstachtung postum wiederherzustellen.

Die untersuchten Quellen belegen, dass individueller Amoklauf bis ins frühe 19. Jahrhundert ein auf einzelnen Inseln des Malaiischen Archipels und Teilen der Malaiischen Halbinsel verbreitetes und gefürchtetes Phänomen gewesen ist. Auf Java verfügten Polizeistationen über eigens für den Einsatz gegen individuelle Amokläufer
vorgesehene Forken, die dazu dienten, Amokläufer auf Abstand zu halten und ihren
rasenden Lauf ohne Gefahr für das eigene Leben zu stoppen. Aus den untersuchten
Berichten geht hervor, dass es sich bei individuellen Amokläufern größtenteils um
malaiische Männer zwischen dem zwanzigsten und vierzigsten Lebensjahr handelte.
Fast immer wurden Klingenwaffen verwendet, häufig ein Kris oder Parang. Begünstigt wurde das gehäufte Auftreten des individuellen Amokphänomens durch die ständige Verfügbarkeit von Klingenwaffen. Überlieferungen aus dem frühen 16. Jahrhundert zufolge verließ auf Java kein Mann zwischen dem zwölften und dem achtzigsten
Lebensjahr das Haus, ohne einen Kris an seinem Gürtel zu tragen. Eine mit einem
Kris oder einem Parang ausgeführte Tat bedurfte folglich keiner langen Planung.

Der individuellen Variante des malaiischen Amoklaufs ging häufig ein depressives
Vorstadium voraus. Ein „Pĕng-âmok" genannter Einzeltäter ergriff plötzlich und
ohne von außen beobachtbare unmittelbare Provokation seinen Kris oder Parang
und stach wahl- und unterschiedslos jeden nieder, der in seinen Weg kam, bis er
selbst getötet oder überwältigt wurde. Überlebende Amokläufer berichteten, dass
ihnen plötzlich „mata gelap" (wörtlich: schwarz vor Augen) geworden wäre. Für die

Dauer des Amoklaufs wurde in der Regel eine komplette oder partielle Amnesie angegeben. Als häufige Auslöser für individuellen Amok wurden die drohende Versklavung zahlungsunfähiger Schuldner, persönliche Verluste, öffentliche Beleidigung oder Zurückweisung sowie Gesichtsverlust angeführt. Mit der Zunahme an Lebendfestnahmen unter der britischen Kolonialregierung und dem Aufbau von psychiatrischen Anstalten nach westlichem Vorbild wurden zunehmend auch infektiöse Ursachen wie Malaria oder Neurosyphilis sowie akute schizophrene Psychosen und Epilepsie als Auslöser für individuelle Amokläufe diskutiert. Medizinische Fortschritte in der Behandlung infektiöser Ursachen wie Malaria oder Neurosyphilis einschließlich der Therapie von akuten schizophrenen Psychosen und Epilepsien könnten daher den Rückgang der Amokinzidenz im malaiischen Raum in Teilen erklären.

Die Tatsache, dass individuelle Amokläufer ihren eigenen Tod billigend in Kauf nahmen bzw. diesen möglicherweise sogar in Sinne eines „suicide by cop" bewusst intendierten, legt darüber hinaus einen Zusammenhang zwischen Fremd- und Selbsttötungsintention nahe. Diese Schlussfolgerung kann durch zeitgenössische Forschungsbefunde gestützt werden, die ebenfalls einen Zusammenhang zwischen Amok und Suizid nahelegen. Eine nichtrandomisierte Vergleichsstudie von Amokläufern aus Südostasien und US-amerikanischen Tätern fand eine durchschnittliche Suizidrate unter Amoktätern von mehr als fünfzig Prozent.[6] Auch die Untersuchung von Haenel kommt zu dem Schluss, dass es sich bei „eigentliche[m] Amok" um „indirekten Suizid" handelt, bei dem der Täter einen Mord „benötigt", um die Hemmschwelle zur Selbsttötung zu durchbrechen bzw. um getötet zu werden.[7]

Die regionale Konzentration des individuellen Amokphänomens auf den malaiischen Raum und die Nähe zwischen Fremd- und Selbsttötungsintention lassen den Schluss zu, dass es sich in vielen Fällen von individuellem Amok um eine sozial standardisierte und ritualisierte Form der Selbsttötung im Sinne eines „Amok-Suizids" handelte. Das vorherrschende Suizidverbot erlaubte es den Mitgliedern der Gemeinschaft nicht, in (scheinbar) ausweglosen Situationen wie einer drohenden Sklaverei oder dem Verlust der Familie ihrem Leben durch eigene Hand ein Ende zu setzen. Zugleich lieferte der malaiische Heldenkult tollkühner Amokkrieger eine Handlungsschablone, die es ermöglichte, in sozial standardisierter und kulturell anerkannter Weise aus dem Leben zu scheiden: „[E]s ist ganz so, als sagte die Gruppe dem Individuum: ‚Tu es nicht, aber wenn du es tust, dann muß es so und so gemacht werden.'"[8] Ein solcher Zusammenhang zwischen sui- und homizidalen Absichten findet sich gemäß Karl Menninger häufig im Rahmen suizidaler Handlungen. Der Psychiater unterscheidet drei Suizidmotive: 1. Den Wunsch zu töten, 2. den Wunsch, getötet zu werden und 3. den Wunsch zu sterben.[9]

In der Zusammenschau der Befunde erscheint es somit höchst wahrscheinlich, dass die regionale und kulturelle Konzentration des individuellen Amokphänomens auf

die Gebiete des heutigen Indonesien und Malaysia maßgeblich durch die Kombination aus Suizidverbot, Heldenkult und ständiger Verfügbarkeit von Klingenwaffen
begünstigt wurde. Mit der zunehmenden Pathologisierung individueller Amoktaten
und der steigenden Zahl an Lebendfestnahmen im Zuge der Kolonialisierung sank
die Amokprävalenz entsprechend, da es für Amokläufer zunehmend unsicherer
wurde, durch ihre Handlungen zum Tode zu gelangen.

7.2 School Shooting und Amoklauf

Während individueller Amoklauf vor rund 600 Jahren durch europäische Fernreisende erstmals in den Gebieten des heutigen Indonesien und Malaysia beschrieben
wurde, sind von School Shooting vor allem öffentliche Bildungseinrichtungen in
Staaten der westlichen Welt betroffen. Von den 160 bislang für den Zeitraum 1900
bis 2013 dokumentierten School Shootings wurden 72 Prozent in Nordamerika ver-
übt. Von den übrigen 28 Prozent wurde die Hälfte in Europa ausgeführt.[10] Auf den
ersten Blick besitzen Amoklauf und School Shooting folglich sowohl Unterschiede
im zeitlichen als auch im räumlichen Auftreten des Phänomens. Im Zentrum der
vorliegenden Untersuchung stand die Frage, ob Gemeinsamkeiten oder Unterschiede hinsichtlich bestimmter Tätermerkmale sowie in Bezug auf Entstehung und
Ausführung der Taten überwiegen und ob School Shooting als „schulgebundene Unterform des Amoklaufs"[11] betrachtet werden kann. Sowohl in deutschsprachigen Medienberichten als auch in Fachpublikationen werden die Begriffe School Shooting
und Schulamoklauf häufig synonym verwendet.[12] So werden „Amoktaten", die an
Schulen begangen werden, auch als „Schulamok" oder „Schulamoklauf" bezeichnet.

Die detaillierte Untersuchung zweier klassischer Fälle von School Shooting in den
Abschnitten 6.1.1 und 6.1.2 der vorliegenden Arbeit zeigt auf der Grundlage zahlreicher Quellenbelege, dass School Shooter nicht aus einem plötzlichen Impuls heraus
handeln. Die Tatbereitschaft entwickelt sich selten spontan, sondern steht am Ende
eines langen Radikalisierungsprozesses. School Shooter planen ihre Taten langfristig
und gezielt. Es handelt sich in der Regel um Jugendliche oder junge Erwachsene
männlichen Geschlechts mit einer ausgeprägten Affinität zu Schusswaffen und dem
Konsum gewalthaltiger Medien. Sie inszenieren sich bevorzugt als Opfer und einsame Rächer und verfassen mitunter Selbstzeugnisse, in denen sie ihr Vorgehen
rechtfertigen.

Die Täter stammen häufig aus gut situierten, äußerlich intakten Mittelschichtsfami-
lien. Die Wahl der eigenen (aktuellen oder ehemaligen) Schule als Tatort erfolgt bewusst. School Shooter suchen sich nicht irgendeine Bildungseinrichtung für ihre Tat
aus, sondern diejenige, zu der sie eine persönliche Beziehung besitzen. Bei der Frage,
ob und wann die Tatpläne umgesetzt werden, spielen bestimmte Triggerfaktoren wie

die mediale Berichterstattung über eine andere Tat oder Jahrestage von spektakulären Taten eine Rolle. Häufig wird das Tatgeschehen vorher im Rahmen von konkreten Tötungsfantasien antizipiert, wodurch ein (kompensatorisches) Gefühl von Überlegenheit, Kontrolle und Macht entsteht. In diese Phase fallen auch Äußerungen über geplante Tötungsabsichten, häufig in Form indirekter Andeutungen.

Geleitet werden die Täter von einem Motivbündel aus Hass, narzisstischer Wut als Reaktion auf erfahrene oder empfundene Kränkungen, depressiven Affekten, Todeswünschen sowie dem Wunsch nach Rache. Häufig bestehen Suizidabsichten. Das School Shooting wird instrumentalisiert, um größtmögliche mediale Aufmerksamkeit zu erzielen. Anders als bei Massentötungen durch erwachsene Täter (siehe Abschnitt 6.2.2) spielen psychotisch bedingte Motive in der Regel keine Rolle. Stattdessen orientieren sich School Shooter klassischerweise an medialen und realen Vorbildern, über die sie im Vorfeld im Internet recherchieren und denen sie in ihrem Streben nach medialer Bekanntheit und Anerkennung nacheifern. Dieser Befund steht im Einklang mit Untersuchungsergebnissen aus dem Bereich der sozial-kognitiven Lerntheorie (siehe Abschnitt 4.3.3). Neuere Untersuchungen zum Einfluss der medialen Berichterstattung auf jugendliche Nachahmungstäter bestätigen dieses als „Copycat-“ oder „Columbine-Effekt“ bezeichnete Nachahmungsphänomen.[13]

Die Befunde aus den beiden für die vorliegende Arbeit untersuchten School Shootings decken sich mit aktuellen Forschungsbefunden, denen eine höhere Fallzahl zugrunde liegt.[14] Die vergleichende Untersuchung zeigt, dass sich School Shooter und Amokläufer hinsichtlich bestimmter Merkmale wie Alter, Bewusstseinszustand sowie Einsichts- und Steuerungsfähigkeit zum Tatzeitpunkt deutlich unterscheiden. School Shooter sind im Durchschnitt etwa zehn bis zwanzig Jahre jünger als Amokläufer. Sie handeln mehrheitlich bei klarem Bewusstsein. Im Gegensatz zu klassischen Amokläufern gehen sie sehr kontrolliert und zielgerichtet vor und das über einen längeren Zeitraum hinweg, der von Minuten bis Stunden reichen kann, wie aus Videoaufnahmen der Taten an Schulen eindeutig hervorgeht.[15] Eine tatbezogene Amnesie besteht in der Regel nicht. Es gibt auch keine Hinweise auf ein kurz vor der Tat eintretendes Schwarzwerden vor Augen („mata gelap“) oder auf eine blinde, d.h. ungerichtete Wut und Raserei. School Shooter rasten nicht plötzlich aus. Stattdessen handeln die Täter ruhig und überlegt und töten in abgekühlter Gemütslage („cold anger“[16]). Anders als Amokläufer empfinden School Shooter auch keine Reue für ihre Tat.

Während einem School Shooting in der Regel über einen längeren Zeitraum gewachsene Planungen vorausgehen, ereignen sich Amokläufe klassischerweise ohne lange und gezielte Planung. Der Amoklauf ähnelt phänotypisch vielmehr einem katatonen Erregungssturm, der durch eine ungerichtete motorische Erregungsphase mit schwerster blindwütiger Aggression gegenüber zufällig anwesenden Menschen cha rakterisiert ist. Nicht selten sind Bekannte und Verwandte des Amokläufers die ersten Opfer, bevor der Amoklauf auf Unbeteiligte ausgeweitet wird. Der Angriff erfolgt häufig im Rahmen eines Dämmerzustands oder einer Verwirrtheit, wie sie beispielsweise bei akuter Belastung, schweren depressiven Zuständen oder in Folge einer Psychose auftreten können. Es wird regelhaft ein kurz vor der Tat eintretendes Schwarzwerden vor Augen („mata gelap") beschrieben. Während der Tat ist das Bewusstsein eingeengt und getrübt. Für die Dauer des Dämmerzustands besteht häufig eine Amnesie.

Dieser Gegensatz zwischen heftiger motorischer Erregungsphase und abgekühlter Affektlage mit erhaltener Selbstkontrolle bildet sich am besten in der Unterscheidung zwischen impulsiver und instrumenteller Aggression ab. Während klassischer Amok dem Bereich der impulsiven, ungerichteten Aggression zugeordnet werden kann, handelt es sich bei School Shooting um eine Form instrumenteller, zielgerichteter Aggression.

Dieser Untersuchungsbefund deckt sich mit aktuellen Forschungsbefunden, wonach sich School Shootings junger Täter von Massentötungen durch erwachsene Täter deutlich unterscheiden.[17] Die im Abschnitt 6.2.2 untersuchte Massentötung vom 20. Juni 1913 an einer Bremer Schule durch einen erwachsenen Täter weist dementsprechend deutliche Unterschiede zu klassischen School Shootings durch junge Täter auf. Der Täter stand in keiner direkten persönlichen Beziehung zu der als Tatort gewählten Bildungseinrichtung. Er handelte im Rahmen eines paranoiden Wahns und war zum Tatzeitpunkt psychotisch. Es ging dem Täter nicht darum, ein öffentliches Medienecho zu erzeugen oder seinem Leben ein Ende zu setzen, sondern er fühlte sich verfolgt und bedroht. Aufgrund des fehlenden impulsiven oder raptusartigen Beginns und der Zielgerichtetheit bezüglich des Tatorts erfüllt der Bremer Massenmord allerdings auch nicht die Kriterien eines klassischen Amoklaufs. Die Tat unterscheidet sich zudem deutlich von der im Abschnitt 6.2.1 untersuchten Bluttat am Saarbrücker Gymnasium vom 25. Mai 1871 durch einen Schüler, die zahlreiche Gemeinsamkeiten mit klassischen School Shootings junger Täter aufweist.

7.3 Notwendigkeit eines Paradigmenwechsels

Die vergleichende Untersuchung von Malaiischem Měngamok und School Shooting hat gezeigt, dass die Unterschiede hinsichtlich bestimmter Tätermerkmale sowie in Bezug auf Entstehung und Ausführung der Taten deutlich überwiegen. Entgegen einem weit verbreiteten Mythos handelt es sich bei School Shootings nicht um spontane Affekttaten. Das klassische Konzept des Amoklaufs als impulsive Spontantat greift für School Shootings folglich nicht. Aus diesen Gründen sollten sogenannte „Amokläufe" an Schulen nicht als Amok bezeichnet, sondern in Abgrenzung zu diesem Begriff anders klassifiziert werden.

Die lange und z. T. minutiöse Tatvorbereitung unterscheidet School Shootings von Amokläufen und rückt diese extreme Form zielgerichteter Gewalt an Schulen in die Nähe von terroristischen Anschlägen von Einzeltätern. Dieser Befund deckt sich mit aktuellen Forschungsbefunden. In ihrer Vergleichsstudie zeigten Lankford und Hakim, dass sich US-amerikanische Täter sogenannter „Rampage Shootings" (zu denen School Shootings zählen) und Selbstsprengungsattentäter des Nahen Ostens ähneln.[18] Auch in der deutschsprachigen Forschung mehren sich Hinweise, wonach School Shootings in ihrer Entwicklung und Durchführung terroristischen Anschlägen sogenannter „lone actors" ähneln.[19] Robertz und Kahr wiesen zudem darauf hin, dass School Shooter genau wie terroristische Einzeltäter die mediale Wirkung ihrer Taten bewusst einkalkulieren.[20]

Angesichts der Ergebnisse aus der vorliegenden Untersuchung erscheint es passender, für schwere zielgerichtete Gewalttaten aktueller oder ehemaliger Schüler mit persönlichem Bezug zu einer bewusst als Tatort ausgewählten Bildungseinrichtung den Begriff „Schulanschlag" zu verwenden, anstatt von „Schulamokläufen" zu sprechen. Unter einem „Anschlag" wird sowohl ein „gewalttätiger, auf Vernichtung, Zerstörung zielender Angriff" verstanden als auch eine „Bekanntmachung, die am Schwarzen Brett, an einer Mauer, Litfaßsäule o. Ä. angeschlagen ist"[21]. Der doppeldeutige Begriff „Schulanschlag" hat folglich den Vorteil, zugleich das Motiv der öffentlichen Aufmerksamkeit und den gewalttätigen Angriff auf Lehrer und Schüler einer Schule zu bezeichnen. Darüber hinaus klingt die Bezeichnung „Schulanschlag" weder verharmlosend noch schränkt sie das Phänomen auf den Gebrauch von Schusswaffen ein. Alternativ kann auch der Begriff „Schulmassaker" in Erwägung gezogen werden. Das Wort „Massaker" („Hinmorden einer großen Anzahl [unschuldiger, wehrloser], Menschen; Blutbad"[22]) beinhaltet jedoch nicht den doppeldeutigen Aspekt des „Anschlags", der das Phänomen so treffend beschreibt.

Andere Begriffe wie „Angriff" („Eröffnung eines Kampfes") oder „Attacke" („scharfe Kritik, Feldzug gegen etwas") sind zu allgemein, der Begriff „Attentat" („politisch od. ideologisch motivierter [Mord]anschlag auf eine im öffentlichen Leben stehende Persönlichkeit") zu spezifisch, um den Begriff „School Shooting" besser zu beschreiben.[23] Von einem „Schulanschlag" anstatt von einem „Schulamoklauf" zu sprechen, hieße allerdings anzuerkennen, dass es sich nicht um ein Phänomen fernen Ursprungs handelt, sondern um ein Phänomen, das seinen Ursprung in unserer westlich geprägten Gesellschaft hat und eng mit dieser assoziiert ist. Dies hieße, sich einzugestehen, dass unsere Kultur einen maßgeblichen Anteil an der Entwicklung und Aufrechterhaltung dieses Phänomens hat, eröffnet aber auch völlig neue Perspektiven der Prävention dieser schweren Gewalttaten.

7.4 Fazit und Ausblick

Die Ergebnisse der vorliegenden Untersuchung zu Amoklauf und School Shooting geben Anlass, sowohl die Nomenklatur als auch die Klassifikation sogenannter „Schulamokläufe" zu revidieren. Sie werfen darüber hinaus ein neues Licht auf die School-Shooting-Forschung, die noch vor wenigen Jahren von einem ersten Auftreten des Phänomens auf deutschem Boden in den 1990er-Jahren ausging.

Im Folgenden sollen die wichtigsten Ergebnisse sowie die sich daraus ergebenden praktischen Konsequenzen noch einmal zusammenfassend dargestellt werden:

- Auf der Basis des recherchierten Quellenmaterials lassen sich eine individuelle und eine kollektive Form des Amoklaufs unterscheiden. Beide Amokformen weisen zahlreiche Gemeinsamkeiten auf, unter anderem den gelegentlich die Handlung einleitenden und begleitenden Kampf- bzw. Warnruf „Amok".

- Der Begriff leitet sich von dem malaiischen Wort „mĕngamok" ab, das ins Deutsche übersetzt „wütend angreifen" bedeutet. Da der Konsonant am Wortende als finaler Stimmritzenverschluss artikuliert wird, prädestinieren sowohl Kürze als auch Vokalität das malaiische Wort für seine Verwendung als Schlachtruf zur Einschüchterung des Feindes und gemeinsames Signal zum bedingungslosen Kampf.

- Im Südwesten Indiens und in Teilen des südostasiatischen Raums war kollektiver Amoklauf eine mit dem nordgermanischen Berserkergang vergleichbare ritualisierte Kriegshandlung hoch angesehener Soldaten, die bereit waren für ihre Herrscher zu sterben und dabei so viele Feinde wie möglich mit in den Tod zu reißen.

- Die erste hier recherchierte Schilderung von kollektivem Amoklauf befindet sich in in den „Lendas da Índia" Gaspar Correas. Der portugiesische Schreiber berichtet darin den gemeinschaftlichen Amoklauf mehrerer indischer „amoucos" anlässlich des Krieges zwischen den Königen von Cochin und Kalikut im Jahre 1503.

- Kriegerische Amokläufer standen in hohem Ansehen. Ihr Verhalten war mit positiven Eigenschaften wie Stärke, Furchtlosigkeit und Loyalität assoziiert. In bestimmten Situationen galt ihr Überleben jedoch als Schande. Zur Wiederherstellung der Ehre wurde von ihnen erwartet, dass sie in das Feindesland zogen und dort wahllos alles und jeden niederstießen, bis sie selbst getötet wurden.

- Individuellen Amokläufern diente das kollektive Amokverhalten möglicherweise als Vorbild. Ein „Pĕng-âmok" genannter Einzeltäter ergriff plötzlich seinen Dolch und stach ungezielt jeden nieder, der in seinen Weg kam, bis er selbst getötet oder überwältigt wurde.

- Oftmals befanden sich Freunde oder Familienangehörige des Amokläufers unter den ersten Opfern. Der Amok wurde anschließend auf Unbeteiligte erweitert, möglicherweise mit dem Ziel, dabei selbst getötet zu werden. Der Amokläufer stürmte dann aus dem Haus und tötete oder verletzte wahllos jeden, der sich ihm in den Weg stellte.

- Begünstigt wurde die regionale und kulturelle Konzentration des individuellen Amokphänomens auf die Gebiete des heutigen Indonesien und Malaysia durch die Kombination aus Suizidverbot, Heldenkult und ständiger Verfügbarkeit von Klingenwaffen.

- Die erste hier recherchierte Schilderung von individuellem Amoklauf befindet sich in einem Bericht des venezianischen Kaufmanns Niccolò di Conti, der etwa im Jahr 1415 von Venedig aus über die arabische Welt nach Indien und bis nach Sumatra und Java gereist war.

- Der malaiische Heldenkult tollkühner Amokkrieger lieferte eine Handlungsschablone, die es ermöglichte, in scheinbar ausweglosen Situationen in sozial standardisierter und kulturell anerkannter Weise aus dem Leben zu scheiden. Eine mit einem Kris oder einem Parang ausgeführte Tat bedurfte zudem keiner langen Planung.

- Individuellem Amoklauf ging häufig eine Periode depressiven Brütens voraus, die als „sakit hati" bezeichnet wurde. Überlebende Einzeltäter berichteten, vor dem Amoklauf „mata gelap" gewesen zu sein, was so viel bedeutet wie, dass ihnen schwarz vor Augen geworden sei und sie nicht Herr ihrer Sinne gewesen seien. Für die Amokhandlungen selbst wurde in den meisten Fällen totale oder zumindest partielle Amnesie angegeben.

- Entgegen einem weit verbreiteten Mythos handelt es sich bei School Shootings nicht um spontane, affektgesteuerte Impulstaten. School Shootings zeichnen sich durch eine intensive Planungsphase und ein kontrolliertes, zielgerichtetes Vorgehen aus. Anders als bei Massentötungen durch erwachsene Täter spielen psychotisch bedingte Motive zum Tatzeitpunkt in der Regel keine Rolle.

- Die Wahl der eigenen (aktuellen oder ehemaligen) Schule als Tatort erfolgt bewusst. Geleitet werden die meist jugendlichen Täter von einem Motivbündel aus Hass, narzisstischer Wut als Reaktion auf erfahrene oder empfundene

Kränkungen, depressiven Affekten, Todeswünschen sowie dem Wunsch nach Rache.

- Die untersuchte Massentötung vom 20. Juni 1913 an einer Bremer Schule durch einen erwachsenen Täter weist deutliche Unterschiede zu klassischen School Shootings durch junge Täter auf. Aufgrund des fehlenden impulsiven oder raptusartigen Beginns und der Zielgerichtetheit bezüglich des Tatorts erfüllt der Bremer Massenmord allerdings auch nicht die Kriterien eines klassischen Amoklaufs. Der Täter handelte im Rahmen eines paranoiden Wahns und war zum Tatzeitpunkt psychotisch.

- Die Einbeziehung eines School Shootings aus dem Jahr 1871 in die Untersuchung und der Vergleich mit jüngeren School Shootings hat es ermöglicht, Veränderungen bzw. Entwicklungen des Phänomens zu identifizieren. Zu nennen ist hier vor allem der Einfluss der mittlerweile weltweiten medialen Berichterstattung auf Nachahmungstäter („Columbine-Effekt").

- School Shooter orientieren ihre Tatausführung an medialen und realen Vorbildern, über die sie im Vorfeld im Internet recherchieren. Das Streben nach Bekanntheit und größtmöglicher medialer Aufmerksamkeit war im 19. Jahrhundert hingegen nicht maßgeblich. Stattdessen handelte der Saarbrücker Gymnasiast unter den Eindrücken des Deutsch-Französischen Krieges und fand möglicherweise in den noch vereinzelt üblichen Pistolenduellen unter „Ehrenmännern" ein Skript für seine Tat.

Die vorliegende Untersuchung widerlegt die weit verbreitete Annahme, dass es sich bei School Shooting um eine schulgebundene Unterform des Amoklaufs handelt. Vergleiche zeigen, dass die Unterschiede hinsichtlich bestimmter Tätermerkmale sowie in Bezug auf Entstehung und Ausführung der Taten deutlich überwiegen. Die lange und zum Teil minutiöse Tatvorbereitung unterscheidet School Shootings vom klassischen Amoklauf und rückt diese Taten in die Nähe von zielgerichteten terroristischen Anschlägen von Einzeltätern. Angesichts der Ergebnisse aus der vorliegenden Untersuchung sollten School Shootings folgerichtig nicht als „Schulamokläufe", sondern als „Schulanschläge" bezeichnet werden.

Inwiefern School Shooter tatsächlich Gemeinsamkeiten mit anderen Tätergruppen wie terroristischen Einzeltätern („lone actors") haben, müssen weitere Studien zeigen. Auch vergleichende Untersuchungen mit Mehrfachtötungen am Arbeitsplatz („workplace shootings") oder an Universitäten („campus shootings") sind wünschenswert, um etwaige Ähnlichkeiten oder aber Unterschiede zu School Shootings herauszuarbeiten. Die vergleichende Untersuchung von School Shootern und diesen Tätergruppen könnte ein tieferes Verständnis dieser schwerwiegenden Gewalttaten ermöglichen und bei der Entwicklung präventiver Konzepte, die der Ausführung solcher Taten entgegenwirken, hilfreich sein.

Für die vertiefende Untersuchung des malaiischen Amokphänomens wäre es zudem wünschenswert, weitere malaiische Quellen zu identifizieren und für zukünftige Studien im Bereich der Amokforschung miteinzubeziehen. Dabei wäre es auch interessant, das Forschungsmaterial auf andere außereuropäische Quellen auszuweiten und beispielsweise Reiseberichte chinesischer buddhistischer Pilgermönche oder arabischer Südostasienreisender auf Amokschilderungen zu untersuchen. Von besonderem Interesse erscheint auch der internationale Vergleich von Amoktaten bzw. School Shootings, um kulturelle und landestypische Unterschiede oder Übereinstimmungen zu identifizieren und gesamtgesellschaftliche Einflussfaktoren wie z. B. die Verfügbarkeit von Waffen noch stärker herauszuarbeiten.

---

[1]   Vgl. Fisch, Jörg: Der indische Einfluß in Südostasien: Java und Bali. In: Ders.: Tödliche Rituale. Die indische Witwenverbrennung und andere Formen der Totenfolge. Frankfurt am Main [u. a.]: Campus 1998, S. 193–212.

[2]   Vgl. Feldbauer, Peter: Die Portugiesen in Asien 1498–1620. (Überarb. Neuauflage). Essen: Magnus 2005 [2003].

[3]   Vgl. Fang, Liaw Yock: A History of Classical Malay Literature. Aus dem Malaiischen übersetzt von Razif Bahari und Harry Aveling. Jakarta: Yayasan Pustaka Obor & Institute of Southeast Asian Studies 2013, S. 97, S. 127 und S. 235.

[4]   Vgl. See, Klaus von: Exkurs zum Haraldskvæði: Berserker. In: Ders.: Edda, Saga, Skaldendichtung. Aufsätze zur skandinavischen Literatur des Mittelalters. (= Skandinavistische Arbeiten, Bd. 6). Heidelberg: Carl Winter 1981, S. 311–317.

[5]   Vgl. Overbeck, Hans: Einführung in die malaiische Literatur. In: Ders. (Übers.): Malaiische Weisheit und Geschichte. Einführung in die malaiische Literatur. Die Krone aller Fürsten. Die Chronik der Malaien. (= Insulinde, Bd. 1, Vom Goldenen Chersones). Jena: Diederichs 1927, S. 1–45, hier S. 24.

[6]   Vgl. Hempel, Anthony G.; Levine, Ruth E.; Meloy, J. Reid; Westermeyer, Joseph: A crosscultural review of sudden mass assault by a single individual in the oriental and occidental cultures. In: Journal of Forensic Sciences 45 (2000): 582–588, hier S. 583.

[7]   Vgl. Haenel, Thomas: Amok und Kollektivsuizid. Selbsttötung als Gruppenphänomen. München: Fink 2012, S. 93.

[8]   Devereux, Georges: Normal und anormal. In: Ders.: Normal und anormal. Aufsätze zur allgemeinen Ethnopsychiatrie. (= suhrkamp taschenbuch wissenschaft, Bd. 395). Aus dem Französischen übersetzt von Nils Thomas Lindquist. Frankfurt am Main: Suhrkamp 1982, S. 7–118, hier S. 52.

[9]   Vgl. Menninger, Karl A.: Selbstzerstörung. Psychoanalyse des Selbstmords. Aus dem Englischen übersetzt von Hilde Weller. (= suhrkamp taschenbuch wissenschaft, Bd. 249). Frankfurt am Main: Suhrkamp 1978 [1938], S. 39–97.

[10] Vgl. Dumitriu, Camélia; Huţu, Carmen Aida: A Disaster Management Framework for Coping with Acts of Extreme Violence in School Settings. A Field Study. In: GRF Davos

Planet@Risk 2 (2014): 101–116, hier S. 102.

[11] Vgl. etwa Scheithauer, Herbert; Bondü, Rebecca: Amoklauf und School Shooting. Bedeutung, Hintergründe und Prävention. Göttingen: Vandenhoeck & Ruprecht 2011, S. 24.

[12] Vgl. etwa Sitzer, Peter; Böckler, Nils: Schulamok/School Shooting. In: Melzer, Wolfgang; Hermann, Dieter; Sandfuchs, Uwe; Schäfer, Mechthild; Schubarth, Wilfried; Daschner, Peter (Hgg.): Handbuch Aggression, Gewalt und Kriminalität bei Kindern und Jugendlichen. Bad Heilbrunn: Klinkhardt 2015, S. 275–278.

[13] Vgl. Coleman, Loren: The Copycat Effect. How the Media and Popular Culture Trigger the Mayhem in Tomorrow's Headlines. New York [u. a.]: Paraview Pocket Books 2004; vgl. auch Roth, Daniel: Zündstoff für den „Columbine-Effekt"? Die Berichterstattung über School Shootings in deutschen Print- und Online-Medien. (= Medien & Kommunikation, Bd. 30). Münster: LIT Verlag 2012.

[14] Vgl. etwa Vossekuil, Bryan; Fein, Robert A.; Reddy, Marisa; Borum, Randy; Modzeleski, William: The Final Report and Findings of the Safe School Initiative. Implications for the Prevention of School Attacks in the United States. Washington D.C.: Unites States Secret Service and United States Department of Education 2004; vgl. auch Bannenberg, Britta: Schlussbericht Projekt TARGET. Teilprojekt Gießen. Kriminologische Analyse von Amoktaten – junge und erwachsene Täter von Amoktaten, Amokdrohungen im Verbundprojekt TARGET (Tat- und Fallanalysen hoch expressiver zielgerichteter Gewalt). Gießen: Justus-Liebig-Universität, Fachbereich 01 Rechtswissenschaft, Professur für Kriminologie 2017. URL: http://www.uni-giessen.de/fbz/fbo1/professuren-forschung/professuren/bannenberg/mediathek/dateien/schlussbericht-target-giessen2017.pdf [Stand: 28. Juli 2018].

[15] Vgl. etwa Video clip from the security cameras of the the Columbine shootings. URL: http://www.acolumbinesite.com/security.php [Stand: 28. Juli 2018].

[16] Meloy, J. Reid; Hempel, Anthony G.; Gray, B. Thomas; Mohandie, Kris; Shiva, Andrew; Richards, Thomas C.: A Comparative Analysis of North American Adolescent and Adult Mass Murderers. In: Behavioral Sciences and the Law 22 (2004): 291–309, hier S. 297.

[17] Vgl. etwa Bannenberg, Britta; Bauer, Petra: Amoktaten. Phänomenologie und Hintergründe. In: Rechtsmedizin 3 (2017): 154–161.

[18] Vgl. Lankford, Adam; Hakim, Nayab: From Columbine to Palestine. A comparative analysis of rampage shooters in the United States and volunteer suicide bombers in the Middle East. In: Aggression and Violent Behavior 16 (2011): 98–107.

[19] Vgl. Leuschner, Vincenz; Böckler, Nils; Zick, Andreas; Scheithauer, Herbert: Attentate durch Einzeltäter. Zu Gemeinsamkeiten in der Tatentwicklung und der Tatsituation bei terroristischen Anschlägen und School Shootings. In: Böckler, Nils; Hoffmann, Jens (Hgg.): Radikalisierung und terroristische Gewalt. Perspektiven aus dem Fall- und Bedrohungsmanagement. Frankfurt am Main: Verlag für Polizeiwissenschaft 2017, S. 51–78.

[20] Vgl. Robertz, Frank J.; Kahr, Robert (Hgg.): Die mediale Inszenierung von Amok und Terrorismus. Zur medienpsychologischen Wirkung des Journalismus bei exzessiver Gewalt. Wiesbaden: Springer 2016.

[21] Anschlag. In: Dudenredaktion (Hg.): Duden – Deutsches Universalwörterbuch. Das umfassende Bedeutungswörterbuch der deutschen Gegenwartssprache. (8., überarb. u. erw. Auflage). Berlin: Dudenverlag 2015, S. 159.

[22] Massaker. In: Ebd., S. 1172.

[23] Vgl. Angriff, Attacke und Attentat. In: Ebd., S. 148 und 191.

Zusammenfassung

Amok leitet sich von dem malaiischen Wort „měngamok" ab, das ins Deutsche übersetzt „wütend angreifen" bedeutet. Mit den Schiffen der ersten Weltumsegler erreichte der in Europa bis dahin gänzlich unbekannte Begriff vor rund 600 Jahren erstmals die westliche Welt. Obwohl es sich um ein sehr seltenes Phänomen handelt, besitzen Amoktaten aufgrund der Plötzlichkeit ihres Auftretens, ihrer Explosivität und ihres rätselhaften Motivcharakters eine Sonderstellung im Spektrum aggressiver Verhaltensweisen. Dies spiegelt sich auch in der starken öffentlichen Aufmerksamkeit und dem mittlerweile weltweiten Medieninteresse wider, das auf sogenannte Amokläufe einzelner Personen in der westlichen Welt folgt. Im deutschsprachigen Raum werden häufig auch relativ junge Phänomene wie School Shootings als Amokläufe bezeichnet.

Im Zentrum der vorliegenden Untersuchung stand die Frage, ob School Shootings als schulgebundene Unterform des Amoklaufs betrachtet werden können oder ob es sich um ein eigenständiges Phänomen handelt. Zur Beantwortung dieser Frage wurden Quellentexte aus sechs Jahrhunderten mit Beschreibungen klassischer Amokläufe sowie zwei jüngere Fälle von School Shooting qualitativ ausgewertet. Ein zusätzlicher Schwerpunkt lag auf der Untersuchung von zwei bisher weitgehend unbekannten Gewalttaten an Schulen des Deutschen Kaiserreichs (Saarbrücken 1871 und Bremen 1913), die auf ihre Ähnlichkeit zu School Shooting und klassischem Amoklauf untersucht wurden. Die analysierten Daten entstammen einer Vielzahl unterschiedlicher und dadurch z. T. komplementärer Informationsquellen wie Ermittlungsakten, prä- und postdeliktischen Selbstzeugnissen, umfangreichen Krankenakten, Zeitungsberichten, Reisebeschreibungen, klassischen Werken der malaiischen Literatur, Beiträgen aus Fachzeitschriften und Monografien sowie Geschichts-, Kirchen- und Schulchroniken.

Auf der Basis des untersuchten Quellenmaterials lassen sich eine individuelle und eine kollektive Form des Amoklaufs unterscheiden. Im Südwesten Indiens und in Teilen des südostasiatischen Raums war kollektiver Amok eine mit dem nordgermanischen Berserkergang vergleichbare ritualisierte Kriegshandlung und zugleich auch Schlachtruf hoch angesehener Soldaten, die bereit waren für ihre Herrscher zu sterben und dabei so viele Feinde wie möglich mit in den Tod zu reißen. Für den malaiischen, nicht aber für den indischen Raum ist zudem eine individuelle Variante des Amokphänomens überliefert. Ein „Pěng-âmok" genannter Einzeltäter ergriff plötzlich seinen Dolch und stach ungezielt jeden nieder, der in seinen Weg kam, bis er selbst getötet oder überwältigt wurde. Begünstigt wurde die regionale und kulturelle Konzentration des individuellen Amokphänomens auf die Gebiete des heutigen Indonesien und Malaysia durch die Kombination aus Suizidverbot, Heldenkult und

© Der/die Autor(en) 2021
M. Sell, *Anatomie des Amoklaufs*, Edition Centaurus –
Neuere Medizin- und Wissenschaftsgeschichte,
https://doi.org/10.1007/978-3-658-33104-7_8

ständiger Verfügbarkeit von Klingenwaffen. Der malaiische Heldenkult tollkühner Amokkrieger lieferte eine Handlungsschablone, die es ermöglichte, in scheinbar ausweglosen Situationen in sozial standardisierter und kulturell anerkannter Weise aus dem Leben zu scheiden. Eine mit einem Kris oder einem Parang ausgeführte Tat bedurfte zudem keiner langen Planung.

Die Untersuchung zweier jüngerer School Shootings zeigt dagegen, dass School Shooter ihre Taten langfristig und gezielt planen. Die Wahl der eigenen (aktuellen oder ehemaligen) Schule als Tatort erfolgt bewusst. School Shooter sind im Durchschnitt etwa zehn bis zwanzig Jahre jünger als Amokläufer und orientieren sich an medialen und realen Vorbildern, über die sie im Vorfeld im Internet recherchieren und denen sie in ihrem Streben nach medialer Bekanntheit und Anerkennung nacheifern. Geleitet werden die Täter von einem Motivbündel aus Hass, narzisstischer Wut als Reaktion auf erfahrene oder empfundene Kränkungen, depressiven Affekten, Todeswünschen sowie dem Wunsch nach Rache. Das School Shooting wird instrumentalisiert, um größtmögliche mediale Aufmerksamkeit zu erzielen. Anders als bei Massentötungen durch erwachsene Täter spielen psychotisch bedingte Motive zum Tatzeitpunkt in der Regel keine Rolle.

Noch vor wenigen Jahren gingen Forscher von einem ersten Auftreten des Phänomens auf deutschem Boden in den 1990er-Jahren aus. Die Untersuchung der Tat vom 25. Mai 1871 im Saarbrücker Gymnasium, bei der zwei Oberstufenschüler durch mehrere Revolverschüsse eines Mitschülers schwer verwundet wurden, kommt jedoch zu dem Schluss, dass diese Einschätzung revidiert werden muss. Für die Untersuchung wurden zahlreiche neue Akten geborgen, so dass der Lebensweg des Täters nun erstmals vollständig rekonstruiert werden konnte. Im Gegensatz hierzu weist die untersuchte Massentötung vom 20. Juni 1913 an einer Bremer Schule durch einen erwachsenen Täter deutliche Unterschiede zu klassischen School Shootings durch junge Täter auf. Aufgrund des fehlenden impulsiven oder raptusartigen Beginns und der Zielgerichtetheit bezüglich des Tatorts erfüllt der Bremer Massenmord allerdings auch nicht die Kriterien eines klassischen Amoklaufs. Der Täter handelte im Rahmen eines paranoiden Wahns und war zum Tatzeitpunkt psychotisch.

Die vorliegende Untersuchung widerlegt die weit verbreitete Annahme, dass es sich bei School Shooting um eine schulgebundene Unterform des Amoklaufs handelt. Vergleiche zeigen, dass die Unterschiede hinsichtlich bestimmter Tätermerkmale sowie in Bezug auf Entstehung und Ausführung der Taten deutlich überwiegen. Die lange und zum Teil minutiöse Tatvorbereitung unterscheidet School Shootings vom klassischen Amoklauf und rückt diese Taten in die Nähe von zielgerichteten terroristischen Anschlägen von Einzeltätern. Angesichts der Ergebnisse aus der vorliegenden Untersuchung sollten School Shootings folgerichtig nicht als Amokläufe, sondern als Schulanschläge bezeichnet werden.

Quellen- und Literaturverzeichnis

1. Ungedruckte Quellen

a) Archiv des Karlsruher Instituts für Technologie

10001/1479. Zeugniss des Grossherzoglich Badischen Polÿtechnikums vom 14. März 1874 über Julius Becker zum Wintersemester 1873/74.

b) Archiv Klinikum Bremen-Ost

St. Jürgen-Asyl (unverzeichnet). St. Jürgen-Asyl in Ellen (Bremen). Kranken-Geschichte Hans Schmidt [1913–1932].

c) Archivportal für den Südwesten

Bestand LG.SB Landgericht Saarbrücken. Verfügbar unter: http://www.archivdatenb ank.lha-rlp.de/saarbr/b/v/ [Stand: 28. Juli 2018].

d) Bistumsarchiv Trier

Abt. 1200,1 Nr. 1030. Privat Heil- und Pflege-Anstalt der Barmherzigen Brüder zu Saffig. Krankenakte Julius Becker [1905–1912].

e) Geheimes Staatsarchiv Preußischer Kulturbesitz

I. HA Rep. 76. Kultusministerium. Berichte zum Gymnasium in Saarbrücken der Geheimen Registratur des Ministeriums der geistlichen, Unterrichts- und Medicinal-Angelegenheiten Berlin [1867–1877].

f) Kirchenkreisarchiv Mecklenburg

PFA Klinken (unverzeichnet) [Altsignatur: II.4.]. Chronik des Kirchspiels zu Klinken. Abschrift der Pfarrchronik [1898–1992] (überarbeitete Version).

© Der/die Autor(en) 2021
M. Sell, *Anatomie des Amoklaufs*, Edition Centaurus –
Neuere Medizin- und Wissenschaftsgeschichte,
https://doi.org/10.1007/978-3-658-33104-7

g) Landesarchiv Saarbrücken

LKH.MZG. Rheinische Provinzialirrenanstalt Merzig. Krankenakten Julius Becker [1876–1882].

LuGym.SB/19. Verzeichniss der Schüler nach den Klassen, Teil III [1858–1871].

LuGym.SB/20. Inscriptionsbuch des Gymnasiums zu Saarbrücken, Teil III [Michaelis 1858 bis Ostern 1886].

h) Landeshauptarchiv Koblenz

405/4825. Provinzialschulkollegium. Disziplinaraufsicht auf Lehrer und Schüler. Acta betreffend die Disciplinar-Angelegenheiten bei dem Gymnasium zu Saarbrücken Nr. 15 [1841–1909].

405/4826. Provinzialschulkollegium. Jahresberichte der Direktion des Gymnasiums zu Saarbrücken. Acta betreffend die Jahresberichte der Direktion des Gymnasiums zu Saarbrücken Nr. 18 [1826–1873].

426,006/16398. Rheinische Provinzialirrenanstalt Andernach. Krankenakten Julius Becker [1876–1907].

i) Landeskirchliches Archiv Schwerin

Nr. 120/1849. Geburtseintrag Carl Jacob Johannes Schmidt [11. Juli 1849], Kirchenbuch Hagenow, Taufregister [1835–1858].

Nr. 35/1862. Geburtseintrag Margareta Clara Mathilde Reinke [8. Juni 1862], Kirchenbuch Warin, Taufregister [1832–1871].

OKR Pers Th S107. Personalakte Carl Jacob Johannes Schmidt aus Hagenow, Pastor in Klinken [1873–1913].

j) National Library of Australia

MS 1. Cook, James: Journal of H. M. S. Endeavour, 1768–1771 [manuscript].

k) Staatsarchiv Bremen

3-K.1. Kirchensachen [1875–1958].

4,36 Nr. 1426 und Nr. 2119. Unterrichtskanzlei [1814–1938].

4,39/64. Schule an der Oderstraße [ab 1909].

4,60/5 Br.-Horn. Nr. 44/1932. Sterbeeintrag Hans Jakob Friedrich Ernst Schmidt [31. März 1932], Sterberegister.

l) Stadtarchiv Parchim

Nr. 33/1890. Geburtseintrag Elisabeth Julie Henriette Schmidt [24. Oktober 1890], Geburtenregister.

Nr. 11/1892. Geburtseintrag Anna Louise Johanna Schmidt [8. April 1892], Geburtenregister.

Nr. 39/1893. Geburtseintrag Albert Wilhelm Alfons Schmidt [6. Oktober 1893], Geburtenregister.

Nr. 23/1895. Geburtseintrag Ernst Martin Amandus Schmidt [29. August 1895], Geburtenregister.

Nr. 5/1898. Geburtseintrag Friedrich Karl Wulf Schmidt [14. Februar 1898], Geburtenregister.

Nr. 10/1900. Geburtseintrag Hanna Maria Mathilde Schmidt [28. April 1900], Geburtenregister.

Nr. 34/1901. Geburtseintrag Theodor Karl Elias Schmidt [3. August 1901], Geburtenregister.

Nr. 5/1905. Geburtseintrag Ursula Barbara Hanna Schmidt [22. Januar 1905], Geburtenregister.

Nr. 13/1913. Sterbeeintrag Pastor Karl Jakob Johannes Schmidt [18. Juni 1913], Sterberegister.

m) Stadtarchiv Saarbrücken

Nr. 43/1850 S. Heiratseintrag von Christian Becker und Luise Diener [25. Juli 1850], Heiratsregister.

Nr. 390/1850 S. Geburtseintrag Georg Heinrich Christian Becker [15. November 1850], Geburtenregister.

Nr. 352/1851 S. Geburtseintrag Heinrich Carl Ludwig Becker [8. Oktober 1851], Geburtenregister.

Nr. 7/1853 S. Geburtseintrag Julius Becker [3. Januar 1853], Geburtenregister.

Nr. 20/1856 S. Geburtseintrag Emma Marie Luise Becker [20. Januar 1856], Geburtenregister.

Nr. 485/1857 S. Geburtseintrag Emil Becker [27. Dezember 1857], Geburtenregister.

Nr. 486/1857 S. Geburtseintrag Robert Becker [27. Dezember 1857], Geburtenregister.

Nr. 217/1870 S. Sterbeeintrag Robert Becker [19. August 1870], Sterberegister.

Nr. 213/1871 S. Sterbeeintrag Luise Diener [3. Juli 1871], Sterberegister.

n) Stadtarchiv Worms

Abt. 55/1 Nr. 213A. Abschrift Maturitätszeugnis Julius Becker. Bestand Altsprachliches Gymnasium (Rudi-Stephan-Gymnasium) [31. August 1872].

Abt. 55/1 Nr. 248A. Schriftliche Maturitätsarbeiten Julius Becker. Bestand Altsprachliches Gymnasium (Rudi-Stephan-Gymnasium) [3., 6. und 10. Juli 1872].

Abt. 55/1 Nr. 408. Catalogus discipulorum inde ab anno 1804 (quo Seminarium catholicum at Gymnasium evangelicum unit sunt) receptorum Directoribus Schneidlero, Curtman, Wiegandero [Schülerlisten 1808–1873].

o) Standesamt Bad Sülze

Nr. 69/1883. Geburtseintrag Hans Jacob Friedrich Ernst Schmidt [24. September 1883], Geburtenregister.

Nr. 61/1885. Geburtseintrag Margarete Louise Elisabeth Marie Schmidt [26. August 1885], Geburtenregister.

Nr. 48/1887. Geburtseintrag Marie Louise Henriette Schmidt [3. Juli 1887], Geburtenregister.

Nr. 4/1889. Geburtseintrag Martha Gustave Johanna Helene Maria Schmidt [9. Januar 1889], Geburtenregister.

p) Standesamt Neukloster-Warin

Nr. 7/1882. Heiratseintrag von Karl Jacob Theodor Johann Schmidt und Margareta Klara Mathilde Reinke [18. Juli 1882], Heiratsregister.

q) Standesamt Pellenz

Nr. 31/1912. Sterbeeintrag Julius Becker [1. April 1912], Sterberegister.

r) State Library of New South Wales (Australia)

ML Safe 1/12-13. Banks, Joseph: The Endeavour journal, 25 August 1768 – 12 July 1771 [manuscript].

2. Gedruckte Quellen

Amok. In: Gimlette, John Desmond; Thomson, Henry Wagstaffe (Hgg.): A Dictionary of Malayan Medicine. (Wiederabdruck). London [u. a.]: Oxford University Press 1971 [1939], S. 3.

Amok. In: Swettenham, Frank Athelstane; Clifford, Hugh: A Dictionary of the Malay Language. Taiping: Selbstverlag 1894, S. 47–48.

Anonym [Middleton, Henry]: The Last East-Indian Voyage. Containing mvch varietie of the State of the seuerall kingdomes where they haue traded: with the Letters of three seuerall Kings to the Kings Maiestie of England, begun by one of the Voyage: since continued out of the faithfull obseruations of them that are come home. London: Walter Burre 1606.

Barros, João de: Ásia de Joam de Barros. Dos fectos que os Portugueses fizeram no descobrimento e conquista dos mares e terras do Oriente. Lisboa: Germão Galharde 1552.

Bracciolini Florentini, Poggio: Historiæ de Varietate Fortunæ. Libri Quatuor. Lutetiæ Parisiorum: Typis Antonii Urbani Coustelier 1723.

Bracciolini Florentini, Poggio: Viaggio di Nicolò di Conti. In: Milanesi, Marica (Hg.): Giovanni Battista Ramusio. Navigazioni e viaggi. Bd. 2. Bearbeitet und übersetzt von Giovanni Battista Ramusio. (= I millenni). (Bearbeiteter Nachdruck). Torino: Einaudi 1979 [1559], S. 781–820.

Brero, Pieter Cornelis Johannes van: Einiges über die Geisteskrankheiten der Bevölkerung des malaiischen Archipels. Beiträge zur vergleichenden Rassenpsychopathologie. In: Allgemeine Zeitschrift für Psychiatrie und psychisch-gerichtliche Medicin 53 (1896): 25–78.

Brero, Pieter Cornelis Johannes van: Die Nerven- und Geisteskrankheiten in den Tropen. In: Mense, Carl (Hg.): Handbuch der Tropenkrankheiten. Bd. 1. Leipzig: Johann Ambrosius Barth 1905, S. 210–235.

Brown, Brooks; Merritt, Rob: No easy answers. The truth behind death at Columbine. New York: Lantern Books 2002.

Buckley, Charles Burton: An Anecdotal History of Old Times in Singapore. From the Foundation of the Settlement under the Honourable The East India Company on February 6th, 1819 to the Transfer to the Colonial Office as Part of the Colonial Possessions of the Crown on April 1st, 1867. Kuala Lumpur: University of Malaya Press 1965.

Correa, Gaspar: Lendas da Índia. Livro Primeiro. Lisboa: Typographia da Academia Real das Sciencias. Nendeln/Liechtenstein: Kraus Reprint 1976. Nachdruck von einer Vorlage der Bayerischen Staatsbibliothek München von 1858.

Cortesão, Armando (Hg.): The Suma Oriental of Tomé Pires. An Account of the East, from the Red Sea to Japan, Written in Malacca and India in 1512–1515. And the Book of Francisco Rodrigues. Rutter of a Voyage in the Red Sea, Nautical Rules, Almanack and Maps, Written and Drawn in the East before 1515. Bde. 1 u. 2. Aus dem Portugiesischen übersetzt von Armando Cortesão. (Wiederabdruck). London: The Hakluyt Society 1944.

Couto, Diogo de: Da Asia de Diogo de Couto. Dos feitos, que os Portuguezes fizeram na conquista, e descubrimento das terras, e mares do Oriente. Década IV. Pt. 1. [Continuação]. (Nova edição). Lisboa: Na Regia Officina Typografica 1778.

Couto, Diogo de: Da Asia de Diogo de Couto. Dos feitos, que os Portuguezes fizeram na conquista, e descubrimento das terras, e mares do Oriente. Década IV. Pt. 2. (Nova edição). Lisboa: Na Regia Officina Typografica 1778.

Couto, Diogo de: Da Asia de Diogo de Couto. Dos feitos, que os Portuguezes fizeram na conquista, e descubrimento das terras, e mares do Oriente. Década VI. Pt. 2. (Nova edição). Lisboa: Na Regia Officina Typografica 1781.

Couto, Diogo de: Da Asia de Diogo de Couto. Dos feitos, que os Portuguezes fizeram na conquista, e descubrimento das terras, e mares do Oriente. Década X. Pt. 1. (Nova edição). Lisboa: Na Regia Officina Typografica 1788.

Crawfurd, John: History of the Indian Archipelago. Containing an Account of the Manners, Arts, Languages, Religions, Institutions, and Commerce of its Inhabitants. Bd. 1. Edinburgh: Archibald Constable & Co. 1820.

Ellis, William Gilmore: The amok of the Malays. In: The Journal of Mental Science 39 (1893): 325–338.

Foster, William (Hg.): The Voyage of Sir Henry Middleton to the Moluccas 1604–1606. (Erw. Neuauflage). London: The Hakluyt Society 1943.

Gesetz, betreffend den Orden der Gesellschaft Jesu. Vom 4. Juli 1872. In: Reichs-Gesetzblatt 1872, Nr. 22, S. 253.

Gesetz, betreffend die Aufhebung des Gesetzes über den Orden der Gesellschaft Jesu vom 4. Juli 1872. Vom 19. April 1917. In: Reichs-Gesetzblatt 1917, Nr. 78, S. 362.

Gesetz, betreffend die Aufhebung des § 2 des Gesetzes über den Orden der Gesellschaft Jesu vom 4. Juli 1872. Vom 8. März 1904. In: Reichs-Gesetzblatt 1904, Nr. 12, S. 139.

Gesetz, betreffend die Beaufsichtigung des Unterrichts- und Erziehungswesens. Vom 11. März 1872. In: Gesetz-Sammlung für die Königlichen Preußischen Staaten 1872, Nr. 13, S. 183.

Gesetz, betreffend die Ergänzung des Strafgesetzbuchs für das Deutsche Reich. Vom 10. Dezember 1871. In: Reichs-Gesetzblatt 1871, Nr. 49, S. 442.

Gimlette, John Desmond: Notes on a case of amok. In: The Journal of Tropical Medicine 4 (1901): 195–199.

Glabbach, Wilhelm: Vaterlandsliebe. Saarbrücker Gymnasiasten in den Kriegen mit den Franzosen, nach einer Sammlung von freiwilligen Beiträgen früherer Gymnasiasten. Saarbrücken: Bock & Seip 1910.

Hagen, Bernhard: Ein Fall von „Amoklaufen" eines Malayen. In: Mittheilungen der Anthropologischen Gesellschaft in Wien 19 (1889): 32.

Hawkesworth, John (Hg.): An Account of the Voyages undertaken by the Order of His Present Majesty for making Discoveries in the Southern Hemisphere, And successively performed by Commodore Byron, Captain Wallis, Captain Carteret, And Captain Cook, In the Dolphin, the Swallow, and the Endeavour, Drawn up From the Journals which were kept by the several Commanders, And from the Papers of Joseph Banks, By John Hawkesworth. Bd. 3. London: Strahan & Cadell 1773.

Hesse, Elias: Ost-Indische Reise-Beschreibung Oder Diarium, Was bey der Reise des Churfürstl. Sächs. Raths und Berg Commissarii D. Benjamin Olitzschens / im Jahr 1680. Von Dreßden aus biß in Asiam auff die Insul Sumatra Denckwürdiges vorgegangen / auffgezeichnet von Elias Hessen, um andern mahl gedruckt / und mit sonderbahren Fleiß übersehen / in vielen verbessert und vermehret. Leipzig: Günther 1690.

Königliches Gymnasium und Vorschule Saarbrücken (Hgg.): Jahresbericht über das Königliche Gymnasium und die Vorschule zu Saarbrücken. Saarbrücken: Gebrüder Hofer [1866–1873].

Kraepelin, Emil: Vergleichende Psychiatrie. In: Centralblatt für Nervenheilkunde und Psychiatrie 27 (1904): 433–437.

Logan, James Richardson: Malay Amoks and Piracies. What can we do to abolish them? In: The Journal of the Indian Archipelago and Eastern Asia 3 (1849): 463–467.

Loon, Feico Herman Glastra van: Amok and Lattah. In: The Journal of Abnormal and Social Psychology 21 (1927): 434–444.

Loon, Feico Herman Glastra van: Die Bedeutung ur-instinktiver Phänomene bei „Primitiven" und in der Kulturgesellschaft. In: Zeitschrift für Völkerpsychologie und Soziologie 7 (1931): 21–33.

Machado, Augusto Reis (Hg.): Livro. Em que dá relação do que viu e ouviu no Oriente. Duarte Barbosa. (Wiederabdruck). Lisboa: Agência Geral das Colónias 1946 [um 1516].

Metzger, Emil: Einiges über Amok und Mataglap. In: Globus. Illustrierte Zeitschrift für Länder- und Völkerkunde 52 (1887): 107–110 und 119–123.

Norris, William: Malay Amoks Referred to Mahomedanism. Sentence of death upon a Malay convicted of running amok. In: The Journal of the Indian Archipelago and Eastern Asia 3 (1849): 460–463.

Overbeck, Hans (Übers.): Die Chronik der Malaien. In: Ders.: Malaiische Weisheit und Geschichte. Einführung in die malaiische Literatur. Die Krone aller Fürsten. Die Chronik der Malaien. Aus dem Malaiischen übersetzt von Hans Overbeck. (= Insulinde, Bd. 1, Vom Goldenen Chersones). Jena: Diederichs 1927, S. 113–255.

Overbeck, Hans (Übers.): Die Geschichte von Hang Tuah. Eine Erzählung aus dem 16. Jahrhundert über den malaiischen Volkshelden. (= Orientalische Bibliothek). Aus dem Malaiischen übersetzt von Hans Overbeck. Leipzig [u.a.]: Kiepenheuer 1986.

Oxley, Thomas: Malay Amoks. In: The Journal of the Indian Archipelago and Eastern Asia 3 (1849): 532–533.

Raffles, Thomas Stamford: The History of Java. Bd. 1. London: Black, Parbury & Allen 1817.

Raffles, Thomas Stamford: Paper on the Malayan nation. In: Raffles, Sophia: Memoir of the Life and Public Services of Sir Thomas Stamford Raffles. Particularly in the Government of Java, 1811–1816, Bencoolen and its Dependencies, 1817–1824; with Details of the Commerce and Resources of the Eastern Archipelago, and Selections from his Correspondence. By his Widow. London: John Murray 1830, S. 15–20.

ساكت sākit. In: Marsden, William: A dictionary of the Malayan language, in two parts, Malayan and English and English and Malayan. London: Cox and Baylis 1812, S. 158.

Sassetti, Filippo: Lettera a Francesco I de' Medici del 20 gennaio 1584. In: Gubernatis, Angelo de (Hg.): Memoria intorno ai viaggiatori italiani nelle Indie Orientali dal secolo XIII a tutto il XVI. Firenze: Fodratti 1867, S. 152–155.

Schouten, Wouter: Oost-Indische Voyagie. Vervattende veel voorname voorvallen en ongemeene vreemde Geschiedenissen / bloedige Zee- en Landt-gevechten tegen de Portugeesen en Makassaren; Belegering / Bestorming / en Verovering van veel voorname Steden en Kasteelen. Mitsgaders Een curieuse Beschrijving der voornaemste Landen, Eylanden, Koninckrijcken en Steden in Oost-Indien; haer Wetten, Zeden, Godtsdiensten, Costuymen, Drachten, Dieren, Vruchten en Planten: Als oock Sijn seer gevaerlijcke Wederom-Reyse naer't Vaderlandt / daer in een bysondere harde ontmoetinge met d'Engelsche Oorloghs-Vloot / soo in Bergen Noorwegen / als in de Nord-Zee. Verçiert met seer konstige Koopere Platen, soo van de voornaemste Steden, als andere aenmerckelijcke saken; door den Schrijver in Indien self geteeckent. Amsterdam: Meurs & van Someren 1676.

Schultzen, Walter: Ost-Indische Reyse. Worin erzehlt wird Viel gedenckwürdiges / und ungemeine seltsame Sachen / bluhtige See- und Feld-schlachten / wieder die Portugisen und Makasser; Belägerungen / Bestürmungen / und Eroberungen vieler fürnehmen Städte und Schlösser. Wie auch Eine eigendliche Beschreibung der fürnehmsten Ost-Indischen Landschaften / Königreiche / Inseln und Städte; Ihre Gesetze / Sitten / Religion, Kleidung; Item: der Tiere / Früchte und Gewächse / u. zugleich Eine ausführliche Erzehlung / was sich in der gefährlichen Zurückreise nach Holland / zwischen den Ost-Indischen Retour-Schiffen / und den Engelländern / im Jahr 1665, in der Stadt Bergen in Norwegen / wie auch in der Nord-See / merckenswürdiges zugetragen hat. Alles beschrieben durch M^{ster} Walter Schultzen, von Harlem. Nebenst noch Dem gefährlichen Schiffbruch des Jagt-schifs/ ter Schelling genant; Von Frantz Janß von der Heyde / aufgezeichnet. Mit vielen kunstreichen Figuren geziert. Und Aus dem Niederländischen ins Hochteutsche übergesetzet durch I. D. Amsterdam: Meurs & Sommern 1676.

Scott, Edmund: An Exact Discovrse Of the Subtilties, Fashishions [sic!], Pollicies, Religion, and Ceremonies of the East Indians, as well Chyneses as Iauans, there
abyding and dweling. Together with the manner of trading with those people,
aswell by vs English, as by the Hollanders: as also what hath happened to the
English Nation at Bantan in the East Indies, since the 2. of February 1602.
vntill the 6. of October 1605. Whereunto is added a briefe Description of Iaua
Maior. Written by Edmund Scott, resident there, and in other places neere
adioyng [sic!], the space of three yeeres and a halfe. London: Walter Burre
1606.

Skeat, Walter William: Malay Magic. Being an Introduction to the Folklore and Popular Religion of the Malay Peninsula. London: Macmillan 1900.

Swettenham, Frank Athelstane: Âmok. In: Ders.: Malay Sketches. (2. Auflage). London [u. a.]: John Lane 1900 [1895], S. 38-43.

Swettenham, Frank Athelstane: The Real Malay. London [u. a.]: John Lane & Bodley
Head 1900.

Valle, Pietro della: Lettera 7. da Goa, De' 31. Di Gennaro 1624. In: Ders.: De' Viaggi
di Pietro della Valle il pellegrino. Descritti da lui medesimo in Lettere familiari. All'erudito suo Amico Mario Schipano. Parte Terza. Cioè L'India, Co'l
Ritorno alla Patria. Roma: Vitale Mascardi 1663, S. 258–305.

Varthema, Ludovico di: Itinerario de Ludouico de Varthema Bolognese nello Egitto,
nella Soria nella Arabia deserta, & felice, nella Persia, nella India, & nela
Ethyopia. Vinegia: Francesco Bindone & Mapheo Pasini 1535 [1510].

Wallace, Alfred Russel: The Malay Archipelago. The land of the orang-utan, and the
bird of paradise. A narrative of travel, with studies of man and nature. New
York: Harper & Brothers 1869.

Zitierte und eingesehene Zeitungsartikel (signiert):

a) Bremer Nachrichten

Binswanger, Otto: Schutz gegen Wahnsinnige. In: Bremer Nachrichten Nr. 170 (Drittes Blatt) vom 22. Juni 1913, S. 9.

b) Saarbrücker Zeitung

Becker, Christian: An die „Saar- und Blies-Zeitung" in Neunkirchen. [Stellungnahme des Vaters zur Tat.] In: Saarbrücker Zeitung Nr. 124 vom 31. Mai 1871, S. 4.

c) The Straits Times

Davies, Donald: The day the holy man ran amok. In: The Straits Times No. 990 vom 15. August 1954, S. 14.

Zitierte und eingesehene Zeitungsartikel (unsigniert):

a) Berita Harian

Peristiwa 'mengamuk' timbulkan kekecohan. In: Berita Harian No. 10,950 vom 23. August 1985, S. 5.

b) Berliner Gerichts-Zeitung

Saarbrücken, 26. Mai. In: Berliner Gerichts-Zeitung Nr. 62 vom 1. Juni 1871, S. 3.

Saarbrücken, den 16. November. In: Berliner Gerichts-Zeitung Nr. 137 vom 23. November 1871, S. 3–4.

c) Berliner Morgenpost

Das Blutbad in der Schule. In: Berliner Morgenpost Nr. 167 vom 21. Juni 1913, S. 1–2.

d) Bremer Bürger-Zeitung

Zu den Bluttaten in der Marienschule. In: Bremer Bürger-Zeitung Nr. 143 vom 21. Juni 1913, S. 2.

Zur Schreckenstat in der Marienschule. In: Bremer Bürger-Zeitung Nr. 144 vom 22. Juni 1913, S. 3.

Zu der Bluttat in der Marienschule. In: Bremer Bürger-Zeitung Nr. 145 vom 23. Juni 1913, S. 3.

Zu der Schreckenstat in der Marienschule. In: Bremer Bürger-Zeitung Nr. 145 vom 23. Juni 1913, S. 5.

Zur Schreckenstat in der Marienschule. In: Bremer Bürger-Zeitung Nr. 146 vom 25. Juni 1913, S. 3.

Herrn Lehrer Möllmann. In: Bremer Bürger-Zeitung Nr. 147 vom 26. Juni 1913, S. 5.

e) Bremer Nachrichten

Die Mordtaten eines Wahnsinnigen in der Marienschule. In: Bremer Nachrichten Nr. 169 (Drittes Blatt) vom 21. Juni 1913, S. 9.

Die Mordtaten in der Marienschule. In: Bremer Nachrichten Nr. 170 (Drittes Blatt) vom 22. Juni 1913, S. 9.

Zur Mordtat in der Marienschule. Die Personalien des Täters. In: Bremer Nachrichten Nr. 171 (Erstes Blatt) vom 23. Juni 1913, S. 4.

Zu den Mordtaten in der Marienschule. In: Bremer Nachrichten Nr. 172 (Drittes Blatt) vom 24. Juni 1913, S. 9.

Zu dem Attentat in der Marienschule. Die Bestattung der vier getöteten Kinder. In: Bremer Nachrichten Nr. 173 (Drittes Blatt) vom 25. Juni 1913, S. 9.

Zu den Mordtaten in der Marienschule (Sprechsaal). In: Bremer Nachrichten Nr. 173 (Viertes Blatt) vom 25. Juni 1913, S. 15.

Herrn Lehrer Möllmann. In: Bremer Nachrichten Nr. 174 (Drittes Blatt) vom 26. Juni 1913, S. 10.

f) Bremer Tageblatt

In der Schule auf die Kinder geschossen! In: Bremer Tageblatt Nr. 143 vom 21. Juni 1913, S. 3.

Zur Bluttat in der Marienschule. In: Bremer Tageblatt Nr. 144 vom 22. Juni 1913, S. 3.

Die Wahnsinns-Bluttat in der katholischen Schule. In: Bremer Tageblatt Nr. 144 vom 22. Juni 1913, S. 5–6.

Zur Bluttat in der Marienschule. In: Bremer Tageblatt Nr. 145 vom 24. Juni 1913, S. 2.

Zu der Bluttat in der Marienschule. In: Bremer Tageblatt Nr. 145 vom 24. Juni 1913, S. 5.

Schutz vor verbrecherischen Geisteskranken! In: Bremer Tageblatt Nr. 146 vom 25. Juni 1913, S. 1.

Der Schreckenstat letzter Akt. In: Bremer Tageblatt Nr. 146 vom 25. Juni 1913, S. 3.

Warum nicht ins Gefängnis? (Sprechsaal) In: Bremer Tageblatt Nr. 147 vom 26. Juni 1913, S. 7.

Lehrer Möllmann – silberne Rettungsmedaille! In: Bremer Tageblatt Nr. 147 vom 26. Juni 1913, S. 7.

Zum Befinden des Lehrers Möllmann. In: Bremer Tageblatt Nr. 148 vom 27. Juni 1913, S. 2.

g) Germania – Zeitung für das deutsche Volk

Die Schreckenstat in der Bremer Mädchenschule. In: Germania – Zeitung für das deutsche Volk Nr. 282 (Morgenausgabe) vom 21. Juni 1913, S. 3.

Die Schreckenstat in der Bremer Marienschule. In: Germania – Zeitung für das deutsche Volk Nr. 283 (Abendausgabe) vom 21. Juni 1913, S. 3.

Der Massenmord in Bremen. In: Germania – Zeitung für das deutsche Volk Nr. 285 (Abendausgabe) vom 23. Juni 1913, S. 1–2.

h) Saarbrücker Zeitung

Saarbrücken, 25. Mai. In: Saarbrücker Zeitung Nr. 121 vom 26. Mai 1871, S. 3.

Saarbrücken, 15. Nov. In: Saarbrücker Zeitung Nr. 269 vom 16. November 1871, S. 2–3.

i) Schwäbische Kronik

Vom Massenmord in Mühlhausen a. E. In: Schwäbische Kronik Nr. 418 (Mittagsblatt) vom 9. September 1913, S. 5–6.

j) Schwäbischer Merkur

Wahnsinnstat eines Geistesgestörten. In: Schwäbischer Merkur Nr. 281 vom 20. Juni 1913, S. 2.

Bremen 20. Juni. In: Schwäbischer Merkur Nr. 281 vom 20. Juni 1913, S. 3.

Die Schreckenstat von Bremen. In: Schwäbischer Merkur Nr. 282 vom 21. Juni 1913, S. 2.

Die Schreckenstat von Bremen. In: Schwäbischer Merkur Nr. 283 vom 21. Juni 1913, S. 4.

Bremen 21. Juni. In: Schwäbischer Merkur Nr. 284 vom 23. Juni 1913, S. 2.

k) St. Johanner Zeitung

St. Johann, 26. Mai. In: St. Johanner Zeitung Nr. 121 vom 26. Mai 1871, S. 2–3.

St. Johann, 16. Nov. In: St. Johanner Zeitung Nr. 270 vom 17. November 1871, S. 3.

Assisen zu Saarbrücken. In: St. Johanner Zeitung Nr. 271 vom 18. November 1871, S. 3.

l) Stuttgarter Neues Tagblatt

Kurze Tagesübersicht. In: Stuttgarter Neues Tagblatt Nr. 166 vom 21. Juni 1913, S. 1.

Fürchterliches Attentat eines Lehramtskandidaten. In: Stuttgarter Neues Tagblatt Nr. 166 vom 21. Juni 1913, S. 3.

Die Bluttat von Bremen. In: Stuttgarter Neues Tagblatt Nr. 167 vom 22. Juni 1913, S. 2.

Der Bremer Mörder. In: Stuttgarter Neues Tagblatt Nr. 168 vom 23. Juni 1913, S. 2.

Der Bremer Kindermord. In: Stuttgarter Neues Tagblatt Nr. 169 vom 24. Juni 1913, S. 2.

Die vier Opfer der Bremer Bluttat. In: Stuttgarter Neues Tagblatt Nr. 170 vom 25. Juni 1913, S. 2.

Die Greueltat von Bremen. In: Stuttgarter Neues Tagblatt Nr. 171 vom 26. Juni 1913, S. 2.

m) The Boston Daily Globe

KILLS THREE, WOUNDS MANY. Madman Runs Amuck in a Schoolhouse. In: The Boston Daily Globe Nr. LXXXIII.172 vom 21. Juni 1913, S. 9.

n) The Chicago Daily Tribune

FIVE SCHOOL CHILDREN SLAIN BY CRAZED BREMEN TEACHER. Twenty-two Other Persons Wounded by Madman. In: The Chicago Daily Tribune Nr. LXXII.148 vom 21. Juni 1913, S. 1.

o) The New York Times

A Boy Shot by his Schoolfellow–A Curious Affair. In: The New York Times Nr. 4899 vom 9. Juni 1867, S. 5.

KILLS 3, WOUNDS 17, IN A CLASSROOM. Lunatic Had Been Rejected as a Teacher in a Bremen School. In: The New York Times Nr. 20,237 vom 21. Juni 1913, S. 4.

p) The Singapore Free Press and Mercantile Adviser

Running a Muck. In: The Singapore Free Press and Mercantile Advertiser No. CCCCCXLXXVI vom 30. Juli 1846, (Supplement) S. 1.

Pinang. In: The Singapore Free Press and Mercantile Advertiser No. CCCCCXLXXIX vom 20. August 1846, (Supplement) S. 1.

q) The Straits Times

Penang. In: The Straits Times No. XCII vom 25. Juli 1846, S. 2.

Untitled [Leserbrief]. In: The Straits Times No. CVI vom 12. September 1846, S. 4.

r) The Washington Post

24 SHOT BY MADMAN. Unemployed Teacher Runs Amuck in a Bremen School. In: The Washington Post Nr. 13,526 vom 21. Juni 1913, S. 1.

s) Trierische Volks-Zeitung

Saarbrücken, 25. Mai. In: Trierische Volks-Zeitung Nr. 131 vom 27. Mai 1871, S. 2.

Saarbrücken, 16. Novbr. In: Trierische Volks-Zeitung Nr. 283 vom 21. November 1871, S. 3.

t) Trierische Zeitung

Saarbrücken, 26. Mai. In: Trierische Zeitung Nr. 129 vom 30. Mai 1871, S. 3.

u) Weser-Zeitung

Die Mordtaten in der Marienschule. In: Weser-Zeitung Nr. 23953 vom 21. Juni 1913 (Zweite Morgen-Ausgabe), S. 9.

Bremen, 21. Juni. In: Weser-Zeitung Nr. 23953 vom 21. Juni 1913 (Mittags-Ausgabe), S. 2.

Zu der Mordtat in der Marienschule. In: Weser-Zeitung Nr. 23954 vom 22. Juni 1913 (Zweite Morgen-Ausgabe), S. 11.

Zur Schreckenstat in der Marienschule. In: Weser-Zeitung Nr. 23955 vom 23. Juni 1913 (Mittags-Ausgabe), S. 2.

Die Wahnsinnstat in der Marienschule. In: Weser-Zeitung Nr. 23956 vom 24. Juni 1913 (Zweite Morgen-Ausgabe), S. 9.

Zur Mordtat in der Marienschule. In: Weser-Zeitung Nr. 23956 vom 24. Juni 1913 (Mittags-Ausgabe), S. 2.

Die Bestattung der vier bei der Katastrophe in der Marienschule getöteten Kinder. In: Weser-Zeitung Nr. 23957 vom 25. Juni 1913 (Zweite Morgen-Ausgabe), S. 6.

Herrn Lehrer Möllmann. In: Weser-Zeitung Nr. 23958 vom 26. Juni 1913 (Zweite Morgen-Ausgabe), S. 6.

v) Wormser Zeitung

Universitäts- und Landesbibliothek Darmstadt: Digitale Sammlungen. Der Jahrgang 1871 ist unter folgendem Link vollständig abrufbar: http://tudigit.ulb.tu-dar mstadt.de/show/Za-140-1871 [Stand: 28. Juli 2018].

3. Literatur

Adams, Alfred E.: Amnesie. In: Müller, Christian (Hg.): Lexikon der Psychiatrie. Gesammelte Abhandlungen der gebräuchlichsten psychiatrischen Begriffe. (2., neubearb. u. erw. Auflage). Berlin [u. a.]: Springer 1986 [1973], S. 36–38.

Adler, Lothar; Lehmann, Karin; Räder, Klaus; Schünemann, Karl-Friedrich: „Amokläufer" – kontentanalytische Untersuchung an 196 Pressemitteilungen aus industrialisierten Ländern. In: Fortschritte der Neurologie und Psychiatrie 61 (1993): 424–433.

Adler, Lothar: Amok. Eine Studie. München: Belleville 2000.

Adler, Lothar; Marx, Dagmar; Apel, Heino; Wolfersdorf, Manfred; Hajak, Göran: Zur Stabilität des „Amokläufer"-Syndroms. Kontentanalytische Vergleichsuntersuchung von Pressemitteilungen über deutsche Amokläufe der Dekaden 1980–1989 und 1991–2000. In: Fortschritte der Neurologie und Psychiatrie 74 (2006): 582–590.

Adler, Lothar: Neurogenese des Amok. In: Müller, Jürgen (Hg.): Neurobiologie forensisch-relevanter Störungen. Grundlagen, Störungsbilder, Perspektiven. Stuttgart: Kohlhammer 2010, S. 222–230.

Adler, Lothar: Geschichte und Ergebnisse aus psychiatrischer Perspektive. In: Junkerjürgen, Ralf; Treskow, Isabella von (Hgg.): Amok und Schulmassaker. Kultur- und medienwissenschaftliche Annäherungen. (= Edition Kulturwissenschaft, Bd. 47). Bielefeld: transcript 2015, S. 17–49.

Aggression. In: Dudenredaktion (Hg.): Duden   Deutsches Universalwörterbuch. Das umfassende Bedeutungswörterbuch der deutschen Gegenwartssprache. (8., überarb. u. erw. Auflage). Berlin: Dudenverlag 2015, S. 115.

Altes Testament: Lev 24,17–21. In: Still, Waltraud (Hg.): Die Bibel oder die ganze Heilige Schrift des Alten und Neuen Testaments. Aus dem Lateinischen übersetzt [o. A.]. Köln: Naumann & Göbel 1990, S. 112.

Amok. In: Saß, Henning; Wittchen, Hans-Ulrich; Zaudig, Michael; Houben, Isabel (Hgg.): Diagnostisches und Statistisches Manual Psychischer Störungen - Textrevision- (DSM-IV-TR). Aus dem Englischen übersetzt nach der Textrevision der 4. Auflage des Diagnostic and Statistical Manual of Mental Disorders der American Psychiatric Association (Hg.). Göttingen [u. a.]: Hogrefe 2003, S. 931.

Amok. In: Dilling, Horst; Mombour, Werner; Schmidt, Martin H. (Hgg.): Internationale Klassifikation psychischer Störungen. ICD-10. Kapitel V (F). Diagnostische Kriterien für Forschung und Praxis. Aus dem Englischen übersetzt nach der ICD-10 Classification of Mental and Behavioural Disorders. Diagnostic Criteria for Research der World Health Organization (Hg.) unter Berücksichtigung der Änderungen gemäß ICD-10-GM. Bern [u. a.]: Hogrefe 2016, S. 223–224.

Amucklaufen. In: Meyers Konversations-Lexikon. Eine Encyklopädie des allgemeinen Wissens. Bd. 1. A – Atlantiden. (4., gänzl. umgearb. Auflage). Leipzig: Verlag des Bibliographischen Instituts 1885, S. 516.

Anderson, Craig A.; Dill, Karen E.: Video Games and Aggressive Thoughts, Feelings, and Behavior in the Laboratory and in Life. In: Journal of Personality and Social Psychology 78 (2000): 772–790.

Anderson, Craig A.: Heat and Violence. In: Current Directions in Psychological Science 10 (2001): 33–38.

Anderson, Craig A.; Bushman, Brad J.: Human Aggression. In: Annual Review of Psychology 53 (2002): 27–51.

Angriff. In: Dudenredaktion (Hg.): Duden – Deutsches Universalwörterbuch. Das umfassende Bedeutungswörterbuch der deutschen Gegenwartssprache. (8., überarb. u. erw. Auflage). Berlin: Dudenverlag 2015, S. 148.

Anschlag. In: Dudenredaktion (Hg.): Duden – Deutsches Universalwörterbuch. Das umfassende Bedeutungswörterbuch der deutschen Gegenwartssprache. (8., überarb. u. erw. Auflage). Berlin: Dudenverlag 2015, S. 159.

Attacke. In: Dudenredaktion (Hg.): Duden – Deutsches Universalwörterbuch. Das umfassende Bedeutungswörterbuch der deutschen Gegenwartssprache. (8., überarb. u. erw. Auflage). Berlin: Dudenverlag 2015, S. 191.

Attentat. In: Dudenredaktion (Hg.): Duden – Deutsches Universalwörterbuch. Das umfassende Bedeutungswörterbuch der deutschen Gegenwartssprache. (8., überarb. u. erw. Auflage). Berlin: Dudenverlag 2015, S. 191.

Azizi, Rahi: When Individuals Seek Death at the Hands of the Police. The Legal and Policy Implications of Suicide by Cop and Why Police Officers Should Use Nonlethal Force in Dealing With Suicidal Suspects. In: Golden Gate University Law Review 41 (2011): 183–211.

Bandura, Albert; Ross, Dorothea; Ross, Sheila A.: Transmission of aggression through the imitation of aggressive models. In: Journal of Abnormal and Social Psychology 63 (1961): 575–582.

Bandura, Albert; Ross, Dorothea; Ross, Sheila A.: Imitation of film-mediated aggressive models. In: Journal of Abnormal and Social Psychology 66 (1963): 3–11.

Bandura, Albert: Influence of models' reinforcement contingencies on the acquisition of imitative responses. In: Journal of Personality and Social Psychology 1 (1965): 589–595.

Bandura, Albert: Aggression. Eine sozial-lerntheoretische Analyse. Aus dem Englischen übersetzt von Uwe Olligschläger. Stuttgart: Klett-Cotta 1979.

Bannenberg, Britta: Umgang mit Amokdrohungen an Schulen. In: Zeitschrift für Internationale Strafrechtsdogmatik 5 (2011): 300–317.

Bannenberg, Britta: School-Shootings. Ist die Eskalationsdynamik zielgerichteter Gewalt zwingend? Junge und erwachsene Amoktäter aus kriminologischer Sicht. In: Greuel, Luise; Petermann, Axel: Boetticher, Axel (Hgg.): Macht – Zwang – Gewalt (?). (Sexuelle) Gewalt- und Tötungskriminalität im forensischen Kontext. Lengerich: Pabst Science Publishers 2015, S. 155–180.

Bannenberg, Britta; Bauer, Petra: Amoktaten. Phänomenologie und Hintergründe. In: Rechtsmedizin 3 (2017): 154–161.

Barker, Roger G.; Dembo, Tamara; Lewin, Kurt: Frustration and regression. An experiment with young children. (= Studies in topological and vector psychology, Bd. 2). Iowa City: University of Iowa Press 1941.

Beck, Anne; Heinz, Andreas: Alcohol-Related Aggression – Social and Neurobiological Factors. In: Deutsches Ärzteblatt International 110 (2013): 711–715.

Berkowitz, Leonard; LePage, Anthony: Weapons as aggression-eliciting stimuli. In: Journal of Personality and Social Psychology 7 (1967): 202–207.

Berkowitz, Leonard: Frustration-Aggression Hypothesis. Examination and Reformulation. In: Psychological Bulletin 106 (1989): 59–73.

Bialojan, Tanja: Das Saarbrücker School Shooting vom 25. Mai 1871. Täter, Tat, Öffentlichkeit. Masterarbeit, FB Geschichte, Universität Leipzig 2015.

Blaschke, Olaf: Das Deutsche Kaiserreich im Zeitalter der Kulturkämpfe. In: Müller, Sven Oliver; Torp, Cornelius (Hgg.): Das Deutsche Kaiserreich in der Kontroverse. Göttingen: Vandenhoeck & Ruprecht 2009, S. 185–202.

Blumenbach, Johann Friedrich: De generis humani varietate nativa. (Editio tertia). Gottingae: Vandenhoek [sic!] et Ruprecht 1795 [1775].

Böckler, Nils; Seeger, Thorsten: Schulamokläufer. Eine Analyse medialer Täter-Eigendarstellungen und deren Aneignung durch jugendliche Rezipienten. (= Konflikt- und Gewaltforschung). Weinheim [u. a.]: Juventa 2010.

Böckler, Nils; Seeger, Thorsten; Sitzer, Peter; Heitmeyer, Wilhelm (Hgg.): School Shootings. International Research, Case Studies, and Concepts for Prevention. New York [u. a.]: Springer 2013.

Böker, Wolfgang; Häfner, Heinz: Gewalttaten Geistesgestörter. Eine psychiatrisch-epidemiologische Untersuchung in der Bundesrepublik Deutschland. Berlin [u. a.]: Springer 1973.

Bogerts, Bernhard: Gibt es eine neuroanatomische Disposition zur Wahnentwicklung? Ein Nachtrag zum Fall Wagner. In: Wiedemann, Georg; Buchkremer, Gerhard (Hgg.): Mehrdimensionale Psychiatrie. Stuttgart [u. a.]: Gustav Fischer 1997, S. 78–89.

Bogerts, Bernhard: Gehirn und Verbrechen. Neurobiologie von Gewalttaten. In: Schneider, Frank (Hg.): Entwicklungen der Psychiatrie. Symposium anlässlich des 60. Geburtstages von Henning Saß. Heidelberg: Springer 2006, S. 335–347.

Bogerts, Bernhard; Möller-Leimkühler, Anne Maria: Neurobiologische Ursachen und psychosoziale Bedingungen individueller Gewalt. In: Der Nervenarzt 11 (2013): 1329–1344.

Bondü, Rebecca: School Shootings in Deutschland. Internationaler Vergleich, Warnsignale, Risikofaktoren, Entwicklungsverläufe. Univ. Diss., FB Erziehungswissenschaft und Psychologie, Freie Universität Berlin 2012.

Born, Karl Erich: Der preußische Staat von der Reichsgründung bis zur Entlassung Bismarcks. In: Neugebauer, Wolfgang (Hg.): Handbuch der preussischen Geschichte. Bd. 3. Vom Kaiserreich zum 20. Jahrhundert und Große Themen der Geschichte Preußens. Berlin [u. a.]: De Gruyter 2000, S. 76–115.

Bortolato, Marco; Pivac, Nela; Muck Seler, Dorotea; Nikolac Perkovic, Matea; Pessia, Mauro; Di Giovanni, Giuseppe: The role of serotonergic system at the interface of aggression and suicide. In: Neuroscience 236 (2013): 160–185.

Braun, Andreas: Campus Shootings. Amok an Universitäten als nicht-intendierte Nebenfolge der Hochschulreform. (= Kulturen der Gesellschaft, Bd. 18). Bielefeld: transcript 2015.

Braun, Anna-Lena: Erwachsene Amoktäter. Eine qualitative Untersuchung der Motive aus kriminologischer Sicht. Wiesbaden: Springer 2018.

Buckholtz, Joshua W.; Meyer-Lindenberg, Andreas: MAOA and the neurogenetic architecture of human aggression. In: Trends in Neurosciences 31 (2008): 120–129.

Bushman, Brad J.; Baumeister, Roy F.; Stack, Angela D.: Catharsis, Aggression, and Persuasive Influence. Self-Fulfilling or Self-Defeating Prophecies? In: Journal of Personality and Social Psychology 76 (1999): 367–376.

Carlson, Michael; Marcus-Newhall, Amy; Miller, Norman: Effects of Situational Aggression Cues. A Quantitative Review. In: Journal of Personality and Social Psychology 58 (1990): 622–633.

Caspi, Avshalom; McClay, Joseph; Moffitt, Terrie E.; Mill, Jonathan; Martin, Judy; Craig, Ian W.; Taylor, Alan; Poulton, Richie: Role of Genotype in the Cycle of Violence in Maltreated Children. In: Science 297 (2002): 851–854.

Cheu, Joseph W.; Siegel, Allan: GABA receptor mediated suppression of defensive rage behavior elicited from the medial hypothalamus of the cat: role of the lateral hypothalamus. In: Brain Research 783 (1998): 293–304.

Coleman, Loren: The Copycat Effect. How the Media and Popular Culture Trigger the Mayhem in Tomorrow's Headlines. New York [u. a.]: Paraview Pocket Books 2004.

Condrau, Flurin: Lungenheilanstalt und Patientenschicksal. Sozialgeschichte der Tuberkulose in Deutschland und England im späten 19. und frühen 20. Jahrhundert. (= Kritische Studien zur Geschichtswissenschaft, Bd. 137). Göttingen: Vandenhoeck & Ruprecht 2000.

Craig, Wallace: Appetites and Aversions as Constituents of Instincts. In: Biological Bulletin 34 (1918): 91–107.

Dembovitz, Nathan: Psychiatry Amongst West African Troops. In: Journal of the Royal Army Medical Corps 84 (1945): 70–74.

Deutscher Bundestag (Hg.): Wege – Irrwege – Umwege. Die Entwicklung der parlamentarischen Demokratie in Deutschland. Berlin: Deutscher Bundestag 2002.

Devereux, Georges: Normal und anormal. In: Ders.: Normal und anormal. Aufsätze zur allgemeinen Ethnopsychiatrie. (= suhrkamp taschenbuch wissenschaft, Bd. 395). Aus dem Französischen übersetzt von Nils Thomas Lindquist. Frankfurt am Main: Suhrkamp 1982, S. 7–118.

Diehl, Felix: Amoktat eines Schülers. Eine kriminologische Analyse. (= Gießener Schriften zum Strafrecht und zur Kriminologie, Bd. 48). Baden-Baden: Nomos 2015.

Dissoziative Fugue. In: Saß, Henning; Wittchen, Hans-Ulrich; Zaudig, Michael; Houben, Isabel (Hgg.): Diagnostisches und Statistisches Manual Psychischer Störungen -Textrevision- (DSM-IV-TR). Aus dem Englischen übersetzt nach der Textrevision der 4. Auflage des Diagnostic and Statistical Manual of Mental Disorders der American Psychiatric Association (Hg.). Göttingen [u.a.]: Hogrefe 2003, S. 580–583.

Dissoziative Fugue. In: Dilling, Horst; Mombour, Werner; Schmidt, Martin H. (Hgg.): Internationale Klassifikation psychischer Störungen ICD-10: Kapitel V (F) Klinisch-diagnostische Leitlinien. Aus dem Englischen übersetzt nach der ICD-10 Classification of Mental and Behavioural Disorders. Clinical Descriptions and Diagnostic Guidelines der World Health Organization (Hg.) unter Berücksichtigung der Änderungen entsprechend ICD-10-GM 2015. Bern [u.a.]: Hogrefe 2015, S. 216.

Dodge, Kenneth A.; Coie, John D.: Social-Information-Processing Factors in Reactive and Proactive Aggression in Children's Peer Groups. In: Journal of Personality and Social Psychology 53 (1987): 1146–1158.

Dollard, John; Doob, Leonard W.; Miller, Neal E.; Mowrer, Orval H.; Sears, Robert R.: Frustration und Aggression. Aus dem Englischen übersetzt von Wolfgang Dammschneider und Erhard Mader. (= Pädagogisches Zentrum. Veröffentlichungen. Reihe C: Berichte, Bd. 18). (5. Auflage). Weinheim [u.a.]: Beltz 1973 [1939].

Douglas, John E.; Burgess, Ann W.; Burgess, Allen G.; Ressler, Robert K. (Hgg.): Crime Classification Manual. A Standard System for Investigating and Classifying Violent Crime. (3., vollst. überarb. u. aktual. Auflage). Hoboken, NJ: Wiley 2013 [1992].

Dumitriu, Camélia; Huțu, Carmen Aida: A Disaster Management Framework for Coping with Acts of Extreme Violence in School Settings. A Field Study. In: GRF Davos Planet@Risk 2 (2014): 101–116.

Eber, Heinrich: Geschichte der Straßburger Argentina. In: Waitz, D. Hans (Hg.): Geschichte der Wingolfsverbindungen. Darmstadt: Verlag des Verbandes alter Wingolfiten 1914, S. 839–880.

Eberhard, Paul: Geschichte des Rostocker Wingolfs. In: Ebd., S. 781–838.

Eckart, Wolfgang U.: Sterben in Massakern – Zu Geschichte und Phänomenologie des School Shooting. In: Anderheiden, Michael; Eckart, Wolfgang U. (Hgg.):

Handbuch Sterben und Menschenwürde. Bd. 2. Berlin [u. a.]: De Gruyter 2012, S. 1203–1212.

Eling, Nils: Die Entstehung menschlicher Aggressionen auf Basis von Neurotransmittern und Hormonen. In: Kämmerer, Annette; Kuner, Thomas; Maissen, Thomas; Wink, Michael (Hgg.): Gewalt und Altruismus. Interdisziplinäre Annäherungen an ein grundlegendes Thema des Humanen. (= Schriften des Marsilius-Kollegs, Bd. 14). Heidelberg: Winter 2015, S. 143–159.

Engelbracht, Gerda; Tischer, Achim: Das St. Jürgen-Asyl in Bremen. Leben und Arbeiten in einer Irrenanstalt 1904–1934. Bremen: Temmen 1990.

Erlenmeyer, Albrecht; Halbey, Hermann; Erlenmeyer, Max: Die Dr. Erlenmeyer'schen Anstalten für Gemüths- und Nervenkranke zu Bendorf bei Coblenz. Bericht über Einrichtung, Organisation und Leistungen derselben in dem Decennium 1. Januar 1871 bis 31. December 1880. Leipzig: Böhme 1881.

Erlenmeyer, Albrecht; Sommer, Max; Erlenmeyer, Adolph: Dr. Erlenmeyersche Anstalten für Gemüts- und Nervenkranke zu Bendorf a. Rh. In: Bresler, Johannes: Deutsche Heil- und Pflegeanstalten für Psychischkranke in Wort und Bild. Halle an der Saale: Carl Marhold 1910, S. 521–536.

Falkai, Peter; Wittchen, Hans-Ulrich (Hgg.): Diagnostisches und Statistisches Manual Psychischer Störungen DSM-5. Aus dem Englischen übersetzt nach der 5. Auflage des Diagnostic and Statistical Manual of Mental Disorders der American Psychiatric Association (Hg.). Göttingen [u. a.]: Hogrefe 2015.

Fang, Liaw Yock: A History of Classical Malay Literature. Aus dem Malaiischen übersetzt von Razif Bahari und Harry Aveling. Jakarta: Yayasan Pustaka Obor & Institute of Southeast Asian Studies 2013.

Fast, Jonathan: Beyond Bullying. Breaking the Cycle of Shame, Bullying, and Violence. Oxford [u. a.]: Oxford University Press 2016.

Faust, Benjamin: Der Amoklauf von Winnenden als mediales Ereignis. In: Brunner, Markus; Lohl, Jan (Hgg.): Normalungetüme. School Shootings aus psychoanalytisch-sozialpsychologischer Perspektive. (= Psyche und Gesellschaft). Gießen: Psychosozial-Verlag 2013, S. 163–198.

Fazel, Seena; Gulati, Gautam; Linsell, Louise; Geddes, John R.; Grann, Martin: Schizophrenia and Violence: Systematic Review and Meta-Analysis. In: PLoS Medicine 6 (2009): e1000120.

Feldbauer, Peter: Die Portugiesen in Asien 1498–1620. (Überarb. Neuauflage). Essen: Magnus 2005 [2003].

Felson, Richard B.; Tedeschi, James T.: Social Interactionist Perspectives on Aggression and Violence. An Introduction. In: Dies. (Hgg.): Aggression and Violence. Social Interactionist Perspectives. Washington: American Psychological Association 1993, S. 1–12.

Fiedler, Nora; Sommer, Friederike; Ahlig, Nadine; Leuschner, Vincenz; Göbel, Kristin; Scholl, Johanna; Hess, Markus; Mandel, Mareike; Kiani, Clara; Neumann, Thea; Scheithauer, Herbert: Schwere zielgerichtete Gewalttaten an Schulen (Teil 2). Erste Folgerungen für mögliche Präventionsansätze. In: forum kriminalprävention 2 (2016): 25–26.

Finerman, Ruthbeth: Kulturspezifische Störungen. In: Dilling, Horst; Mombour, Werner; Schmidt, Martin H. (Hgg.): Internationale Klassifikation psychischer Störungen. ICD-10. Kapitel V (F). Diagnostische Kriterien für Forschung und Praxis. Aus dem Englischen übersetzt nach der ICD-10 Classification of Mental and Behavioural Disorders. Diagnostic Criteria for Research der World Health Organization (Hg.) unter Berücksichtigung der Änderungen gemäß ICD-10-GM. Bern [u. a.]: Hogrefe 2016, S. 222–223.

Fisch, Jörg: Der indische Einfluß in Südostasien: Java und Bali. In: Ders.: Tödliche Rituale. Die indische Witwenverbrennung und andere Formen der Totenfolge. Frankfurt am Main [u. a.]: Campus 1998, S. 193–212.

Foerster, Klaus; Leonhardt, Martin; Buchkremer, Gerhard (Hgg.): Wahn und Massenmord. Perspektiven und Dokumente zum Fall Wagner. Nürtingen [u. a.]: Sindlinger-Buchartz 1999.

Freud, Sigmund: Triebe und Triebschicksale. In: Ders.: Gesammelte Werke. Bd. 10. Frankfurt am Main: Fischer Taschenbuch 1999 [1915], S. 209–232.

Freud, Sigmund: Das Unbehagen in der Kultur. In: Ders.: Gesammelte Werke. Bd. 14. Frankfurt am Main: Fischer Taschenbuch 1999 [1930], S. 419–506.

Freud, Sigmund: Abriss der Psychoanalyse. 2. Kapitel: Trieblehre. In: Ders.: Gesammelte Werke. Bd. 17. Frankfurt am Main: Fischer Taschenbuch 1999 [1940], S. 70–73.

Frisch, Karl von: Über die „Sprache" der Bienen. Eine tierpsychologische Untersuchung. In: Zoologische Jahrbücher. Abteilung für Allgemeine Zoologie und Physiologie der Tiere 40 (1923): 1–186.

Frisch, Max: Fragebogen. (= suhrkamp taschenbuch, Bd. 2952). (12. Auflage). Frankfurt am Main: Suhrkamp 2013 [1972].

Gaupp, Robert Eugen; Wollenberg, Robert: Zur Psychologie des Massenmords. Hauptlehrer Wagner von Degerloch. Eine kriminalpsychologische und psychiatrische Studie. (= Verbrechertypen, Bd. 1). Berlin [u.a.]: Springer 1914.

Giebel, Gilda; Rossegger, Astrid; Seewald, Katharina; Endrass, Jérôme: Psychopathologie von Amokläufern. Ein systematischer Vergleich der Täterprofile von Erwachsenen-Amok, Schul-Amok und Selbstmordattentaten. In: Kriminalistik 68 (2014): 323–332.

Giebel, Gilda; Rossegger, Astrid; Endrass, Jérôme: Attentate an Schulen. Ein forensisch-psychologischer Vergleich aller Fälle von Attentaten an Schulen Deutschlands mit dem Attentat an der Columbine-High School. In: Kriminalistik 4 (2016): 260–266.

Gräbner, Dieter; Weszkalnys, Stefan: Bürger, Brücken und Duelle. Die Geschichte der Großstadt Saarbrücken. Saarbrücken: Conte 2009.

Grensemann, Hermann (Hg.): Die hippokratische Schrift „Über die heilige Krankheit". Aus dem Altgriechischen übersetzt von Hermann Grensemann. (= Ars Medica. Texte und Untersuchungen zur Quellenkunde der Alten Medizin, Bd. 1). Berlin: Walter de Gruyter 1968.

Haenel, Thomas: Amok und Kollektivsuizid. Selbsttötung als Gruppenphänomen. München: Fink 2012.

Hagen, Bernard. In: Klötzer, Wolfgang (Hg.): Frankfurter Biographie. Personengeschichtliches Lexikon. Bd. 1. A–L. (= Veröffentlichungen der Frankfurter Historischen Kommission, Bd. 19). Frankfurt am Main: Waldemar Kramer 1994, S. 295.

Han, Yuchun; Shaikh, Majid B.; Siegel, Allan: Medial amygdaloid suppression of predatory attack behavior in the cat: II. Role of a GABAergic pathway from the medial to the lateral hypothalamus. In: Brain Research 716 (1996): 72–83.

Hankin, Benjamin L.; Abela, John R. Z. (Hgg.): Development of Psychopathology. A Vulnerability-Stress Perspective. Thousand Oaks [u.a.]: SAGE 2005.

Harding, David J.; Fox, Cybelle; Mehta, Jal D.: Studying Rare Events Through Qualitative Case Studies: Lessons From a Study of Rampage School Shootings. International Research, Case Studies, and Concepts for Prevention. In: Sociological Methods & Research 31 (2002): 174–217.

Hatta, S. Mohamed: A Malay crosscultural worldview and forensic review of amok. In: Australian and New Zealand Journal of Psychiatry 30 (1996): 505–510.

Heim, Roger; Wasson, Robert Gordon: The "mushroom madness" of the Kuma. In: Botanical Museum Leaflets, Harvard University 21 (1965): 1–36.

Hempel, Anthony G.; Levine, Ruth E.; Meloy, J. Reid; Westermeyer, Joseph: A cross-cultural review of sudden mass assault by a single individual in the oriental and occidental cultures. In: Journal of Forensic Sciences 45 (2000): 582–588.

Hermanutz, Max; Spöcker, Wolfgang; Gnam, Thomas; Neher, Martin: Computerspiele – Training für den Schusswaffengebrauch? Ergebnisse einer experimentellen Studie. In: Polizei & Wissenschaft 2 (2002): 3–12.

Hermanutz, Max; Spöcker, Wolfgang; Panning, Markus: Schießen lernen mit Computerspielen. In: Polizei & Wissenschaft 3 (2003): 2–16.

Herpertz, Sabine C.; Mancke, Falk; Bertsch, Katja: Aggressivität bei der Borderline-Persönlichkeitsstörung – eine psychiatrische Perspektive. In: Kämmerer, Annette; Kuner, Thomas; Maissen, Thomas; Wink, Michael (Hgg.): Gewalt und Altruismus. Interdisziplinäre Annäherungen an ein grundlegendes Thema des Humanen. (= Schriften des Marsilius-Kollegs, Bd. 14). Heidelberg: Winter 2015, S. 115–141.

Hess, Walter Rudolf: Reaktionen von triebhaftem Charakter. In: Ders.: Hypothalamus und Thalamus. Experimental-Dokumente. (= Beiträge zur Physiologie des Hirnstammes, Bd. 3). Stuttgart: Thieme 1956, S. 26–28.

Heubrock, Dietmar; Hayer, Tobias; Rusch, Stephan; Scheithauer, Herbert: Prävention von schwerer zielgerichteter Gewalt an Schulen. Rechtspsychologische und kriminalpräventive Ansätze. In: Polizei & Wissenschaft 1 (2005): 43–57.

Himmelrath, Armin; Neuhäuser, Sarah: Amokdrohungen und School Shootings. Vom Phänomen zur praktischen Prävention. Bern: hep 2014.

Huber, Kurt: Nachwort. In: Overbeck, Hans (Übers.): Die Geschichte von Hang Tuah. Eine Erzählung aus dem 16. Jahrhundert über den malaiischen Volkshelden. (= Orientalische Bibliothek). Leipzig [u. a.]: Kiepenheuer 1986, S. 619–630.

Huck, Wilfried: Amok. School Shooting und zielgerichtete Gewalt aus kinder- und jugendpsychiatrischer Sicht. Berlin: Medizinisch Wissenschaftliche Verlagsgesellschaft 2012.

Illies, Florian: 1913. Der Sommer des Jahrhunderts. Frankfurt am Main: S. Fischer 2012.

Intermittierende Explosible Störung. In: Saß, Henning; Wittchen, Hans-Ulrich; Zaudig, Michael; Houben, Isabel (Hgg.): Diagnostisches und Statistisches Manual

Psychischer Störungen -Textrevision- (DSM-IV-TR). Aus dem Englischen übersetzt nach der Textrevision der 4. Auflage des Diagnostic and Statistical Manual of Mental Disorders der American Psychiatric Association (Hg.). Göttingen [u. a.]: Hogrefe 2003, S. 727–731.

Isermann, Horst: Erlenmeyersche Anstalten zu Bendorf bei Koblenz. Vorreiter der Sozialpsychiatrie und der Geistigbehindertenpädagogik. In: Der Nervenarzt 80 (2009): 74–77.

Kadare, Ismail: Der zerrissene April. Aus dem Albanischen übersetzt von Joachim Röhm. Salzburg [u. a.]: Residenz 1989.

Kim-Cohen, Julia; Caspi, Avshalom; Taylor, Alan; Williams, Benjamin; Newcombe, Rhiannon; Craig, Ian W.; Moffitt, Terrie E.: MAOA, maltreatment, and gene-environment interaction predicting children's mental health. New evidence and a meta-analysis. In: Molecular Psychiatry 11 (2006): 903–913.

Kirsch, Peter: Goldbergbau der niederländischen ostindischen Kompanie auf Sumatra 1670 bis 1737. Die Berichte der deutschen Bergleute Elias Hesse und Johann Wilhelm Vogel. (= Kleine Beiträge zur europäischen Überseegeschichte, Bd. 27). Bamberg: Förderverein Forschungsstiftung für vergleichende europäische Überseegeschichte 1995.

Knecht, Thomas: Pseudo-Amok eines 38jährigen Mannes in beruflicher und familiärer Belastungssituation. In: Fundamenta Psychiatrica. Psychiatrie und Psychotherapie in Theorie und Praxis 13 (1999): 62–66.

König, Karl: Projektion – Inneres soll außen sein. In: Ders.: Abwehrmechanismen. (4. Auflage). Göttingen: Vandenhoeck & Ruprecht 2007 [1996], S. 47–50.

Kohlberg, Lawrence: Moralische Entwicklung (1968). In: Althof, Wolfgang (Hg.): Die Psychologie der Moralentwicklung. Aus dem Englischen übersetzt von Wolfgang Rohl und Wolfgang Althof. (= Beiträge zur Soziogenese der Handlungsfähigkeit, suhrkamp taschenbuch wissenschaft, Bd. 1232). Frankfurt am Main: Suhrkamp 1996, S. 7–40.

Kohlberg, Lawrence: Moralstufen und Moralerwerb: Der kognitiv-entwicklungstheoretische Ansatz (1976). In: Ebd., S. 123–174.

Koran: Suren 3, 146 und 4, 93–94. In: Ahmad, Hazrat Mirza Tahir (Hg.): Koran. Der heilige Qur-ân. Aus dem Arabischen übersetzt [o. A.]. (5., überarb. Auflage). Frankfurt am Main: Der Islam 2003 [1954], S. 65 und S. 86–87.

Kornadt, Hans-Joachim: Empirische und theoretische Untersuchungen zu einer Motivationstheorie der Aggression und zur Konstruktvalidierung eines Aggressions-TAT. (= Aggressionsmotiv und Aggressionshemmung, Bd. 1). Bern [u. a.]: Huber 1982.

Kornadt, Hans-Joachim: Grundzüge einer Motivationstheorie der Aggression. In: Hilke, Reinhard; Kempf, Wilhelm (Hgg.): Aggression. Naturwissenschaftliche und kulturwissenschaftliche Perspektiven der Aggressionsforschung. Bern [u. a.]: Huber 1982, S. 86–111.

Krusenstjern, Benigna von: Was sind Selbstzeugnisse? Begriffskritische und quellenkundliche Überlegungen anhand von Beispielen aus dem 17. Jahrhundert. In: Historische Anthropologie 2 (1994): 462–471.

Lakhnavi, Ghalib; Bilgrami, Abdullah: The Adventures of Amir Hamza. Aus dem Urdu übersetzt von Musharraf Ali Farooqi. New Delhi [u. a.]: Random House India 2008.

Landesregierung Baden-Württemberg (Hg.): Expertenkreis Amok. Gemeinsam handeln, Risiken erkennen und minimieren. Prävention, Intervention, Opferhilfe, Medien. Konsequenzen aus dem Amoklauf in Winnenden und Wendlingen am 11. März 2009. Stuttgart: Geschäftsstelle Expertenkreis Amok 2009.

Landtag von Baden-Württemberg (Hg.): Drucksache 14/6000. Bericht und Empfehlungen des Sonderausschusses „Konsequenzen aus dem Amoklauf in Winnenden und Wendlingen: Jugendgefährdung und Jugendgewalt". Stuttgart: 2010.

Langman, Peter: Rampage school shooters. A typology. In: Aggression and Violent Behavior 14 (2009): 79–86.

Langman, Peter; Hurrelmann, Klaus: Amok im Kopf. Warum Schüler töten. Aus dem Englischen übersetzt von Andreas Nohl. Weinheim [u. a.]: Beltz 2009.

Lankford, Adam; Hakim, Nayab: From Columbine to Palestine. A comparative analysis of rampage shooters in the United States and volunteer suicide bombers in the Middle East. In: Aggression and Violent Behavior 16 (2011): 98–107.

Lavergne, Gary M.: A Sniper in the Tower. The Charles Whitman Murders. Denton: University of North Texas Press 1997.

Leuschner, Vincenz; Scheithauer, Herbert: Wissenschaftlich begründete Prävention schwerer, zielgerichteter Schulgewalt. In: Forensische Psychiatrie, Psychologie, Kriminologie 6 (2012): 128–135.

Leuschner, Vincenz; Böckler, Nils; Zick, Andreas; Scheithauer, Herbert: Attentate durch Einzeltäter. Zu Gemeinsamkeiten in der Tatentwicklung und der Tatsituation bei terroristischen Anschlägen und School Shootings. In: Böckler, Nils; Hoffmann, Jens (Hgg.): Radikalisierung und terroristische Gewalt. Perspektiven aus dem Fall- und Bedrohungsmanagement. Frankfurt am Main: Verlag für Polizeiwissenschaft 2017, S. 51–78.

Löschper-Lichtinghagen, Gabriele: Definitionskriterien aggressiver Interaktionen. Normabweichung, Intention und Schaden als Einflußfaktoren auf die Definition von Verhaltensweisen als aggressiv. Univ. Diss., FB Psychologie, Universität Münster 1981.

Lorenz, Konrad: Über die Bildung des Instinktbegriffes. In: Die Naturwissenschaften 25 (1937): 289–300, 307–318 und 324–331.

Lorenz, Konrad: Das sogenannte Böse. Zur Naturgeschichte der Aggression. (27. Auflage). München: Deutscher Taschenbuch Verlag 2012 [1963].

Mahathir bin Mohamad, Tun: The Malay Dilemma. (Wiederabdruck). Singapore: Marshall Cavendish Editions 2012 [2008].

Mark, Vernon H.; Ervin, Frank R.: Violence and the Brain. New York [u. a.]: Harper & Row 1970.

Massaker. In: Dudenredaktion (Hg.): Duden – Deutsches Universalwörterbuch. Das umfassende Bedeutungswörterbuch der deutschen Gegenwartssprache. (8., überarb. u. erw. Auflage). Berlin: Dudenverlag 2015, S. 1172.

McDermott, Rose; Tingley; Dustin; Cowden, Jonathan; Frazzetto, Giovanni; Johnson, Dominic D. P.: Monoamine oxidase A gene (MAOA) predicts behavioral aggression following provocation. In: Proceedings of the National Academy of Sciences of the United States of America 106 (2009): 2118–2123.

Meloy, J. Reid; Hempel, Anthony G.; Gray, B. Thomas; Mohandie, Kris; Shiva, Andrew; Richards, Thomas C.: A Comparative Analysis of North American Adolescent and Adult Mass Murderers. In: Behavioral Sciences and the Law 22 (2004): 291–309.

Menninger, Karl A.: Selbstzerstörung. Psychoanalyse des Selbstmords. Aus dem Englischen übersetzt von Hilde Weller. (= suhrkamp taschenbuch wissenschaft, Bd. 249). Frankfurt am Main: Suhrkamp 1978 [1938]. `

Metzger, Emil (Hg.): Geographisch-Statistisches Welt-Lexikon. Verzeichnis der Erdteile, Länder, Völkerschaften, Meere, Inseln, Seen, Flüsse, Gebirge, Staaten, aller nennenswerten Städte, Dörfer u. der ganzen Erde. Nach den neuesten geographischen und statistischen Materialien. Stuttgart: Krais 1888.

Meyer-Lindenberg, Andreas; Buckholtz, Joshua W.; Kolachana, Bhaskar; Hariri, Ahmad R.; Pezawas, Lukas; Blasi, Giuseppe; Wabnitz, Ashley; Honea, Robyn; Verchinski, Beth; Callicott, Joseph H.; Egan, Michael; Mattay, Venkata; Weinberger, Daniel R.: Neural mechanisms of genetic risk for impulsivity and violence in humans. In: Proceedings of the National Academy of Sciences 103 (2006): 6269–6274.

Mohammedaner. In: Dudenredaktion (Hg.): Duden – Deutsches Universalwörterbuch. Das umfassende Bedeutungswörterbuch der deutschen Gegenwartssprache. (8., überarb. u. erw. Auflage). Berlin: Dudenverlag 2015, S. 1215.

Müller, Sascha: Die historisch-kritische Methode in den Geistes- und Kulturwissenschaften. Würzburg: Echter 2010.

Murphy, Henry B. M.: Comparative Psychiatry. The International and Intercultural Distribution of Mental Illness. Berlin [u. a.]: Springer 1982.

Muschert, Glenn W.: Research in School Shootings. In: Sociology Compass 1/1 (2007): 60–80.

National Research Council and Institute of Medicine (Hg.): Deadly Lessons. Understanding Lethal School Violence. Case Studies of School Violence Committee. Washington D.C. 2003.

Nāyar. In: The New Encyclopædia Britannica. Bd. 8. Menage – Ottawa. (15. Ausgabe). Chicago [u. a.]: Encyclopædia Britannica 2010, S. 569.

Newman, Philip L.: "Wild Man" Behavior in a New Guinea Highlands Community. In: American Anthropologist 66 (1964): 1–19.

Ng, Beng Yeong: Till the Break of Day. A History of Mental Health Services in Singapore, 1841–1993. (2. Auflage). Singapore: National University of Singapore Press 2016 [2001].

Nolting, Hans-Peter: Lernfall Aggression. Wie sie entsteht – wie sie zu vermindern ist. Eine Einführung. (= rororo-Sachbuch, Bd. 62080). (6. Auflage der 3., vollst. überarb. u. erw. Neuausgabe von 2005). Reinbek bei Hamburg: Rowohlt 2014 [1987].

Orth, Linda: Das Asyl für Geisteskranke zu Pützchen 1866–1920. In: Bonner Geschichtswerkstatt (Hg.): „Die Beueler Seite ist nun einmal die Sonnenseite". Ein historisches Lesebuch. Bonn: Selbstverlag 1996, S. 41–46.

Overbeck, Hans: Einführung in die malaiische Literatur. In: Ders. (Übers.): Malaiische Weisheit und Geschichte. Einführung in die malaiische Literatur. Die

Krone aller Fürsten. Die Chronik der Malaien. (= Insulinde, Bd. 1, Vom Goldenen Chersones). Jena: Diederichs 1927, S. 1–45.

Overbeck, Hans: Anmerkungen. In: Ders. (Übers.): Die Geschichte von Hang Tuah. Eine Erzählung aus dem 16. Jahrhundert über den malaiischen Volkshelden. (= Orientalische Bibliothek). Leipzig [u. a.]: Kiepenheuer 1986, S. 588–618.

Paranoide Schizophrenie. In: Dilling, Horst; Mombour, Werner; Schmidt, Martin H. (Hgg.): Internationale Klassifikation psychischer Störungen ICD-10: Kapitel V (F) Klinisch-diagnostische Leitlinien. Aus dem Englischen übersetzt nach der ICD-10 Classification of Mental and Behavioural Disorders. Clinical Descriptions and Diagnostic Guidelines der World Health Organization (Hg.) unter Berücksichtigung der Änderungen entsprechend ICD-10-GM 2015. Bern [u. a.]: Hogrefe 2015, S. 131–132.

Pasteur, Louis: Études sur le vin, ses maladies, causes qui les provoquent, procédés nouveaux pour le conserver et pour le vieillir. Paris: Victor Masson et Fils 1866.

Pavone, Sabina: The Wily Jesuits and the Monita secreta. The Forged Secret Instructions of the Jesuits. Aus dem Italienischen übersetzt von John P. Murphy. (= Series IV: Studies on Jesuit Topics, Bd. 28). Saint Louis: Institute of Jesuit Sources 2005.

Pawlow, Iwan Petrowitsch: Experimentelle Psychologie und Psychopathologie bei Tieren (1903). In: Pickenhain, Lothar (Hg.): I. P. Pawlow. Gesammelte Werke über die Physiologie und Pathologie der höheren Nerventätigkeit. Aus dem Russischen übersetzt von Georg Kirpatsch, Peter Klamm, Albert Kopp, Lothar Pickenhain und Lieselotte Remané. Würzburg: Ergon 1998, S. 31–44.

Pawlow, Iwan Petrowitsch: Vorlesungen über die Arbeit der Großhirnhemisphären. 2. Vorlesung. Die technische Methodik der objektiven Untersuchung der Funktion der Großhirnhemisphären – Die Signalisierung ist ein Reflex – Unbedingte und bedingte Reflexe – Die Bedingungen, die zum Entstehen der bedingten Reflexe führen (1924). In: Ebd., S. 106–118.

Peter, Eileen: Amokläufe in Deutschland. Epidemiologie und Charakterisierung von Täterprofilen. Univ. Diss., FB Medizin, Universität Magdeburg 2014.

Pfeiffer, Wolfgang M.: Transkulturelle Psychiatrie. Ergebnisse und Probleme. (= Sammlung psychiatrischer und neurologischer Einzeldarstellungen). (2., neubearb. u. erw. Auflage). Stuttgart [u. a.]: Thieme 1994 [1971].

Piaget, Jean: Die Spielregeln. In: Ders.: Das moralische Urteil des Kindes (1932). Aus dem Französischen übersetzt von Lucien Goldmann und Hans Aebli.

(= Schlüsseltexte, Bd. 3). (Vollst. durchges., überarb. u. erw. Neuausgabe). Stuttgart: Klett-Cotta 2015, S. 23–131.

Pilz, Gunter; Moesch, Hugo: Der Mensch und die Graugans. Eine Kritik an Konrad Lorenz. Frankfurt am Main: Umschau 1975.

Ploog, Detlev: Biologische Grundlagen aggressiven Verhaltens. In: Kranz, Heinrich; Heinrich, Kurt (Hgg.): Psychiatrische und ethologische Aspekte abnormen Verhaltens. 1. Düsseldorfer Symposium 1974. Stuttgart: Thieme 1975, S. 49–71.

Pyenson, Lewis: Empire of Reason. Exact Sciences in Indonesia, 1840–1940. (= Brill's Studies in Intellectual History, Bd. 13). Leiden [u. a.]: Brill 1989.

Rashid, Razha: Martial Arts and the Malay Superman. In: Karim, Wazir Jahan (Hg.): Emotions of Culture. A Malay Perspective. (= South-East Asian Social Science Monographs). Singapore [u. a.]: Oxford University Press 1990, S. 64–95.

Reay, Marie: "Mushroom Madness" in the New Guinea Highlands. In: Oceania 31 (1960): 137–139.

Reichert, Folker: Von Mekka nach Malakka? Ludovico de Varthema und sein Itinerar (Rom 1510). In: Ders.: Asien und Europa im Mittelalter. Studien zur Geschichte des Reisens. (= V&R Academic). Göttingen: Vandenhoeck & Ruprecht 2014, S. 361–376.

Reif, Andreas; Rösler, Michael; Freitag, Christine M.; Schneider, Marc; Eujen, Andrea; Kissling, Christian; Wenzler, Denise; Jacob, Christian P.; Retz-Junginger, Petra; Thome, Johannes; Lesch, Klaus-Peter; Retz, Wolfgang: Nature and nurture predispose to violent behavior. Serotonergic genes and adverse childhood environment. In: Neuropsychopharmacology 32 (2007): 2375–2383.

Riecher-Rössler, Anita: Die beginnende Schizophrenie als „Knick in der Lebenslinie". In: Schneider, Hartmut (Hg.): Lieben und Arbeiten. Der junge Erwachsene und der Ernst des Lebens. (= Schriftenreihe des Psychotherapie-Seminars Freudenstadt, Bd. 6). Heidelberg: Mattes 1999, S. 23–40.

Robertz, Frank J.: School Shootings. Über die Relevanz der Phantasie für die Begehung von Mehrfachtötungen durch Jugendliche. Frankfurt am Main: Verlag für Polizeiwissenschaft 2004.

Robertz, Frank J.; Kahr, Robert (Hgg.): Die mediale Inszenierung von Amok und Terrorismus. Zur medienpsychologischen Wirkung des Journalismus bei exzessiver Gewalt. Wiesbaden: Springer 2016.

Rocque, Michael: Exploring school rampage shootings. Research, theory, and policy. In: The Social Science Journal 49 (2012): 304–313.

Ross, Alan O.; Petermann, Franz: Aggressives Verhalten. In: Dies.: Verhaltenstherapie mit Kindern und Jugendlichen. Methoden und Anwendungsgebiete. Aus dem Englischen übersetzt von Meinolf Noeker. Stuttgart: Hippokrates 1987, S. 115–135.

Roth, Daniel: Zündstoff für den „Columbine-Effekt"? Die Berichterstattung über School Shootings in deutschen Print- und Online-Medien. (= Medien & Kommunikation, Bd. 30). Münster: LIT Verlag 2012.

Sandkühler, Hermann: Als aus Agnieszka Agnes wurde (1898 bis 1914). In: St.-Marien-Gemeinde (Hg.): 100 Jahre St. Marien. Erlebte Geschichte in einer Kirchengemeinde im Bremer Westen. 1898–1998. Verden: Lührs + Röver 1998, S. 19–32.

Scharfetter, Christian: Allgemeine Psychopathologie. Eine Einführung. (7., unveränderte Auflage der 6., überarb. Auflage von 2010). Stuttgart [u. a.]: Thieme 2017 [1976].

Schattauer, Göran: Der letzte Schultag. Die Amoktat von Winnenden. Leipzig: Militzke 2010.

Scheithauer, Herbert; Bondü, Rebecca: Amoklauf und School Shooting. Bedeutung, Hintergründe und Prävention. Göttingen: Vandenhoeck & Ruprecht 2011.

Schmidt, Karl; Hill, Lee; Guthrie, George: Running Amok. In: International Journal of Social Psychiatry 23 (1977): 264–274.

Schmidt, Thomas Christian: Die Entdeckung des Ostens und der Humanismus. Niccolò de' Conti und Poggio Bracciolinis Historia de Varietate Fortunae. In: Mitteilungen des Institus für Österreichische Geschichtsforschung 103 (1995): 392–418.

Schneider, Hans Joachim: Vorbeugung gegen tödliche Schulgewalt. In: forum kriminalprävention 4 (2002): 26–28.

Schnieders, Bernard: Die Geschichte der St. Marienschule in Bremen. Denkschrift zur 50. Wiederkehr des Tages der am 1. April 1899 erfolgten Eröffnung der Schule. Bremen: Selbstverlag 1949.

Scholl, Johanna; Sommer, Friederike; Fiedler, Nora; Leuschner, Vincenz; Scheithauer, Herbert: Das Projekt NETWASS – NETWorks Against School Shootings – Ein Programm zur Prävention schwerer zielgerichteter Schulgewalt. In: forum kriminalprävention 1 (2013): 8–14.

Schünemann, Karl-Friedrich: Über nicht kulturgebundene Amokläufe. Eine inhalts-analytische Untersuchung von 196 Fällen. Dissertation, FB Medizin, Universität Göttingen 1992.

Schütte, Josef Franz: Valignanos Missionsgrundsätze für Japan. Bd. 1. Von der Ernennung zum Visitator bis zum ersten Abschied von Japan (1573–1582). Erster Teil. Das Problem (1573–1580). (= Storia e Letteratura, Bd. 36). Roma: Edizioni di Storia e Letteratura 1951.

Schulz, Andreas: Lebenswelt und Kultur des Bürgertums im 19. und 20. Jahrhundert. (= Enzyklopädie deutscher Geschichte, Bd. 75). (2., um einen Nachtr. erw. Auflage). Berlin [u. a.]: De Gruyter Oldenbourg 2014 [2005].

Schulz, Daniel: Dürfen Muslime sich selbst töten? Das Suizid-Verbot in der islamischen Theologie und dem islamischen Recht. Marburg: Tectum 2009.

Schwenzer, Norbert; Ehrenfeld, Michael (Hgg.): Zahn-Mund-Kiefer-Heilkunde. Bd. 1. Allgemeine Chirurgie. (3., aktual. u. erw. Auflage). Stuttgart [u. a.]: Thieme 2000 [1981].

See, Klaus von: Exkurs zum Haraldskvæði: Berserker. In: Ders.: Edda, Saga, Skaldendichtung. Aufsätze zur skandinavischen Literatur des Mittelalters. (= Skandinavistische Arbeiten, Bd. 6). Heidelberg: Carl Winter 1981, S. 311–317.

Seierstad, Åsne: Einer von uns. Die Geschichte eines Massenmörders. Aus dem Norwegischen und Englischen übersetzt von Frank Zuber und Nora Pröfrock. Zürich [u. a.]: Kein & Aber 2016.

Selg, Herbert; Mees, Ulrich; Berg, Detlef: Psychologie der Aggressivität. (2., überarb. Auflage). Göttingen [u. a.]: Hogrefe 1997 [1988].

Shamberger, Robert C.: Repair of Pectus Excavatum. In: Puri, Prem; Höllwarth, Michael (Hgg.): Pediatric Surgery. Berlin [u. a.]: Springer 2006, S. 97.

Siegel, Allan; Bhatt, Suresh; Bhatt, Rekha; Zalcman, Steven S.: The Neurobiological Bases for Development of Pharmacological Treatments of Aggressive Disorders. In: Current Neuropharmacology 5 (2007): 135–147.

Siever, Larry J.: Neurobiology of Aggression and Violence. In: The American Journal of Psychiatry 165 (2008): 429–442.

Sindlinger, Peter: Amoklauf 1913. Vom Versuch, eine Katastrophe zu bewältigen. Der Fall Erst Wagner. Nürtingen [u. a.]: Sindlinger-Buchartz 2013.

Sitzer, Peter; Böckler, Nils: Schulamok/School Shooting. In: Melzer, Wolfgang; Hermann, Dieter; Sandfuchs, Uwe; Schäfer, Mechthild; Schubarth, Wilfried;

Daschner, Peter (Hgg.): Handbuch Aggression, Gewalt und Kriminalität bei Kindern und Jugendlichen. Bad Heilbrunn: Klinkhardt 2015, S. 275–278.

Skinner, Burrhus Frederic: Wissenschaft und menschliches Verhalten (Science and Human Behavior). Aus dem Englischen übersetzt von Edwin Ortmann. (= Kindler Studienausgabe). München: Kindler 1973.

Skrophulose. In: Metzke, Hermann: Lexikon der historischen Krankheitsbezeichnungen. Neustadt an der Aisch: Degener 2005, S. 111.

Smith, Hilary R.; Porrino, Linda J.: The comparative distributions of the monoamine transporters in the rodent, monkey, and human amygdala. In: Brain Structure and Function 213 (2008): 73–91.

Spores, John C.: Running Amok. An Historical Inquiry. (= Monographs in International Studies. Southeast Asia Series, Bd. 82). Athens [u. a.]: Ohio University Center for International Studies 1988.

Steiner, Hans; Silverman, Melissa; Karnik, Niranjan S.; Huemer, Julia; Plattner, Belinda; Clark, Christina E., Blair, James R.; Haapanen, Rudy: Psychopathology, trauma and delinquency. Subtypes of aggression and their relevance for understanding young offenders. In: Child and Adolescent Psychiatry and Mental Health 5 (2011): 21.

Swanson, Jeffrey W.: Holzer, Charles E. III; Ganju, Vijay K.; Jono, Robert Tsutomu: Violence and Psychiatric Disorder in the Community. Evidence From the Epidemiologic Catchment Area Surveys. In: Hospital & Community Psychiatry 41 (1990): 761–770.

Tacke, Wilhelm: Unbändiger Haß auf die Jesuiten führt zum Attentat auf Katholiken. In: Ders.: Klöster in Bremen. Über 800 Jahre Konfessionsgeschichte der Freien Hansestadt Bremen. (2., korr. Auflage). Bremen: Temmen 2005 [2004], S. 81–82.

Tedeschi, James T.: Social Influence Theory and Aggression. In: Geen, Russell G.; Donnerstein, Edward (Hgg.): Aggression. Theoretical and Empirical Reviews. Bd. 1. Theoretical and Methodological Issues. New York [u. a.]: Academic Press 1983, S. 135–162.

Tedeschi, James T.; Felson, Richard B.: Violence, Aggression, and Coercive Actions. Washington: American Psychological Association 1994.

Teoh, Jin-Inn: The Changing Psychopathology of Amok. In: Psychiatry 35 (1972): 345–351.

Thanomsridetchai, Natthapaninee; Singhto, Nilubon; Tepsumethanon, Veera; Shuangshoti, Shanop; Wacharapluesadee, Supaporn; Sinchaikul, Supachok; Chen, Shui-Tein; Hemachudha, Thiravat; Thongboonkerd, Visith: Comprehensive Proteome Analysis of Hippocampus, Brainstem, and Spinal Cord from Paralytic and Furious Dogs Naturally Infected with Rabies. In: Journal of Proteome Research 10 (2011): 4911–4924.

Theweleit, Klaus: Das Lachen der Täter: Breivik u. a. Psychogramm der Tötungslust. (= Unruhe bewahren). St. Pölten [u. a.]: Residenz 2015.

Tischer, Achim: Der Amoklauf in Bremen 1913. In: Sindlinger, Peter: Amoklauf 1913. Vom Versuch, eine Katastrophe zu bewältigen. Der Fall Ernst Wagner. Nürtingen [u. a.]: Sindlinger-Buchartz 2013, S. 174–182.

Twemlow, Stuart W.; Fonagy, Peter; Sacco, Frank C.; O'Toole, Mary Ellen; Vernberg, Eric: Premeditated Mass Shootings in Schools. Threat Assessment. In: Journal of the American Academy of Child & Adolescent Psychiatry 41 (2002): 475–477.

Vossekuil, Bryan; Fein, Robert A.; Reddy, Marisa; Borum, Randy; Modzeleski, William: The Final Report and Findings of the Safe School Initiative. Implications for the Prevention of School Attacks in the United States. Washington D.C.: Unites States Secret Service and United States Department of Education 2004.

Watson, John Broadus; Rayner, Rosalie: Conditioned Emotional Reactions. In: Journal of Experimental Psychology 3 (1920): 1–14.

Webster, Hugh Alexander: Celebes. In: The Encyclopædia Britannica. A Dictionary of Arts, Sciences, and General Literature. Bd. 5. Can – Cle. (9. Ausgabe). Edinburgh: Adam and Charles Black 1876, S. 287–290.

Weinshenker, Naomi J.; Siegel, Allan: Bimodal classification of aggression. Affective defense and predatory attack. In: Aggression and Violent Behavior 7 (2002): 237–250.

Wettmann-Jungblut, Peter: „Wir stehen am Ende." Gewalt des Krieges und Gewalt unter Schülern des Saarbrücker Gymnasiums in den Jahren 1870/71. In: Ludwigsgymnasium Saarbrücken (Hg.): 400 Jahre Ludwigsgymnasium Saarbrücken. Kontinuität und Wandel 1604–2004. Saarbrücken: Saarbrücker Druckerei und Verlag 2004, S. 213–224.

Wettmann-Jungblut, Peter: Revolverschüsse statt Pausenbrot. Warum ein Saarbrücker Gymnasiast das moderne School Shooting „erfand" – und warum seine „Erfindung" vergessen wurde. In: saargeschichte|n. Magazin zur regionalen Kultur und Geschichte 3 (2012), S. 26–33.

Wieczorek, Arnold: Schülerattentate an deutschen Schulen. Mythen, Fakten und Schlussfolgerungen für die polizeiliche Praxis. In: Kriminalistik 64 (2010): 153–160.

Willgeroth, Gustav: Die Mecklenburg-Schwerinschen Pfarren seit dem dreißigjährigen Kriege. Mit Anmerkungen über die früheren Pastoren seit der Reformation. Bde. 2 u. 3. Wismar: Selbstverlag 1925.

Winter, Sebastian: School Shootings als männliche „Lösung" der narzisstischen Spannung zwischen Selbstverwirklichung und Anpassung im Postfordismus. In: Brunner, Markus; Lohl, Jan (Hgg.): Normalungetüme. School Shootings aus psychoanalytisch-sozialpsychologischer Perspektive. (= Psyche und Gesellschaft). Gießen: Psychosozial-Verlag 2013, S. 103–129.

Wittenbrock, Rolf: Die drei Saarstädte in der Zeit des beschleunigten Städtewachstums (1860–1908). In: Ders. (Hg.): Geschichte der Stadt Saarbrücken. Bd. 2. Von der Zeit des stürmischen Wachstums bis zur Gegenwart. Saarbrücken: SDV 1999, S. 11–130.

Witthöft, Jan; Koglin, Ute; Petermann, Franz: Zur Komorbidität von aggressivem Verhalten und ADHS. In: Kindheit und Entwicklung 19 (2010): 218–227.

Zahorowski, Hieronim (zugeschrieben): Secreta Monita Societatis Jesu. The Secret Instructions of the Jesuits. Latin and English. London: Printed for John Walthoe, jun. 1723.

Zamorin (Samori). In: Grosses vollständiges Universal-Lexicon Aller Wissenschafften und Künste, Welche bishero durch menschlichen Verstand und Witz erfunden und verbessert worden. Bd. 60. Wur   Zar. Leipzig [u. a.]: Johann Heinrich Zedler 1749, S. 197.

Zenker, Johannes: Heilanstalt „Bergquell-Frauendorf" bei Stettin. In: Bresler, Johannes: Deutsche Heil- und Pflegeanstalten für Psychischkranke in Wort und Bild. Halle an der Saale: Carl Marhold 1910, S. 541–548.

Zubin, Joseph; Spring, Bonnie: Vulnerability. A New View of Schizophrenia. In: Journal of Abnormal Psychology 86 (1977): 103–126.

Zuckerkandl, Emil: Das Gehirn eines Amokläufers. In: Mittheilungen der Anthropologischen Gesellschaft in Wien 19 (1889): 32–33.

Zeitungsartikel (signiert):

a) Hamburger Abendblatt

Sewig, Claudia: Wenn es für Wölfe kein Halten mehr gibt. In: Hamburger Abendblatt Nr. 34 vom 10. Februar 2011, S. 21.

c) Nordwest-Zeitung

Seng, Marco: „Onkel, erschieß uns nicht!" AMOKLAUF Arbeitsloser Lehrer tötet 1913 fünf Mädchen in Bremen – Erstes Schulmassaker weltweit. In: Nordwest-Zeitung Nr. 140 vom 19. Juni 2015, S. 11.

c) The Birmingham Post

Aston, Paul: Jumbo stampede at zoo as elephant runs amok. In: The Birmingham Post vom 3. Mai 1999, S. 3.

d) The Times

Graves, Philip: "Jewish World Plot.". In: The Times Nr. 42800 vom 16. August 1921, S. 9–10.

Graves, Philip: "Jewish Peril" Exposed. In: The Times Nr. 42801 vom 17. August 1921, S. 9–10.

Graves, Philip: The Protocol Forgery. In: The Times Nr. 42802 vom 18. August 1921, S. 9–10.

4. Internetquellen

Bannenberg, Britta: Schlussbericht Projekt TARGET. Teilprojekt Gießen. Kriminologische Analyse von Amoktaten – junge und erwachsene Täter von Amoktaten, Amokdrohungen im Verbundprojekt TARGET (Tat- und Fallanalysen hoch expressiver zielgerichteter Gewalt). Gießen: Justus-Liebig-Universität, Fachbereich 01 Rechtswissenschaft, Professur für Kriminologie 2017. URL: https://www.uni-giessen.de/fbz/fb01/professuren-forschung/professuren/ba nnenberg/mediathek/dateien/schlussbericht-target-giessen2017.pdf/view [Stand: 28. Juli 2018].

Bundesministerium für Bildung und Forschung (Hg.): Tat- und Fallanalysen hochexpressiver zielgerichteter Gewalt (TARGET). URL: https://www.vditz.de/ fileadmin/media/projekte/Projektumriss_TARGET_C1.pdf [Stand: 28. Juli 2018].

Galloway, Ben: Dylan Klebold's Autopsy Report [22. April 1999]. URL: https://scho olshooters.info/sites/default/files/dylan_klebold_autopsy.pdf [Stand: 28. Juli 2018].

Galloway, Ben: Eric Harris's Autopsy Report [22. April 1999]. URL: https://schoolsho oters.info/sites/default/files/eric_harris_autopsy.pdf [Stand: 28. Juli 2018].

Hamuk. In: Blust, Robert; Trussel, Stephen: The Austronesian Comparative Dictionary. Web Edition. URL: http://www.trussel2.com/acd/acd-s_h.htm#2571 [Stand: 28. Juli 2018].

Jefferson County Sheriff's Office (Hg.): Columbine Documents. URL: https://school shooters.info/sites/default/files/11000_pg_report_part_1.pdf und https://sc hoolshooters.info/sites/default/files/11000_pg_report_part_2.pdf [Stand: 28. Juli 2018].

Jefferson County Sheriff's Office (Hg.): Official Columbine Report. URL: https://scho olshooters.info/jcso-official-columbine-report [Stand: 28. Juli 2018].

Landgericht Stuttgart (Hg.): Pressemitteilung vom 1. Februar 2013 zum Urteil im Verfahren gegen den Vater des Amokläufers von Winnenden und Wendlingen. URL: http://www.landgericht-stuttgart.de/pb/,Lde/1196028/?LISTPAG E=1195716 [Stand: 28. Juli 2018].

Langman, Peter: Transcript of the Columbine "Basement Tapes". URL: https://schoo lshooters.info/sites/default/files/columbine_basement_tapes_1.0.pdf [Stand: 28. Juli 2018].

Office of the District Attorney: Juvenile Diversion File of Dylan Klebold. URL: https ://schoolshooters.info/sites/default/files/dylan-klebold-diversion.pdf [Stand: 28. Juli 2018].

Office of the District Attorney: Juvenile Diversion File of Eric Harris. URL: https ://schoolshooters.info/sites/default/files/eric-harris-diversion.pdf [Stand: 28. Juli 2018].

Staatsanwaltschaft Stuttgart und Polizeidirektion Waiblingen (Hgg.): Gemeinsame Pressemitteilung vom 14. März 2009. URL: http://www.der-fall-tim-k.de/lib/ exe/fetch.php/pdf/2._pressemitteilung_14.03.2009_ergaenzung_amok.pdf [Stand: 28. Juli 2018].

Staatsanwaltschaft Stuttgart und Polizeidirektion Waiblingen (Hgg.): Gemeinsame Pressemitteilung vom 16. März 2009. URL: http://www.der-fall-tim-k.de/lib/ exe/fetch.php/pdf/sonderpm-amok_16.03.2009.pdf [Stand: 28. Juli 2018].

Staatsanwaltschaft Stuttgart und Polizeidirektion Waiblingen (Hgg.): Gemeinsame Pressemitteilung vom 4. April 2009. URL: http://www.der-fall-tim-k.de/lib/e xe/fetch.php/pdf/pm_tatablauf_wendlingen_04_04_2009.pdf [Stand: 28. Juli 2018].

Staatsanwaltschaft Stuttgart und Polizeidirektion Waiblingen (Hgg.): Gemeinsame Pressemitteilung. Winnenden/Wendlingen/Waiblingen, Mai 2009. URL: http ://www.der-fall-tim-k.de/lib/exe/fetch.php/pdf/pm_amok_endfassung_stan d_mitte_mai.pdf [Stand: 28. Juli 2018].

Staatsanwaltschaft Stuttgart und Polizeidirektionen Waiblingen und Esslingen (Hgg.): Gemeinsame Pressemitteilung vom 12. März 2009. URL: http://www. der-fall-tim-k.de/lib/exe/fetch.php/pdf/pm_zur_pk_amok_12.03.2009.pdf [Stand: 28. Juli 2018].

State of Colorado (Hg.): Report of the Investigation into the 1997 Directed Report and Related Matters Concerning the Columbine High School Shootings in April 1999. URL: https://schoolshooters.info/sites/default/files/1997_1998_c olumbine_report.pdf [Stand: 28. Juli 2018].

Zeitungsartikel (unsigniert):

a) Spiegel Online

Blutbad. Viele Tote bei Amoklauf in Alabama. In: Spiegel Online vom 11. März 2009, 6:14 Uhr. URL: https://www.spiegel.de/panorama/justiz/blutbad-viele-tote-b ei-amoklauf-in-alabama-a-612556.html [Stand: 28. Juli 2018].

Video (unsigniert):

a) Spiegel Online

Zwischenfall im Tempel: Indischer Elefant läuft Amok. Video vom 4. Januar 2010. URL: http://www.spiegel.de/video/zwischenfall-im-tempel-indischer-elefant -laeuft-amok-video-1039671.html [Stand: 28. Juli 2018].

b) Sonstige

Video clip from the security cameras of the the Columbine shootings. URL: http://www.acolumbinesite.com/security.php [Stand: 28. Juli 2018].

The manufacturer's authorised representative in the EU is Springer
Nature Customer Service Centre GmbH, Europaplatz 3, 69115 Heidelberg,
Germany. If you have any concerns regarding our products, please
contact ProductSafety@springernature.com

Printed and bound by CPI Group (UK) Ltd, Croydon, CR0 4YY
28/04/2026
02098487-0002